**权威·前沿·原创**

皮书系列为
"十二五""十三五""十四五"时期国家重点出版物出版专项规划项目

BLUE BOOK

智库成果出版与传播平台

传媒蓝皮书

BLUE BOOK OF CHINA'S MEDIA

# 中国传媒产业发展报告·浙江篇（2022）

REPORT ON DEVELOPMENT OF CHINA'S MEDIA INDUSTRY—ZHEJIANG PROVINCE (2022)

主　编／崔保国　吴　飞
执行主编／邵　鹏　袁靖华

社会科学文献出版社
SOCIAL SCIENCES ACADEMIC PRESS (CHINA)

图书在版编目（CIP）数据

中国传媒产业发展报告．浙江篇．2022／崔保国，吴飞主编．--北京：社会科学文献出版社，2023.1
（传媒蓝皮书）
ISBN 978-7-5228-1322-6

Ⅰ.①中… Ⅱ.①崔… ②吴… Ⅲ.①传播媒介-产业发展-研究报告-浙江-2022　Ⅳ.①G219.2

中国版本图书馆 CIP 数据核字（2022）第 253985 号

传媒蓝皮书
中国传媒产业发展报告·浙江篇（2022）

主　　编／崔保国　吴　飞
执行主编／邵　鹏　袁靖华

出 版 人／王利民
责任编辑／范　迎
文稿编辑／李艳璐　张　爽
责任印制／王京美

出　　版／社会科学文献出版社·人文分社（010）59367215
　　　　　地址：北京市北三环中路甲 29 号院华龙大厦　邮编：100029
　　　　　网址：www.ssap.com.cn
发　　行／社会科学文献出版社（010）59367028
印　　装／三河市东方印刷有限公司

规　　格／开　本：787mm×1092mm　1/16
　　　　　印　张：24.25　字　数：366 千字
版　　次／2023 年 1 月第 1 版　2023 年 1 月第 1 次印刷
书　　号／ISBN 978-7-5228-1322-6
定　　价／218.00 元

读者服务电话：4008918866

版权所有 翻印必究

未来媒体研究院出品

## 专家/顾问委员会

按姓氏笔画排序
方兴东　宁海林　李　蓉　李晓鹏　吴　飞
何　苗　沈　珉　沈爱国　张健康　陈　静
赵　瑜　崔保国

## 编辑委员会

按姓氏笔画排序
严晓青　李　兵　吴晓平　张李锐　邵　鹏
袁靖华　盛　婕　游淳惠　虞　涵

# 主要编撰者简介

**崔保国** 清华大学新闻与传播学院教授、博导，清华大学文化创意发展研究院副院长，清华大学传媒经济与管理研究中心主任，中国科技新闻学会副理事长，中国新闻史学会传媒经济与管理研究委员会副会长。从2004年开始历年担任《传媒蓝皮书》主编。主要从事传播学理论、传媒经济与管理、互联网治理等方面的研究。

**吴　飞** 浙江大学求是特聘教授、博士生导师。现为浙江大学公共外交与战略传播研究中心主任，浙大宁波理工学院传媒与法学院院长，浙江传媒学院人文社科学部主任。曾任浙江大学传媒与国际文化学院院长，中山大学传播与设计学院常务副院长。主要研究传播与社会、传播法及新闻理论。

**邵　鹏** 浙江工业大学人文学院教授，未来媒体研究院院长，浙江省创新理论传播研究院执行院长，浙江省网络生态研究中心副主任，浙江省宣传文化系统"五个一批"青年人才，浙江省高校中青年学科带头人，浙江省之江青年社科学者，全国"希望英才"青年学者。

**袁靖华** 浙江工业大学人文学院教授，朝晖特聘"运河青年学者"，未来媒体研究院执行院长，浙江省"151人才（第二层次）"，浙江省之江青年社科学者，浙江省高校中青年学科带头人，全国首批广播电视和网络视听行业领军人才，浙江省宣传文化系统"五个一批"领军人才。

# 编写单位简介

未来媒体研究院，成立于 2021 年 5 月 31 日，由浙江省广播电视局与浙江工业大学联合共建，聘请清华大学新闻与传播学院崔保国教授为名誉院长，浙江大学传媒与国际文化学院吴飞教授为学术委员会主任，浙江工业大学人文学院邵鹏教授为未来媒体研究院院长，浙江工业大学人文学院袁靖华教授为执行院长。未来媒体研究院聚焦媒体融合、媒体智慧化与智能化研究，同时探索数字经济与传媒新业态的结合领域，推动传媒积极谋划和提早布局未来的科技前沿，关注新业态、新入口与新内容。

# 摘 要

"传媒蓝皮书"连续出版18年，紧密跟踪观察传媒发展前沿，系统研究中国传媒产业。《中国传媒产业发展报告（2022）——浙江篇》是"传媒蓝皮书"首次推出省域范围的针对性报告。2021年是"十四五"规划的开局之年，浙江省作为"全面展示中国特色社会主义制度优越性的重要窗口"和"共同富裕先行示范区"，对浙江传媒及关联产业发展现状与趋势的整体性分析，无疑具有以"浙江之窗"展现"中国之治"的特殊意义。

本次蓝皮书的编撰为了保证权威性，整合了浙江省内各高校传媒学科、行业协会、行业企业、相关管理职能部门等多方力量，以政策报告、统计数据、专家意见为依据，通过实地调研、数据统计、大数据挖掘等方法展开分析研判。

2021年，浙江省传媒产业在稳中求进的总基调下，表现出了恢复性增长的强劲态势。在传统媒体领域，浙江广播电视类媒体营收总体呈现上升趋势，且新媒体业务营收高速增长，已经成为支撑广电行业融合转型的新支柱；报刊类媒体发行价格呈现持续性上升，党报依然保持着一枝独秀的市场地位，向新媒体转型成为报刊类媒体的一致选择；图书出版业呈现主题类图书出版的火热态势，图书电商不断创新，直播生态链建设快速推进，电商领域迅速发展。在新媒体领域，浙江网络视频类媒体开始由大步迈进转向平稳发展，行业逐步走向成熟化和规范化，在内容创作多元化的同时趋向精品化，而大量资本的涌入也为短视频行业开拓了更广阔的空间；直播电商类媒体正在成为驱动浙江数字经济高质量发展的新引擎，直播电商生态圈正在形

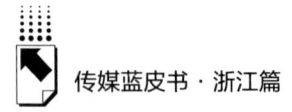

成,乡村直播成为推进共同富裕的重要创新实践。在传媒关联产业领域,浙江影视剧产业在省内影视产业园区和影视公司的加持下,不断推出精品佳作,特别是众多现象级影视剧作品成为当年拉动全国票房和收视率增长的重要力量;广告产业规模实现稳定增长,行业收入、产业增加值等指标均居全国前列,广告产业新模式层出不穷,产业生态更是在转型中实现了提效增益;动漫游戏产业持续领跑全国,浙产动漫作品不仅在产量和产值方面保持高位增长,优秀动漫作品比例也同样居全国各省份榜首,浙江数字游戏新作发布量居全国首位,游戏产业在全球的影响力也获得进一步提升,境外销售收入持续高速增长;会展产业较2020年已有回升和复苏的态势,线上线下结合的创新营销手段和多样化技术得以运用,整个产业的包容性、开放性、智慧性进一步凸显。

总体而言,浙江省传媒产业在内外部环境复杂变化的背景下,依然表现出足够的发展韧性,恢复性反弹态势显露,但其后续发展依然存在不确定性,需要在新环境中积极优化调整、孵化引育、创新突破,为建设"重要窗口"增添新篇章。

**关键词:** 传媒产业 传统媒体 新媒体 数字经济 产业生态

# 目 录

## Ⅰ 总报告

**B.1** 2021年浙江传媒产业发展总报告 …………… 邵 鹏 赵若邑 / 001
  一 浙江传媒产业发展 ……………………………………… / 002
  二 浙江传媒生态环境变化 ………………………………… / 010
  三 浙江传媒发展新趋势 …………………………………… / 013
  结 语 ……………………………………………………… / 019

## Ⅱ 传媒洞察

**B.2** 2021年浙江媒体融合创新发展报告 ………… 赵 瑜 张若颖 / 020
**B.3** 2021年浙江广播电视与网络视听媒体发展报告
              ………………… 袁靖华 陈宇辉 / 039
**B.4** 2021年浙江报业发展报告 …………………… 李晓鹏 沈爱国 / 061

## Ⅲ 媒体行业与市场报告

**B.5** 2021年浙江广告市场发展报告 …… 严晓青 陈靖云 田 彬 / 108

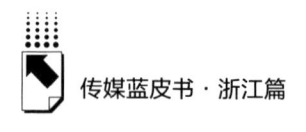

B.6　2021年浙江电视收视市场分析 …………… 李威委　徐　珍 / 129
B.7　2021年浙江影视剧产业发展报告 …………… 邵　鹏　毕佳琦 / 168
B.8　2021年浙江出版业发展报告 ……… 沈　珉　罗召君　顾炳燕 / 182
B.9　2021年浙江动漫游戏产业发展报告 …………………… 张李锐 / 202
B.10　2021年浙江会展产业发展报告 ……………………… 张健康 / 215

## Ⅳ　媒体融合与产业创新报告

B.11　2021年浙江传媒上市公司分析报告 ………… 何　苗　徐津毅 / 227
B.12　浙江省视听产业园区运营发展报告
　　　………………………………… 袁靖华　陈涵瑶　韩嘉一 / 251
B.13　浙江省广电和网络视听产业升级突围的方向
　　　……………………………………………… 游淳惠　郑琪琦 / 268
B.14　浙江广电与网络视听产业服务共富建设情况调研
　　　……………………………………………… 袁靖华　陈宇辉 / 286

## Ⅴ　传媒企业创新案例透析篇

B.15　横店指数：中国影视文化产业集群综合评价指标
　　　体系的构建及应用 ……………………………… 崔保国　虞　涵 / 308
B.16　2022年上半年中国·横店影视文化产业报告
　　　………………………………… 横店影视文化产业指数项目组 / 335

Abstract ……………………………………………………………… / 357
Contents ……………………………………………………………… / 360

# 总 报 告
General Report

## B.1
## 2021年浙江传媒产业发展总报告

邵　鹏　赵若邑*

**摘　要：** 2021年，面对复杂的国内外局势和各种风险挑战，浙江传媒产业在稳中求进的总基调下，表现出了恢复性增长的强劲态势。2021年浙江省传媒类上市企业市值增长44.45%，广播电视行业营收增长12.47%，影视剧行业也实现了量质齐升的好局面。在数字经济相关的传媒领域，动漫游戏产业增长26.9%，网络视频行业全国占比持续提升，直播电商产业更是迎来了风口期，出现124.6%的爆发式增长。在传媒生态方面，浙江主流媒体融合进程加快，互联网生态治理日趋完善，新兴媒体发展势头日趋强劲，产业集聚效应逐步凸显，整体上推动浙江传媒数字经济稳定增长。

---

\* 邵鹏，浙江工业大学人文学院教授、副院长，清华大学新闻传播学博士后，主要研究方向为全球传播、媒介记忆、媒介融合；赵若邑，浙江工业大学人文学院新闻传播学硕士研究生，主要研究方向为媒介记忆、媒介融合。

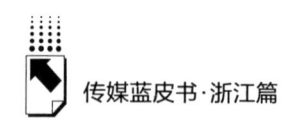

**关键词：** 传媒产业　传媒生态　媒体融合　互联网治理　新媒体发展

# 一　浙江传媒产业发展

根据《2021年浙江省国民经济和社会发展统计公报》发布的数据，2021年浙江生产总值达到了73516亿元，全国排名第4，较2020年增长8.5%。[①] 2021年是我国"十四五"规划开局之年，也是建党百年的重要历史节点，在此背景下，浙江传媒产业发展有了明确的目标和导向。

## （一）传媒产业总规模

2021年，浙江各传媒产业在经历了过去一年的产业寒冬后，总体上呈现逐渐回暖的态势。在此背景之下，各传媒产业的发展状况有所不同，呈现发展与恢复共在、机遇与挑战并存的产业格局。根据Choice和中商产业研究院共同整理发布的中国传媒上市公司排名榜，截至2021年12月31日，榜单包含的148家传媒上市公司中，浙江有27家上榜，在数量上与北京并列第一。上榜企业中包含了影视传媒、动漫游戏、出版、电视媒体、广告营销与策划以及互联网等多个细分行业，其中影视传媒和动漫游戏行业的上市公司所占比重较大，达到了44.45%，且市值排名都相对靠前。

从行业细分市场来看，2021年浙江电影行业收入出现了明显的反弹，全省总票房达到了35.74亿元，[②] 较2020年有了极大的增长，浙产电影的数量和质量也有了明显提升。动漫游戏和网络直播仍保持高速发展的态势，动漫游戏产值领跑全国，并持续推动浙江经济发展；网络直播交易额和整体增

---

[①] 《2021年浙江省国民经济和社会发展统计公报》，国家统计局浙江调查总队网站，2022年3月1日，http://zjzd.stats.gov.cn/zwgk/xxgkml/tjxx/tjgb/202203/t20220301_104526.html。

[②] 《〈长津湖〉票房超过了〈你好，李焕英〉！2021年浙江电影市场报告出炉》，"杭州网"百家号，2022年1月6日，https://baijiahao.baidu.com/s?id=1721198120294525363&wfr=spider&for=pc。

速位居全国第一，在电商直播、游戏直播、泛娱乐直播的共同推动下，网络直播成为浙江数字经济的新引擎。

随着广播电视广告和报刊出版行业规模的持续萎缩，2021年浙江报纸和广播电视等传统广告渠道的收入依然呈下降趋势。但值得注意的是，随着短视频和直播电商等行业的崛起，互联网广告正在迅猛发展，广告行业也将迎来新的发展格局。

此外，在新媒体的冲击下，浙江纸质报刊发行状况持续滑落，较2020年有了明显的萎缩。广播电视和图书出版行业发展相对稳定，电视节目制作和播出时长、图书出版种类有所下降，但行业整体收入没有太大起伏。此外，随着媒体融合的加深，广播电视、报刊、图书出版等传统媒体行业积极布局新媒体传播格局的步伐也在进一步加快。

## （二）传媒产业细分行业发展

### 1. 广播电视行业

2021年浙江城镇居民电视直播日均收视时长为357分钟，高于全国城镇居民日均收视时长（345分钟），全省居民全天电视直播触达率达到71.3%。在频道竞争格局方面，中央级频道组以四成左右的市场占有率凸显了较高的竞争力，而在与外省频道组的市场份额竞争中，浙江省级频道组在晚间时段有明显的优势。

机构营收方面，2019~2021年，浙江广播电视行业营收额总体呈上升趋势。2021年实际营收额达562.73亿元，较2020年和2019年分别增长12.47%和26.89%，其中，新媒体业务营收97.13亿元，较2019年增长203.53%。随着传统媒体的转型升级，新媒体业务逐渐成为主流媒体营收的新支柱。

电视节目方面，新闻/时事、生活、综艺娱乐、电视剧这四类节目在浙江电视节目收视率中排名靠前，其中，新闻/时事类节目收视率接近生活类节目的1.9倍，而财经和音乐类节目的需求则相对较弱。在电视节目创新方面，由浙江卫视推出的《妙墨中国心》《万里走单骑——遗产里的中国》入

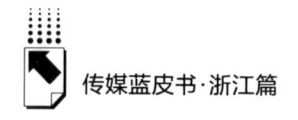

选国家广播电视总局（以下简称"国家广电总局"）2021年度广播电视创新创优节目名单，[①] 这两档节目将内容表达创新与传统文化传承相结合，通过大小屏联动等方式，一方面展现了中华民族独有的家国情怀和文化自信，另一方面也在内容传播中提升了品牌的影响力。

**2. 报刊、图书行业**

报刊方面，2021年浙江报刊发行与2020年相比出现较大程度的萎缩。报纸发行量、版面规模、印刷数持续滑落。受国际大宗商品价格上涨和"双碳"经济的影响，纸张原料价格上涨，报刊发行成本增加，发行价格呈现上升趋势，且将持续存在。在新媒体发展所带来的媒介替代效应之下，报刊的广告价值逐渐萎缩，创新营收模式的探索步伐加快，政务服务、社会服务、生活服务以及技术服务等方面的营收占比有所提升，报业收入整体呈现多元化趋势。在各发行报刊中，党报近年来始终保持一枝独秀的市场地位，而在传统业务全面萎缩的情况下，深化融合改革、向新媒体转型成为都市报、晚报等报刊共同的选择。

图书方面，2021年浙江省图书出版总量与销售量总体呈现上升趋势，但是受疫情影响，图书出版种类有所下降。2021年浙江14家图书出版社共出版图书9826种，较2020年下降32%。在建党百年献礼和"十四五"开局之年等背景下，浙江主题类图书出版呈现火热态势，各出版社立足国家、区域和社会重大事件，结合本地红色文化资源，深挖重大历史事件题材，推出100多种建党100周年主题出版物。同时，浙江数字阅读和数字出版转型也有一定进展。2021年10月发布的《2020年浙江省数字阅读报告》指出，2020年浙江数字阅读市场规模达37.17亿元，占全国市场的10.6%。[②]

**3. 影视剧行业**

2021年，随着国内电影行业的复苏，浙江影视剧行业也获得了新的生

---

① 《创新创优：浙江3档节目和1家单位获总局表彰》，浙江省广播电视局网站，2022年7月29日，http://gdj.zj.gov.cn/art/2022/7/29/art_1229288072_58458552.html。
② 黄琳：《〈2020年浙江省数字阅读报告〉发布》，安徽全民阅读网，2021年10月15日，http://www.ahread.com/front/news/9-8348。

机。2021年前3个季度，浙江共生产电视剧31部，亿元票房电影6部。根据浙江省电影放映协会公布的《2021浙江电影市场报告》，2021年，浙江可统计院线票房为35.74亿元，其中国产电影票房达到29.76亿元，占比高达83.27%，浙江全年票房收入占全国城市院线总票房的7.56%，同比上升0.27个百分点。[①] 2021年10月统计的国产片电影票房总榜TOP 20中，浙产电影有5部上榜，动作片《刺杀小说家》（10.35亿元）、亲情片《我的姐姐》（8.60亿元）、青春片《盛夏未来》（3.87亿元）、爱情片《我要我们在一起》（3.26亿元）、魔幻片《侍神令》（2.74亿元）分别位列票房排行榜第7、第8、第17、第18、第19。此外，《龙井》作为首部弘扬龙井茶文化主题的电影，成功入围第十一届北京国际电影展，并入选浙江省庆祝中国共产党成立100周年"百年百部千村万场"主题电影展映活动推荐片单，在展现江南文化的同时，为浙产文艺片创作提供了新思路。

电影产业方面，有"东方好莱坞"之称的横店影视城作为全球最大的影视拍摄基地和中国首个"国家级影视产业实验区"，2021年出品了包括《你好，李焕英》《送你一朵小红花》《长津湖》在内的多部电影，票房累计突破56亿元，2021年横店影视参与出品影片票房占全国总票房的23%。[②] 此外，《乔家的儿女》《功勋》《山海情》等多部电视剧也是好评如潮。象山影视城作为目前中国占地面积最大的影视基地，2021年上半年累计接待《和平之舟》《风起陇西》等126个拍摄剧组，同比增长85.2%，影响力逐步增强。此外，浙江省内众多的文化产业园区也在不断推动浙江电影产业的发展。

最后，浙江影视公司在浙江影视剧产业的布局发展方面也起到重要作用。包括阿里巴巴影业集团、华策影视股份有限公司在内的众多影视公司不

---

[①] 《〈长津湖〉票房超过了〈你好，李焕英〉! 2021年浙江电影市场报告出炉》，"杭州网"百家号，2022年1月6日，https://baijiahao.baidu.com/s?id=1721198120294525363&wfr=spider&for=pc。

[②] 《早安金华｜2021年横店影视参与出品影片占全国总票房的23%；浙江GDP站上7万亿元新台阶……》，浙江新闻网，2022年1月18日，https://zj.zjol.com.cn/news.html?id=1796485。

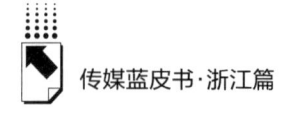

仅参与出品了《刺杀小说家》《长津湖》等众多热门电影，而且推动了《下一站是幸福》《以家人之名》《亲爱的，热爱的》等多部电视剧的海外传播，加快了浙产影视剧"走出去"的步伐。

**4. 视听广告行业**

近年来，浙江视听广告行业规模稳定增长。2021年，浙江广告业务收入达1200亿元，广告行业增加值占国民生产总值的比重超过1.32%，各项主要发展指标均位于全国前列。① 目前，浙江省内有3个国家广告产业园区、17个省级广告产业园区以及众多关联企业，通过资源和产业集聚效应，辐射并带动全省视听广告行业发展，一种优势互补、协调互动的行业格局正在逐步形成。在互联网技术和数字化媒体高速发展的背景下，互联网广告展现出巨大的优势，其中电商和视频广告表现尤为突出。自2016年进入"直播元年"以来，"直播+电商"成为助推浙江省视听广告行业发展的新热点模式。在此模式下，浙江卫视通过旗下综艺节目《王牌对王牌》，联合淘宝直播开设"蓝莓台"，并与省青年联合会共同发起"春雷助农，王牌送到"公益直播带货活动，将广告深度植入节目内容，将内容生产、宣传推广、融媒互动到流量变现的全流程打通，是主流媒体广告经营的一次成功尝试。

2020年以来，浙江视听广告行业快速发展，新的行业模式层出不穷，整个行业生态处于动态变化的过程中。2021年，浙江出台《浙江省广播电视和网络视听发展"十四五"规划》，加强产业创新扶持，鼓励5G、大数据、人工智能、区块链等高新技术在广播电视和网络视听领域的创新应用，通过科技创新推动视听广告行业链条的升级和革新，打造传统广告产业链与新兴数字广告产业链交错共存的格局，打通了广告主、代理公司、媒体、消费者之间的营销链路，有效盘活了现有资源，获得了更高的效益。

**5. 动漫游戏行业**

近年来，浙江动漫游戏行业领跑全国，并逐渐成为浙江经济发展的重要

---

① 吕清：《浙江开启广告产业高质量发展新征程》，《市场导报》2021年4月30日。

推动力。据统计，2020年杭州的动漫游戏行业继续保持上扬态势，产值达到了328.5亿元，较2020年上升26.9%。① 动漫产业方面，2020年浙江共生产电视动画片77部，占全国总量的20%。2020年，浙江多部动画片进入中宣部"原动力"中国原创动漫出版扶持计划；2021年，国家广电总局公布的前两个季度优秀国产电视动画片作品名录中，浙产动画作品数量占推优作品总数的35%以上，居全国各省（区、市）榜首；《下姜村的绿水青山梦》《红船故事》获中国文化艺术政府奖最佳动漫作品奖。游戏产业方面，2021年上半年，浙江共有146款游戏获得版号，占全国过审游戏数量的24.7%，居国内首位。随着头部企业加速文化"出海"，浙江影视动画出口也稳居全国前列，优秀动画作品进入多个国家和地区的播映系统，并登上戛纳电视节、韩国独立电视节等国际影展的舞台；浙江数字游戏在全球的影响力也进一步提升，2020年实现境外销售收入1.03亿元，同比增长82.87%。

《浙江省文化改革发展"十四五"规划》将动漫、游戏、电子竞技列为文化产业数字化战略的重要部分，从政策上为浙江的动漫游戏行业规划了远景目标，推动动漫游戏行业高质量发展。此外，浙江依托目前已有的2家国家级动漫产业基地（杭州高新区国家动画产业基地、宁波鄞州区国家动漫游戏原创产业基地）、3家国家级动画教学研究基地（浙江大学、浙江传媒学院、中国美术学院），并联结多个数字产业园区和动漫游戏特色小镇，形成产业化的平台集聚，构建起动漫游戏产业从生产到营销，再到衍生品等各个主要环节的完整产业链与生态系统。

6. 网络视频行业

2021年，浙江网络视频行业由大步迈进转向平稳发展，在用户需求的推动下，形成了短视频、网络剧、网络电影等多元发展的格局。在政策和资金的双重推动下，浙江网络视频行业呈现版权保护意识强化、优质IP矩阵化、产品服务多元化、运营模式优化、营收点多面化等发展趋势。

---

① 《杭州动漫游戏产业产值超320亿元》，"中国经济网"百家号，2022年2月23日，https：//baijiahao.baidu.com/s? id=1725508553962795429&wfr=spider&for=pc。

相对于传统电视剧市场的收缩，2021年浙江网络视频市场继续呈现扩张态势，精品网络视频内容越来越受到资本的青睐。在国家广电总局公布的《国家广播电视总局2021年3月~12月全国重点网络影视剧拍摄规划登记备案情况》中，浙江所属节目制作机构备案通过的网络剧有218部，约占全国总数的22%；网络电影644部，约占全国总数的25%。随着网络视频行业热度的持续走高，PUGC（专业用户生产内容）生产模式以开放、多元、互动和全民化为特点，成为网络视频的重要生产方式，网络视频平台的商业变现价值也逐步凸显。"用户付费+广告收入"的变现方式，以及以内容制作和版权服务为核心的产业链路，成为浙江网络视频行业发展的重要路径。

随着市场规模的不断扩大，浙江短视频行业成为各行各业关注的焦点。国内短视频相关企业主要分布于东南沿海地区，其中约10500家企业位于浙江省内，占总企业数的15.52%，位列全国第一。2021年4月30日，中央广播电视总台与浙江省人民政府共同打造的国家（杭州）短视频基地项目正式开工。在资本这一主要外驱力的作用下，短视频内容生产和优化获得了更丰厚的资源和更广阔的空间，以优质的内容引导用户的消费升级。此外，随着大量MCN①机构的加入，短视频行业的标准化进程也在进一步加快，行业模式日趋成熟。但是，随着短视频平台竞争越发激烈，各大平台头部账号的用户黏性进一步增强，新人账号难以立足。另外，随着市场的饱和，各大平台也开始将目光投向海外，积极寻求新的市场。

### 7. 直播电商行业

随着近年来电商平台的强势崛起，直播电商正成为驱动浙江数字经济发展的新引擎。2021年1~10月，浙江直播电商交易额达到6092.1亿元，同比增长124.6%，占全国总交易额的28.4%，位居全国第一。② 自2016年进

---

① MCN（Multi-Channel Network），是一种新的网红经济运作模式。这种模式将不同类型和内容的PGC（专业生产内容）联合起来，在资本的有力支持下，保证内容的持续输出，从而实现商业的稳定变现。

② 《2021年度〈浙江省直播电商发展报告〉发布》，网经社网站，2022年3月7日，http://www.100ec.cn/detail--6608370.html。

入"直播电商元年"以来，浙江作为"中国电商巨头"，不断推动本省直播电商行业的发展。2020年5月，浙江广播电视集团与萧山区人民政府联合打造了中国TOP直播电商产业园，构建起中国首个沉浸式直播电商体验中心。2021年11月，浙江卫视好易购家庭购物频道与杭州临平区签署了"中国蓝直播电商综合体项目战略合作协议"，通过引进多家MCN企业，进一步强化直播电商的推广能力。

浙江依托发达的电商产业基础，将头部平台、主播、产业链、企业品牌、物流管理、大数据运营、孵化培训等环节集聚，形成全国首个直播电商生态圈，逐步建立起垂直化、精细化、专业化的产业运营模式。① 随着产业量的不断增加，电商直播在推动城市经济增长的同时，也拉动着农村经济的提振。通过构建"村播+企播+文播"三进工程，打造商业消费新场景，形成农村直播电商产业集聚，全面建设线上、线下深度融合的全国"直播"样板县，助力地区经济提升，推动县域经济社会健康繁荣发展，迈向共同富裕。但随着互联网整体流量见顶，各直播平台也相继迈入存量争夺的环节，竞争日趋激烈，电商直播随即进入不确定的下半场。

**8. 会展行业**

近年来，浙江省会展行业受疫情影响严重，2021年会展活动的数量和规模仍受到严格限制，但相较2020年已有回升和复苏的态势。2021年浙江展览馆数量达到16个，位居全国前列；办展数量上，浙江全年共举办展览197场，占全国的6.70%，排名第4，其中杭州国际博览中心、宁波国际会议展览中心分别举办49场、44场，居浙江省第1、第2位。2021年浙江会展行业的突出特色是科技革新带动会展服务的升级。面对疫情发生后线下会展项目全面暂停的局面，浙江借助云技术等手段，成功举办了包括浙江服务贸易云展会、世界旅游博物馆线上展览等在内的多场线上展览。此外，通过线上线下联通、多种营销手段整合以及多种技术的综合运用，整个会展行业

---

① 《中国首家TOP直播电商产业园荣耀启幕！》，"浙江之声"搜狐号，2020年5月8日，https：//www.sohu.com/a/393846444_349109？qq-pf-to=pcqq.c2c。

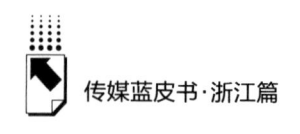

的包容性、开放性、智慧性进一步凸显,服务浙江经济、社会和文化发展的能力逐步增强。

## 二 浙江传媒生态环境变化

传媒生态系统是由不同形态的媒介、各种业态的媒体以及二者生存的环境所共同构成的一个动态平衡的系统。传媒生态系统受到政治、经济、技术、受众等多种因素的影响,随着互联网和信息技术的不断创新发展,现代传媒生态系统正处于一个不断演进和变化的过程中。

在面对变化复杂的媒介生态环境时,多维度、多层次、多元化的综合性视角往往是观察和分析传媒产业动态的有效方法。通过这样的综合性视角,将微观层面的媒介传播现象与宏观层面的全球传播现象相整合,从而对传媒生态的整体变化有更加清晰的把握。

### (一)2021年浙江传媒生态环境

2021年正值中国共产党建党100周年,又是我国"十四五"规划的开局之年,浙江传媒产业在政府政策和经济发展的牵拉与推动之下,平台乱象逐步消散,传媒市场稳定发展,技术创新不断加强,媒体的用户导向性进一步增强。

政策环境方面,首先,随着媒体融合的进一步加深,浙江对接顶层设计、夯实工作基础,加快建设省市县"三位一体"的全媒体传播体系,推进构建新型主流媒体新闻舆论工作格局。其次,出台整体性的规划与指引,从宏观层面引导影视剧、出版等行业在建党百年大背景下积极产出精品内容。最后,进一步加强对传媒行业的监管,一方面,深入贯彻落实中央关于反垄断的重大决策,创新运用数字化手段,严厉监管和打击媒体平台经济垄断等不正当行为;另一方面,针对直播电商、短视频等问题频发的重点领域,进一步加强管理与监控,使产业发展环境日趋清朗。

受众环境方面,在整个媒体行业新的发展阶段中,受众所扮演的角色越来越重要，受众对媒体内容生产、传播、广告营销和策划等各个方面的导向作用进一步增强，广播电视、影视、出版等各个行业也都以适应受众的阅读和观看习惯作为探索内容创作和服务提升新路径的准则之一。其次，"银发"群体和"Z世代"用户作为国家和社会高度重视的两类人群，也越来越受到传媒业的重视。围绕老年人口提供媒体服务，有针对性地开发媒体应用场景，成为社会人口老龄化加速背景下，媒体收获第二次人口红利的重要突破口；而年轻一代作为游戏、动漫内容的主要受众，对于产业整体的生产和消费也具有重要影响。

经济环境方面，2021年浙江数字经济产业保持稳定快速增长，国内居民巨大的内需潜力持续带动和刺激数字经济高质量发展。数字经济的稳步提升对传媒产业的发展具有重要的支撑作用。近年来，短视频和直播电商带来的经济红利被诸多企业所关注，随着短视频和直播电商行业运作模式的逐步完善，大量资本开始进入传媒市场，为行业发展提供了充足的资金保障。同时，资本领域对于投资稳定性和抗风险能力的重视，也使行业内部由"短、频、快"的投资思路逐步向"高筑墙、广积粮"的长期发展理念转变。

技术环境方面，浙江数字媒体经历了数十年的发展，几乎没有错过任何一个时代，从最初的门户网站开始，便牢牢抓住技术创新这一关键点，始终走在全国数字化媒体转型发展的前列。互联网技术的进步，对于强化网络监管、推动便民服务、推进媒体融合、加快数字治理和数字浙江的建设，都发挥着不可替代的作用。进入Web 3.0时代，媒体朝着更加智能的方向发展，5G、大数据、人工智能等新技术的应用将成为未来浙江传媒产业发展新的机遇和挑战。

传媒生态的演变与发展有其特定的方向和规律，既相对独立又依附于国家或全球整体的传媒大环境。但是，随着全球网络空间的不断扩张和数字媒介环境的渐趋活跃，在当前复杂多变的国际环境下，媒体需要建立起多元化的发展格局，以逐步适应充满不确定性的多样生态，并实现创新发展。

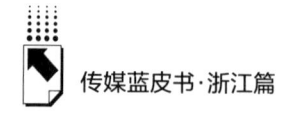

## （二）2021年浙江传媒业态新发展

2021年，在媒介技术升级驱动以及传媒生态变迁所带来的双重影响下，浙江传媒经营业态出现了新的变化，在推动媒体深度融合、服务居民社会生活方面的作用也进一步增强。

广电媒体方面，2021年文艺类电视综艺节目内容、形态新颖，推出了《万里走单骑——遗产里的中国》《妙墨中国心》《还有诗和远方·诗画浙江篇第二季》等多个兼具丰厚文化底蕴与现代娱乐元素的视听佳作，赢得了极佳的流量和口碑。其次，打造广电主播个人新媒体IP，推动传统媒体工作者向新媒体赛道跨越，同时促进了媒体机构传媒矩阵的延伸拓展。此外，广电MCN机构的探索和建设步伐也有所加快，运行思路渐趋清晰。

图书出版方面，从出版形态来看，跨介质融合出版物的优势逐渐凸显，展现出良好的市场前景，其主要形态包括电子书、有声书、视频课程和交互式图书等。2021年，浙江少儿出版社与喜马拉雅合作，在打造面向中小学生等低龄用户的精品有声书方面取得了不错的成绩。另外，2021年浙江图书营销方式产生了新的变化，除线上和线下门店，图书公司、出版社和图书销售平台均加入了直播带货的行列。随着图书直播带货在抖音、快手等平台的常态化，其营销价值也逐渐得到了市场的认可，图书直播带货向着团队化、系统化的运营模式发展，成为机构布局新媒体营销矩阵的一个重要环节。

广告营销方面，2021年互联网广告成为传媒产业的新支柱，网络视频、手机游戏、数字音频与数字阅读成为传媒产业最具潜力的细分市场。一方面，内容付费、粉丝经济与数据跨境贸易为互联网广告的发展提供了广阔的空间；另一方面，在技术创新的加持下，大数据、人工智能等技术促进了媒体资源的整合与互通，数字资源处理和使用的能力成为广告主体发展的基础和动力。同时，资源的集聚也逐渐改变了传统广告营销活动分散代理的模式，营销活动更倾向于由一家公司单独完成，整合营销成为广告行业发展的新趋势。

影视产业方面，近年来主旋律题材的影视剧成为广受市场青睐的内容之一，2021年又恰逢中国共产党成立100周年，在献礼建党百年主题的影响下，浙江影视剧行业继续立足主旋律，打造了《红船》《大浪淘沙》等多部优秀影片。同时，华策影视和慈文传媒等多家企业近年来积极布局海外市场，推动优秀影片走向国际市场，浙产影视剧的对外传播也取得了不俗的成绩。此外，浙江省内影视基地在运营模式上也取得一定的突破。通过与特色文旅产业相结合，并借助广电媒体等优质资源，以更加智慧化的服务和交互、沉浸式的参与，优化了游客的游览体验，为影视城产业升级与优化提供了新思路。

## 三　浙江传媒发展新趋势

### （一）融合背景下布局全媒体传播成为发展重点

随着媒体深度融合进入新的发展期，主流媒体转型升级的步伐也在进一步加快。一方面，"十四五"规划提出要推进媒体深度融合，实施全媒体传播工程，做强新型主流媒体，建强用好县级融媒体中心。另一方面，随着近年来新媒体的强势崛起，传统媒体市场受到了前所未有的冲击，用户的大量流失也迫使主流媒体必须加紧转变发展模式，加快与新媒体融合的步伐。在政策和现实的共同推动下，浙江主流媒体逐步整合资源，加快布局新媒体传播矩阵，在融合之中寻求新的发展机遇。

浙江广播电视集团依托"中国蓝云"系统，打造了"蓝媒联盟"，以极具特色的"1+101+X"融合模式，打通了全省11个地市的融媒体中心、90个县（市、区）的融媒体中心以及央媒新媒体和社会化头部平台，推动了全省范围内优质媒体资源的传播和流通。地方上自主研发的"游视界"平台，创新运用"区块链+融媒体"发展模式，构建了全国范围内集形象宣传、旅游推介、精准扶贫等于一体的网上网下体系。通过跨平台整合与联动，打通了县域间的合作，实现了县域旅游资源的整合。目前该平台已吸引

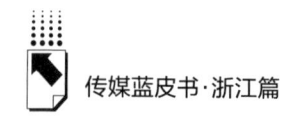

全国272家市县媒体加盟，覆盖全国20个省份3亿多人口，形成了一定的集群效应和规模影响力。[1]

浙江日报报业集团（以下简称"浙报集团"）2021年继续践行一体化的发展战略，积极打造"一核心、多平台、多集群"的媒体新格局，目前已经形成了以《浙江日报》和浙江新闻客户端为核心，小时新闻客户端和浙江在线为重要平台，各都市报、专业报和其他媒体集群协同发展的全媒体传播矩阵。同年，浙报集团又发布了"省市县一体化传播技术生态产品体系"，成立了融媒共享联盟，以技术与数据为支撑，建立共享与合作的模式，成为探索省、市、县三级媒体深度融合的重要推动力量。

在图书出版领域，随着移动互联网技术的发展，出版行业数字化改革的浪潮成为不可逆的趋势，浙江出版联合集团（以下简称"浙版集团"）顺应时代潮流，提出打造线上数字出版主赛道，全面构建以线上出版为主体、线上线下双循环的立体出版新格局。同时，浙版集团也积极布局新媒体传播矩阵，通过短视频、直播带货等方式，建立起立体化的营销平台和自营销售的新渠道体系。[2]

当传统的商业模式受到来自各方变革力量的冲击与挑战，媒体融合也不再局限于不同媒介的内容整合与分发，而是进入了全新的发展阶段。[3]《关于加快推进媒体深度融合发展的意见》中提出"建立以内容建设为根本、先进技术为支撑、创新管理为保障的全媒体传播体系"是媒体融合的发展目标。随着互联网技术和新媒体平台的发展，布局全媒体传播将是主流媒体和传媒产业未来努力的方向。

### （二）互联网监管和治理进一步加强

2021年，浙江在互联网行业监管和网络环境治理方面采取了一系列措

---

[1] 黄楚新、黄艾：《超越链接：我国县级融媒体中心建设的2.0版》，《编辑之友》2012年第12期，第19~24页。
[2] 张君成：《出版单位、主播与平台怎样在直播中共赢》，中国新闻出版广电网，2021年11月26日，https://www.chinaxwcb.com/info/575982。
[3] 浙江省广播电视局网站，http://gdj.zj.gov.cn/art/2021/8/11/art_1229286895_58457990.html。

施和手段。针对平台垄断、短视频和电商直播等重点领域，浙江在法律法规和行业自律等方面采取了一系列治理措施，对互联网平台的监管力度进一步加大。

2021年国家市场监督管理总局出台《禁止网络不正当竞争行为规定（公开征求意见稿）》，宣布将公开禁止"二选一""流量劫持、恶意不兼容"等不当行为，阿里巴巴和美团因"二选一"的不当行为，先后被处以不同程度的罚款，互联网反垄断执法将渐趋常态化。浙江市场监管部门创新运用数字化手段，于2021年2月上线了中国首个平台经济数字化监管系统——"浙江公平在线"，对于"二选一""大数据杀熟""纵向垄断协议""违法实施经营者集中"等多项垄断以及不正当竞争行为，采取数据抓取、模型识别等多种方式，实施强有力的监管。[①]"浙江公平在线"打破了互联网平台的内部垄断，对于遏止资本无序扩张、促进平台间的公平竞争与互联互通有重要意义。

网络直播行业2021年依旧保持高速发展，然而行业整体野蛮式的生长也导致其在价值导向和市场经营上出现了部分乱象。2021年12月，浙江市场监管部门全面启动"绿色直播间"建设，并于12月30日正式实施《绿色直播间管理规范》，通过对平台、主播、MCN机构等三类主体提出相应的规范要求，积极引导网络直播行业健康有序发展，而《绿色直播间管理规范》作为全国首个"绿色直播间"建设管理相关的地方标准，进一步从平台、主播、MCN机构和售后服务等各个方面，制定了具体的直播规范要求。[②]

此外，网络游戏行业2021年也受到了监管部门的重视。一方面，针对当前未成年人沉迷网络游戏、网络不良信息散布和网络不良社交等问题，浙江省教育厅、省新闻出版局、省委网信办、省通信管理局、省公安厅、省市

---

① 《浙江创新反垄断监管：顶层设计、监管工具、执法三管齐下》，"南方都市报"网易号，2022年8月3日，https://www.163.com/dy/article/HDS1HHMD05129QAF.html。
② 《网络直播不是法外之地：浙江加强监管，"杭州标准"月底实施》，"新浪财经"百家号，2021年12月21日，https://baijiahao.baidu.com/s?id=1719744503823589659&wfr=spider&for=pc。

场监督管理局等六个部门联合下发《关于做好未成年人网络环境专项治理行动的通知》，对未成年人网络环境问题开展专项治理行动。[1] 另一方面，针对当前网络游戏市场上存在的违法赌博等不良行为，浙江各地开展了专项整治行动，在肃清网络犯罪、营造清朗健康的网络环境方面取得了一定的成效。[2]

### （三）技术创新成为打造媒体核心竞争力的重要因素

2021年，5G、大数据、人工智能等技术的发展和应用成为媒体打造机构核心竞争力的关键因素。随着互联网技术在媒体行业的应用越来越广泛，技术创新对推动传统媒体转型、促进智慧城市建设、服务城市治理现代化以及助力传媒产业发展变革等各个方面的作用越发明显。在未来，媒体的种类将进一步朝向多元化发展，技术创新将成为媒体内容生产和经营方式变革的关键助推器。

近年来，大数据的应用为浙江智慧城市建设和基层治理现代化做出了不小的贡献。宁波日报报业集团旗下的宁波甬派传媒通过与国有企业合作，组建大数据公司，投资、建设并运营"城市大脑"，利用"新媒体+大数据"双轮驱动的数字媒体发展模式，[3] 充分发挥传媒在公共领域的主体性优势，并与政府的政务、城管、交通、旅游等部门充分沟通，打造一体化、智能化的公共数据平台。在基层治理方面，安吉县建设"云平台"，将各类大数据资源整合，不断完善县域大数据库，建立起大数据协调、社会综合治理、公共应急指挥三大中心，用数据服务县域治理，打造基层治理的"大脑"和"眼睛"。海盐县成立大数据运营公司，全面接入健康海盐、社保查询、新时代文明实践中心等多个便民应用，成为县域党政治理和居民数字生活服务

---

[1] 《孩子沉迷网络游戏、不良网络社交？浙江6部门联合开展专项治理行动！》，"杭州校播科技有限公司"企鹅号，2020年10月27日，https://new.qq.com/rain/a/20201027A0EP0M00。
[2] 《监管｜浙江杭州网络游戏专项整治初见成效》，"扫黄打非"百家号，2019年3月5日，https://baijiahao.baidu.com/s?id=1627146037906177948&wfr=spider&for=pc。
[3] 《甬派·城市大脑亮相深圳文博会，朱国贤点赞媒体融合新模式》，"甬派"企鹅号，2021年9月24日，https://new.qq.com/rain/a/20210924A015CX00。

的重要支撑。

对于广电产业而言,5G、人工智能和虚拟现实等技术的应用,成为推动机构新闻内容多元生产和传播以及新闻采编流程变革的重要力量。浙江卫视以高清基带演播室系统为主体,借助5G和云服务技术建立起一套基于公有云服务的多人直播连线系统,突破场地和区域限制,实现了主持人、现场嘉宾、线上观众等多人访谈直播节目的异地实时互动,极大地增强了内容创作的活力。[1] 在棚内基础设备上,浙江卫视将5G与虚拟现实技术融入演播室系统,通过交互式混合的节目形式,将虚拟世界和现实世界相结合,极大地提升了节目的呈现效果。对于新闻采编业务而言,AI技术强大的数据自主处理能力使新闻生产和多渠道分发的效率进一步提高。在此基础上,湖州传媒的"数智传媒大脑"建立起集"策、采、编、审、发、评"于一体,"声、屏、报、网、端、微"多端发布的融媒体采编业务系统,能够同时服务于500多名一线采编人员,内容生产的质量和效率获得进一步提升。

在传媒产业方面,横店影视基地已经实现了5G和VR等技术在拍摄制作领域的运用。2021年横店影视基地推出了"影视文化大脑",依托用户画像和AI建模分析,对影视作品、人才、企业等全产业链的运行状态进行全面的掌握,实现人员、资金、剧本等生产要素的供需智能匹配。通过技术推动内容生产、促进产业资源高效配置,成为未来电影产业发展的新格局。

### (四)传媒产业出口的步伐进一步加快

电影、电视剧、综艺节目以及动漫等传媒载体的对外传播,对于展现本民族的文化魅力起到重要的窗口作用。随着国际交流的日益密切,文化"出海"成为提升国际影响力和传播力的重要途径。当下国内市场渐趋饱和,传媒行业积极布局海外市场,拓展海外业务,使其成为产业营收新的增长点。

2021年,浙江影视作品的国际传播仍然保持不错的发展态势,影视作

---

[1] 方莉萍:《融媒体高清新闻演播室系统设计与实现》,《广播与电视技术》2021年第5期,第56~60页。

品出口总额接近1200亿美元,影视节目出口额为488.07亿美元,影视服务出口额为710.33亿美元,其中,影视服务出口额连续3年增长,年平均增长率达到60.67%。横店影视文化产业集聚区致力于打造"具有国际影响力的影视文化创新中心",通过构建国际影视文化交流平台和国家文化出口基地,推动国产影视剧走出国门。中国(浙江)影视产业国际合作区则与中国电视剧制作产业协会联合发起成立了中国电视剧(网络剧)出口联盟,探索中国影视出口的新模式,拓展海外影视新媒体播出渠道,创新盈利模式。①

不同于影视产业,广电媒体的产业"出海"更具国家立场和全球化视角。2021年,浙江卫视"中国蓝新闻"客户端英文频道与新闻频道"ZTV NEWS"同步上线,同时在海外开设四大"垂直频道"以及小语种频道,推动机构对外传播矩阵的全球化辐射。② 华数TV 2021年3月在YouTube平台上线了海外官方频道WasuTV Official Channel,通过《美丽乡村在"浙"里》《良工造物》等原创自制纪录片,向海外用户展示中国文化独有的人文底蕴。

此外,随着国内网络视频行业竞争的加剧,各互联网视频企业也逐渐将眼光投向海外市场。爱奇艺和腾讯视频利用亚洲地区的文化相近性,选择东南亚市场为突破口;而优酷则避开东南亚地区,远闯英国、澳大利亚寻求新的市场;哔哩哔哩紧抓二次元优势,以主站、漫画、游戏三大内容板块进军东南亚及日韩地区。

### (五)传媒产业集聚效应进一步凸显

市场经济的发展,是产业集聚形成的先决条件,浙江传媒产业近年来取得了长足的发展,产业水平的提高和产业发展的需求,共同促使影视、动漫、游戏等各个优势领域向着更加集聚化的方向发展。

---

① 陈广:《打造中国电视剧出海金名片——中国(浙江)影视产业国际合作区的实践探索》,《传媒》2020年第4期。
② 《浙江广电局积极搭建国际交流平台 推动广播电视"走出去"》,中广互联网,2021年8月30日,https://www.sarft.net/a/208575.aspx。

2021年5月，中国（之江）视听创新创业基地在杭州西湖艺创小镇正式成立，基地引进多家以技术为核心的影视企业和视听产业相关企业，形成了剧本创作、虚拟数字摄影、后期制作等多种产业集聚的生态链式集群，浙江视听艺术产业链更为齐全。动漫游戏产业方面，以杭州高新区国家动画产业基地、宁波鄞州区国家动漫游戏原创产业基地两大动漫园区为中心，杭州数字娱乐产业园、网易产业园、白马湖生态创意城、华媒科创园等多个园区为辅助，形成了从生产到销售再到后期的完善化、规模化产业集群。随着众多特色小镇和产业园区的建立，浙江传媒产业整体向着更加专业化、集聚化的方向发展。

## 结　语

在国内外复杂环境的影响下，2021年浙江传媒产业获得了较为稳健的增长，但未来发展中可能面临的不确定性依然值得关注。一方面，移动互联进一步深入发展，传媒新业态强势崛起，为传统媒体融合升级创造了新的机遇。另一方面，随着互联网反垄断的推进，互联网行业监管、治理措施的进一步完善，以及传媒产业的专业化、集聚化发展，具有创新意识的中小企业将获得更加优质的环境和更多的发展机遇。在传统媒体加快转型升级、传媒产业不断优化调整的背景下，浙江传媒产业新一轮的生态系统变革正在悄然发生。浙江传媒产业需要把握机遇、直面挑战，在新环境中谋新篇。

# 传媒洞察

Media Industry Insight

## B.2 2021年浙江媒体融合创新发展报告

赵 瑜　张若颖[*]

**摘　要：** 2021年是"十四五"规划开局之年，也是浙江省推进媒体融合纵深发展的一年，在此背景下，全省媒体积极推进媒体融合工作。本报告从政策对接、技术升级、社会治理、产业经营等维度的具体实践出发，对2021年浙江媒体在构建一体化传播体系、深度融合技术与内容、智慧社会治理以及跨界多元经营等方面的创新举措进行细致梳理，以期为全国众多媒体融合实践提供参考。

**关键词：** 媒体深度融合　数字化　社会治理　多元商业模式

---

[*] 赵瑜，浙江大学传媒与国际文化学院副院长，教授，博士生导师，主要研究方向为媒体融合、传播政策、传播伦理；张若颖，浙江大学传媒与国际文化学院博士研究生，主要研究方向为媒体融合。

"元宇宙"等概念的出现给未来媒体建设带来新的想象空间，主流媒体如何在深度推进数字化的过程中更好地融合人工智能、虚拟现实等技术，是当下媒体进行媒体融合时需要关注的重点问题。2021年是"十四五"规划的开局之年，又正值中国共产党成立100周年，媒体融合实践作为新闻舆论工作的重要抓手，在新形势下拥有了新的发展机遇。

继2020年陆续出台《关于加快推进媒体深度融合发展的意见》《中共中央关于制定国民经济和社会发展第十四个五年规划和二〇三五年远景目标的建议》《关于加快推进广播电视媒体深度融合发展的意见》等政策以来，媒体融合向纵深发展的崭新阶段迈进。面对新形势、新任务和新要求，浙江省各级媒体于实践中不断探索媒体深度融合发展新路径。其中，省级媒体在全省数字化改革的热潮下纵深推进新型主流媒体建设，11个地市级媒体因地制宜探索融合路径，90个县级融媒体中心着力打造与完善客户端，并将客户端纳入常规化业务考核体系。总体而言，2021年浙江省媒体融合工作沿着高质量创新发展路径不断前行，在政策对接、技术发展、社会治理、产业经营等方面积极探索，呈现传播体系一体化、技术与内容深度融合、智慧社会治理、跨界多元经营等显著特点。

## 一 对接顶层设计，推进媒体深度融合

2020年9月26日，中共中央办公厅、国务院办公厅印发的《关于加快推进媒体深度融合发展的意见》中提出了"逐步构建网上网下一体、内宣外宣联动的主流舆论格局，建立以内容建设为根本、先进技术为支撑、创新管理为保障的全媒体传播体系"的媒体融合发展目标。"顶层设计不是静态的发展坐标，而是动态的演进过程"[1]，中央对于媒体融合的部署源自业界持续的探索经验，其中内容建设、先进技术、创新管理等要素是媒体融合的

---

[1] 黄楚新、陈智睿：《2021年我国媒体融合发展盘点》，《青年记者》2021年第24期，第9~12页。

建设要点，也是纵深推进的尺度。

全媒体传播格局是现代信息技术发展及其带动的社会发展的时代产物，主动顺应这一趋势，在这一新格局中实现主流价值引领，是当代媒体人的责任和使命。①浙江省媒体融合起步早、步子实，紧紧抓住互联网、大数据应用和文化产业发展的战略机遇，媒体融合工作一直走在全国前列。2021年，站在建党百年与"十四五"规划开局的重要历史节点，浙江对接顶层设计、夯实工作基础，加快建设省市县"三位一体"的全媒体传播体系，推进构建新型主流媒体新闻舆论工作格局。

## （一）三级协同：建全一体化全媒体传播体系

### 1.省级媒体：头部引领日益强化

浙江日报报业集团（以下简称"浙报集团"）积极践行一体化发展战略，是行业内"融媒体一体化平台"建设的先行者。集团不断强调"移动优先"，大力推动"内容品质化、媒体品牌化、传播智能化、服务智慧化"，奋力打造"一核多平台多集群"媒体新格局，现已形成以《浙江日报》、浙江新闻客户端为核心，《钱江晚报》（小时新闻客户端）、浙江在线（天目新闻客户端）为重点平台，都市报和专业报各媒体集群协同发展的全媒体传播矩阵。浙报集团从2020年开始建设融媒体中心共享联盟，探索共建共享、相互赋能的省级、县级融媒体生态，当年7月实现全省县级融媒体中心全覆盖，2021年初，浙江11个地市级党报集团相继加入共享联盟。②2021年5月，浙报集团发布了由全媒体智能中台驱动，经"天目云3.0""天枢""数媒通"三大数字化产品赋能的"省市县一体化传播技术生态产品系列"，主要部署方向为智能传播、智慧服务和内容服务。浙报集团始终将省域融合作为融合目标，以共享联盟作为融合载体，重视先进技术的驱动力，努力构建一个合纵连横、共建共享、精准触达的现代传播体系，为浙江媒体深度融

---

① 宋建武：《如何实施全媒体传播工程》，《新闻与写作》2021年第1期，第1页。
② 李佳咪：《提高现代传播能力　建设新时代一流传媒集团——专访浙江日报报业集团党委书记、社长唐中祥》，《新闻与写作》2021年第9期，第82~86页。

合发展贡献标杆力量。

浙江广播电视集团打造的"蓝媒联盟",是依托"中国蓝云"的基础资源进一步赋能"蓝莓号"而升级成立的共建共享融媒体平台。"蓝媒联盟"构建了极富特色的"1+101+X"融合传播体系,即打通浙江广电集团融媒体新闻中心、全省11个地市的融媒体中心、90个县市区融媒体中心以及央媒新媒体和社会化头部平台,使全省更多优质原创内容通过全媒体传播体系提升传播影响力和品牌竞争力。同时,对内对外协作完善"外宣+运营"的双轮驱动模式——省内实现大项目、重点活动同步"联播",省外实现央媒、商业平台紧密对接。依托"蓝媒联盟"省市县三级媒体力量打通用户"最后一公里",联通融媒"朋友圈"扩大全国影响力。[1] 2021年7月超强台风"烟花"登陆浙江,"蓝媒联盟"开启联动直播,持续报道各地防台救灾进展,其中浙江新闻频道联动台州温岭、舟山、温州等地的媒体开展长时段网络直播,[2] 上下联动的新闻生产模式,极大提升了重大主题新闻响应速度。

### 2. 地市级媒体:腰部巩固打造样板

在媒体融合改革"上半场",头部省级媒体因丰富的媒体资源和政策扶持,发展迅速;县级媒体在"以县级融媒体中心建设为重心"的二轮政策红利驱动下,从机构重组、平台搭建、模式探索等方面发力,全面补齐了短板。地市级媒体一直面临定位模糊、生存艰难的困境,属于媒体融合"腰部塌陷"地带。《关于加快推进媒体深度融合发展的意见》中明确指出媒体融合的四级结构布局,地市级媒体作为其中不可或缺的关键一环,是媒体深度融合发展的重点突围方向。

绍兴市新闻传媒中心是浙江省第一个将报业、广电整合的地市级媒体,该中心秉持"忠诚担当、守正创新、力争一流"的发展理念,以机构融合

---

[1] 冷成琳:《"前端打通、后端融通",主力军全面挺进主战场——专访浙江广播电视集团融媒体新闻中心副主任邵一平》,《中国广播影视》2021年第15期,第46~49页。
[2] 许春初、高佳琳:《顶格配置 联动报道 多端传播 权威引导 "1234"盘点浙江媒体大战"烟花"精彩篇章》,《传媒评论》2021年第9期,第9~11页。

为基础，以制度融合为保障，以产业融合为依托，积极探索"报业+广电"融合发展路径。在融合之初便对标全媒体业务流程，确定了"三个条线、五大中心"的整体架构，即拥有行政、采编、经营三条业务线，同时在采编序列设置调度中心、采集中心、编发中心、新媒中心、技术中心等5个二级采编中心。[①] 通过调整中层岗位和员工双向选聘机制等举措，完善干部结构，优化队伍建设；采取以岗定薪、以绩取酬等手段打破事业单位身份限制，建立了一套与现代传媒相适应的全新薪酬管理体系；以"一体两翼"思路拓展会展、文创、旅游、体育等新兴产业，持续提升"自我造血"能力。

湖州市主动寻找报纸广电跨界融合新路径，积极探索数智传媒转型发展新模式，在2019年12月将湖州报业集团和湖州广电集团整合为湖州市新闻传媒中心。湖州市新闻传媒中心实施"移动优先"战略，上线"南太湖号"客户端，推出政务公开、民意直通车等服务25项，入驻市县部门融媒号312个，装机量逾83万户，日活跃用户数量超3.5万户，活跃度保持全省市级新闻客户端前2位，并强势入围"2020全国地市融媒体客户端传播力十强"榜单。此外，中心还启动培育家庭服务、少儿培训、指尖生活、文化旅游等十大千万级产业项目，全力打造"传媒+"文化产业链。在基础设施建设上，湖州市新闻传媒中心投入17亿元开工建设建筑面积近20万平方米的新传媒大楼，计划2025年实现整体入驻，全力打造现代融媒传播、文化产业发展的新高地。即便面对疫情影响、融合改革双重压力，2021年湖州市新闻传媒中心经营总收入仍超过4.2亿元，同比增长13.5%，发展成效尽显。

杭州市融媒体建设密切对接"城市大脑"，在提高智能化、便民性方面不遗余力；宁波市积极探索技术突破，内容建设尤其是党建功能特色显著；金华市紧扣报道质量，评优评奖成绩位于前列；嘉兴市通过共建新闻传播平台，创新探索市县主流媒体融合发展新格局……不难发现，浙江省11个地

---

① 冯立中：《打造市级媒体融合改革"绍兴模式" 以更大担当更大作为展现初心使命——绍兴市级媒体融合改革实践探索》，《传媒评论》2019年第11期，第26~29页。

市在进行媒体融合实践时因地制宜，均在探索多元发展路径，总体而言，加强顶层设计、强调移动优先、强化技术赋能、优化经营结构等依然是各地媒体认同的建设维度。

3. 县级媒体：提质增效，打通信息传播的"最后一公里"

加强县级融媒体中心建设，是党中央巩固拓展基层宣传文化阵地、夯实党的意识形态工作根基的重大战略举措。2018年8月，习近平总书记在全国宣传思想工作会议上指出，"要扎实抓好县级融媒体中心建设，更好引导群众、服务群众"[①]。2020年11月，"十四五"规划明确提出要"推进媒体深入融合，实施全媒体传播工程，做强新型主流媒体，建强用好县级融媒体中心"。浙江县级融媒体中心一直以来积极探索"率先"路径，始终瞄准"主流舆论阵地、综合服务平台、社区信息枢纽"三大功能定位，在实践中逐步迈向巩固协同、提质增效的发展新阶段。

2018年9月，中宣部在长兴县召开县级融媒体中心建设现场推进会。此外，湖州地区的县级融媒体中心建设也颇有特色，走在全国前列，长兴县融媒体中心和安吉县融媒体中心持续发挥"头雁效应"，坚定围绕内容建设、技术创新、平台发展、机制改革、经营发展、人才培养等方面全面推进媒体深度融合。

安吉县融媒体中心在发展实践中坚持"融合、创新、跨越、共生"理念，获评"2021年全国广播电视媒体融合先导单位"，其两轮体制机制改革可谓融得前卫，三个定位精准探索也是融在前沿，四类保障优化完善更是融向前方，打造了县级融媒体发展的"安吉样本"。安吉县融媒体中心在做精新闻主页、开发移动应用、融入基层治理、实行多元经营等方面持续发力，不断提升舆论引导力、惠民服务力、社会共治力和市场竞争力，并取得了阶段性成效。2021年，"爱安吉"客户端被中宣部新闻局评议为全国7个具有示范性的项目之一。截至2021年11月，该中心完成42个重大主题的3000余

---

① 《建强用好县级融媒体中心　提升基层社会治理效能》，人民论坛网，2022年8月15日，http：//www.rmlt.com.cn/2022/0815/654018.shtml。

篇报道，形成全方位、多层次、多声部的主流舆论矩阵；每年承制各类宣传片、汇报片、公益片150部以上，每年举办演艺、会展、培训等大型活动100场以上。①同时，该中心坚持以数字化改革为引领，建成大数据协调、公共应急指挥、社会综合治理指挥三大平台，用数据服务县域治理。此外，该中心还注重知识产权申请与保护，截至2021年6月，中心共取得国家软件著作权、专利46项，与全国90个市县签订全面战略合作协议，自行研发的融媒体系统在嘉善、桐乡、临安等10多个周边县（市、区）成功复制并推广应用，还在山西、湖北、贵州、广东等省份的10多个市县进行了模式输出，树立了行业标杆。同时，推动融媒体平台、智慧城市项目以及"爱安吉"客户端等应用的对外输出，累计创收1100余万元。

便民服务是县级融媒体的突出特色。县域往往是互联网O2O（Online to Offline）平台服务的末梢，服务覆盖率和服务深度都有进一步提升的空间。这给县域客户端提供了发展可能性，从而集成和建设更具贴合性的本地生活O2O服务，如外卖、线下餐饮娱乐、家政、本地二手交易、本地就医、本地出行等，使其成为客户端的重要用户入口。

在餐饮娱乐方面，爱安吉的"安吉美食"提供云豆（积分和充值点）支付、距离排序、商户信息查询和服务评价等功能，其二级板块"云豆子入驻商家"对本地优质商家进行评选。此外，"掌心长兴"（长兴县）和"掌上三门"（三门县）设置了饭卡功能，但目前使用范围局限于机关单位或融媒体中心。在出行服务方面，大量客户端提供了出行购票服务，但基本跳转到飞猪、携程等第三方服务商页面。"掌上普陀"（舟山市）接入了订购船票功能，贴合本地生活需求。部分客户端还提供本地停车服务，但多数功能简单，以查找车位为主。较为出众的是"看秀洲"（秀洲区）的"智慧停车"，功能完善，支持添加车辆、办理包期、共享车位、无感支付、查看停车记录、查找附近停车场、浏览近期停车资讯等服务。"滨江发布"（滨江区）的"便捷

---

① 《突破融媒发展瓶颈 安吉县以改革引领县域媒体融合发展》，"安吉发布"百家号，2021年11月11日，https://m.thepaper.cn/baijiahao_15332671。

通"则提供事故路况查询、事故处置进度、线上接警等实用服务。在旅行服务方面,"视界千岛湖"(淳安县)建设较完备,支持票务、交通信息查询、景点介绍、全景体验、语音导览、酒店和民宿信息查询等多项服务。在医健服务方面,"掌心长兴"具有代表性,相较其他客户端以挂号预约为主,"健康长兴"集成了健康教育、健康管理、初步自检和导诊等一系列健康服务。部分客户端还提供家政服务,其中"爱安吉"的"智慧5189000"与客户端适配良好,功能建设完备,不仅包括维修、母婴、清洁、安装搬运等种类多样的服务项目,还公布了服务人员情况和服务明星榜单。

便民服务既应面向日常生活,也应面向产业发展,部分客户端接入或打造了各具特色的产业服务功能,主要包括助农助产的本地电商、区域品牌推广以及人才招聘等。"童话云和"(云和县)的"云和师傅"是本地技能人才和劳务输出品牌项目,通过客户端可以查询认证资格和云和师傅信息。"爱安吉"的"白茶管理平台",可供注册卖家和买家进行白茶交易。大潮网(海宁市)的"大潮商城"设置多类电商服务,涵盖助农助产、本地农产品超市、扶贫电商和传媒集团自建电商等,商品种类丰富,使用体验良好。"看秀洲"的"云上秀洲"和"开化好地方"(开化县)利用互动长图展示推广本土品牌。

### (二)内外联动:构建主流新闻舆论工作格局

#### 1. 围绕中心、服务大局,提高新闻舆论"四力"

媒体融合的一个重要任务就是破除两个舆论场的区隔,弘扬主旋律。主流媒体应时刻坚守新闻为本的底线,牢牢掌握新闻舆论工作主导权和话语权,围绕中心、服务大局,在把握大势和遵循规律中守正创新,进一步提高新型主流媒体新闻舆论工作的传播力、影响力、引导力和公信力。2021年,媒体深度融合面临历史节点与舆论格局的双重考验,[①] 浙江省各级媒体单位

---

① 黄楚新、陈智睿:《2021年我国媒体融合发展盘点》,《青年记者》2021年第24期,第9~12页。

在充分把握历史节点的同时，积极响应《长三角一体化发展规划"十四五"实施方案》《中共中央国务院关于支持浙江高质量发展建设共同富裕示范区的意见》等中央文件精神，坚定履行新时代使命任务，凝聚人心、汇聚力量、激发活力，充分发挥媒体融合在区域协同和高质量发展中的宣传引领作用。

浙报集团服务长三角一体化发展，同时抓住短视频传播风口，倾力打造了以短视频为载体的新型传播平台——"天目新闻"客户端，该客户端自2019年10月上线以来，一直致力于以沉浸式视频的方式讲好浙江故事、长三角故事、中国故事，目前已与长三角地区40多个城市达成通联合作。2021年，"天目新闻"利用"红色文化"宝贵资源，借助短视频这一新兴载体，大力弘扬"红船精神"，推出了"青年说"等栏目，倾情讲述基层干部守护、传承"红船精神"的故事，通过立体、有效传播推动了"红船精神"的大众化、通俗化。[1] 嘉兴是中国共产党的诞生地，亦是革命红船起航地，《嘉兴日报》策划推出了建党百年大型主题报道《远航》，深入挖掘革命故事，展现共产党人初心，以融媒体形式进行全方位报道，在"读嘉"客户端首次推出采访直播，在社会上引起强烈反响。[2] 金华广电和中共金东区委宣传部联合开发了"接力学党史"小程序，以数字赋能，全面启动党史宣讲活动，以先进传播手段进一步营造全员学党史氛围。金华广电另一个"接力读宣言"小程序在2021年长三角广电媒体融合优秀案例评选决赛中也有不俗表现。衢州市广播电视台获评2021年全国广播电视媒体融合典型案例，创新设立乡村振兴融媒体中心是其最大亮点。该中心负责运营乡村振兴全媒体智慧平台，按照"融合共享、全域覆盖、便捷高效、数字管理"的要求，探索利用智慧化手段，联通党员群众需求端和教育服务供给端，全媒体推送乡村振兴系列节目，聚焦群众需要，丰富教学形式，推动乡村振兴

---

[1] 李佳咪：《提高现代传播能力　建设新时代一流传媒集团——专访浙江日报报业集团党委书记、社长唐中祥》，《新闻与写作》2021年第9期，第82~86页。

[2] 余延青：《嘉兴日报社推出建党百年大型主题报道〈远航〉》，《城市党报研究》2021年第4期，第12页。

讲堂线上线下深度融合发展。

**2. 向世界讲好中国故事，提升国际传播能力**

在百年未有之大变局的时代背景下，世界各国对中国的关注前所未有。2021年5月31日，习近平总书记在主持中共中央第三十次集体学习时强调，要深刻认识新形势下加强和改进国际传播工作的重要性和必要性，下大气力加强国际传播能力建设，形成同我国综合国力和国际地位相匹配的国际话语权，为我国改革发展稳定营造有利外部舆论环境，为推动构建人类命运共同体做出积极贡献。①

浙江广电集团坚持国家站位、全球视野，2021年，浙江新闻频道ZTV NEWS全新启程，"中国蓝新闻"客户端英文频道同步上线，浙江卫视在海外开设四大"垂直频道"和小语种频道，②着力打造辐射全球的对外传播矩阵。《浙江日报》在2021年策划推出"天目全球抗疫排行榜"，这是中国媒体的首个全球抗疫排行榜，有效提升了中国抗疫的国际传播力和影响力。华数TV海外官方频道WasuTV Official Channel于2021年3月在YouTube平台正式上线，首批上线的作品有由华数传媒策划拍摄的《美丽乡村在浙里》《良工造物》等原创自制纪录片。③华数传媒充分依托浙江深厚的人文底蕴，利用自有原创内容和版权节目，向海外用户传播中国文化，助力文化"出海"。《宁波晚报》每周一次的英文版面和"甬上"客户端的"英语角"专栏，深耕本地时政新闻和文旅信息的对外传播，通过宁波都市报系全媒体平台刊发，2021年上线仅3个月，总点击量超100万次，其中6期被《人民日报》英文客户端、新华社英文客户端、《环球时报》、《中国日报》转载，极大提升了对外传播效果。

---

① 《加强和改进国际传播工作 展示真实立体全面的中国》，"人民网"百家号，2021年6月2日，https：//baijiahao.baidu.com/s？id=1701405663376542126&wfr=spider&for=pc。
② 《浙江：推进广电创新创优 提升主流媒体"四力"》，中国记协网，2021年11月10日，http：//www.zgjx.cn/2021-11/10/c_1310301860.htm。
③ 《盘点2021 | 这些牌照商发生了新变化……》，"今日流媒体"百家号，2021年12月31日，https：//baijiahao.baidu.com/s？id=1720628756455205101&wfr=spider&for=pc。

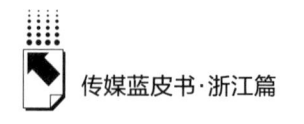

## 二 把握前沿技术，拥抱媒体数字化变革

随着媒体融合纵深推进，媒介技术的支撑作用越发明显。2021年5G建设全面提速，与大数据、云计算、区块链、人工智能等技术叠加应用，对传媒发展的促进作用从单一技术驱动转向多元技术融合，[1]融媒体建设向着生态化、智慧化转型稳步迈进，融合实践体现出内容生产短视频趋向、跨平台整合资源等重要特征。

### （一）短视频+移动直播：内容生产的新趋势

近年来，依托移动智能终端普及和传播语境碎片化，短视频逐步发展为人们日常生活中不可或缺的娱乐与信息媒介。[2] 换言之，短视频可以是有趣内容的最佳载体，也可以成为严肃新闻的表现形式。CNNIC发布的第48次《中国互联网络发展状况统计报告》显示，截至2021年6月，我国网络视频（含短视频）用户规模达9.44亿人，与2020年12月相比增长1707万人，占网民整体的93.4%，其中8.88亿人为短视频用户，相较2020年12月增长1440万人，占网民整体的87.8%。[3] 短视频和直播应用在2020年迎来一轮爆发性增长后，2021年趋向稳中有升，短视频平台依然是重要的新闻舆论阵地。新形势下，主流媒体应紧抓短视频和直播风口，坚持"移动优先"的融合战略，树立"无视频，不传播"的融合理念，守正创新内容建设，让主力军全面挺进主战场。

新闻类短视频具有"新、短、快、实、美"五大特征，[4] 有利于提升社

---

[1] 黄楚新、许可：《2021年媒体融合：新引擎驱动新发展》，《中国报业》2022年第1期，第16~20页。

[2] 赵瑜：《叙事与沉浸：Bilibili"互动短视频"的交互类型与用户体验》，《西南民族大学学报》（人文社会科学版）2021年第42期，第129~133页。

[3] 《第48次〈中国互联网络发展状况统计报告〉（全文）》，新浪网，2021年8月27日，http://finance.sina.com.cn/chanjing/cyxw/2021-08-27/doc-ikqcfncc5270431.shtml。

[4] 宋建武、郭沛沛：《短视频五大特征带来生动表达》，《网络传播》2019年第1期，第60~61页。

会整体传播效率,它与网络直播新闻一样,都是移动优先带来的必然趋势。透过中国新闻奖设奖、获奖情况,可以一窥媒体融合的阶段性成效与行业发展趋势。中国新闻奖当数国内新闻界的最高奖项,自第二十八届开始增设"媒体融合奖项",分设短视频新闻、新媒体创意互动、新媒体报道界面、移动直播等项目,浙江媒体在短视频新闻和移动直播等分项上屡次获奖(见表1),打造出数百万阅读数和互动数的现象级作品,率先发挥了"短视频+移动直播"的媒体深度融合优势。

表1 2018~2021年中国新闻奖一、二等奖浙江媒体获奖情况

| 获奖时间 | 级别 | 项目 | 题目 | 刊播单位/发布平台 |
| --- | --- | --- | --- | --- |
| 2018年<br>(第二十八届) | 二等奖 | 融媒短视频 | 一句话 让山水美如诗 | 浙江新闻客户端 |
|  |  | 融媒直播 | 浙江一小时·急救\|记者跟拍直升机到山区接病人 | 浙江新闻客户端 |
| 2019年<br>(第二十九届) | 一等奖 | 移动直播 | 直击7·5泰国普吉游船倾覆事故现场 救援仍在进行 | 浙江新闻客户端 |
| 2020年<br>(第三十届) | 一等奖 | 移动直播 | 超强台风"利奇马"登陆浙江温岭 浙视频记者夜闯台风眼 | 浙江新闻客户端 |
| 2021年<br>(第三十一届) | 二等奖 | 短视频现场新闻 | 微视频\|彻夜救援 台州无眠 | 无限台州新闻客户端 |

浙江广电集团凭借自身优势,通过充分整合集团内部音视频优质资源,在2019年打造了以短视频为主要载体的新媒体产品"蓝媒视频",联结全省各市县蓝媒号、政务号,蜂之眼拍客联盟以及各类自媒体、个人短视频创作者的优质账号,奋力打造优质视频内容聚合平台。"蓝媒视频"助力2021年台风"烟花"报道,每条短视频新闻一经发布都获得数百万次的阅读转发,部分优质内容全网转发量破亿,[①]体现出极强的传播力、影响力。浙江广电集团融媒体新闻中心以融媒技术助力两会报道,以"新"出彩,在2021年全国两会期间陆续推出短视频新闻《两会上新了》、漫画短视频新闻

---

① 叶欢娜:《融媒背景下新闻类短视频的创新路径探析》,《传播力研究》2021年第23期,第74~75页。

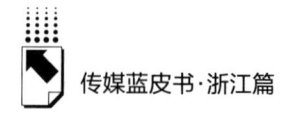

《【图说60秒】我们未来的这五年》系列、原创短视频新闻《两会Vlog丨我给两会捎句话》，① 以轻量化的新闻形式发挥媒介新技术优势，全面扩大两会报道传播力、影响力。

2021年，市县级媒体的深度融合实践也展现出视频化趋向。宁波日报报业集团"甬派"客户端以3分钟短视频记录宁波企业帮助南美洲圭亚那修复海底光缆的过程，该短视频报道在移动端广泛传播，体现了主流媒体顺应新趋势，对热点新闻反应迅速有力；海盐县融媒体中心组建短视频中心，建立短视频"策采编发"机制，建设微信视频号、抖音号、快手号，在社交平台上拓展舆论阵地，打造"盐视频"品牌，策划推出"为家乡'代盐'"10篇短视频报道，总阅读量超1亿次，提升了网络传播的舆论引导水平，取得了良好的传播效果。

**（二）区块链+融媒体：跨平台的资源整合**

全媒体传播矩阵在区块链、大数据、云计算等新技术的支撑下，不仅能更好地发挥媒体自身优势资源，还可以通过跨平台整合，横向聚合各行业、各领域的多元化资源，从而实现价值空间的延伸。安吉县融媒体中心以"区块链+融媒体"的模式，搭建了一个全国性的共建共享融媒体平台，中心自主研发的"游视界"平台，构建了集全国各地形象宣传、旅游推介、精准扶贫等于一体的网上网下体系。该平台一方面充分利用区块链技术打通了县域间的合作，目前已吸引全国272家市县媒体加盟，覆盖全国20个省份3亿多人口，实现了县域旅游资源的整合，形成了一定的集群效应和规模影响力；另一方面，通过跨平台整合与联动，充分激活各县市的旅游资源，有效避免了头部旅游服务商对县域旅游资源的垄断。②

---

① 郭庆、金亮：《"跨界"融合，让两会报道出新出彩——浙江广播电视集团全国两会报道新探索》，《新闻战线》2021年第7期，第29~33页。
② 黄楚新、黄艾：《超越链接：我国县级融媒体中心建设的2.0版》，《编辑之友》2012年第12期，第19~24页。

## 三 筑牢服务平台，深度参与社会治理

媒体深度融合中，媒体的作用更多地转向连接社会多方资源。媒体通过"新闻+服务政务商务"运营模式，一方面，广泛连接起了政府、企业、组织、民众各主体之间的关系；另一方面，积极沟通政府中政务、交通、城管、旅游等部门，打造一体化、智能化的公共数据平台，通过多部门的数据整合为社会民众提供便捷的多元服务，开发并融通多种应用场景，以媒体的数字治理形式积极参与社会治理。[①]

### （一）以用户为中心，做优"新闻+"模式

服务基层群众需求是县级融媒体中心建设的目标之一，也是县级媒体相较于其他层级媒体的特征所在。中宣部、国家广电总局等部委联合下发的《县级融媒体中心建设规范》中明确提出，"应满足用户多样化的需求，开展'媒体+政务''媒体+服务'等业务；应开展综合服务业务，面向用户提供政务服务、生活服务、社交传播、教育培训等服务"。"新闻+服务政务商务"模式是目前县级融媒体中心建设纵深发展的前沿方向，浙江县级融媒体在这条跑道上起步早、成效高，坚持以服务群众需求为中心，不断创新服务内容和运营模式，为全国县级媒体同行树立了行业标杆。

根据2021年浙江省委宣传部委托第三方机构对省内90家县级融媒体进行评估得到的结果，可以发现浙江省各家媒体单位在资讯服务、政务服务、便民服务、社区沟通服务和文化文明服务等方面百花齐放、各显特色，形成了具有可复制性、推广性的"媒体+服务"模式。其中，宁波市鄞州区推出特色栏目《天南海北鄞州人》，凝聚文化认同，展现乡土风貌；绍兴市柯桥区"笛扬"客户端的"纺都"板块紧贴本地特色轻纺织产业；瑞安市对疫

---

[①] 黄楚新、许可：《2021年媒体融合：新引擎驱动新发展》，《中国报业》2022年第1期，第16~20页。

情防控常态化背景下的惠企政策、复工复产政策等进行解读分享；温州市永嘉县将阳光监管系统"学校食堂在线"接入客户端，提供各学校食堂实时监控画面；台州市三门县在客户端设置"政务公开"专栏，对各乡镇街道进行分类聚合；金华市龙游县推出"村情通"功能组件，聚合定制本域村务公开和村情通知；丽水市云和县创建了本地技能人才和劳务输出品牌项目"云和师傅"，通过客户端可以查询认证资格和云和师傅信息；杭州市淳安县研发了包含票务、交通信息查询、景点介绍和语音导览等多项服务的客户端；兰溪市开通"网上矛调中心"，提供心理咨询、未成年人关爱等服务。

### （二）以"智慧+"为导向，助力区域治理

杭州日报报业集团持续深化媒体融合，贯彻落实"强化内部融合—构建市域传媒生态圈—服务城市治理能力现代化"三步走战略，以智慧化、数据化形式积极助力区域社会治理。集团"杭州城市大脑市域媒体一体化云平台项目"入选国家新闻出版署2021年中国报业深度融合发展创新案例。项目围绕市域媒体平台与杭州"城市大脑"双向赋能，以数据驱动服务媒体内容生产，以媒体平台内容输出赋能"城市大脑"。在"城市大脑"建设过程中，华数集团参与了"城市大脑"警务系统等平台项目，其自主研发的智慧空间管理平台已对接小区、校园、园区400余个，接入门禁、车闸近1000个。宁波日报报业集团旗下的甬派传媒是全国首个投资建设运营"城市大脑"的党报集团新媒体，"新媒体+大数据"双轮驱动的数字媒体发展模式备受好评。台风"烟花""灿都"登陆期间，甬派发挥宁波"城市大脑"大数据集合功能，推出不间断台风直播节目，联动线上线下为市民提供积水、封道提醒等信息服务，为相关职能部门提供决策参考。[①]

紧密围绕党中央和浙江省委全面推进乡村振兴的战略部署，扎实推动以

---

① 《甬派·城市大脑亮相深圳文博会，朱国贤点赞媒体融合新模式》，"九派新闻"百家号，2021年9月24日，https：//baijiahao.baidu.com/s？id=1711753768961882334&wfr=spider&for=pc。

"整体智治"理念赋能数字乡村建设，2021年浙江广电新媒体公司携手浙江电信，联合发起"十亿助力、万村共建"公益服务项目。项目依托"数字浙江主力军"浙江电信的宽带网络、5G、云网融合能力，加载以中国蓝电信电视为主要入口的客厅智慧大屏的公共服务能力，面向浙江省1万个乡村提供"数字乡村云平台2.0"，同时借助浙江电信公益技术平台服务，结合浙江农村的区域特点，建成集乡村治理、公共服务、生产管理、视听娱乐为一体的乡村数字化服务，打造服务三农的"智慧大脑"，有效解决了乡村治理数字化、农村产业智能化、村民生活智慧化中的痛点、堵点、难点，成为浙江省高质量发展建设共同富裕示范区和数字化改革在三农领域的创新样板。[1]

## 四 创新经营理念，探索多元商业模式

正如学者郭全中提出的"资本是融合的血液，媒体融合离不开巨量资本的支持""资本运作是媒体融合的前提"，[2] 资金持续投入是媒体融合的重要前提。发展新技术、建设新平台都需要巨大的资金支持，财政补贴或市场融资的"体外补血"，都只能解决一时的资金短缺和发展困境，主流媒体更需要获得"自我造血"的能力，因此媒体融合纵深发展离不开持续有效的盈利模式的助力。

浙江媒体通过与资本市场合作，创新探索经营模式，改变了单纯依靠广告收入的传统模式。例如浙报集团秉承"传媒控制资本，资本壮大媒体"的发展理念，准确锚定数字化转型目标，始终践行行业龙头使命，走出了一条极富特色的产业融合发展之路。集团经历了上市和重组两次具有重大战略意义的资本运作，牢牢抓住历史发展机遇，逐步构建起以传媒资

---

[1] 《中国蓝电信电视：2021数智服务的融合创新实践报告》，"今日流媒体"百家号，2022年2月7日，https://baijiahao.baidu.com/s?id=1724096979528749858&wfr=spider&for=pc。
[2] 沙垚：《资本、政治、主体：多元视角下的县级媒体融合实践——以A县融媒体中心建设为样本的案例研究》，《新闻大学》2019年第11期，第1~10、121页。

讯为核心，以文化生活和智慧服务为延伸的赋能型综合传媒文化产业格局，以数字文化为主体的互联网业务收入连年提升。[1] 华数传媒持续探索新的行业经营模式，2021年9月与杭州安恒信息技术有限公司签署战略合作协议，双方将在市场合作拓展、数字经济改革、安全保障、网络安全人才培养、网络安全建设、"城市盾"网络安全防护体系构建、技术和资本合作等领域展开深度合作。总之，2021年，浙江各级媒体经营模式典型性创新实践主要包括深化"媒体+"跨业运营和探索MCN跨界经营等，"自我造血"能力得到极大提升。

### （一）智慧文旅：深耕传媒新业态

海盐县融媒体中心深挖核心竞争力，培育具备原创力的团队，以创意赋能文创产业，陆续打造了"新年音乐会"、"淘市集"年货节、"盐津豆"文创等自有品牌。线上线下同步开设"盐津豆生活美学"博物馆店，打造文创产品从研发、生产、策展、演示到网销的全产业链模式，另辟蹊径探索出一条与众不同的"电商+文创"融合之路；顺应数字化改革大势，联合县总工会、县文旅局、县市场监管局搭建"疗休养云超市"跨多应用场景，为全县职工提供400余条品质疗休养路线，持续助推本地服务行业转型升级，截至2021年6月，平台交易额超过5000万元。兰溪市融媒体中心把打造"诗路文化带"作为中心产业经营的新增长点，策划承办"钱塘诗路"系列活动，挖掘兰溪城市历史文化，深度开发文创产品，建成兰溪市融媒体中心文创产品展厅，目前已开发10个系列共计100余种文创产品。长兴县融媒体中心作为全国县级融媒体建设的示范样板，在持续强化"媒体+商务"运营模式的同时，积极扩大模式输出，成立"融媒学院"，两年来共接待来访团队700多批次，累计举办培训班50场次，培训近3000人次，并先后与全国40多家单位达成项目输出协议，如与山东滨州、内蒙古科右中、

---

[1] 李佳咪：《提高现代传播能力　建设新时代一流传媒集团——专访浙江日报报业集团党委书记、社长唐中祥》，《新闻与写作》2021年第9期，第82~86页。

上海松江等地开展人员跟学培训,对河南滑县、云南蒙自、浙江三门等地进行融合模式输出,"融媒眼"智慧系统整体输出山西安塞,[1] 继续发挥媒体融合纵深发展阶段的产业融合先锋军作用。嘉兴市广播电视集团"禾点点"新闻客户端入选 2021 年全国广播电视媒体融合典型案例,其智慧停车项目将经智能化改造的停车场与客户端的数据共享,打造"网上预约车位+手机导航+自动缴费"于一体的平台功能,此外还大胆革新收费模式,与各县(市、区)国资公司合作成立管理公司,实现自身盈利模式的创新突破。

## (二)跨界 MCN:实现营收新增长

在媒介融合以及跨界合作的趋势影响下,基于大数据时代飞速发展的信息采集和分析技术,传媒产业将迎来巨大发展机遇。基于"开放、关联、对接"的互联网逻辑,传统媒体不仅在产业结构上进行升级,还在生产理念、商业模式和用户体验等方面进行改革。[2] 近年来在全国广电系统全面铺开的 MCN 平台建设,是积极实践跨界融合理念的典范。浙江广电集团"黄金眼 MCN"依托自身的媒体资源优势,基于优质内容和粉丝支持,积极开展产业孵化探索,最终实现商业稳定变现,迎来产业多渠道营收新增长。

黄金眼 MCN 是浙江广电集团旗下第一家综合类 MCN 机构,是集团围绕近 20 年的老牌民生节目《1818 黄金眼》开拓的全网知名品牌。黄金眼 MCN 凭借优质内容的跨平台、跨地域传播,积累了众多粉丝,各平台粉丝总数超过 5000 万人,[3] 粉丝活跃度高且黏性极强。机构主营短视频孵化、电商直播、网红直播培训、账号代运营、品牌全案打造等业务。2021 年,机构将短视频作为基础业务,重点开发培育垂类账号,在音乐和母婴垂直类视频运营上表现出色,在垂类矩阵的赛道上跑出了加速度;深入推动与百度

---

[1] 崔忠芳:《长兴十年,从全媒体、融媒体走向智媒体——专访长兴县融媒体中心总编辑王晓伟》,《中国广播影视》2021 年第 17 期,第 64~69 页。
[2] 喻国明:《大数据对于新闻业态重构的革命性改变》,《新闻与写作》2014 年第 10 期,第 54~57 页。
[3] 冷成琳:《黄金眼 MCN 突出重围,加速领跑——专访浙江广电集团民生休闲频道总监李秀平》,《中国广播影视》2021 年第 20 期,第 42~47 页。

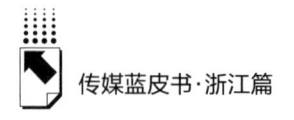

的合作，成为百度官方首家新媒体运营供应商，与百度多个业务部门共同开展数字营销并取得亮眼成绩;[1] 同时加大了本地生活类账号的扶持与开发力度，以更多样化的运营进一步打通并拓宽合作渠道，助推广电系 MCN 的产业化进程。

总体而言，2021 年浙江省三级媒体融合有序推进，形成了各美其美、美美与共的向好局面。各级媒体坚持移动优先，以客户端功能完善为中心，在信息传达、舆论引导、综合服务等方面先行先试，涌现了不少具有全国推广意义的案例和样本。省级媒体如何更好地提升全国性影响，并在内容、技术、运营等方面赋能市、县两级媒体，地市级媒体如何进一步破局媒体融合的体制机制，盘活存量资产，争取增量资源，县区级媒体融合中心如何加强新闻主业能力，进一步提高"自我造血"功能，这些都是各级媒体融合过程中遇到的具体问题。强化内容为王、增强技术运用能力、坚持体制机制改革，是浙江省媒体融合纵深发展的构建要素，也是浙江省一直在全国新闻舆论工作中走在前列的法宝。随着经验的积累和知识的共享，浙江省各级媒体将更好地因地制宜，探索出更加有效的融合之路。

---

[1] 冷成琳：《黄金眼 MCN 突出重围，加速领跑——专访浙江广电集团民生休闲频道总监李秀平》，《中国广播影视》2021 年第 20 期，第 42~47 页。

# B.3
# 2021年浙江广播电视与网络视听媒体发展报告[*]

袁靖华 陈宇辉[**]

**摘　要：** 2021年，浙江广播电视与网络视听行业在舆论引导、公共服务、精品内容、媒体融合、行业创新等多个方面取得了令人瞩目的成绩。随着"十四五"规划开局，"重要窗口""共同富裕先行示范区""智慧广电建设"等新定位赋予了浙江广播电视与网络视听行业新的使命；5G、人工智能、大数据等新技术赋能浙江广播电视与网络视听行业新业态；全媒体融合化、数字化、移动化的信息生产新模式也正在打开新的消费市场。同时，在构建新发展格局、内外双循环的新环境下，浙江广播电视与网络视听行业对内推动需求、对外拓展合作，进一步加强机制创新、政策研究、资源开掘，完善现代公共服务体系和市场服务体系，不断推进视听产业向均等化、个性化、先导化的模式发展。

**关键词：** 浙江广电　"十四五"　媒体融合　精品视听

---

[*] 本报告为2020年度浙江工业大学人文社科类基本科研业务费项目"智慧视听融媒体的内容创新与传播竞合：路径、机制与平台建设研究"（项目编号：GB202002010）的阶段性成果。
[**] 袁靖华，浙江工业大学人文学院教授，主要研究方向为影视传播；陈宇辉，浙江工业大学人文学院新闻传播学硕士研究生，主要研究方向为影视传播。

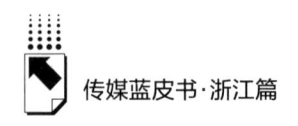

# 一 发展现状

## (一) 广播电视基本业务发展

**1. 广播电视制作播出情况**

2021年，浙江广播电视与网络视听行业整体发展相对平稳，传统广播电视节目制作和播出的时长总量较上一年略有收缩，共制作电视节目148816小时、播出723766小时，制作广播节目499366小时、播出762335小时。[①] 其中，浙江83家广播电视播出机构2021年共播出112套广播节目、112套电视节目。主要电视视听节目中，纪录片、电视剧、动画片等方面的制作量稳步上升。2021年，浙江共制作纪录片553部1617集，制作电视剧30部779集，制作动画片45部1217集217小时。

在视听节目播出方面，2021年共播出电视剧6593部261654集，播出纪录片976部21149集，播出动画片1169部47086集。对比2020年，电视剧与动画片播出量整体平稳，纪录片播出量有较大提升。另外，2021年浙江数字电视用户达到13244239户，较2020年新增21万余户。此外，互联网视频节目年新增时长达到7566小时，互联网短视频年新增条数超过3.3亿条，时长超过280万小时；互联网视频节目存量突破43424小时，境内年度独立访客数突破12亿人次。

**2. 浙江广播电视业营收情况**

近三年，浙江广播电视业的营收额呈上升趋势。2021年实际创造收入562.73亿元，较2020年增长12.47%，较2019年增长26.89%。2019~2021

---

[①] 本报告所引用的2021年浙江广播电视与网络视听行业的年度统计数据，来自浙江省广播电视局初步统计的结果，随着后续全年统计工作的进一步推进，一些数据可能会有局部微调、校正。鉴于本报告完成于2022年2月，其时经政府主管部门核对确认的最终年度统计数据尚未公布，如果此后发现有一些数据与统计年报不一，应以政府部门最终公布的统计年报数据为准。

年是浙江广电传统媒体的转型发展期，有线电视网络、电视购物频道等传统营收渠道的收入总体虽呈下降趋势，但新媒体业务收入、节目制作相关服务收入以及广播电视节目销售收入呈现明显的上升趋势。其中，2021年新媒体业务收入达97.13亿元，较2019年增长203.53%；广播电视节目销售收入达85.82亿元，较2019年增长10.82%（见图1）。这说明，在传统媒体转型、传统营收渠道收缩的行业整体困境面前，浙江已初步探索出一条视听媒体转型发展的新路。

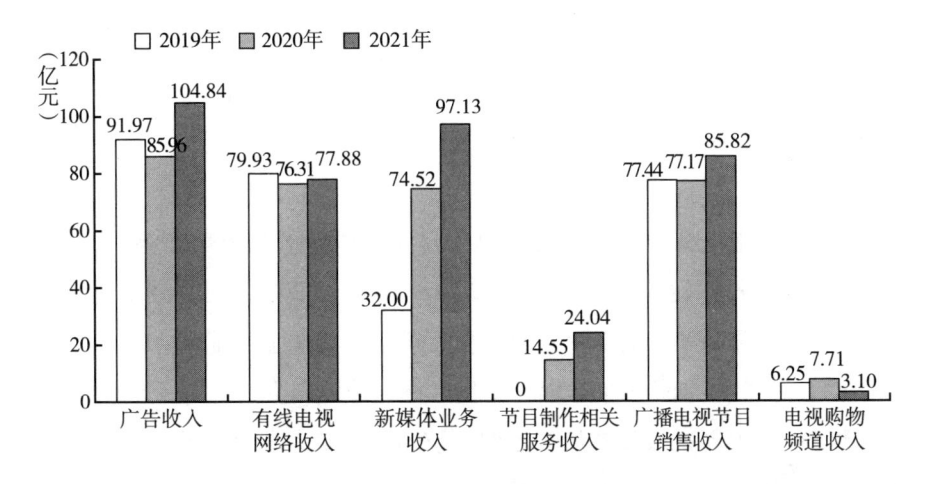

**图1　2019~2021年浙江广播电视业主要经营收入**

说明：2021年的数据来源于浙江省广播电视局的初步统计，可能存在遗漏情况，以最终国家统计部门发布的数据为准；2019年节目制作相关服务收入数据缺失。

资料来源：2019~2021年浙江广播电视统计综合报表。

## （二）新媒体网络视听发展与技术创新

2021年，浙江广播电视在新媒体领域继续发力，持续提振在各大内容平台的声量。以浙江卫视为例，浙江卫视不仅成为上半年省级卫视微博声量第一平台，而且是唯一一个抖音、快手粉丝数均破千万的省级卫视。此外，2021年浙江卫视融媒传播全网热搜破2万个，全网矩阵累计粉丝数达1.6亿人，短视频播放量破1800亿次，累计获赞超18亿次。① 浙江互联网电视（OTT）与交互式互联网电视（IPTV）近两年稳步发展，OTT的年度点播播放总时长与年度活跃用户数均有较大幅度增长，年度点播播放总时长增长44.12%，年度活跃用户数增长87.95%；同时，IPTV进入稳步发展阶段（见表1）。

表1 2020~2021年浙江互联网电视主要发展指标

| 互联网电视主要发展指标 | | 2020年 | 2021年 | 增长率(%) |
| --- | --- | --- | --- | --- |
| OTT | 年度点播播放总时长(小时) | 29000 | 41796 | 44.12 |
| | 年度活跃用户数(人) | 24569940 | 46180191 | 87.95 |
| IPTV | 年度点播播放总时长(小时) | 860940000 | 871080000 | 1.2 |
| | 年度活跃用户数(人) | 4379518 | 4514548 | 3.1 |

资料来源：2020年、2021年浙江广播电视统计综合报表。

此外，广播电视与网络视听新媒体营收总体呈平稳增长态势，2021年新媒体业务营收额达97.13亿元，较2019年增长203.53%，翻了近两倍。2019~2021年，浙江广播电视与网络视听新媒体营收连年提升。

在新媒体技术创新方面，浙江广播电视与网络视听行业积极投身数字媒体、智慧广电等创新项目建设，近两年技术创新成果不断涌现。在2021年首届广播电视和网络视听人工智能应用创新大赛（MediaAIAC）中，浙江荣获8个大奖；在2021年首届高新视频创新应用大赛中，浙江华数与浙江新蓝网分别荣获互动视频类三等奖与沉浸式视频类三等奖。同时，浙江华数的2个智慧广电生态体系建设与网络融合类项目入选了2021年第二批国家广播电视和网络视听产业发展项目库。

在新媒体营收方面，浙江广播电视近三年主要经营收入稳定增长。2019~2021年，IPTV营收年均增长率为15.05%，OTT营收年均增长率为33.05%，网络媒体广告营收年均增长率为2.77%。互联网视听节目服务营收情况最为喜人，年均增长率达161.67%（见图2）。

---

① 《高分报表：浙江卫视2021"美好"全年报》，"浙江广电"微信公众号，2022年1月8日，https://mp.weixin.qq.com/s/lfe5kCiMcqR7ay_n8m4xzA。

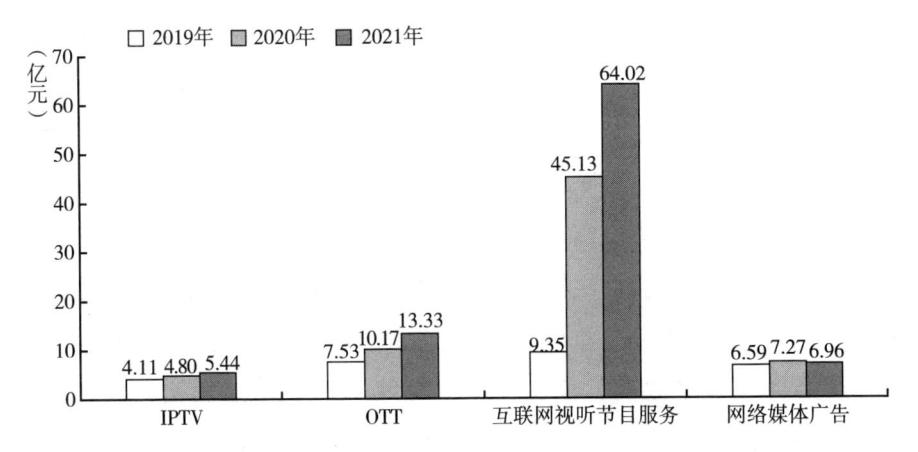

```
(亿元)
70
60                                              64.02
50                                      45.13
40
30
20
10      4.11 4.80 5.44   7.53 10.17 13.33   9.35              6.59 7.27 6.96
 0
        IPTV              OTT         互联网视听节目服务    网络媒体广告
        □2019年  ■2020年  ■2021年
```

**图 2　2019~2021 年浙江广播电视与网络视听新媒体营收概况**

资料来源：2019~2021 年浙江广播电视统计综合报表。

此外，在技术平台建设方面，截至 2021 年 11 月，依托"中国蓝云"建设，浙江广电媒体打造的"蓝媒联盟"已吸引 150 多个政务号入驻。"中国蓝云"一期项目互联网出口初始带宽合计为 5.7G，可以接入 10000 台以上的办公计算机，可提供 1500 台以上的虚拟机服务器、4PB 总量的存储、260 台以上的云非编和 600 个呼叫中心专用桌面等基础资源，具有 200 路节目收录、50 路内容提供商上传、50 路智能处理能力，云数据库可以提供 100 个以上的 Oracle 数据库服务，云平台拥有全方位安全防护体系，满足整体二级、核心三级保护要求，云监控能够实施全资源和全流程的监控与展现。

### （三）影视产业发展概况

**1. 浙江主要影视产业基地（园区）发展概况**

2021 年，浙江影视产业基地（园区）继续保持稳定发展，疫情背景下，产业复苏状态良好，运营模式基本成熟，形成了整合地方资源的本地化运营模式、全国龙头单位从地方辐射全国的综合运营模式、政策扶持下的中小微企业集群运营模式、以影视拍摄和制作为主要业务的影视运营模式、国际合作型的影视剧业务运营模式等五大产业运营模式。[1] 其中，最具代表性的是以下4大园区。

浙江横店影视产业实验区是国家广播电视总局批准设立的全国首个集影视创作、拍摄、制作、发行、交易于一体的国家级影视产业实验区。2021年上半年，基地共接待剧组222个，已达到2020年全年接待剧组数量的60%，超8000人长期生活在横店，"横漂"人数突破10万人，产业复苏表现强劲。截至2021年第一季度，象山影视基地园区入驻企业总数突破3493家，共接待《和平之舟》《风起陇西》等126个拍摄剧组，同比增长85.2%。杭州高新区国家动画产业基地聚焦数字内容产业，坚持"政府主导力、市场配置力、企业主体力"三力合一的原则，主攻数字传媒、动漫游戏和网络文学三大领域。园区已签约了包括华数、畅唐等在内的670家企业或实体机构，在年营收方面更是突破350亿元。中国（之江）视听创新创业基地是国家广播电视总局授牌设立的浙江省首个国家级视听产业基地。截至2021年第一季度，基地共入驻企业4447家，年营收突破86亿元，较上一年增加37.72%（见图3、图4）。

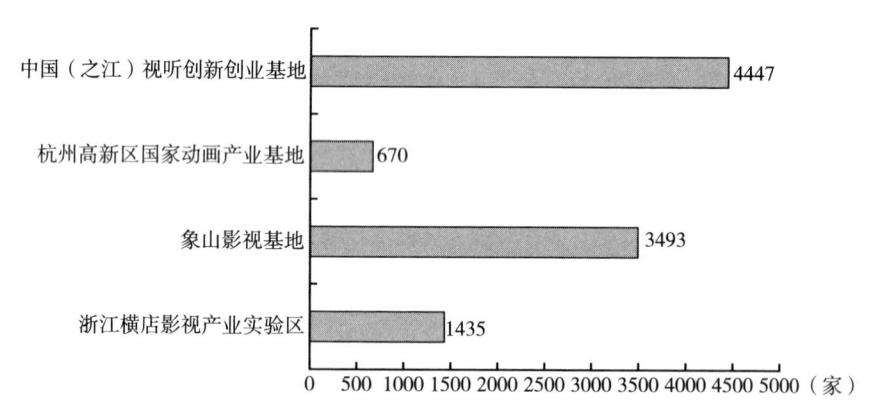

**图3　2021年浙江主要影视产业基地（园区）入驻企业情况**

资料来源：浙江广播电视和网络视听产业基地（园区）分类研究调查问卷。

---

[1] 袁靖华、陈涵瑶、韩嘉一：《浙江省广电和网络视听的产业园区运营模式调研》，袁靖华、邵鹏主编《浙江省广播电视和网络视听产业发展蓝皮书（2021）》，浙江大学出版社，2022。

```
中国（之江）视听创新创业基地   86.74
杭州高新区国家动画产业基地    350.12
象山影视基地           50.21
浙江横店影视产业实验区      157.03
```

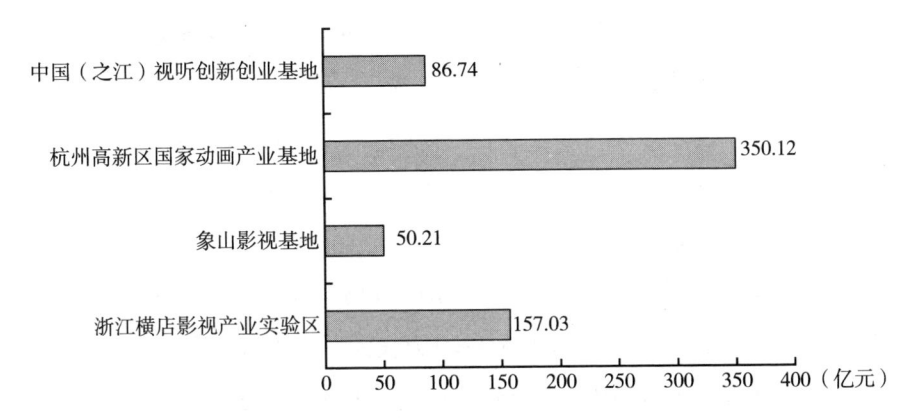

**图4　2021年浙江主要影视产业基地（园区）年营收情况**

资料来源：浙江广播电视和网络视听产业基地（园区）分类研究调查问卷。

## 2. 动漫游戏内容创新和产业发展

2021年，浙江产出电视动画片45部，共计1217集。全年共有10个片目入选国家广播电视总局优秀国产电视动画片名单，浙产动画片做到了全季度无"缺席"。综合来看，2021年浙产动画片占全国总推优数的比重超过1/4（见图5）。浙产动画片的精品数量和内容质量都走在了全国前列。

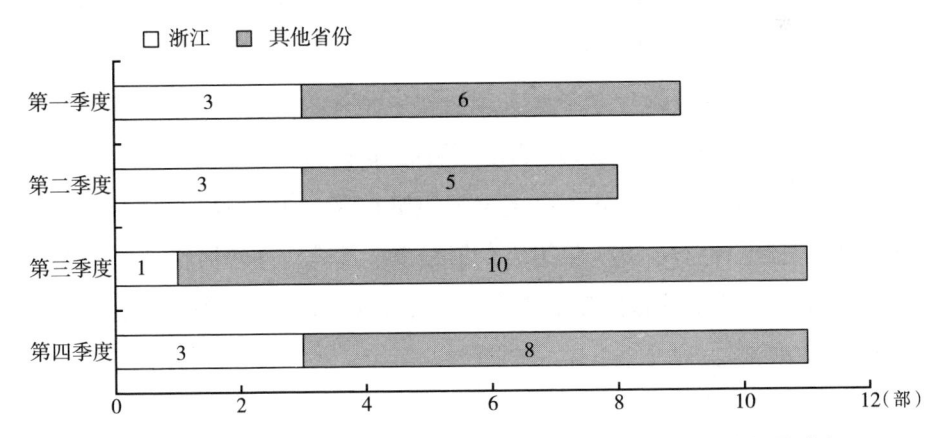

```
           浙江    其他省份
第一季度    3       6
第二季度    3       5
第三季度    1       10
第四季度    3       8
```

**图5　2021年浙江和其他省份获国家广播电视总局动画片推优数量对比**

资料来源：国家广播电视总局。

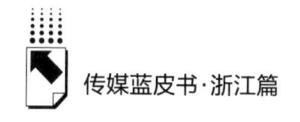

动漫游戏产业方面，2021年上半年共有592款国产网络游戏过审，其中浙江省共有146款游戏获得版号，占比为24.7%，居各省份首位。目前，浙江动漫游戏产业已形成3家主板、1家美国纳斯达克以及多家新三板挂牌的动漫游戏上市企业集群，成为全国游戏产业集聚发展的中心。

**3. 浙江影视国际传播基本情况**

在疫情冲击下，浙江影视作品国际传播仍然保持了不错的发展势态。2021年，浙江影视作品出口总额近1200万美元，影视节目出口额为488.07万美元，影视服务出口额为710.33万美元，其中，影视服务出口连续3年增长，年平均增长率达到48.91%。

浙江卫视是浙江影视国际传播领域的佼佼者。通过在海外媒体平台积极布局，浙江卫视为国际用户呈现了"美好中国"的本真模样。浙江卫视官方频道在海外辐射的国家及地区数量超过200个，海外订阅用户达700多万人；YouTube全平台观看量超59亿次，YouTube总观看时长超过9.6亿小时。[①] 作为浙江影视加速"出海"的龙头企业，截至2021年底，浙江华策影视集团的海外平台"华策频道"用户订阅数达910多万人，观看次数超28亿次，观看时长达4亿小时；已开设的"经典剧频道""青春偶像剧频道"两个主频道，均荣获海外平台"金质奖章"（用户订阅数100万人以上）。[②]

浙江影视制作机构也积极参与国际传播，浙产影视频频获得总局推优与国际大奖的认可。例如，纪录片《重走坦赞铁路（非洲版）》《贺知章》入选国家广播电视总局2021年第一、第二季度优秀对外传播纪录片，浙产影视作品在国际方面获得国际艾美奖、首尔国际电视节、中美电影电视节的多个奖项（见表2）。

---

① 《高分报表：浙江卫视2021"美好"全年报》，"浙江广电"微信公众号，2022年1月8日，https://mp.weixin.qq.com/s/lfe5kCiMcqR7ay_n8m4xzA。
② 《媒体聚焦｜讲好中国故事，我们"剧"有范儿！》，"华策影视"微信公众号，2022年1月25日，https://mp.weixin.qq.com/s/cq7legm6frXga9Wl5ua-sw。

表2　2021年浙产影视优秀海外传播作品统计

| 奖项/名录 | 类目 | 项目/单位 |
|---|---|---|
| 2021年度优秀海外传播作品 | 电视剧 | 《山海情》（东阳正午阳光影视有限公司）<br>《大江大河2》（东阳正午阳光影视有限公司） |
|  | 动画片 | 《小鸡彩虹第五季》（杭州天雷动画有限公司） |
| 2021年度中美电影电视节 | 最佳电视纪录片奖 | 《100年·外国人眼中的中国浙江记忆》（浙江卫视国际频道） |
| 2021年第一、第二季度优秀对外传播纪录片 | 优秀纪录片 | 《重走坦赞铁路（非洲版）》（义乌市非莱坞影视文化有限公司）<br>《贺知章》[浙江广播电视集团海外中心（国际频道）] |
| 2021年第49届国际艾美奖 | 最佳电视连续剧 | 《锦绣南歌》（浙江华策影视集团） |
| 2021年首尔国际电视节 | 长篇电视剧优秀作品 | 《以家人之名》（华策影业有限公司） |

资料来源：国家广播电视总局。

### （四）内容生产概况

2021年，浙江继续深耕精品内容的续航能力与深厚持久的创新能力，广播电视与网络视听内容生产成果颇丰。广电新闻生产方面，2021年浙江共有14件作品获第31届中国新闻奖，其中广电系统11件。被中央人民广播电台采用的新闻类节目超过2800条，被中央电视台采用的新闻类节目达到3650条。影视作品生产方面，逾100部浙产电视剧在央视、一线卫视和头部互联网平台播出。浙江坚持用正能量激发大流量，持续提质升级文化综艺品牌，推进"东西南北中"系列人文精品纪录片工程，积极参与投拍院线大片，多部作品荣获全国"五个一工程"奖、"飞天奖"以及"星光奖"。

## 二　总体特点

浙江广播电视与网络视听行业在发展中坚持加强党的全面领导，坚持以人民为中心，自觉承担起"举旗帜、聚民心、育新人、兴文化、展形象"的使命任务。在实践锤炼中，浙江广电视听媒体忠实践行"八八战略"，奋力打造"重要窗口"，积极实践"共同富裕先行示范区"建设，坚持以"新时代文化高地"和"数字化改革"为牵引，推动广播电视和网络视听高质量创新发展，媒体公信力、舆论引导力、国际传播力、品牌影响力等不断提升。结合浙江广播电视和网络视听行业的整体发展态势，从媒体产业融合、社会舆论、社会服务、视听生态、行业创新与国际传播六个方面入手，归纳出浙江广播电视与网络视听发展的六大指标。

## （一）四维融合力

### 1. 跨区协作，构建横向协同新路径

四维融合力衡量的是广电视听在纵向、横向维度上的联结能力。其中，横向联动首先指的是广电视听与周边产业、省内与省外之间的产业或区域横向合作。在政策指导下，浙江广播电视与网络视听行业积极对接"长三角一体化""东西协作和定点帮扶"等国家重大战略，在宣传、技术、产业、对外合作交流上整合资源、协同发展，推进节目联合制播，更好地服务国内大循环的新发展格局。浙江卫视参与制作的《潮涌长三角：长三角三省一市庆祝中国共产党成立100周年特别节目》节目入选国家广播电视总局2021年第二季度广播电视创新创优节目名单。

此外，横向联动也包括跨行业、跨媒体资源整合，共建新平台、打造新品牌。浙江卫视推出的《万里走单骑——遗产里的中国》是国内首档世界遗产揭秘互动纪实文化类节目，节目采用"视听媒体+历史文化"的呈现方式，探寻全国各地的"世界遗产"。该节目入选了国家广播电视总局2021年第一季度广播电视创新创优节目名单，入围上海电视节白玉兰奖"最佳电视综艺节目"提名。同时，该节目第二季入选国家广播电视总局2021年"中华文化广播电视传播工程"重点项目名单。另一档东西跨区合作的综艺节目《奔跑吧·黄河篇》，采用"视听媒体+互动娱乐"的呈现方式，展现了"东西协作和定点帮扶"的实际成绩，助推精神共同富裕的建设。

该节目入围了2021年第27届上海电视节白玉兰奖的综艺节目板块。

### 2. 媒体融合：开辟纵向融合新路径

四维融合的纵向维度主要体现于省市县三级广电协同推进的融媒体中心建设，并以此构建了覆盖全省广电视听的全媒体传播格局。在纵向融合中，省市县三级单位既各司其职又形成合力，共同助力浙江社会的数字化转型。对于浙江而言，跨越省市县三级的媒体融合共同体已基本成型。浙江省各级媒体单位在2021年全国广播电视媒体融合先导单位、成长项目、典型案例评选中的获奖情况如表3所示。

表3 2021年浙江广播电视媒体融合成果

| 2021年全国广播电视媒体融合先导单位、成长项目、典型案例评选 | 先导单位 | 安吉广播电视台 |
|---|---|---|
| | 成长项目 | "金彩云"智造平台（金华市广播电视台） |
| | 典型案例 | "禾点点"新闻客户端（嘉兴市广播电视集团） |
| | | 乡村振兴融媒体中心项目（衢州市广播电视台） |

资料来源：国家广播电视总局。

省级媒体积极完善云平台建设，系统部署融媒体业务。浙江广电集团积极推进媒体融合业务的品牌化打造，推出"中国蓝新闻""中国蓝TV""蓝莓视频""中国蓝云"等融媒产品，形成了完整的媒体传播矩阵，建成了区域性的传播品牌和传播平台。"蓝媒联盟"是依托"中国蓝云"形成的新型融媒体矩阵，主打"1+101+X"模式，通过扩大"朋友圈"的方式与"好友"共享资源优势，原本存在于单一传播渠道的新闻等信息内容实现了多渠道、多平台共存。

市级媒体致力于建成本地区的主流舆论阵地、综合服务平台和公共服务枢纽。嘉兴市广播电视集团推出的"禾点点"新闻客户端，立足嘉兴本地，探索"新闻+政务+服务"融合发展之道，目前用户已经超过100万人，成为嘉兴本土最权威的网络主流舆论阵地，为城市台融合发展提供了有益探索，该项目被评为2021年全国广播电视媒体融合典型案例。

县级媒体脚踏实地搭建县融中心，因地制宜打造特色接地服务。安吉广播电视台的《小城大事》栏目广播新闻专题《安吉有个"矛盾终点

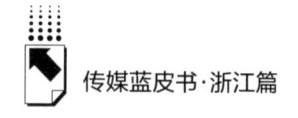

站"》播出后，微信公众号后台留言不断，纷纷称赞矛调中心为民解忧的务实做法。[①] 该专题荣获2021年第31届中国新闻奖三等奖。同时，安吉广播电视台也被评为2021年全国广播电视媒体融合先导单位。

### （二）舆论引领力

**1. 政务内容：主流叙事引导舆论基调**

围绕新中国成立70周年、"八八战略"实施15年、脱贫奔小康、共同富裕先行示范区等主题主线，省台推出《中国共产党为什么能》等为代表的一大批品牌化节目和栏目，解读当下最新思想政策，让党的主张成为时代最强音，该节目被列入国家广播电视总局2021年度"创新理论传播工程"第一批电视理论节目名单。同时，省级媒体纵览全局，定好主流基调，增量重大时政新闻报道，创新分发方式，通过诸多举措优化视听信息生产与舆论引导。例如，面对2021年12月杭绍甬三地的突发疫情，一条由浙江广电集团钱江视频制作的MV《浙世界那么多人》迅速传播，24小时全网播放量超过1亿次，其中"美丽浙江"视频号单平台播放量超过4500万次。《人民日报》、新华社等央媒，全国百余个媒体号、机构号纷纷转发。

**2. 民生内容：深入基层把握舆论脉动**

民生新闻节目立足本地，深耕内容，凸显贴近性，重视对题材的巧妙选取和深度加工，从身边生活"小选题"出发，解决百姓"大问题"。省台民生休闲频道的《1818黄金眼》已发展为浙江民生新闻的王牌节目，以聊天话家常般的叙事方式述说新闻，拉近了新闻节目与受众之间的心理距离。又如杭州电视台西湖明珠频道的《阿六头说新闻》、宁波电视台文化娱乐频道的《讲大道》等市台的民生新闻品牌栏目，使用当地特色方言作为新闻播报的主要语言，深入社情民意的"毛细血管"，关注基层舆论动态，做好基层舆论的风向标、基层民意的领航员。

---

① 《安吉有个"矛盾终点站"》，中国记协网，2021年10月28日，http：//www.zgjx.cn/2021-10/28/c_ 1310269402. htm。

### 3. 舆论监督：建设性监督解决实际问题

舆论监督类新闻栏目立足党委政府的工作重点，同时又以人民为中心，汇聚党政、市民、媒体三方力量，联动党政、知识、媒体、行业四个领域，发挥舆论监督、凝聚共识的作用，以问题为导向，开展建设性舆论监督，切实有效解决实际问题。杭州人民广播电台综合广播推出的评论节目《规范"刷脸"，严防"丢脸"》，聚焦杭州郭先生诉杭州野生动物园的中国"人脸识别第一案"，通过简短的7分钟广播评论，全方位探析杭州在城市数字化建设中面临的"刷脸"隐私风险。该广播评论通俗易懂、深入浅出，契合人民日常生活，很好地践行了媒体的舆论监督功能，节目荣获2021年第31届中国新闻奖三等奖。

## （三）社会服务力

### 1. 高效公共服务：全面提升用户体验

浙江不仅启动了国家广播电视基本公共服务标准化试点，有效提升了广播电视公共服务水平和实效，而且大力完善农村应急广播设施建设，推进对农节目、对农公益服务的多元化、普惠化，实现了中央广播电视节目无线数字化覆盖工程完成率100%，农村应急广播全省行政村覆盖率100%，省级电视频道和11个设区市市级台主频道在全国率先全部实现高清化播出，公共服务均等化成果显著。在民生服务中，浙江广播电视与网络视听行业一贯注重公共服务的均等化，融合各类资源，统筹线上线下、公共服务与市场运营，完善全场景高质量综合服务供给，协调发展空中课堂、智慧城市、电视会议、远程医疗、物联网等消费性服务和生产性服务。

### 2. 商用服务：助力产业升级

首先，优化产业发展政策供给，打造优质营商环境。浙江影视产业快速崛起，离不开开放的政策和灵活的体制，在网络视听建设、影视产业链搭建以及配套设施支持方面，浙江连续多年予以资金投入。其次，拓展产业发展半径，丰富融媒服务业务，助力产业营销升级。浙江各级广电媒体积极打造数字发展生态圈，联合各方力量共建视听产业高地，吸引了大中小各类相关

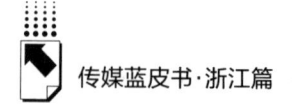

企业入驻。最后，深化电商运营精准分发模式，探索私域直播运营新路径。必须充分认识媒体分发业务的分众化趋势，积极打造媒体精准分发平台，提升分发效率，打开新消费市场。例如，浙江广电集团旗下全资购物品牌"好易购"，经过15年的发展，其通过电视购物平台累计的客户数量超过500万人。

### （四）生态聚合力

**1. 集群发展：影视高地的聚合化建设**

《浙江省广播电视和网络视听发展"十四五"规划》指出，要加速广播电视和网络视听产业基地（园区）培育工程。加强统筹规划，实行动态管理，促进技术创新、业态培育、模式推广，加快形成一批技术优势突出、产业集聚效应明显、融合示范引导有力的产业发展高地。[1] 杭州高新区国家动画产业基地重点发展动漫游戏、现代传媒、设计服务、文化会展和网络文学等特色主导产业，做大做好中国国际动漫节、中国动漫博物馆、中国网络作家村等国家级文化品牌，逐渐成长为动画、动漫及游戏产业发展的高地。横店影视文化产业集聚区强化影视配套服务建设，吸引了包括爱奇艺、正午阳光、博纳影业、华谊兄弟等在内的千余家影视公司入驻。截至2021年6月，横店影视文化产业集聚区共有入区企业1466家，入区工作室820家，实现营收103.77亿元，同比增长30.1%；税收5.73亿元，已达到2020年全年税收的79%。[2]

**2. 生态发展：视听高地的健康化建设**

2021年5月，中国（之江）视听创新创业基地在杭州西湖艺创小镇正式成立。基地发布了涉及人才、资金、配套等方面的10条高含金量产业政策，在税收、房租、启动资金方面予以全面补助，吸引了众多高水平视听行

---

[1] 《省发展改革委 省广播电视局关于印发〈浙江省广播电视和网络视听发展"十四五"规划〉的通知》，浙江省广播电视局网站，2021年3月31日，http://gdj.zj.gov.cn/art/2021/3/31/art_1229248384_4572344.html。

[2] 《2020年浙江省数字贸易百强企业排行榜：91家企业坐落于杭州》，产业信息网，2021年9月8日，https://www.chyxx.com/top/202109/973368.html。

业资源。自获批以来，基地聚集了时光坐标、中视精彩、新片场等近20家以技术为核心的影视企业以及1200余家视听产业相关企业，形成包含影视剧本创作、虚拟数字摄影、后期制作等在内的产业链式集群。基地整合艺术高校人才资源、政策资源、产业资源，致力于鼓励视听企业创新创业，进一步补齐视听艺术产业链，推动视听产业相关企业的生态集聚发展，努力打造长三角视听产业新的增长极。

## （五）行业创新力

### 1. 影视剧创新：内容精品化打造

第一，聚焦重大历史节点，打造浙产影视精品。浙产剧《和平之舟》《幸福到万家》《大浪淘沙》《春风又绿江南岸》入选了"建党百年优秀电视剧展播活动重点剧目"。2021年是中国共产党建党100周年，以此为基，浙江卫视的《中国共产党为什么能》入选2021年度"创新理论传播工程"第一批电视理论节目扶持项目；《世纪航程：中国共产党党史知识学习达人挑战赛》获2021年第二季度广播电视创新创优电视节目表彰。第二，影视创作注重社会效益，追求社会价值。浙江卫视原创的全国首档书法美育交互式电视文艺节目《妙墨中国心》，关注互联网时代书写的消逝、"书法的没落"，将书法与音乐、舞蹈、戏曲、朗诵等艺术形式相结合，以视听语言"活化"书法，努力搭建起传统书法和当下大众之间的情感交流通道，节目首播收视率为0.791，居同时段节目前列，并登顶抖音/快手综艺榜TOP1，社会反响强烈。[1]

### 2. 技术创新："智慧广电"建设，落实各项基础服务

浙江以数字化改革为牵引，加强科技创新，充分利用广播电视数字化程度高的优势，发挥数字技术对融合转型的支撑应用价值。总结近年努力，主要有如下值得圈点之处。

---

[1] 《〈妙墨中国心〉首播引发"书法美育"热议！浙江卫视打造文化节目翰墨气象》，"浙江广电"微信公众号，2021年11月24日，https://mp.weixin.qq.com/s/a1Ofd-CMqsWkg_IoMOxb5w。

第一，坚持数字赋能，探索推进"智慧广电+公共服务"。浙江广电集团推动3500台"最多跑一次"办事服务云平台终端进乡镇（街道）、50万台以上4K超高清机顶盒进家庭的工程项目，助力美丽城镇建设。浙江华数在嘉兴平湖开展"智慧广电+城市安防"公共服务实践，为人民群众生命和财产安全保驾护航。第二，坚持技术研发，开创引领"智慧广电+场景应用"。浙江华数的"华数'未来社区'建设项目"，凭借企业已有的经验与硬件设施，基于未来社区智慧服务平台的底层架构，充分利用物联网、大数据等技术，构建未来社区九大场景数字化标准。华数先后在杭州东信、冠山等多个旧改社区打造独具特色的"未来社区"新模式。[1] 该项目入选2021年第二批国家广播电视和网络视听产业发展项目库。第三，坚持终端升级，创新优化"智慧广电+党建教育"。温州广电的"红动中国——三位一体5G全景党建数字孪生平台"项目在第四届"绽放杯"5G应用征集大赛全国总决赛中荣获三等奖。该项目深度融合5G与智慧党建，借助5G激发党建组织的活力，让党员生活与时俱进，吸引更多年轻人融入、热爱党建生活。[2]

3. 企业创新：面向市场建设人文节目工作室

浙江蓝巨星国际传媒有限公司探索面向市场、发挥优势的优质人文内容创新发展新路径，率先成立"阿鲁工作室"和"蔚蓝工作室"两个人文节目工作室。浙江卫视将新设立的"人文工作室"成建制地纳入浙江蓝巨星国际传媒有限公司运营管理，依托公司独立法人优势，以市场化的视野和手段，全面扩张文化创制服务的新领域、新空间。在承制集团、频道项目的同时，"人文工作室"积极参与各类人文创制政府项目、社会项目的公开招标和运营合作，拓展了人文类视听节目工作室发展的新思路、新模式。

## （六）国际传播力

浙产影视积极"出海"，用心讲好中国故事，"走出去"正成为浙产影

---

[1] 《华数3个项目入选国家广播电视和网络视听产业发展项目库》，华数集团官方网站，2021年9月9日，https：//www.wasu.com.cn/zgsxw/14682.jhtml。

[2] 《红动中国 全景温州 移动5G融媒体+应用实验室"再获殊荣"》，"5G未来城"微信公众号，2021年12月6日，https：//mp.weixin.qq.com/s/M_zsYWEhC-7uOUSSx7SCbA。

视的重要标签之一。由华策影业出品的《刺杀小说家》，位列澳新地区同期开画票房第一。浙江华策影视出品的古装电视剧《锦绣南歌》荣获2021年第49届国际艾美奖最佳电视连续剧奖。浙江广播电视与网络视听行业推进浙产影视精品"走出去"工程，讲好浙江故事、中国故事，初步形成了层次清晰、点面结合、辐射全球的省级广播电视国际传播格局。

浙江动漫文化产业头部企业加速文化"出海"，影视动画出口稳居全国前列，如中南卡通原创动画片《魔幻仙踪》《乐比悠悠》等20部动画作品先后进入全球93个国家和地区的播映系统。由杭州天雷动画制作的《小鸡彩虹》系列动画已在70余个国家的电视台和视频平台上线，仅YouTube平台就收获了超过500万次的点赞。① 该项目入选国家广播电视总局2021年度优秀海外传播作品名单。

中国（浙江）影视产业国际合作区是国内唯一一个以文化出口为导向的国家级影视产业园区，园区内聚集了一批以华策影视为代表的文化出口企业，并培育、吸引了浙江创艺时空、华影时空、九样传媒等一大批中小型影视文化企业。其中，"十诺影视云交易平台"自2021年3月成立以来，平台买卖方入驻量已突破300家，包括华策、腾讯、柠萌等众多头部内容制作公司，以及华纳媒体、马来西亚Astro、泰国MONO等头部买家；入驻项目近300部，内容涵盖电视剧、电影、动画、纪录片、综艺、短片等多种类型。

## 三 融合创新的趋势与方向探索

### （一）"三高"内容的突破

**1. 契合思想主旋律，打造浙产影视"高原""高峰"**

坚持以人民为中心的内容创作导向，就是要以社会主义核心价值观为引领，把握好社会思想主流旋律。首先，立足时代背景，叙述脱贫共富精神，

---

① 《浙产动画片〈小鸡彩虹第五季〉获2021年度优秀海外传播作品》，"新广电"微信公众号，2022年1月7日，https：//mp.weixin.qq.com/s/_Pk-bSdtkiv4RVYOHpvQeg。

浙江东阳正午阳光出品的脱贫攻坚电视剧《山海情》，被列入国家广播电视总局2021年度优秀海外传播作品名单。其次，把握重大节点，弘扬伟大爱国精神，浙江卫视推出的纪录片《初心》讲述近20位党员的真实故事，该节目被列入国家广播电视总局2021~2025年"十四五"纪录片重点选题规划（第一批）。

2. 立足浙江文化底蕴，打造"新浙派精品"

浙江拥有深厚的历史底蕴，河姆渡文化、良渚文化、南宋风韵等都是"文化浙江"的历史文化遗产。以本土优秀传统文化为根本，以提高大众审美为目标，是打造"新浙派精品"的必由之路，也是实现浙产影视剧新飞跃的必然选择。"杭州新浪潮"文艺电影《春江水暖》将"富春山居"的诗情画意自然融入影视创作，该影片入围戛纳国际电影节、鹿特丹国际电影节、柏林国际电影节等多个国外电影节，为浙江文化的海外传播提供了示范性开拓高标杆。

## （二）智慧融合的创新

**1. 媒体资源整合，创新"媒体+"经营模式**

在深入推进媒体融合的道路上，需要把握传播格局和媒体经营的深刻变化，推动媒体融合向"媒体+"发展，进一步打造新型传播平台与传播方式。长兴广电将媒体内容生产与媒体运营相结合，推出"融媒眼"项目，以"平台+服务+工具"为核心理念，以平台为技术支撑，多线组合，满足不同模块业务的需求，增强业务弹性和伸缩性，以最优的规模灵活适配媒体业务的发展变化。在媒体智慧融合业务中，长兴县融媒体中心主动布局智慧发展格局，投建完成长兴县云数据中心，推动云计算、大数据等信息产业的发展，形成全县"智慧枢纽"，不断推进新型智慧媒体建设，为超500万移动端用户提供智慧融媒服务。①

---

① 《全省县级唯一！长兴县融媒体中心亮相中国网络媒体论坛》，"长兴发布"微信公众号，2021年11月24日，https://mp.weixin.qq.com/s/a-jHC4rM6ng5L2tpdhP9Lg。

## 2.横纵协作生产,探索县级媒体融合新路径

浙江县级媒体横纵双向、多维探索融合创新路径。一方面,纵向依靠省级平台,完善"一云多厨"融合业务建设。在打造省市县三级同向发力的融媒传播平台时,浙江广电集团以"中国蓝云"为主体,根据青田传媒集团需求,为青田台量身定做了应用模块,组建"中国蓝云"青田台"租户",青田台只需"拎包入住"就能享受所有服务。[1] 兰溪融媒体中心与浙江广电集团共同成立全省首家"蓝媒学院",强化省县融媒技术与人才交流,加速县级融媒平台成长。另一方面,横向联合同行,优化本地资源库。例如,余杭区借助"中国蓝云",在全区建成微融媒体中心16个,布局区域一体、联动紧密的全媒传播体系,有效推动了媒体融合向基层延伸,打通了信息沟通的"最后一公里"。[2] 义乌融媒体中心与金华广播电视集团成立"金彩云联盟",推动各类资源合作共享。

### (三)产业运营的创新

#### 1.契合社会发展,创新视听广告运营机制

视听产业发展与国家战略的融合,是视听传媒广告发展的全新增长点。在产业融合升级中,传统广播电视媒体与网络视听广告业务积极开辟视听产业营收新模式。一方面,针对共同富裕和乡村振兴战略,各级媒体机构可以利用媒体自身的权威性与流量,积极参与地方的宣传推广活动,发布地方特色产品广告、农村旅游广告等。另一方面,视听媒体可以协助政府和社会打造在全省甚至全国范围内有一定影响力、一定价值的公共品牌与IP形象,从而增加媒体的广告收入份额,同时帮助参与其中的品牌构建社会价值。

#### 2.产业园区开放式建设,驱动产业生态创新发展

浙江广电集团投资兴建的浙江国际影视中心于2017年开园。园区大力推动产业运营,已形成了包括中国TOP直播电商产业园、中国蓝文化创意

---

[1] 《浙江首个省县合作融媒体中心在青田启用,打通媒体融合"最后一公里"》,新蓝网,2018年9月28日,http://n.cztv.com/news/13005889.html。
[2] 吴一静:《全区微融媒体中心实现镇街(平台)全覆盖》,《余杭晨报》2021年12月28日。

产业园、研学培训基地、影视后期制作基地、会务会展基地等在内的"两园三基地"产业生态格局。首先，产业园推进开放式建设，打造灵活租户平台。园区管委会与各入驻单位积极沟通协调，努力完善交通、餐饮、物流、通信技术等后勤辅助服务保障。其次，园区积极驱动子属企业，协同打造产业新生态。目前浙江卫视节目中心、好易购、新蓝网等浙江广电下属单位已经完成入驻，这有助于进一步整合品牌资源，打造品牌文化。自开园以来，该园区引入妙趣互娱、太空蓝猫等头部机构、企业16家，签约面积近7000平方米，辐射带动杭州乃至全国电商产业链加快升级。

### （四）机制创新的探索

**1.数字化改革：视听工作全方位覆盖**

在数字社会发展背景下，以"深化数字化改革""数字化服务"为目标，打造数字化视听应用集成服务平台。"浙里办"数字社会应用集成服务平台是面向全省广电用户的公共服务应用，2021年7月，浙江省广电数字化改革应用"浙里视听"上线"浙里办"平台，该应用全年总访问量已突破144万人次，总用户数超23万人。政务服务方面，2021年11月，依托浙江华数开发的"最多跑一次进客厅"V2.0平台正式上线，瞄准群众便捷办事的根本需求，赋能政府数字化改革，实现居民办事从"最多跑一次"到"一次也不用跑"的目标。"智慧广电+政务服务"数字化场景应用的普及，大力提升了浙江城镇乡村的政务服务能力和服务效率。

**2.政策+实践：视听人才机制创新**

早在2017年，浙江就出台了《浙江省文化产业人才发展规划（2017—2022年）》，提出未来5年要大力扶持影视、传媒、工艺美术和文化经营管理等十大重点领域人才，实施人才培育、人才引进、人才激励和人才服务四大计划。[1] 产业基地、高校、各级地方媒体积极开展人才引进、人才培育、

---

[1] 《我省扶持文化产业十大重点领域人才》，浙江省广播电视局网站，2017年12月22日，http://gdj.zj.gov.cn/art/2017/12/22/art_1228990155_41372317.html。

技能培训等人才计划。2021年7月,国家广播电视总局公布"全国广播电视和网络视听行业领军人才工程、青年创新人才工程"入选名单,浙江广播电视行业的领军人才工程共入选19人,青年创新人才工程入选34人。在政策引领作用下,各地积极开始人才创新实践,举办媒体技术能手竞赛,操练专业技术业务能力,开展专项培养计划、评选活动,遵循广电人才队伍培养规律,科学创新人才工作体制机制。

3. 监管机制

体制机制的创新与发展离不开监管能力的升级。具体来说,一方面,浙江广电分步建设大数据、人工智能实验室,推广运用"新蓝算法"等智能系统,按照"自主可控、精密智控"要求,推进智慧监测监管系统建设,提升广播电视和网络视听行业的信息安全水平;另一方面,迭代升级智慧广电视听监管平台,打造"全媒体新闻传播系统""重大风险防控""文娱领域综合治理"等数字化监管应用,实现智能化监测监管网络新媒体内容。同时,进一步完善广播电视监测监管指挥舱建设。

4. 标准化建设:动漫游戏的机制创新

浙江鼓励动漫游戏产业相关标准的建设,以标准化促进政策制定进一步细化,营造良好的动漫游戏产业生态,出台了《动漫内容分级要求》《电子游戏内容分级要求》《电竞场馆建设规范》《电子竞技直转播平台管理规范》等浙江地方标准。同时修订了相应的国家标准、行业标准,如"长三角动漫游戏产业发展标准",致力于探索相关行业产业标准的"走出去",对内试点运营相关标准,对外积极寻求区域协同合作。行业标准的出台,成为相关配套政策和评价体系的有力依据,可以进一步明确产业政策重点,实现扶持项目和金额的调整,优化转变扶持方式,进而辐射至税收优惠政策、产业用地政策、公共服务政策等领域。

(五)共富先行的探索

浙江广播电视与网络视听行业在服务浙江社会经济发展中一直扮演着重要角色。在共同富裕建设背景下,服务高质量发展、建设共同富裕示范区成

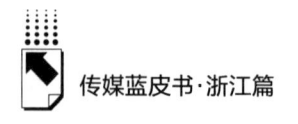

为浙江广电视听媒体的使命担当。《浙江高质量发展建设共同富裕示范区实施方案（2021—2025年）》提出，要打造新时代文化高地，推进社会主义先进文化发展先行示范，文化层面的共同富裕和物质层面的共同富裕密切相关。

浙江广电媒体做深做实共同富裕文化宣传，为共同富裕增色赋能，加强主题宣传，为共同富裕注入文化力量。浙江广电集团依托资源、技术等优势，积极推出专题专栏、系列报道和音视频等融媒产品，"中国蓝新闻"App的"在浙里见美好·共同富裕看'浙'里"助力宣传浙江各地共同富裕社会发展，浙江卫视《奔向共同富裕·精神共富》以优质内容传递精神共富思想，《共同富裕看"浙"里·对话厅局长》《六中全会精神面对面，共同富裕大家谈》解读共同富裕思想政策。同时，浙江广电集团建设浙江IPTV平台，为用户提供数字媒体文化服务，积极参与主办各类活动，如"共富浙江，醉美山水"浙江林业短视频征集大赛、大型公益活动《一起跨越》、浙江数字乡村"先锋"榜等；好易购打造"中国TOP直播电商产业园龙游基地"，以媒体赋能山区共同富裕。此外，地市级媒体因地制宜，立足本地，深耕地方经济社会发展，提供优质共同富裕文化服务，形成了全媒体、全要素、全覆盖的共同富裕建设氛围。

综上，浙江广播电视与网络视听行业"十四五"阶段挑战与机遇并存，在产业发展中，始终坚守主阵地，做强做大主流媒体的声音，完善新时代舆论引导新体系，强化舆论引导的多维性、贴近性与高效性；持续发力打造新时代视听精品，建设新时代文化高地，创建富有影响力和号召力的"浙派"品牌。广播电视与网络视听行业始终明白，优质视听精品的落点是人民，因此需要创新政策规制，强化产业集群效益，支持优质浙产视听作品"出海"，构建优良的浙产影视生态网络，加速"智慧广电"建设，坚持惠民、利民、助民，助力视听公共服务体系增效升级，全面深化改革、创新产业发展举措，更进一步地推进浙江广播电视与网络视听行业的高质量发展。

# B.4
# 2021年浙江报业发展报告

李晓鹏 沈爱国*

**摘　要：** 2021年，受宏观经济增速放缓、疫情冲击、动能调整等因素的影响，浙江报业经营指标出现下滑，传统纸质版报纸的生产规模进一步收缩。对此，浙江报业积极转型，不断深化媒介融合实践，以期重建与用户的连接。本报告基于问卷调查数据，对2021年浙江报业中党报、晚报与都市报、行业与专业报以及高校校报等四种不同类型报刊的续存现状、经营情况、新媒体发展情况与人力资源情况进行分析与总结，从而清晰呈现2021年浙江报业的发展情况。

**关键词：** 浙江报业　报纸发行　媒介融合　报纸营收　有效发行量

2021年底，浙大城市学院传媒与人文学院联合浙江省报业协会对浙江报纸行业的发展情况进行了调查。调查主要采取了问卷调查的方式，设置了报业续存现状、经营情况、新媒体发展情况和人力资源情况等四个一级指标，每个一级指标下又分别设置了多项二级指标，较为细致地对浙江报业状况进行了摸底，并归纳出2021年浙江报业发展的总趋势和特点。

第一，党报一枝独秀，保持了报业市场第一的地位；晚报与都市报风光不再，积极转型；行业与专业报另辟蹊径，在垂直领域确立了存在价值。

---

\* 李晓鹏，浙大城市学院新闻与传播学院新闻系主任，高级记者，主要研究方向为新闻学、新闻业务、媒体转型、政务传播；沈爱国，浙大城市学院新闻与传播学院院长，教授，主要研究方向为新闻学、新闻业务、新闻报纸经营管理、网络传播。

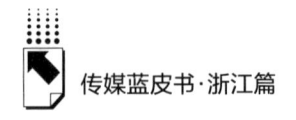

第二,发行市场面临挑战,版面规模进一步压缩,发行成本越来越高,发行价格水涨船高。

第三,报业收入呈现多元化趋势,广告收入占比普遍下降,政务、社会与生活服务、技术服务、新媒体代运维服务、投资、商业等方面的收入占比提升。

第四,从报业人员结构构成可以发现,传统采编业务人员占比下降,新媒体采编人员占比上升。与此同时,还出现年龄老化,学历、职称分布不均衡,行政人员占比过高等现象。

## 一 2021年浙江报业续存现状

浙江省目前公开出版的报纸有107份,可以分为党报、晚报与都市报、行业与专业报和高校校报等四大类别。从办报情况看,党报在数量以及体系的完整性上,均已远超晚报与都市报,两者构成了主流舆论场的主力军,党报继续保持对党员领导干部的影响力,晚报与都市报则成为市场上主要的内容输出平台,通过深化媒介融合的方式,继续保持对普通读者的影响力。而行业与专业报系列通过进一步深耕细分市场,保持在专业领域内的影响力。

### (一)党报系列

党报系列有30份报纸,构成了浙江报业的主流平台。其中省级1份,即《浙江日报》。副省级2份,即《杭州日报》与《宁波日报》。地市级9份,包括《温州日报》《台州日报》《金华日报》《湖州日报》《嘉兴日报》《绍兴日报》《舟山日报》《衢州日报》《丽水日报》等。县级18份,包括《永康日报》《萧山日报》《慈溪日报》《海宁日报》《余姚日报》《奉化日报》《兰江导报》《富阳日报》《鄞州日报》《义乌商报》《上虞日报》《诸暨日报》《瑞安日报》《乐清日报》《东阳日报》《温岭日报》《柯桥日报》《余杭晨报》等。

## （二）晚报与都市报系列

在浙江省域范围内，晚报和都市报系列报纸19份。其中，省级1份，即《钱江晚报》。副省级6份，包括《都市快报》《城报》《每日商报》《宁波晚报》《现代金报》《东南商报》等。地市级12份，包括《温州晚报》《温州商报》《温州都市报》《金华晚报》《浙中新报》《南湖晚报》《舟山晚报》《绍兴晚报》《台州晚报》《衢州晚报》《处州晚报》《湖州晚报》等。

## （三）行业与专业报系列

行业与专业报系列有28份，其中教育类5份，包括《浙江教育报》《少年儿童故事报》《树人导报》《少年学报》《小学生世界》等。生活类15份，包括《生活与健康》《交通旅游导报》《江南游报》《农村信息报》《浙江老年报》《浙江城市广播电视报》等，其中，《浙江城市广播电视报》在9个设区市均有地方版。专业类5份，包括《美术报》《浙江法制报》《市场导报》《科技金融时报》《体坛报》等。另外还有部门类3份，主要为所属部门和领域服务，包括《浙江工人日报》《联谊报》《平安时报》等。

## 二 发行现状

2021年，全省报业纸质版发行状况持续滑落，与2020年相比有较大幅度萎缩。发行数量、版面规模、印刷数量均持续下滑，发行价格则有所上升。

### （一）发行数量

1. 党报发行状况

党报系列保持了均衡发展态势，除《浙江日报》遥遥领先并保持龙头地位之外，其余设区市的党报发行量（订阅数）并没有明显差别，县级党报发行量可圈可点。5家党报发行量（订阅数）超过10万份，分别是《浙江日报》（42.9万份），《杭州日报》（17.8万份），《宁波日报》（15.97万份），《金华日报》（17.2万份），《温州日报》（12万份）。其余党报中，《衢州日报》9.8万份，《台州日报》9.4万份，《义乌商报》7.4万份，《萧山日报》6.7万份，《柯桥日报》4.9万份，《富阳日报》4.5万份，《诸暨日报》4万份，《东阳日报》3.9万份，《温岭日报》3.6万份，《乐清日报》3.5万份，《海宁日报》3.5万份，《慈溪日报》3.2万份，《舟山日报》2.8万份，《永康日报》2.5万份，《丽水日报》2.4万份，《奉化日报》2万份，《瑞安日报》0.44万份（见图1）。

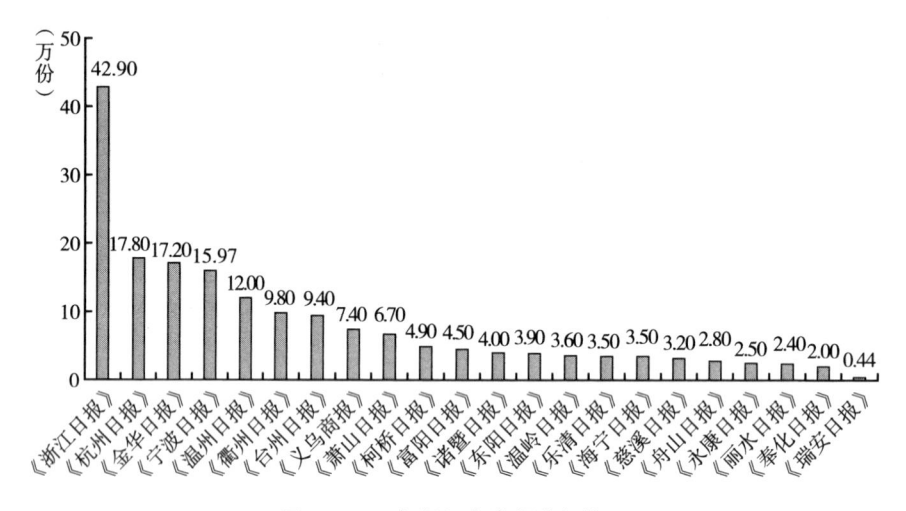

图1 2021年浙江省党报发行情况

**2. 晚报与都市报发行状况**

晚报与都市报发行状况呈现明显的强弱分化态势。发行量（订阅数）集中于两家最大的报纸，即《都市快报》（79万份）和《钱江晚报》（53万份）。其余报纸中，除金华晚报发行量（订阅数）达到17万份之外，剩余报纸均未能超过10万份。其中《衢州晚报》9万份，《每日商报》7.5万份，《温州都市报》6.4万份，《温州商报》6万份（见图2）。

这表明，除头部两家报纸能保持较大的订阅数外，其余报纸订阅数已大幅下滑，不仅无法在纵向上同晚报与都市报的巅峰时代相比较，横向上也已经整体低于党报系列。

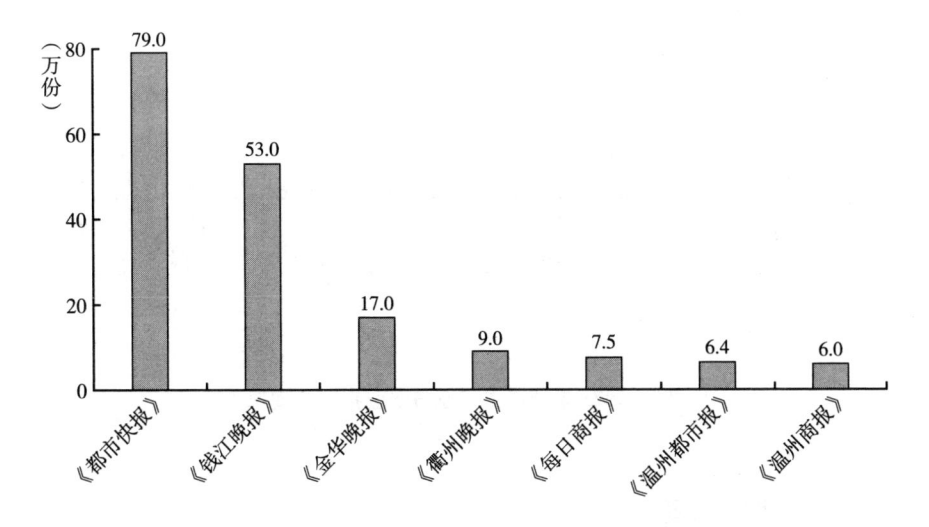

图 2　2021 年浙江省晚报与都市报发行情况

### 3. 行业与专业报发行状况

行业与专业报依托独有的发行渠道，获得渠道内行政资源的加持，在垂直领域表现出不菲的发行业绩，教育教辅类报纸发行量尤为突出。其中，《少年学报》发行量（订阅数）达到 90 万份，是全省发行量最大的报纸。《小学生世界》为 24 万份，排名第 2。《浙江老年报》15 万份，《浙江法制报》14 万份，《体坛报》5.5 万份，《浙江教育报》5.3 万份，《市场导报》3.5 万份，《农村信息报》3.3 万份，《生活与健康》2.5 万份，《浙江城市广播电视报》1 万份，《美术报》1 万份，《舟山广播电视新周报》5000 份，《科技金融时报》900 份（见图 3）。发行量居于前列的报纸，不仅能够满足受众在垂直领域的强烈需求，也能配合行业主管部门中心工作的宣传。相对于晚报与都市报来说，行业与专业报的发行量展示了其所具有的独特优势，即内容更专业、领域更垂直、需求更清晰，因此市场表现会更为持久。

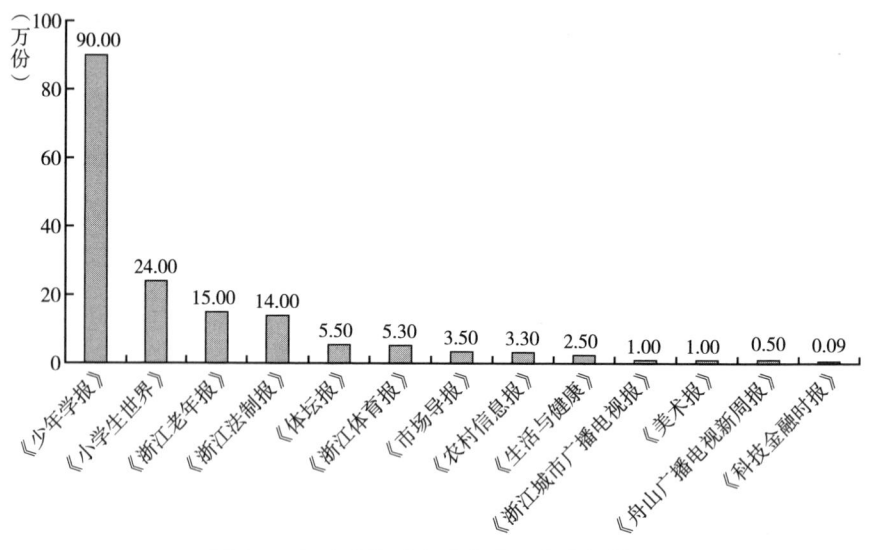

图 3  2021 年浙江省行业与专业报发行情况

## （二）版面规模

版面最直观地反映了报纸的运营状况。中国报业一度经历过"厚报时代"，庞大的广告市场对报纸版面有强烈的需求，各大报纸均不断扩版以满足市场需求。而随着媒介市场的调整，目前报纸已经无法继续维持太多的版面，版面规模出现大幅度收缩。

### 1. 党报版面规模

在省市级党报中，《舟山日报》为刊均版面最多的报纸，日发行 18 个版。《浙江日报》《杭州日报》保持 12 个版的规模。《金华日报》为 12 个版，《宁波日报》为 10 个版，《温州日报》《台州日报》《湖州日报》《绍兴日报》《丽水日报》《衢州日报》为 8 个版。所有的党报均采取了专版专刊的形式，对接市场和政府部门的宣传需求，并且在双休日、节假日均一定程度地减少版面，版面安排显得更加灵活。

在县市级党报中，2021 年的版面安排相对差异不大，较为平均。《富阳日报》《柯桥日报》为 12 个版，《慈溪日报》《海宁日报》《乐清日报》《瑞安日报》《奉化日报》《诸暨日报》《义乌商报》《永康日报》《东阳日报》

等为8个版，《温岭日报》版面安排较有特色，周一、周三、周五、周六为4个版，周二、周四为8个版（见图4）。

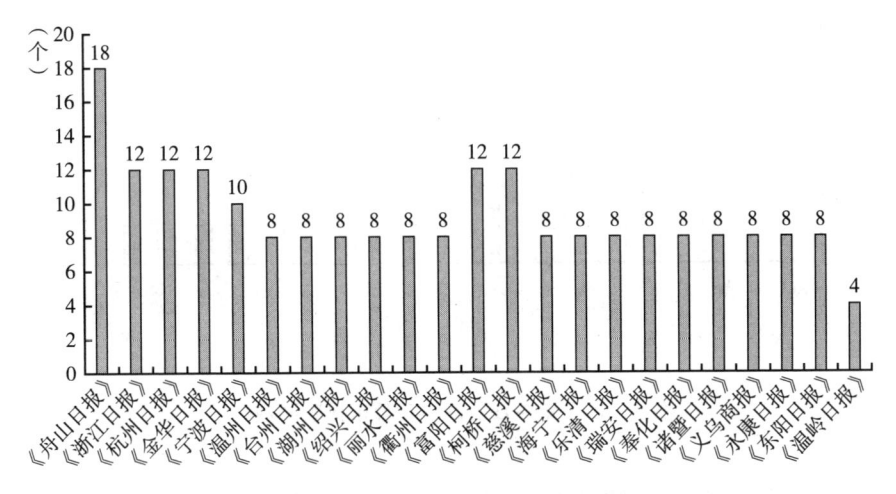

图4　2021年浙江省党报版面规模

**2. 晚报与都市报版面规模**

2021年，在市场化程度较深的晚报和都市类报纸中，《都市快报》作为日刊保持了日均48个版的规模，其余报纸均大幅度压缩了版面规模。《钱江晚报》《每日商报》等日刊日均16个版。《衢州晚报》为每周六刊，刊均12个版。《处州晚报》为每周六刊，刊均12个版。《金华晚报》《温州晚报》《温州商报》《温州都市报》日均仅剩8个版。《宁波晚报》为日刊，刊均8个版。《现代金报》每周两刊，刊均8个版（见图5）。过去扩版成风、以大规模版面承接广告运营的市场化版面模式已经无法维持。

**3. 行业与专业报版面规模**

行业与专业报多为周刊，日刊仅有一家，为《交通旅游导报》，每期发行16个版。《浙江法制报》为每周五刊，每期12个版。《平安时报》为每周三刊，《浙江教育报》为每周三刊，其中，《平安时报》16个版，《浙江教育报》4个版。《市场导报》为每周二刊，每期12个版。《生活与健康》为每周二刊，每期12个版。《科技金融时报》为每周二刊，每期8个版。

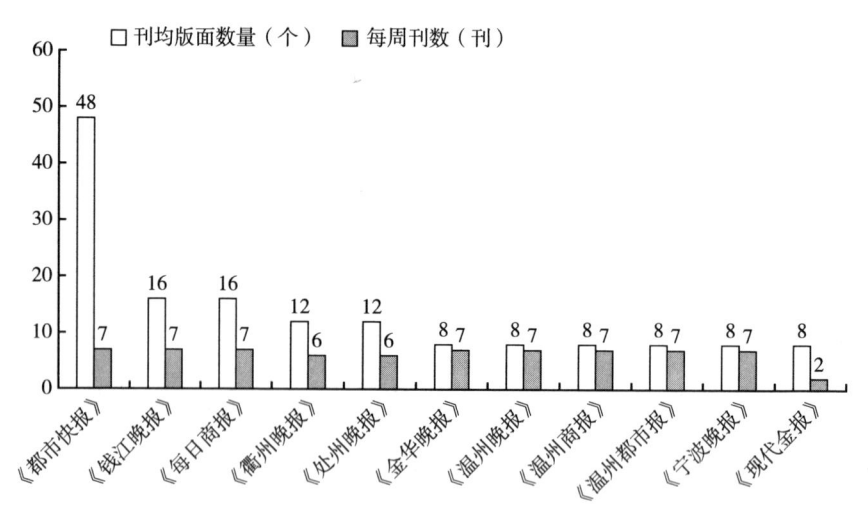

**图 5　2021年浙江省晚报与都市报版面规模**

其余均为周刊，版面数较多的有《美术报》24个版，《少年学报》28个版，《湖州广播电视报》24个版，《浙江老年报》16个版，《舟山广播电视新周报》20个版，《嘉兴广播电视报》16个版。《浙江城市广播电视报》《平安时报》《农村信息报》《体坛报》均为8个版（见图6）。

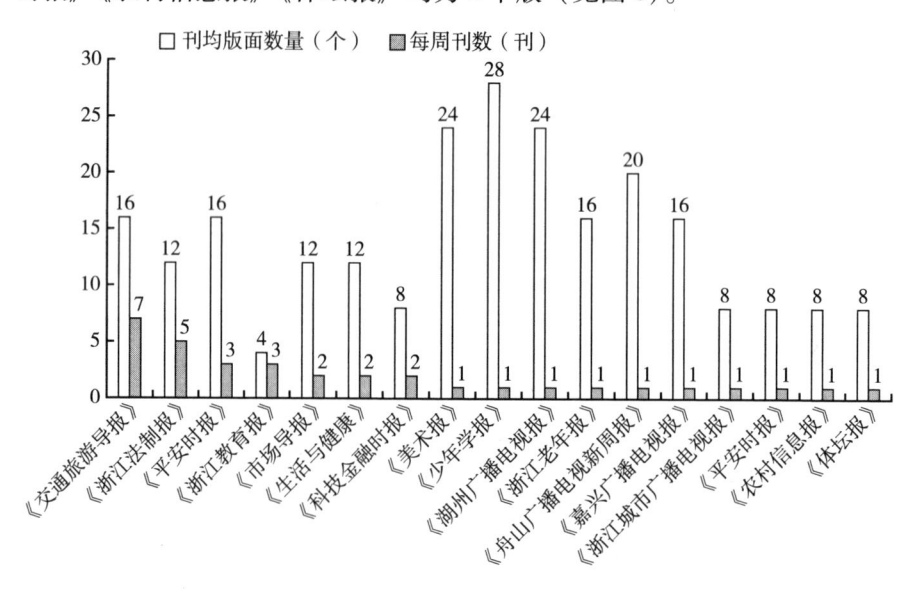

**图 6　2021年浙江省行业与专业报版面规模**

## （三）发行价格

由于国际市场大宗商品价格普遍上涨，加上"双碳"经济的大背景，纸张原浆价格上涨较快，进口新闻纸价格居高不下，2021年之前的浙江报纸便已经历过一轮发行价格上涨。从国际供应链的现状看，新闻纸价格上涨的趋势将长期存在，这给报纸的发行成本带来极大挑战，也将成为决定纸质版媒介能否继续生存的关键性因素。绝对成本上涨与媒介替代效应导致的广告流失，使得纸质媒体的商业模式将面临重大挑战。

### 1. 党报发行价格

2021年，浙江省党报系列的发行价格在全部报业品类中继续保持领先，普遍比晚报和都市报高出100元，价格区间为200~600元。其中，《浙江日报》因版面较多，面向全省发行，承担了较高的发行成本，以520元的发行价格领跑全省。两家副省级城市党报《杭州日报》和《宁波日报》以480元的发行价格紧随其后。发行价格处于400~500元的还包括《衢州日报》（450元）、《丽水日报》（440元）、《台州日报》（430元）、《金华日报》（420元）、《温州日报》（420元）。300~400元的以《慈溪日报》（398元）为代表，此外还有《萧山日报》（380元）、《舟山日报》（360元）、《奉化日报》（360元）、《富阳日报》（300元）。其余党报均在200~300元，其中《义乌商报》298元，《东阳日报》《诸暨日报》288元，《永康日报》276元，《海宁日报》268元，《柯桥日报》《温岭日报》《乐清日报》《瑞安日报》均为258元（见图7）。

### 2. 晚报与都市报发行价格

曾经以较低的发行价格获取较大市场占有率的晚报与都市报系列，也已经完成了一轮提价，价格区间为100~400元。在全省有较大市场份额和影响力的报纸发行价主要集中在300~400元。其中，《钱江晚报》和《都市快报》396元，《宁波晚报》360元，《每日商报》326元，《温州都市报》300元。200~300元价格区间集中了在设区市有较大影响力的报纸，其中，《现代金报》290元，《温州商报》《温州晚报》258元，《东南商报》240元，

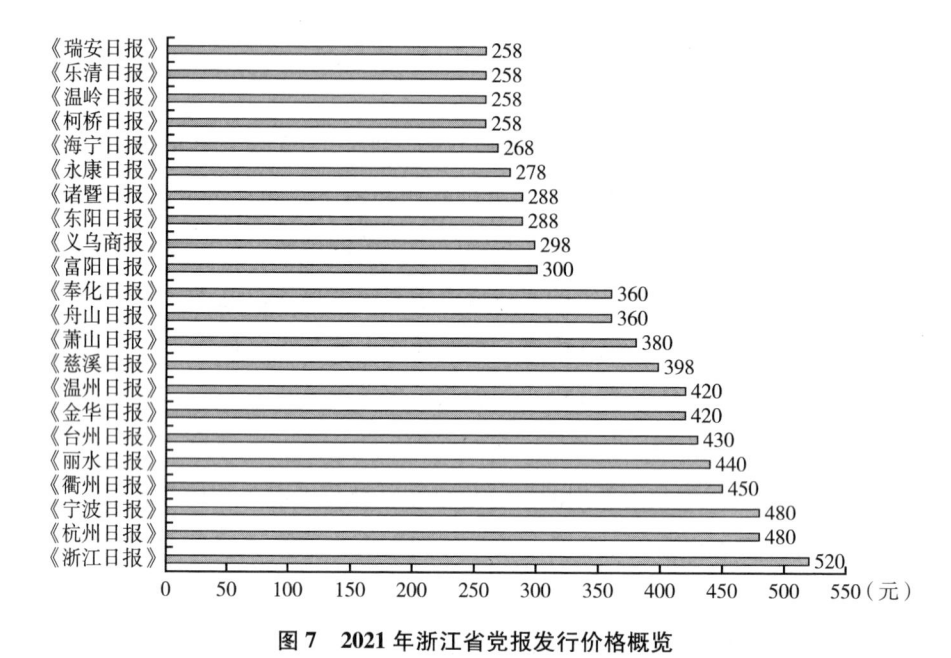

图 7　2021 年浙江省党报发行价格概览

《衢州晚报》228 元，《处州晚报》198 元，免费发放的《城报》标价为 188 元（见图 8）。

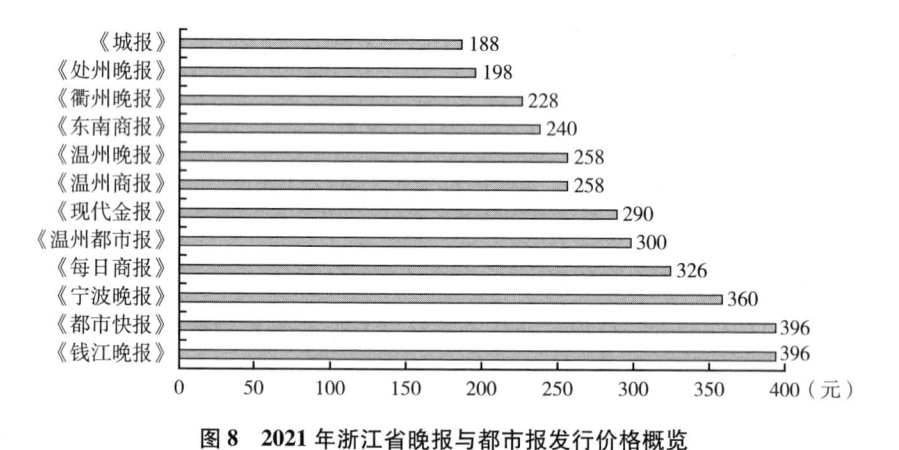

图 8　2021 年浙江省晚报与都市报发行价格概览

**3. 行业与专业报发行价格**

行业与专业报系列主要依托垂直领域的行政资源赋能，围绕垂直领域展开新闻宣传运营,与行业内资源形成共生关系,其发行成本相对较低,能够承受一定程度的成本上涨,所以该品类报纸发行价格能够维持在较低水平。其中,《浙江法制报》除了满足行业行政需求外,还为社会提供专业法治类新闻信息服务,且版面数多、发行频次较高,因此以320元的发行价格成为该品类报纸第一名。《美术报》虽然专业性很强,但印刷要求高,且面向全国发行,成本相对较高,发行价格定为298元。《平安时报》以250元位居第3,《科技金融时报》以228元位居第4。除这四家报纸之外,其余行业与专业报的发行价格均低于200元。《浙江城市广播电视报》为190元,《市场导报》为180元,《生活与健康》《浙江老年报》两家与生活相关的报纸,发行价为168元。《浙江教育报》160元,《嘉兴广播电视报》156元,《体坛报》150元,《宁波广播电视报》118元,《湖州广播电视报》《舟山广播电视新周报》均为100元,《丽水广播电视报》60元。两份教育教辅类报纸——《少年学报》和《小学生世界》,分别为60元和40元(见图9)。

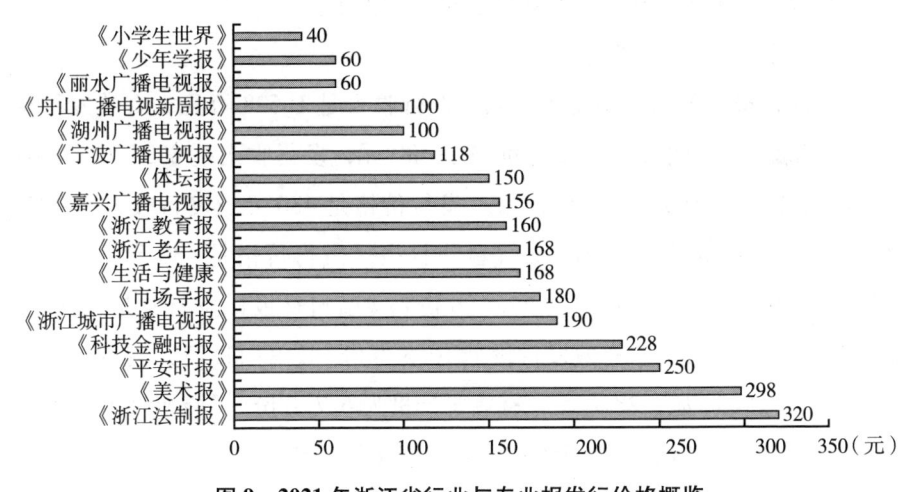

**图9  2021年浙江省行业与专业报发行价格概览**

## (四)有效发行状况

发行收入能够最直观地体现报纸的发行情况,已知发行价格和发行收入，就能够测算出大致的发行量。由于直接通过发行收入与发行价格进行比较，本报告将这样推算出来的发行量称为"有效发行量"。"有效发行量"与各报纸实际印刷出的发行数量并不相同，不是真实的发行量，但这属于已变现的发行量，因此可以被视为"有效"。每一份发行的报纸实际上都会产生发行成本，虚高的发行量也需要通过发行收入来覆盖成本。所以，将发行价格纳入考量范畴，由此得出的发行量才是有效的发行量。

报纸在实际发行过程中，往往采取打折、赠送、搭售、冲抵等方式进行营销，带来较高的实际发行量，但这部分虚高的发行量，对于报纸的发行工作来说是没有太大意义的。本报告采用"有效发行量"的概念，在不否定实际发行量的前提下，可以最大限度地挤掉水分，相对准确地评估报纸的发行状况。

**1. 党报的有效发行状况**

党报系列在发行收入与有效发行量方面处于领先地位。《浙江日报》《宁波日报》《杭州日报》三家党报远超其他报纸。

（1）5万份以上有效发行

《浙江日报》发行价格是520元，发行收入是16528万元，有效发行量是31.8万份。《杭州日报》发行价格是480元，发行收入是8035万元，有效发行量是16.7万份。《宁波日报》发行价格是480元，发行收入是6059万元，有效发行量是12.6万份。《台州日报》发行价格是430元，发行收入为5249万元，有效发行量为12.2万份。《温州日报》发行价是420元，发行收入是4423万元，有效发行量是10.5万份。《萧山日报》发行价格为380元，发行收入为2528万元，有效发行量为6.7万份。《衢州日报》发行价格为450元，发行收入为3506万元，有效发行量是7.8万份。《诸暨日报》发行价格为288元，发行收入为1512万元，有效发行量为5.3万份。

（2）5万份以下有效发行

《富阳日报》发行价格为300元，发行收入为1375万元，有效发行量为4.6万份。《舟山日报》发行价格为360元，发行收入为1559万元，有效发行量为4.3万份。《义乌商报》发行价格为298元，发行收入为1239万元，有效发行量为 4.2 万份。《柯桥日报》发行价格为 258 元，发行收入为 1034 万元，有效发行量为 4 万份。《海宁日报》发行价格为 268 元，发行收入为 880 万元，有效发行量为 3.2 万份。《慈溪日报》发行价格为 398 元，发行收入为 1249 万元，有效发行量为 3.1 万份。《东阳日报》发行价格为 288 元，发行收入为 874 万元，有效发行量为 3 万份。《乐清日报》发行价格为 258 元，发行收入为 791 万元，有效发行量为 3 万份。《丽水日报》发行价格为 440 元，发行收入为 1243 万元，有效发行量为 2.8 万份。《温岭日报》发行价格为 258 元，发行收入为 728 万元，有效发行量为 2.8 万份。《奉化日报》发行价格为 360 元，发行收入为 709 万元，有效发行量为 2.0 万份。《永康日报》发行价格为 276 元，发行收入为 521 万元，有效发行量为 1.8 万份（见图 10）。

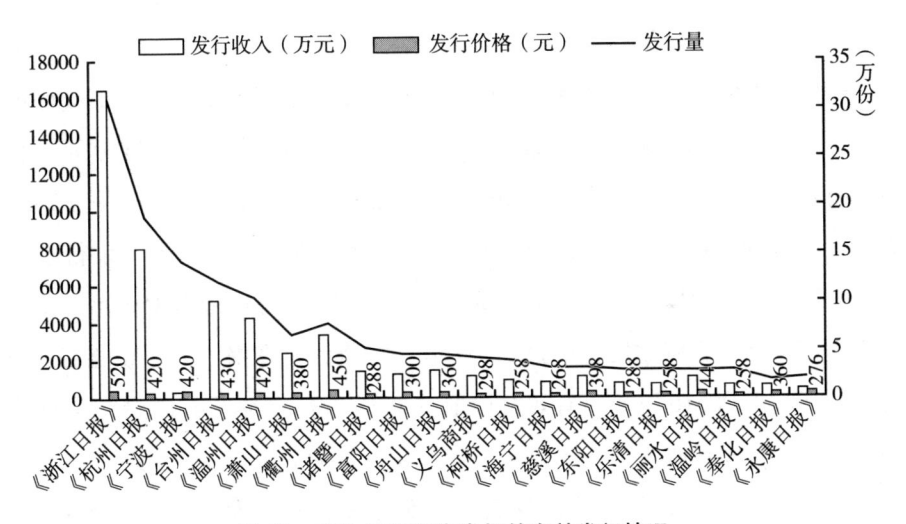

图 10  2021 年浙江省党报的有效发行情况

**2. 晚报与都市报的有效发行状况**

《钱江晚报》发行价格是 396 元，发行收入 6026 万元，有效发行量为 15.2 万份。《温州都市报》发行价格为 300 元，发行收入为 1858 万元，有效发行量为 6.2 万份。《每日商报》发行价格为 326 元，发行收入为 1370 万元，有效发行量为 4.2 万份。《温州商报》发行价格为 258 元，发行收入 945 万元，有效发行量为 3.7 万份（见图 11）。

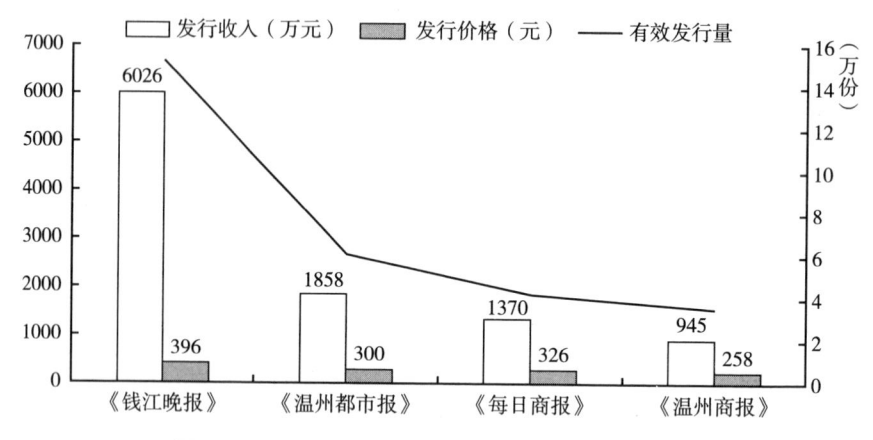

图 11  2021 年浙江省晚报与都市报的有效发行情况

**3.行业与专业报的有效发行状况**

《小学生世界》发行价格为 40 元，发行收入为 870 万元，有效发行量为 21.8 万份。《浙江老年报》发行价格为 168 元，发行收入 2035 万元，有效发行量为 12 万份。《浙江法制报》发行价格为 320 元，发行收入为 2953 万元，有效发行量为 9.2 万份。《市场导报》发行价格为 180 元，发行收入为 620 万元，有效发行量为 3.4 万份。《体坛报》发行价格为 150 元，发行收入为 528 万元，有效发行量为 3.5 万份。《浙江教育报》发行价格为 160 元，发行收入为 516 万元，有效发行量为 3.2 万份。《生活与健康》发行价格为 168 元，发行收入为 343 万元，有效发行量为 2 万份。《嘉兴广播电视报》发行价格为 156 元，发行收入为 235 万元，有效发行量为 1.5 万份。《科技金融时报》发行价格为 228 元，发行收入为 308 万元，有效发行量为 1.4 万份。《美术报》发行价格为 298 元，发行收入为 212 万元，有效发行量为 7100 份。《舟山广播电视新周报》发行价格为 100 元，发行收入为 20 万元，有效发行量为 2000 份。《浙江城市广播电视报》发行价格为 190 元，发行收入为 8 万元，有效发行量为 421 份（见图 12）。

党报系列和晚报与都市报系列在发行状况上的反差，显示了报业市场的深刻变化。党报品类定位明确，围绕各级党委政府的中心工作开展新闻宣

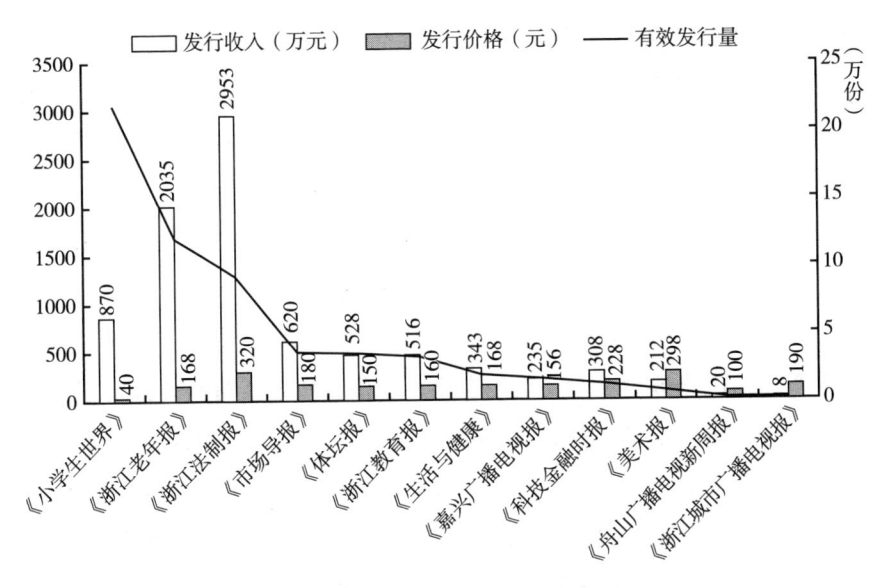

图 12　2021 年浙江省行业与专业报的有效发行情况

传，资源上有党和政府的财政支持，有渠道资金扶持，因此在积极推进媒介融合的背景下依旧表现优异。而晚报与都市报是我国报业改革的先锋，市场化程度较高，经营管理几乎完全依托市场，其商业模式的关键就在于用较低的推广价格获取读者，占据有利的传播渠道，并向广告商收取渠道费，形成二次销售。新媒体的出现，为广告市场提供了替代渠道，使得报业广告市场不断萎缩，广告和经营性收入不能弥补发行成本，市场化报纸不得不提高发行价格。由于晚报与都市报的内容和服务均不具有独特性和不可替代性，提高后的发行价格很难得到市场认可，发行量将进一步下降，这也就反过来威胁到市场化纸质媒体的基本商业逻辑。

相比党报和行业报、专业报，蜂拥而起的自媒体和 MCN 机构蚕食或者说替代了晚报与都市报的内容市场，晚报与都市报的渠道意义已经减弱，在内容上不再具有独特优势，这也使得晚报与都市报的发行量进一步下滑，而其成本依然居高不下，利润空间因此逐渐萎缩，此类报纸的尴尬处境显而易见。考虑到成本压力，只能继续涨价，或者主动减少发行量，这两种做法都是饮鸩止渴，不具有可持续性，涨价到一定程度必然会导致发行量下降，减

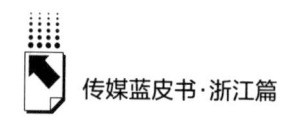

少发行量必然会导致市场萎缩。对于晚报与都市报这样的市场化报纸而言，唯一的出路就是重建连接。重建连接的方法很多，但万变不离其宗，必须要从供给侧进行改革，提升内容和服务品质，重塑媒体的社会价值，恢复渠道功能。

## 三 经营现状

生产力的进步推动生产关系的变化。在信息技术革命的大背景下，媒介技术的变迁必然会推动媒体产业新的生产关系的出现。2021年，浙江报业经营收入呈现多元化发展态势，除传统广告业务外，新增加了社会与生活服务、政务服务、财政补贴、技术与信息服务、新媒体代运维服务等收入来源。这说明，报纸作为传统媒体时代内容生产能力最强的新闻媒体，依然具有独特的优势，可以利用强大的新闻生产能力和采编队伍，在原有传统广告业务之外，寻找新的市场机会，实现"新闻+商务""新闻+政务""新闻+服务"的转型，重新建立与用户的连接。

### （一）总营收状况

2021年有两家报纸全年营收呈亏损状态，分别是《舟山日报》亏损953万元，《生活与健康》亏损55万元。另外有两家报纸盈亏平衡，分别是《丽水广播电视报》和《诸暨日报》。

除此之外，其余报纸均实现了不同程度的盈利，由此可见，虽然整个报纸行业的盈利水平在持续下滑，但到目前为止还没有出现全行业亏损。这种情况为报业的战略调整提供了时间和空间，使报纸有一定的财务能力拓展新业务。报业应当抓住这样的机遇期，进一步更新观念，做好转型升级的"大文章"，不断提升内容生产质量，完善产品布局，提升管理水平，淘汰落后产能，优化人才结构，加快更新迭代，健全组织架构，以适应媒介技术革命对媒体产业提出的要求，实现从传统媒体到新媒体的转型。

1. 党报总营收状况

2021年，党报系列继续保持领跑优势，总营收超1亿元的党报有《浙江日报》5.3亿元，《杭州日报》2.84亿元，《台州日报》1.25亿元，《宁波日报》1.23亿元，《温州日报》《海宁日报》1.2亿元，《衢州日报》1亿元。总营收5000万元到1亿元的有《柯桥日报》9000万元，《瑞安日报》7700万元，《温岭日报》5700万元，《东阳日报》5200万元。总营收5000万元以下的包括《富阳日报》4500万元，《舟山日报》3960万元，《慈溪日报》3860万元，《丽水日报》3740万元，《奉化日报》3470万元，《乐清日报》3340万元，《永康日报》2670万元，《诸暨日报》2420万元（见图13）。

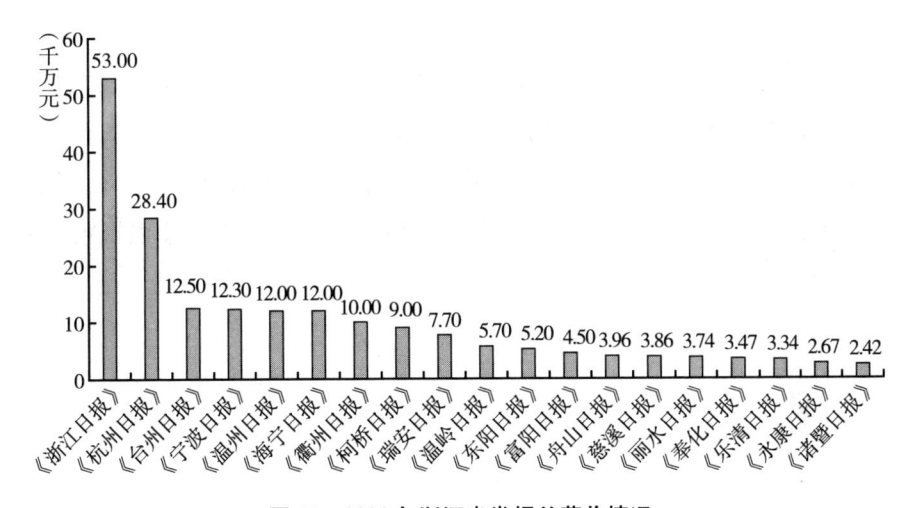

图13 2021年浙江省党报总营收情况

2. 晚报与都市报总营收状况

2021年，总营收超过1亿元的报纸分别是《都市快报》2.95亿元，《钱江晚报》1.96亿元。其余报纸中，《温州都市报》6669万元，《每日商报》5500万元，《温州商报》4387万元，《城报》907万元（见图14）。

3. 行业与专业报总营收状况

2021年，总营收超过1000万元的分别是《浙江法制报》8811万元，《交通旅游导报》4191万元，《浙江老年报》3311万元，《美术报》2398万

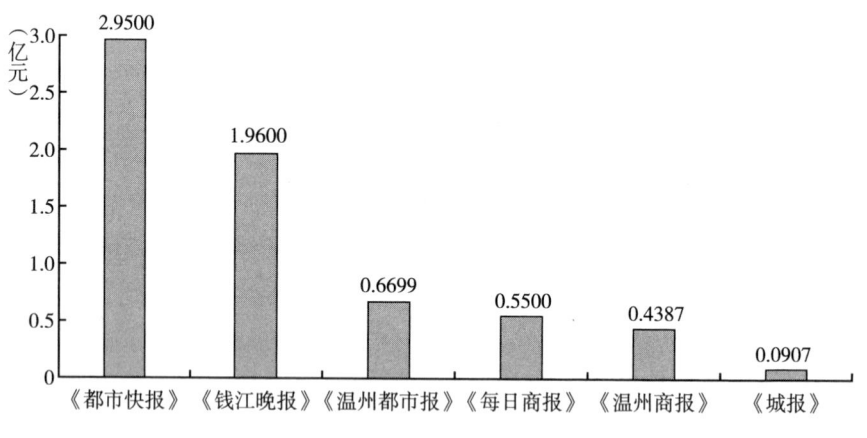

图 14  2021年浙江省晚报与都市报总营收情况

元,《体坛报》1703万元,《科技金融时报》1050万元,《市场导报》1035万元。总营收1000万元以下的报纸有《小学生世界》938万元,《舟山广播电视新周报》800万元,《浙江教育报》680万元,《生活与健康》《少年学报》380万元,《浙江城市广播电视报》181万元,《丽水广播电视报》50万元(见图15)。

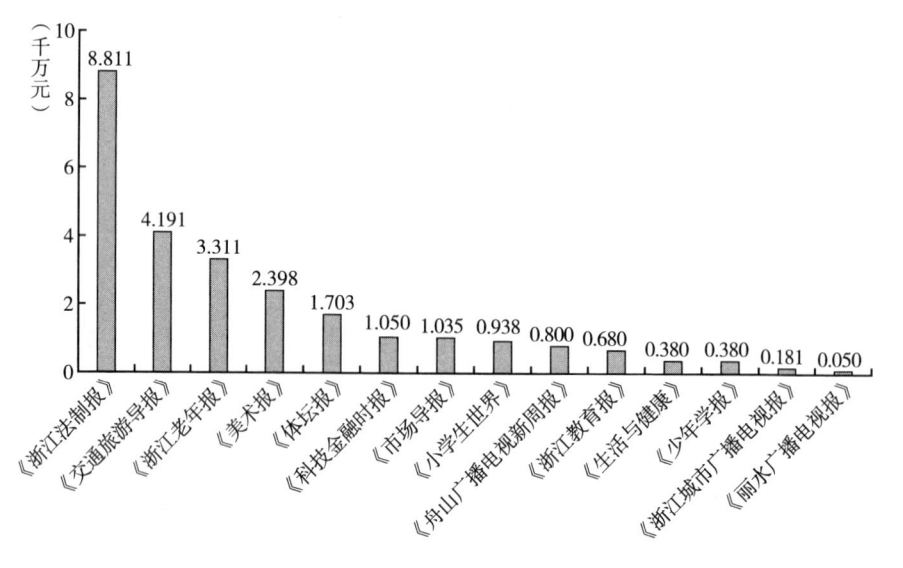

图 15  2021年浙江省行业与专业报总营收情况

## （二）盈利状况

### 1. 党报盈利状况

三家省级与副省级党报盈利水平均在1000万元以上，其中《浙江日报》1.3亿元，《杭州日报》7812万元，《宁波日报》5026万元。其余党报中，《奉化日报》2815万元，《萧山日报》1635万元，《义乌商报》1477万元，《温州日报》1456万元，《丽水日报》1228万元，《台州日报》1138万元，《东阳日报》1064万元，《衢州日报》688万元，《富阳日报》674万元，《慈溪日报》309万元，《乐清日报》252万元，《温岭日报》183万元，《瑞安日报》177万元，《海宁日报》130万元，《永康日报》126万元，《柯桥日报》12万元（见图16）。

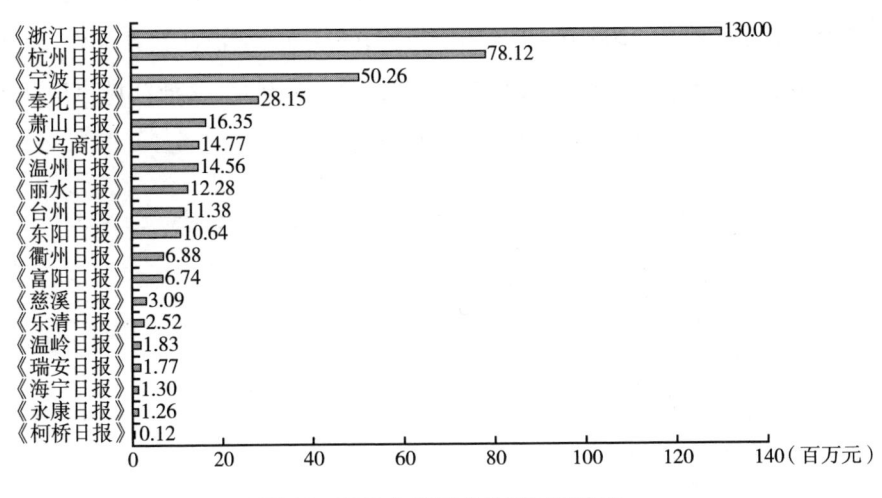

**图16　2021年浙江省党报盈利情况**

### 2. 晚报与都市报盈利状况

都市快报（2285万元）、钱江晚报（1600万元）这两家市场化程度较高的报纸依旧保持领先水平，此外，《温州都市报》570万元，《温州商报》324万元，《每日商报》300万元，《城报》142万元（见图17）。

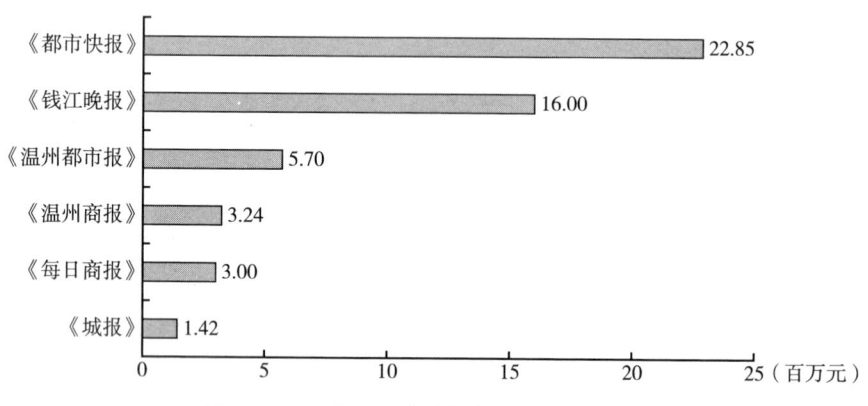

图 17　2021 年浙江省晚报与都市报盈利情况

### 3. 行业与专业报盈利状况

《浙江法制报》2928 万元，《交通旅游导报》815 万元，《浙江老年报》607 万元，《美术报》206 万元，《体坛报》168 万元，《浙江教育报》135 万元，《小学生世界》88 万元，《科技金融时报》76 万元，《浙江城市广播电视报》15 万元，《市场导报》9 万元（见图 18）。

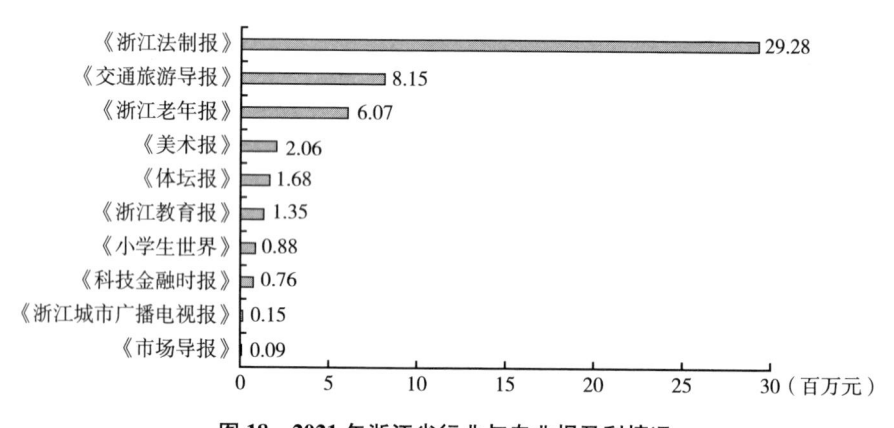

图 18　2021 年浙江省行业与专业报盈利情况

### （三）纳税状况

纳税额是另外一个反应经营指标的数据，由于统计口径不同，各报纸经营性收入差异很大，但纳税额是国家根据经营状况统一计算的指标，因此纳税情况能够更真实地反映报纸的经营情况。

1. 党报的纳税情况

《萧山日报》1245万元，《杭州日报》1074万元，《宁波日报》753万元，《浙江日报》727万元，《乐清日报》611万元，《东阳日报》545万元，《瑞安日报》504万元，《台州日报》451万元，《衢州日报》411万元，《舟山日报》408万元，《柯桥日报》388万元，《义乌商报》241万元，《温岭日报》176万元，《丽水日报》144万元，《诸暨日报》131万元，《奉化日报》117万元，《慈溪日报》93万元，《永康日报》75万元，《温州日报》48万元，《富阳日报》46万元（见图19）。

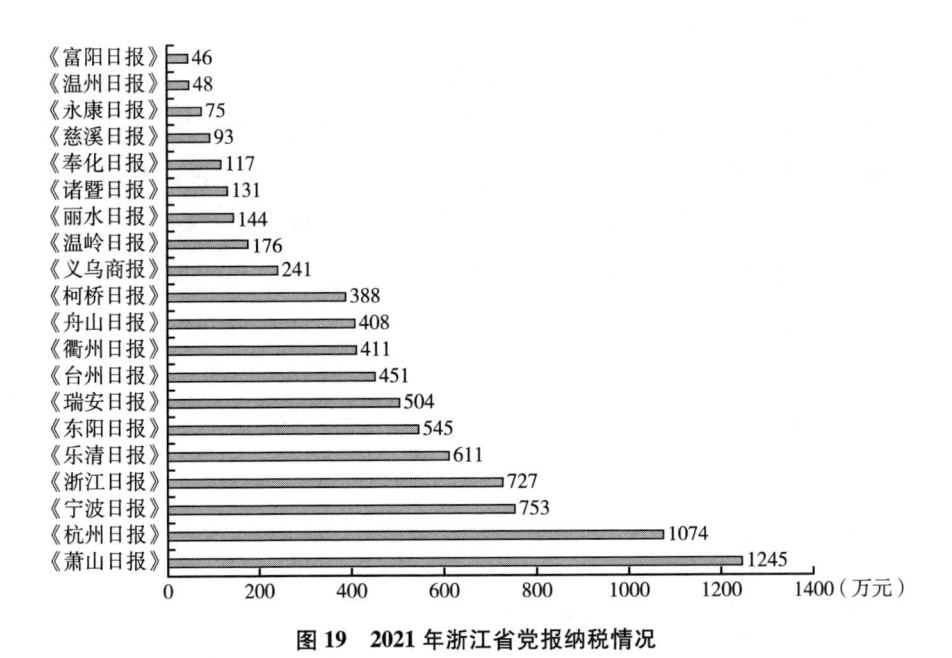

图19 2021年浙江省党报纳税情况

2. 晚报与都市报纳税情况

《都市快报》1207万元，《钱江晚报》273万元，《温州都市报》66万元，《城报》38万元，《温州商报》26万元（见图20）。

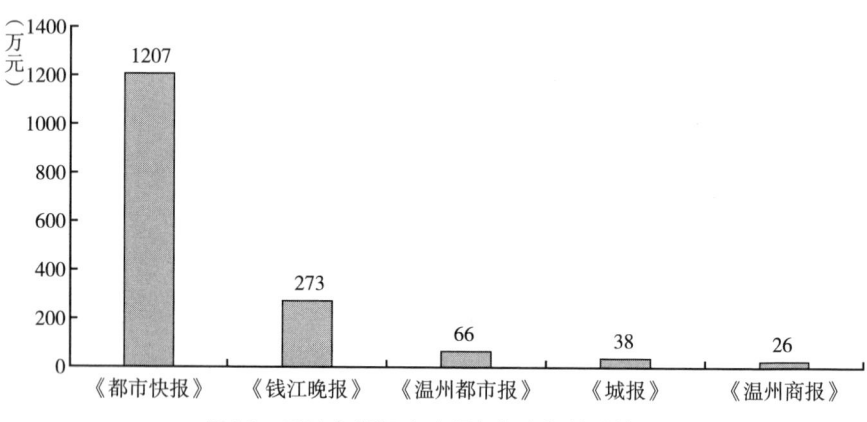

图 20　2021 年浙江省晚报与都市报纳税情况

### 3. 行业与专业报纳税情况

《浙江法制报》827万元,《交通旅游导报》351万元,《浙江老年报》284万元,《嘉兴广播电视报》182万元,《科技金融时报》101万元,《市场导报》90万元,《体坛报》69万元,《舟山广播电视新周报》《浙江教育报》35万元,《生活与健康》21万元,《美术报》20万元,《小学生世界》16万元,《浙江城市广播电视报》3万元（见图21）。

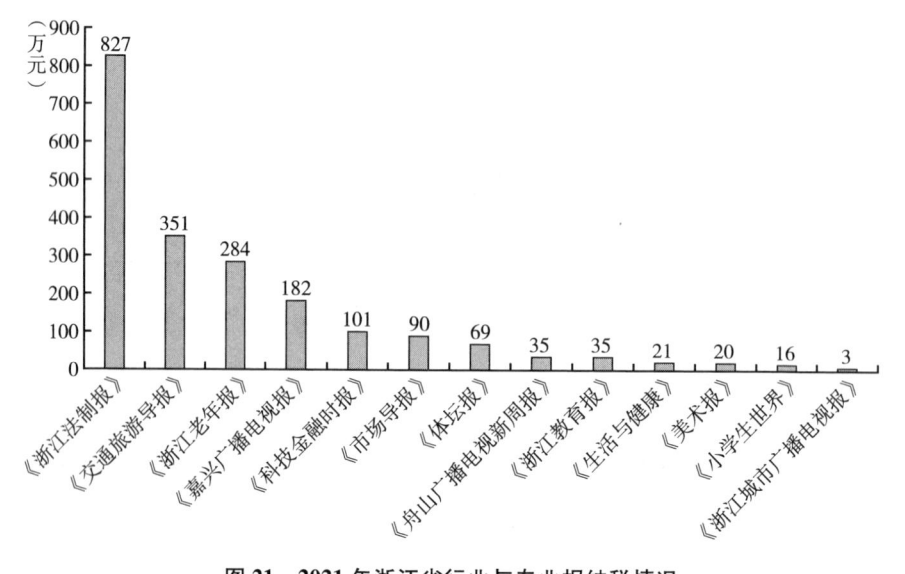

图 21　2021 年浙江省行业与专业报纳税情况

## （四）广告收入情况

收入结构方面，传统报业的商业模式是广告模式，广告在报业收入占比中始终处于绝对优势地位。然而在媒介深度融合的背景下，广告市场发生了深刻变化，报业已经不具有广告优势，因此，广告收入在报业整体收入中的比重开始下降，报业收入来源趋向多元化。在对广告占报业总收入比重的测算过程中，发现广告占比情况与报纸多元化经营和媒介融合转型的程度成反比。

### 1.党报广告收入

《浙江日报》有3.5亿元的广告收入，广告收入占总收入比为65%。《杭州日报》有8522万元的广告收入，占总收入比为30%。《温州日报》广告收入为7319万元，占总收入比为60%。《宁波日报》广告收入为6170万元，占收入比为50%。《萧山日报》广告收入为5256万元，占总收入比为70%。《台州日报》广告收入为4992万元，占总收入比为39%。《衢州日报》广告收入为4109万元，占总收入比为40%。《富阳日报》广告收入为2555万元，占总收入比为56%。《丽水日报》广告收入为2499万元，占总收入比为66%。《东阳日报》广告收入为2266万元，占总收入比为43%。《温岭日报》广告收入为2211万元，占总收入比为38%。《舟山日报》广告收入为1961万元，占总收入比为49%。《柯桥日报》广告收入为1917万元，占总收入比为21%。《瑞安日报》广告收入为1739万元，占总收入比为22%。《永康日报》广告收入为1711万元，占总收入比为64%。《乐清日报》广告收入为1620万元，占总收入比为48%。《海宁日报》广告收入为1399万元，占总收入比为11%。《慈溪日报》广告收入为1356万元，占总收入比为35%。《诸暨日报》广告收入为911万，占总收入比为37%。《奉化日报》广告收入为456万元，占总收入比为13%（见图22）。

### 2.晚报与都市报广告收入

《钱江晚报》广告收入为4082万元，占总收入比为20%。《每日商报》广告收入为1400万元，占总收入比为25%。《温州商报》广告收入为1344

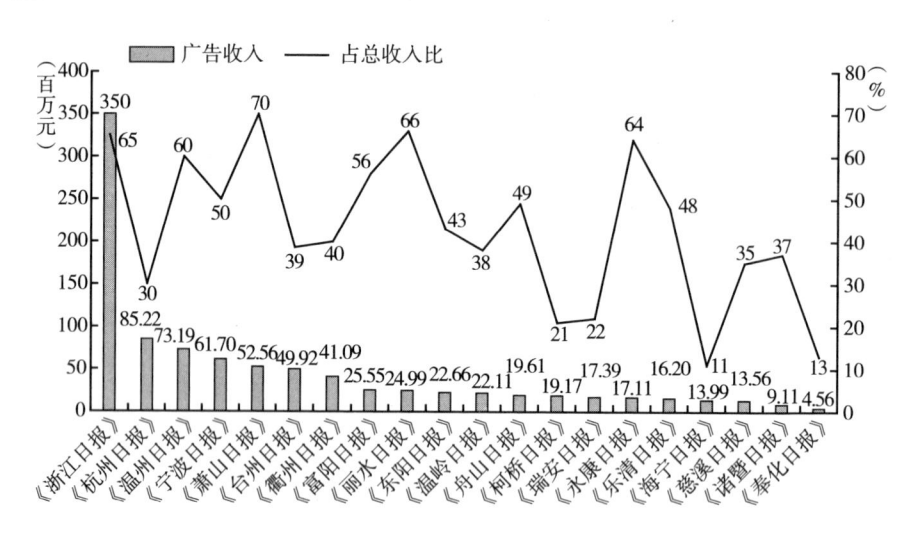

图 22  2021年浙江省党报广告收入及占比

万元，占总收入比为30%。《城报》广告收入为187万元，占总收入比为20%（见图23）。

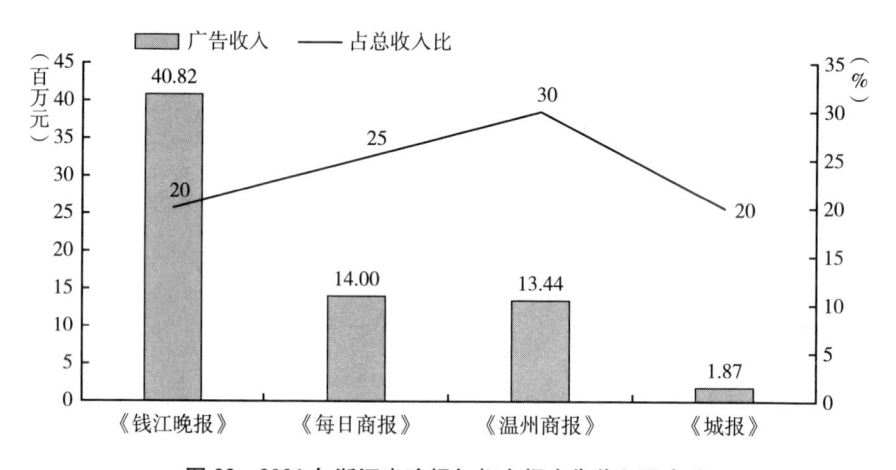

图 23  2021年浙江省晚报与都市报广告收入及占比

### 3. 行业与专业报广告收入

《浙江法制报》广告收入为3692万元，占总收入比为41%。《温州都市报》广告收入为2939万元，占总收入比为44%。《交通旅游导报》广告收入为 2174 万元，占总收入比为 51%。《体坛报》广告收入为 1058 万元，占总收入比为 62%。《舟山广播电视新周报》广告收入为 666 万元，占总收入比为 82%。《美术报》广告收入为 509 万元，占总收入比为 21%。《科技金融时报》广告收入为 482 万元，占总收入比为 45%。《浙江老年报》广告收入为 380 万元，占总收入比为 11%。《浙江教育报》广告收入为 148 万元，占总收入比为 21%。《市场导报》广告收入为 92 万元，占总收入比为 8%。《浙江城市广播电视报》广告收入为 124 万元，占总收入比为 68%。《丽水广播电视报》广告收入为 50 万元，占总收入比为 100%。《生活与健康》广告收入为 37 万元，占总收入比为 9%（见图 24）。

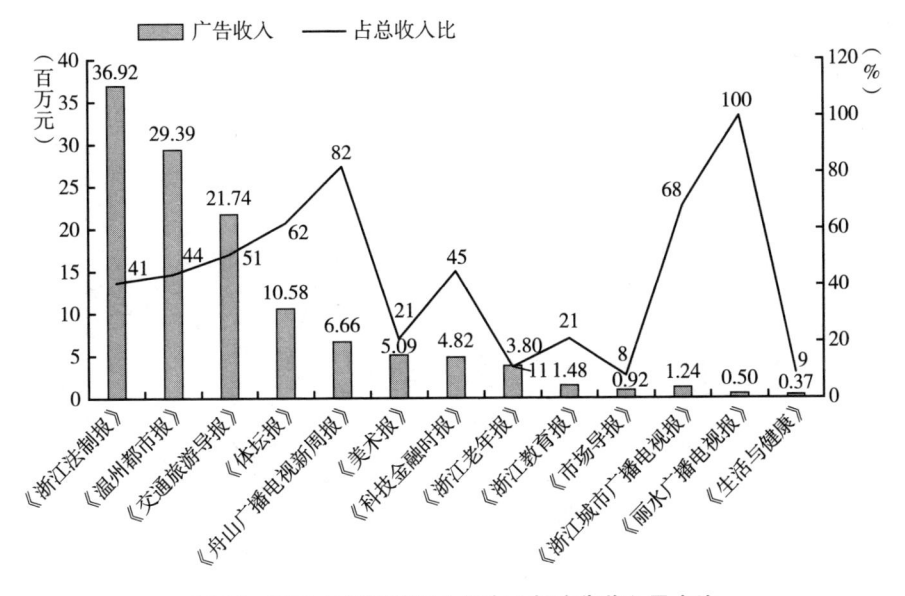

**图 24　2021 年浙江省行业与专业报广告收入及占比**

## （五）政务服务收入情况

2021 年浙江报业一个新的亮点是：来自政务市场的业务增长很快，占总收入份额不断攀升。尤其是党报系列，政务服务收入成为其越来越重要的收入来源。除了录得的政务服务收入之外，报纸其他收入中也有相当一部分

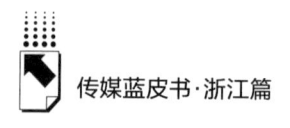

来自政府部门，只是没有合并到政务服务收入中。

### 1. 党报政务服务收入

《温州日报》政务服务收入达 6360 万元，占总收入比为 52%。《海宁日报》政务服务收入为 5915 万元，占总收入比为 48%。《杭州日报》政务服务收入为 5127 万元，占总收入比为 18%。《台州日报》政务服务收入为 3186 万元，占总收入比为 25%。《温岭日报》政务服务收入为 2274 万元，占总收入比为 39%。《奉化日报》政务服务收入为 2100 万元，占总收入比为 60%。《丽水日报》政务服务收入为 2029 万元，占总收入比为 54%。《富阳日报》政务服务收入为 555 万元，占总收入比为 12%。《浙江日报》政务服务收入为 389 万元，占总收入比为 0.7%。《宁波日报》政务服务收入为 130 万元，占总收入比为 1%（见图 25）。

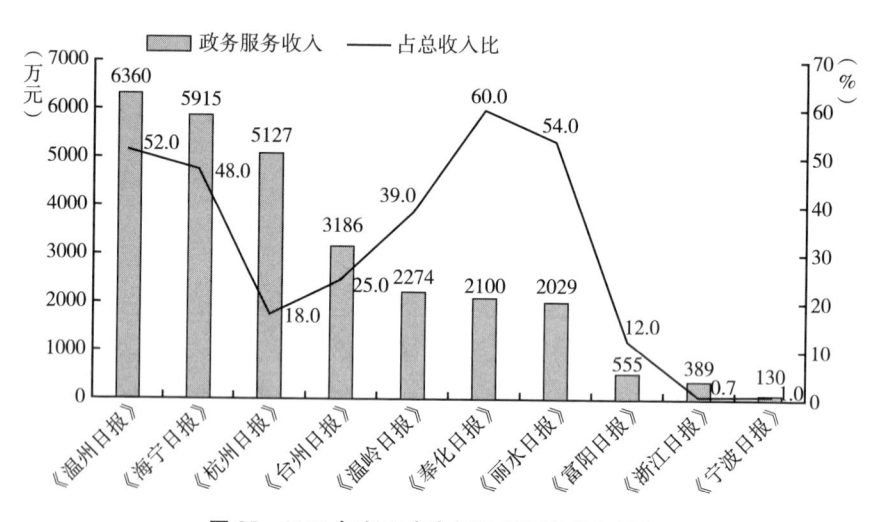

**图 25　2021 年浙江省党报政务服务收入状况**

### 2. 晚报与都市报政务服务收入

晚报与都市报系列政务服务收入和占比都较少，《每日商报》政务服务收入为 1000 万元，占总收入比为 18%。《温州都市报》政务服务收入为 635 万元，占总收入比为 9%（见图 26）。

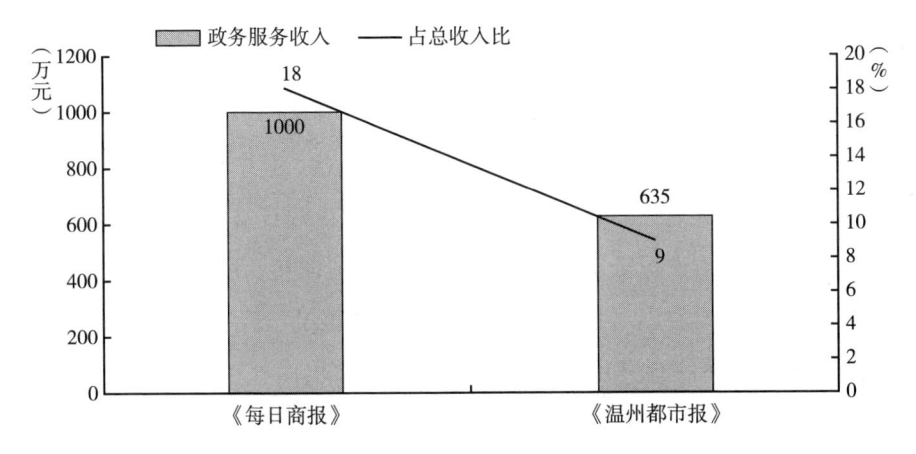

图 26　2021 年浙江省晚报与都市报政务服务收入状况

### 3. 行业与专业报政务服务收入

《美术报》政务服务收入为 1173 万元，占总收入比为 48%。《舟山广播电视新周报》政务服务收入为 536 万元，占总收入比为 66%。《市场导报》政务服务收入为 321 万元，占总收入比为 31%。《交通旅游导报》政务服务收入为 300 万元，占总收入比为 7%（见图 27）。

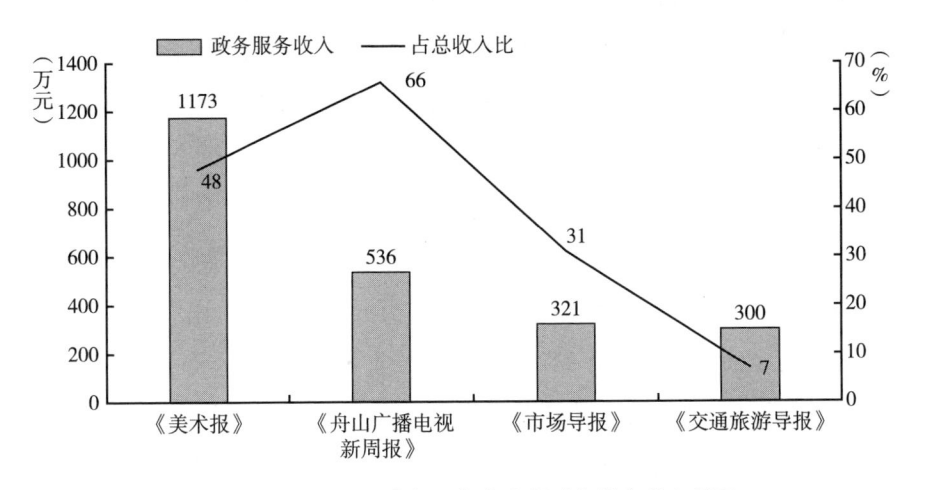

图 27　2021 年浙江省行业与专业报政务服务收入状况

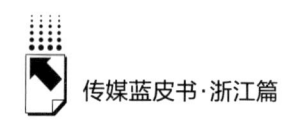

## （六）社会与生活服务收入情况

不少报纸积极应对传媒市场的深刻变化，开拓新的市场机会，为社会提供市民生活相关服务，这也成为其新的收入增长点。其中部分报纸从中获得较好收益，社会与生活服务类收入在总收入中的份额日益增加。此外，为社会提供服务也有助于报纸重建与终端用户之间的连接，助力报纸构建"新闻+服务"的转型模式。目前，浙江报业中有些报纸已经率先取得突破，而其余报纸此项收入占比并不高，尚有较大进步空间。

**1. 党报社会与生活服务收入**

《瑞安日报》社会与生活服务收入为4238万元，占总收入比为54%，是广告收入占比的2倍多，成功实现了收入来源的多元化。《海宁日报》社会与生活服务收入为3458万元，占总收入比为28%。《杭州日报》社会与生活服务收入为3385万元，占总收入比为11%。《浙江日报》社会与生活服务收入为1375万元，占总收入比为2%。《台州日报》社会与生活服务收入为555万元，占总收入比为4%。《温岭日报》社会与生活服务收入为446万元，占总收入比为5%。《丽水日报》社会与生活服务收入为320万元，占总收入比为8%。《奉化日报》社会与生活服务收入为209万元，占总收入比为6%。《永康日报》社会与生活服务收入为179万元，占总收入比为6%。《温州日报》社会与生活服务收入为161万元，占总收入比为1%。

**2. 晚报与都市报社会与生活服务收入**

《每日商报》社会与生活服务收入为2100万元，占总收入比为38%。《温州都市报》社会与生活服务收入为597万元，占总收入比仅为8%。《城报》社会与生活服务收入为372万元，占总收入比为41%。

**3. 行业与专业报社会与生活服务收入**

《美术报》社会与生活服务收入为497万，占总收入比为20%。《浙江老年报》社会与生活服务收入为234万元，占总收入比为7%。《浙江城市广播电视报》社会与生活服务收入为49万元，占总收入比为27%。

## （七）技术与信息服务收入情况

媒介技术的进步，推动了媒介产业的发展，历史上每一次媒介产业的阶段性变迁，都是由媒介技术的进步推动的。因此，随着媒介深度融合的加速，报业越发重视对媒介技术的掌握，以获得独立的技术能力。基于这样的思路，越来越多的报业具备了一定程度的独立技术能力。

与此同时，随着数字治理技术和理念的加快发展，以"城市大脑"为代表的治理模式深入人心，报业作为宣传舆论主阵地，在技术的加持下，不仅帮助报纸在技术和内容层面上成功实现了媒介融合，甚至已经有足够的力量将其产品化，并且进一步将其转化为生产力，为社会提供技术与信息服务，使自身从单纯的内容供应商向更为全面的技术和信息服务商转型。虽然技术与信息服务收入在报业总体收入中占比不高，但这代表了一种新的方向，并且有可能为报业获得转型的机会。

《瑞安日报》的技术与信息服务收入达到了438万元，《浙江日报》的技术与信息服务收入达到了414万元，《温州都市报》技术与信息服务收入为385万元，《浙江老年报》技术与信息服务收入为218万元，《金华日报》技术与信息服务收入为140万元，《慈溪日报》技术与信息服务收入为102万元（见图28）。

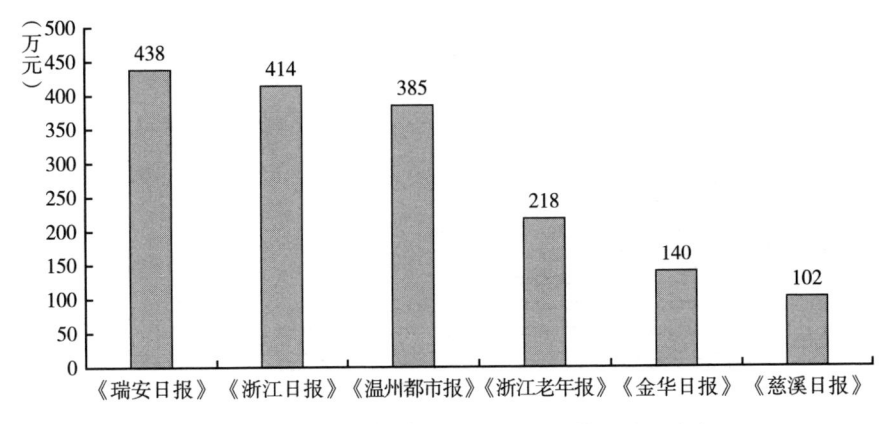

图28　2021年浙江省报业技术与信息服务收入分布

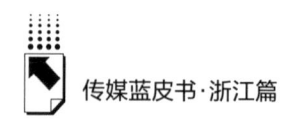

### （八）新媒体账号代运维服务收入情况

报纸是传统媒体中新闻生产能力最强的媒体，在把握政策走向、判断舆论热点、策划新闻报道、提高内容质量等方面有着其他媒体不具备的优势。在"万物皆媒"的背景下，政府部门、事业单位、企业机构等主体都需要建设自身的传播渠道以及内容发布体系，提升内容发布质量，树立品牌形象，要做到这一切，需要的是强有力的内容管理团队，能够从政治、业务、质量上进行把关，并持续输出高质量的内容。在这方面，报纸有着天然的优势。因此，为有这方面需求的政府部门、社会组织以及企事业单位提供新媒体账号的代理、运营和维护服务，也是报纸市场拓展的一个新方向。

其中，《浙江法制报》新媒体代运维服务收入为566万元，《每日商报》为450万元，《温州都市报》为253万元，《金华日报》为235万元，《萧山日报》为150万元，《瑞安日报》为145万元，《浙江老年报》为141万元，《柯桥日报》为111万元，《浙江日报》为104万元，《温州日报》为76万元，《台州日报》为71万元，《慈溪日报》为67万元，《科技金融时报》为63万元，《温岭日报》为41万元，《宁波日报》为17万元（见图29）。

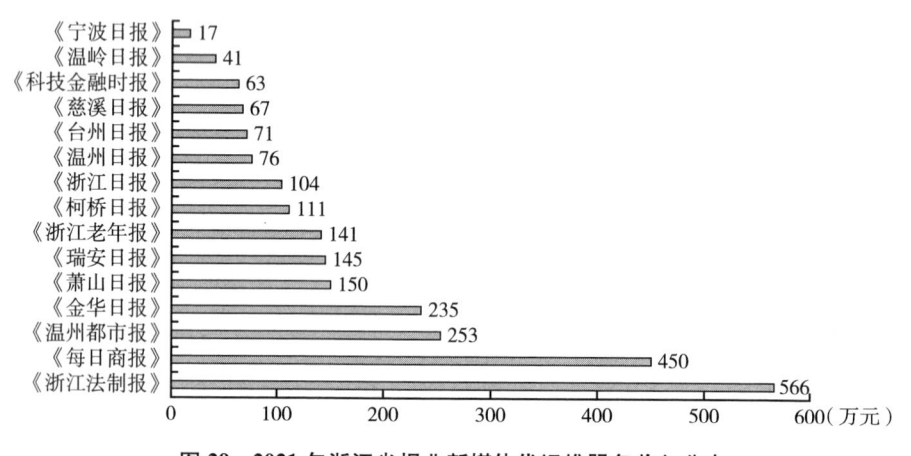

图29 2021年浙江省报业新媒体代运维服务收入分布

## 四　新媒体现状

2021年，浙江报业继续深化媒介融合改革，坚持向新媒体转型，部分报纸在新媒体业务上获得了较大进展，新媒体收入占总收入的比重持续提升，在传统业务全面萎缩的情况下，向新媒体市场转型成为各大报纸共同的选择。总体来看，报纸向新媒体转型依然面临不少问题。第一是缺少技术能力，传统纸媒以内容为主要业务，没有技术基因，缺乏技术思维，更缺少技术团队、技术体系、技术目标、技术规划。第二是缺少组织变革能力，媒介技术是生产力，生产力决定生产关系，传统报纸以采编部门为核心的组织架构已延续上百年，这种架构已经不能适应媒介深度融合时代的要求，从领导力、执行力到创新性都需要进行深度改造。浙江报业虽然在新媒体业务方面取得了一定进展，但面向新媒体的转型依旧步履维艰。

### （一）新媒体基本情况

目前，浙江各大报纸积极向新媒体转型，有的报纸建立了完整的新媒体替代渠道和平台，获得了海量的用户，为纸媒转型提供了良好的条件。

1. 新媒体用户数

（1）党报新媒体用户数

《杭州日报》1428万人，《宁波日报》508万人，《慈溪日报》230万人，《温岭日报》172万人，《丽水日报》161万人，《瑞安日报》140万人，《台州日报》135万人，《永康日报》121万人，《萧山日报》114万人，《衢州日报》108万人，《东阳日报》91万人，《富阳日报》85万人，《奉化日报》13万人（见图30）。

（2）晚报与都市报新媒体用户数

《钱江晚报》5000万人，《温州都市报》1020万人，《温州商报》352万人，《每日商报》202万人（见图31）。

（3）行业与专业报新媒体用户数

《丽水广播电视报》699万人，《科技金融时报》624万人，《浙江法制

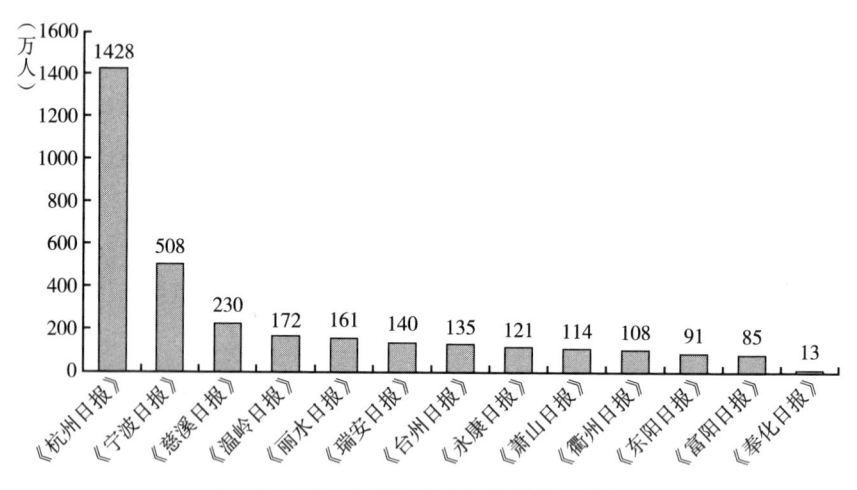

图 30　2021 年浙江省党报新媒体用户数

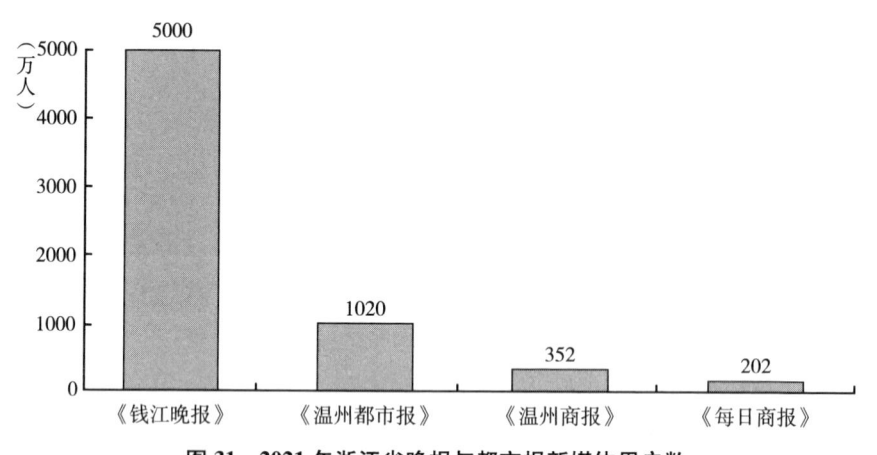

图 31　2021 年浙江省晚报与都市报新媒体用户数

报》419万人，《交通旅游导报》108万人，《农村信息报》95万人，《浙江老年报》65万人，《浙江教育报》29万人（见图32）。

2. 新媒体总收入状况

（1）党报新媒体总收入状况

《浙江日报》9855万元，《宁波日报》5040万元，《海宁日报》2357万元，《萧山日报》2279万元，《金华日报》1766万元，《丽水日报》723万元，《衢州日报》669万元，《杭州日报》515万元，《舟山日报》470万元，

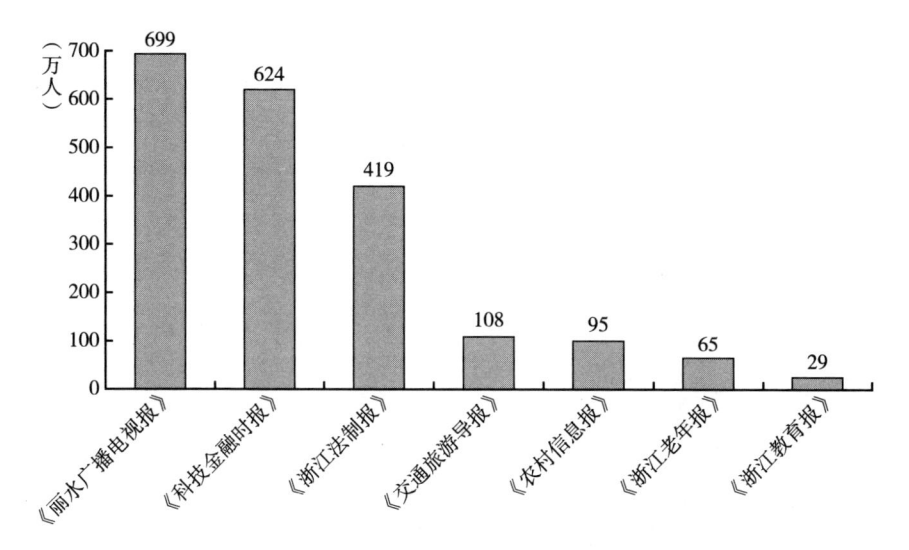

**图 32　2021 年浙江省行业与专业报新媒体用户数**

《乐清日报》455 万元，《柯桥日报》319 万元，《温岭日报》318 万元，《台州日报》260 万元，《慈溪日报》253 万元，《奉化日报》215 万元，《温州日报》210 万元，《永康日报》173 万元（见图 33）。

| 报纸 | 收入（万元） |
| --- | --- |
| 《浙江日报》 | 9855 |
| 《宁波日报》 | 5040 |
| 《海宁日报》 | 2357 |
| 《萧山日报》 | 2279 |
| 《金华日报》 | 1766 |
| 《丽水日报》 | 723 |
| 《衢州日报》 | 669 |
| 《杭州日报》 | 515 |
| 《舟山日报》 | 470 |
| 《乐清日报》 | 455 |
| 《柯桥日报》 | 319 |
| 《温岭日报》 | 318 |
| 《台州日报》 | 260 |
| 《慈溪日报》 | 253 |
| 《奉化日报》 | 215 |
| 《温州日报》 | 210 |
| 《永康日报》 | 173 |

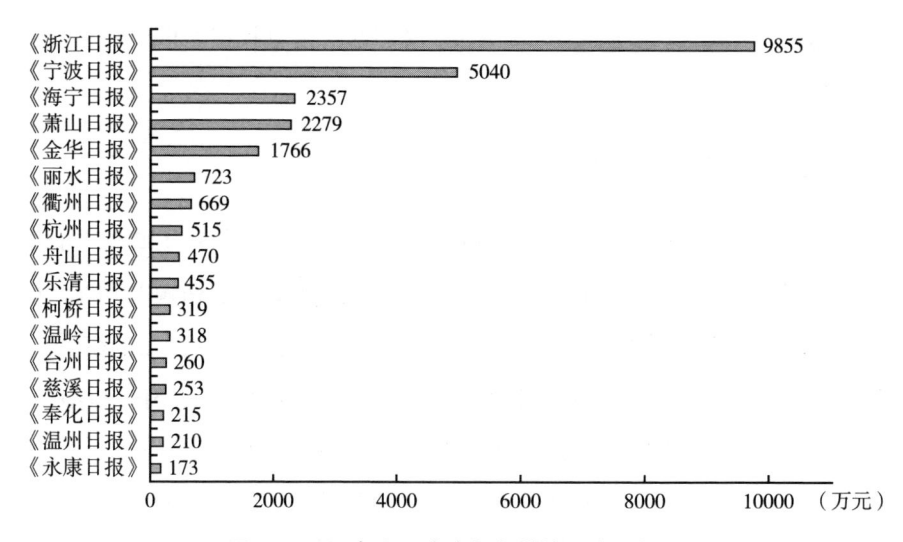

**图 33　2021 年浙江省党报新媒体总收入状况**

### (2) 晚报与都市报新媒体总收入状况

《钱江晚报》在新媒体方面获得了较好的收益，达到7931万元。《温州都市报》1090万元，《每日商报》850万元（见图34）。

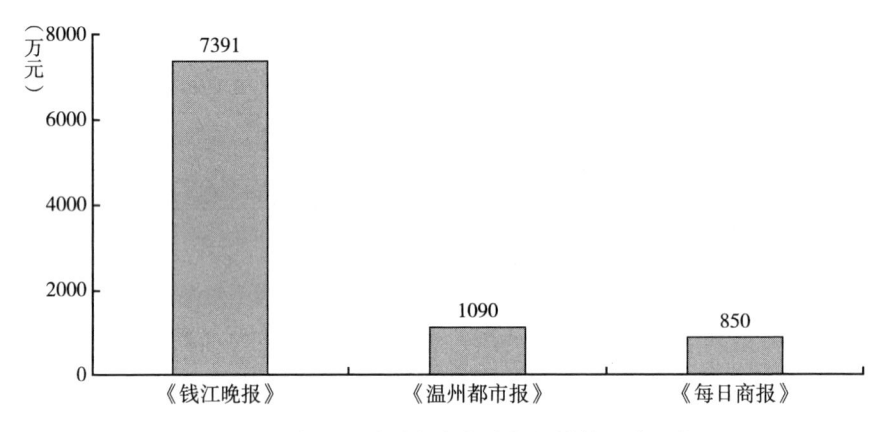

**图34 2021年浙江省晚报与都市报新媒体总收入状况**

### (3) 行业与专业报新媒体总收入状况

《浙江法制报》2136万元，《嘉兴广播电视报》2071万元，《交通旅游导报》1541万元，《美术报》933万元，《丽水广播电视报》930万元，《浙江老年报》891万元（见图35）。

## （二）新媒体运用状况

2021年，浙江报业继续探索新媒体的转型渠道，在自有平台和第三方账号上持续发力，自有平台下载量和第三方账号用户数持续增加，影响力不断扩大。

报纸的新媒体运营主要由两个渠道组成，一是自有平台，二是在第三方平台上设立的内容发布账号。目前，自有平台主要包括自有App和网站两种主要形态，第三方账号则包括以微博、微信为代表的社交媒体账号，以抖音、快手为代表的短视频和直播平台，以哔哩哔哩、知乎、小红书为代表的知识类新媒体平台。从商业化的角度讲，直播带货是最直接的变现渠道，而其他形式依旧只具有广告价值。

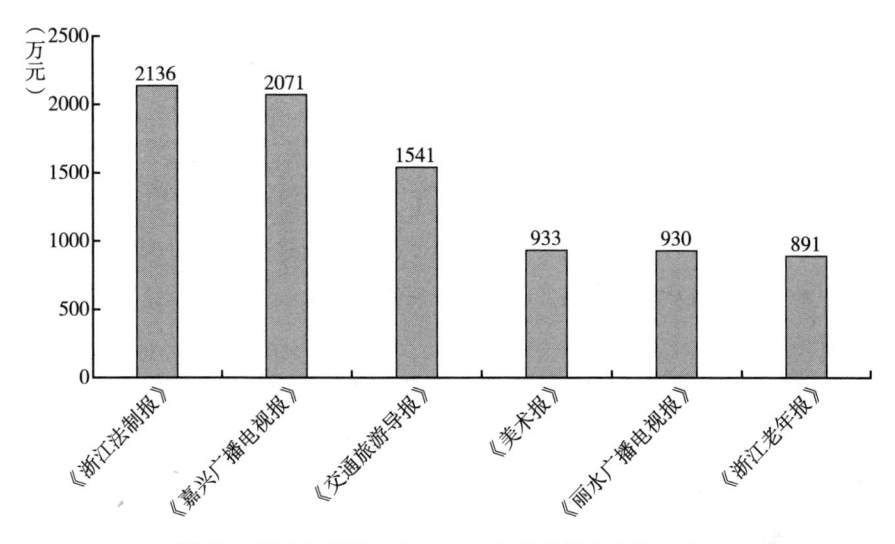

图 35  2021年浙江省行业与专业报新媒体总收入状况

## 1. 自有新媒体平台状况

(1) 党报以"一网一端"为自有平台主要模式

部分报纸在原有地方主流新闻网站的基础上，进一步推出了手机客户端和新闻App，自有新媒体平台呈现"一网一端"布局，这种情况在党报系列中比较普遍。

《杭州日报》有杭州网和"杭+新闻"客户端，《宁波日报》有中国宁波网和"甬派"客户端，《台州日报》有中国台州网和"台州新闻"客户端，《舟山日报》有舟山网和"掌尚舟山"App，《丽水日报》有丽水在线和"无限丽水"App，《衢州日报》有衢州新闻网和"掌上衢州"App，《温州都市报》有温都网和"掌上温州"客户端。县级党报中，《温岭日报》有温岭新闻网和"掌上温岭"App，《慈溪日报》有慈溪新闻网和"慈晓"客户端，《奉化日报》有奉化新闻网和"掌上奉化"App，《柯桥日报》有中国柯桥网和"笛扬新闻"App，《萧山日报》有萧山网和"韵味萧山"客户端，《瑞安日报》有瑞安新闻网和"瑞安新闻"客户端，《海宁日报》有海宁新闻网和"大潮"App，《义乌商报》有义乌城市网和"爱义乌"客户端，《东阳日报》有东阳新闻网和"歌画东阳"客户端。

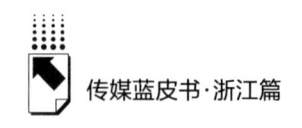

**(2) 市场化、专业化报纸自有平台主打移动端**

晚报与都市报以及行业与专业报则不再把 PC 端网站作为新媒体主打产品，而是集中力量发展移动端，只保留一款 App 作为主打产品。就报纸面临的市场现状而言，这样做不失为一种现实考量。对于媒介资源日趋下降的一个行业而言，如果要实现转型升级，就不应该把本已摊薄的资源分散到多个产品中，可以突出一个核心产品，形成拳头品牌，从而在资源的使用上更具效率。

《钱江晚报》推"小时新闻"App，都市快报推"橙柿互动"App，《每日商报》推"每满"App，《温州晚报》推"看温州"App，《嘉兴广播电视报》推"禾点点"App，《农村信息报》推"浙农号"新闻客户端，《永康日报》推"掌上永康"App，《富阳日报》推"富阳新闻"App，《温州商报》推"温商"App。

少部分报纸还坚持以新闻网站为主要新媒体自有平台。如《乐清日报》有"中国乐清网"，《金华日报》有"金华新闻网"，《市场导报》有"市场在线网"等。

**2. 自有新媒体平台用户情况**

（1）党报自有新媒体平台用户情况

《宁波日报》470 万人，《金华日报》149 万人，《温州日报》118 万人，《台州日报》100 万人，《义乌商报》54 万人，《杭州日报》46 万人，《海宁日报》41 万人，《衢州日报》38 万人，《丽水日报》32 万人，《柯桥日报》20 万人，《瑞安日报》17 万人，《慈溪日报》16 万人，《奉化日报》13 万人，《东阳日报》5 万人（见图 36）。

（2）晚报与都市报自有新媒体平台用户情况

《钱江晚报》1000 万人，《都市快报》315 万人，《温州都市报》79 万人，《每日商报》50 万人，《温州晚报》15 万人，《温州商报》3 万人（见图 37）。

（3）行业与专业报自有新媒体平台用户情况

《科技金融时报》618 万人，《农村信息报》9 万人，《丽水广播电视

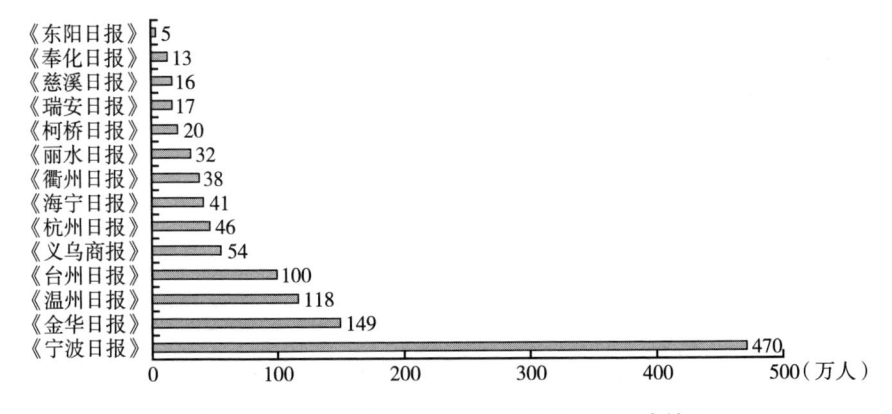

图 36 2021年浙江省党报新媒体自有平台用户情况

- 《东阳日报》5
- 《奉化日报》13
- 《慈溪日报》16
- 《瑞安日报》17
- 《柯桥日报》20
- 《丽水日报》32
- 《衢州日报》38
- 《海宁日报》41
- 《杭州日报》46
- 《义乌商报》54
- 《台州日报》100
- 《温州日报》118
- 《金华日报》149
- 《宁波日报》470

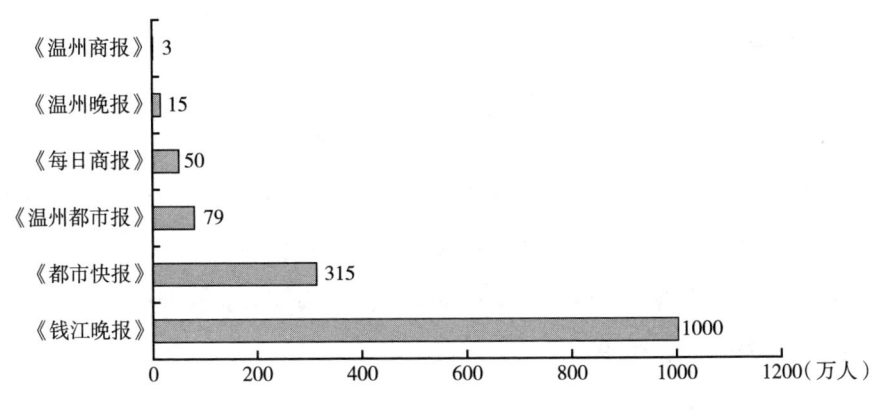

（万人）

图 37 2021年浙江省晚报与都市报新媒体自有平台用户情况

- 《温州商报》3
- 《温州晚报》15
- 《每日商报》50
- 《温州都市报》79
- 《都市快报》315
- 《钱江晚报》1000

（万人）

报》6万人，《交通旅游导报》1万人（见图38）。

**3. 自有新媒体平台日活跃用户情况**

自有平台的日活跃用户数决定了报业新媒体转型能否成功。日活跃用户数是指一天之内登录并使用过一次新媒体产品的用户，该数据不重复统计，即使一个用户一天之内登录并使用了多次，也只算作一个日活跃用户。因此，这个指标可以最直观地衡量出一个新媒体产品的用户活跃程度和用户黏性。在这次调研中，也采取了同样的方法进行统计。调查发现，浙江各大报纸自有新媒体平台的日活跃用户数并不理想，需要采取措施进一步扩大日活

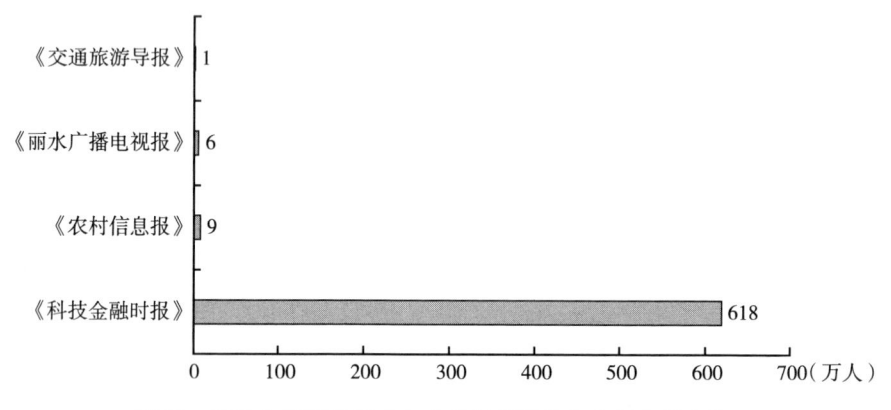

图 38　2021年浙江省行业与专业报新媒体自有平台用户情况

跃用户规模。

（1）党报自有新媒体平台日活跃用户数

《宁波日报》79万人，《丽水日报》8.4万人，《衢州日报》5万人，《永康日报》3万人，《杭州日报》2万人，《萧山日报》1.5万人，《金华日报》1.2万人，《东阳日报》《柯桥日报》《温岭日报》1万人，《慈溪日报》4500人，《台州日报》《奉化日报》3000人，《海宁日报》1500人，《义乌商报》1300人（见图39）。

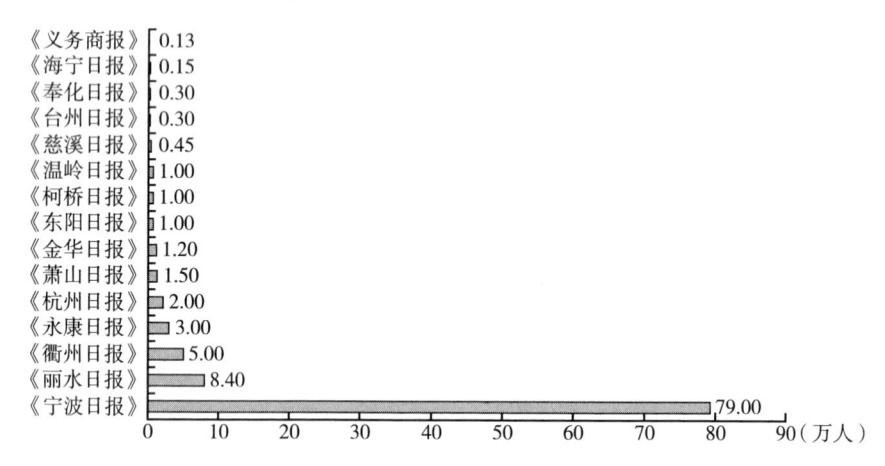

图 39　2021年浙江省党报自有新媒体平台日活跃用户数

(2) 晚报与都市报自有新媒体平台日活跃用户数

《每日商报》8万人，《钱江晚报》5万人，《温州商报》1500人（见图40）。

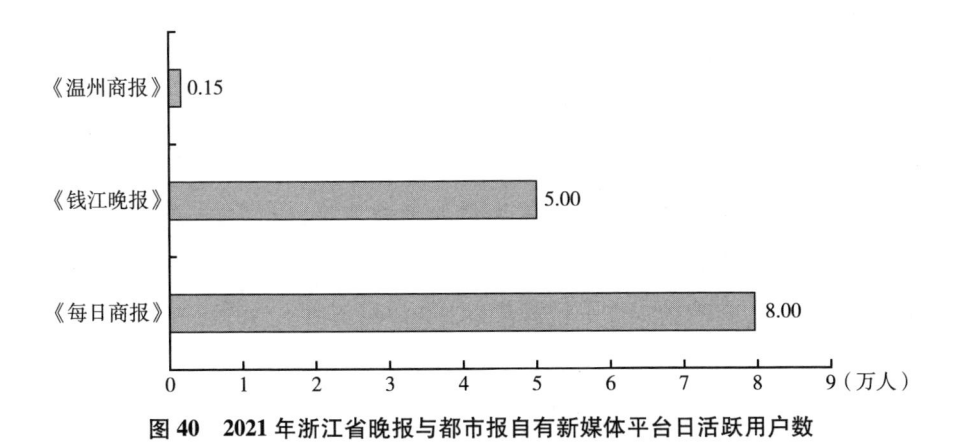

图40 2021年浙江省晚报与都市报自有新媒体平台日活跃用户数

(3) 行业与专业报自有新媒体平台日活跃用户数

《科技金融时报》8910人，《农村信息报》2500人，《交通旅游导报》1800人，《丽水广播电视报》550人（见图41）。

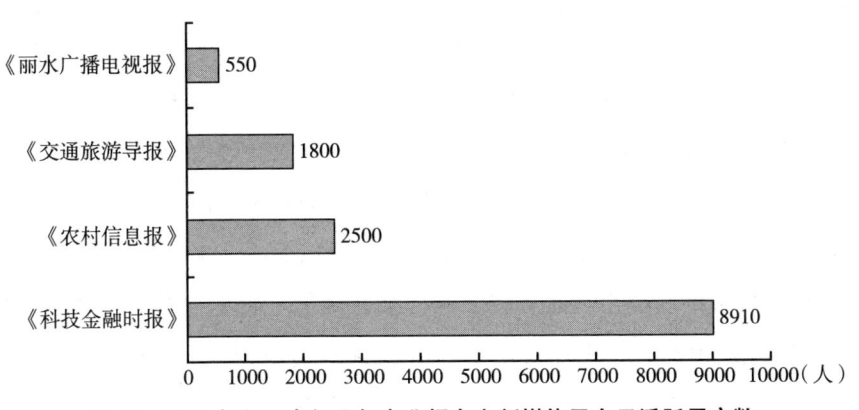

图41 2021年浙江省行业与专业报自有新媒体平台日活跃用户数

4. 第三方新媒体平台账号状况

相较于自有新媒体平台，浙江各大报纸在第三方平台开设的账号不仅数量多，而且用户数和黏性都远超自有平台。这种情况带给报纸一种战略上的

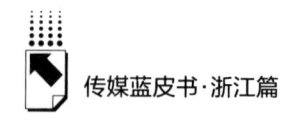

挑战，即在转型窗口期越发收窄的情况下，是继续将精力投入自有平台，还是着力打造第三方平台账号。

构建自有平台，能够实现技术独立，掌握独家用户，对内形成完整闭环，对外建立"护城河"，从而取得竞争优势。然而，自建平台周期长、投入大、见效慢，无论是移动端还是PC端，都难以产生具有自身特点并体现媒体优势的产品。而利用现有第三方平台，集中资源做好内容生产，可以在很短的时间内打造媒体品牌，获得大量粉丝和流量，扩大自身影响力。不过，依托第三方平台，始终受制于人。在矛盾之中，多数报纸都采取了双轮驱动的做法，以自有新媒体平台运营为主，以第三方平台为引流渠道，获得了较好的效果。

（1）报纸微信公众号运营状况

图文传播形态与微信公众号有着天然的联系，报纸依旧把微信作为最重要的第三方平台，所有的报纸都开设了微信公众号进行运营，有多家报纸开设了一个以上的微信公众号，并且投入较大资源来运作，粉丝数和影响力在微信公众平台中处于领先位置。其中，《都市快报》有47个微信公众号，《舟山日报》22个，《杭州日报》20个，《每日商报》13个，《浙江法制报》10个，《浙江日报》7个，《瑞安日报》6个，《金华日报》《永康日报》《温岭日报》4个，《浙江教育报》3个，《浙江城市广播电视报》《美术报》《海宁日报》《奉化日报》《台州日报》《柯桥日报》《衢州日报》等均为2个（见图42）。

开设多个账号，形成传播矩阵，能够以较低成本获取大量用户，还能形成账号之间相互呼应的联动。通过统计数据可以看出，多账号运营的模式普遍获得了较大的影响力，账号较多的报纸在微信平台上拥有较多的用户数。《都市快报》用户为539万人，《浙江法制报》399万人，《杭州日报》241万人，《台州日报》162万人，《浙江日报》138万人，《温州晚报》100万人，《温州都市报》87万人，《温岭日报》84万人，《义乌商报》83万人，《永康日报》80万人，《瑞安日报》78万人，《平安时报》76万人，《金华日报》66万人，《每日商报》《海宁日报》60万人，《农村信息报》52万人，《美术报》50万人，《衢州日报》46万人，《柯桥日报》45万人，《温

《衢州日报》 2
《柯桥日报》 2
《台州日报》 2
《奉化日报》 2
《海宁日报》 2
《美术报》 2
《浙江城市广播电视报》 2
《浙江教育报》 3
《温岭日报》 4
《永康日报》 4
《金华日报》 4
《瑞安日报》 6
《浙江日报》 7
《浙江法制报》 10
《每日商报》 13
《杭州日报》 20
《舟山日报》 22
《都市快报》 47

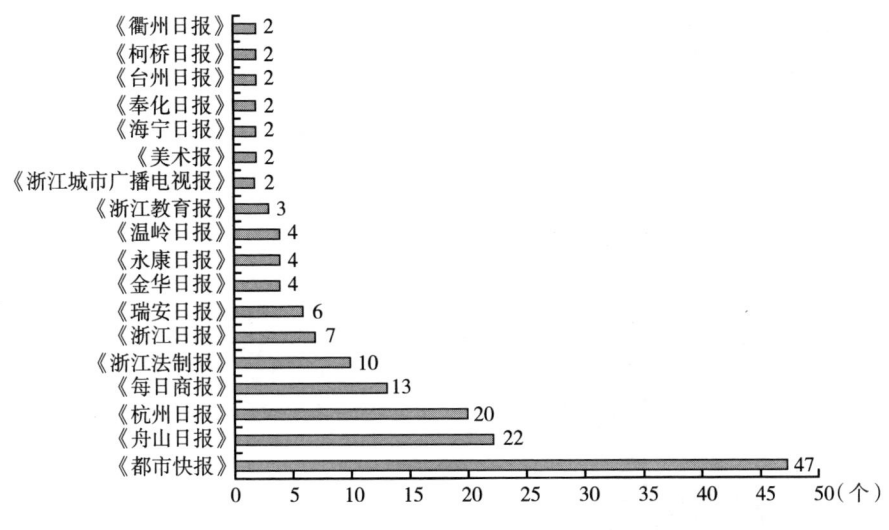

**图42　2021年浙江省报纸微信公众号数量**

州商报》40万人，《丽水日报》35万人，《东阳日报》34万人，《浙江教育报》28万人，《浙江老年报》《舟山日报》《丽水广播电视报》25万人，《嘉兴广播电视报》《奉化日报》22万人，《乐清日报》21万人，《钱江晚报》《交通旅游导报》20万人，《萧山日报》19万人，《富阳日报》18万人，《慈溪日报》15万人，《城报》8万人，《小学生世界》6万人，《宁波日报》5万人，《体坛报》《少年学报》4万人，《市场导报》《科技金融时报》3万人，《舟山广播电视新周报》《健康生活报》2万人，《浙江城市广播电视报》3800人（见图43）。

（2）报纸官方微博运营状况

对于报纸来说，微博的重要性虽然有所下降，但依然是主要的第三方平台，报纸仍然将其作为品牌推广和引流的渠道，且至少保留了1个官方微博账号，积累了大量微博粉丝。其中，《都市快报》微博粉丝数为1082万人，《钱江晚报》700万人，《温州都市报》560万人，《杭州日报》275万人，《金华日报》258万人，《慈溪日报》为191万人，《台州日报》110万人，《温岭日报》78万人，《温州晚报》70万人，《萧山日报》58万人，《温州日报》53万人，《富阳日报》48万人，《每日商报》42万人，《乐清日报》

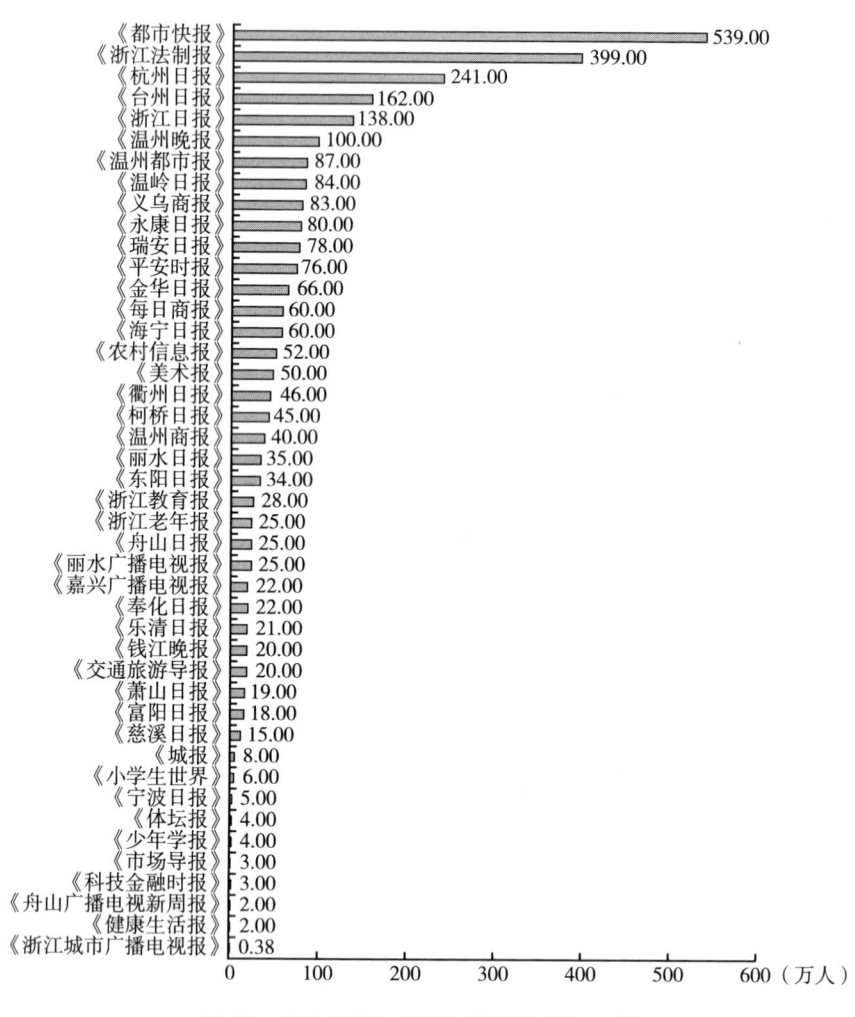

## 图43 2021年浙江省报纸微信公众号用户数

| 报纸 | 用户数（万人） |
|---|---|
| 《都市快报》 | 539.00 |
| 《浙江法制报》 | 399.00 |
| 杭州日报 | 241.00 |
| 台州日报 | 162.00 |
| 浙江日报 | 138.00 |
| 温州晚报 | 100.00 |
| 《温州都市报》 | 87.00 |
| 温岭日报 | 84.00 |
| 义乌商报 | 83.00 |
| 永康日报 | 80.00 |
| 瑞安日报 | 78.00 |
| 平安时报 | 76.00 |
| 金华日报 | 66.00 |
| 每日商报 | 60.00 |
| 海宁日报 | 60.00 |
| 《农村信息报》 | 52.00 |
| 《美术报》 | 50.00 |
| 衢州日报 | 46.00 |
| 柯桥日报 | 45.00 |
| 温州商报 | 40.00 |
| 丽水日报 | 35.00 |
| 东阳日报 | 34.00 |
| 《浙江教育报》 | 28.00 |
| 《浙江老年报》 | 25.00 |
| 舟山日报 | 25.00 |
| 《丽水广播电视报》 | 25.00 |
| 《嘉兴广播电视报》 | 22.00 |
| 奉化日报 | 22.00 |
| 乐清日报 | 21.00 |
| 《钱江晚报》 | 20.00 |
| 《交通旅游导报》 | 20.00 |
| 萧山日报 | 19.00 |
| 富阳日报 | 18.00 |
| 慈溪日报 | 15.00 |
| 《城报》 | 8.00 |
| 《小学生世界》 | 6.00 |
| 《宁波日报》 | 5.00 |
| 《体坛报》 | 4.00 |
| 《少年学报》 | 4.00 |
| 市场导报 | 3.00 |
| 《科技金融时报》 | 3.00 |
| 《舟山广播电视新周报》 | 2.00 |
| 《健康生活报》 | 2.00 |
| 《浙江城市广播电视报》 | 0.38 |

34万人，《城报》32万人，《宁波日报》30万人，《温州商报》28万人，《瑞安日报》22万人，《东阳日报》21万人，《柯桥日报》《舟山日报》20万人，《丽水日报》17万人，《浙江法制报》16万人，《美术报》13万人，《体坛报》《丽水广播电视报》12万人，《平安时报》11万人，《衢州日报》10万人，《永康日报》7万人，《义乌商报》6万人，《浙江城市广播电视报》4万人（见图44）。

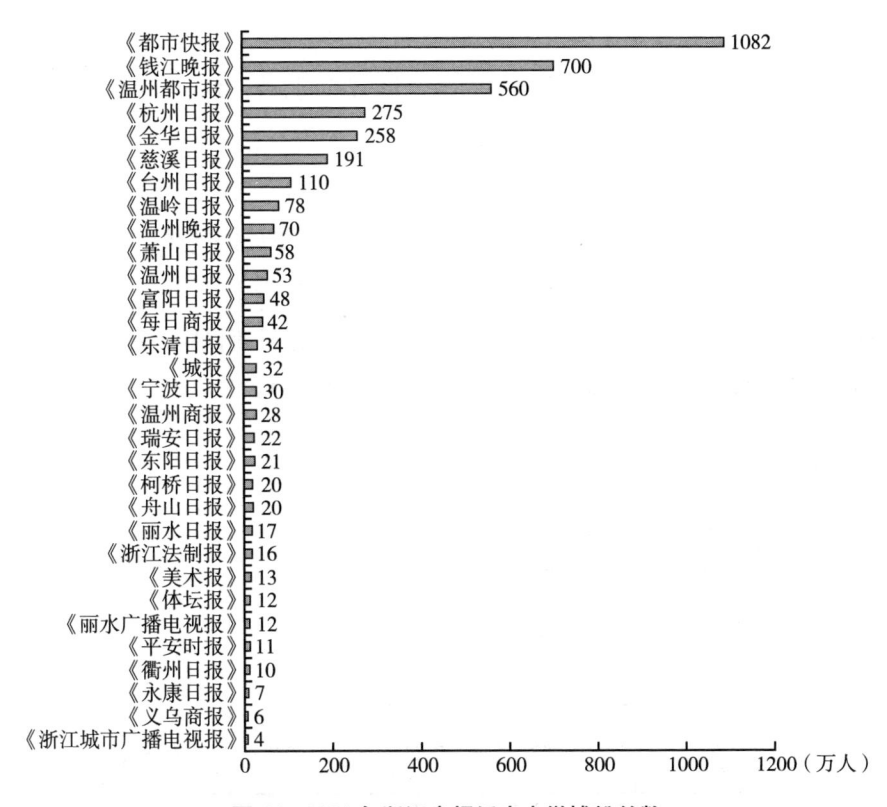

| 报纸 | 粉丝数（万人） |
| --- | --- |
| 《都市快报》 | 1082 |
| 《钱江晚报》 | 700 |
| 《温州都市报》 | 560 |
| 《杭州日报》 | 275 |
| 《金华日报》 | 258 |
| 《慈溪日报》 | 191 |
| 《台州日报》 | 110 |
| 《温岭日报》 | 78 |
| 《温州晚报》 | 70 |
| 《萧山日报》 | 58 |
| 《温州日报》 | 53 |
| 《富阳日报》 | 48 |
| 《每日商报》 | 42 |
| 《乐清日报》 | 34 |
| 《城报》 | 32 |
| 《宁波日报》 | 30 |
| 《温州商报》 | 28 |
| 《瑞安日报》 | 22 |
| 《东阳日报》 | 21 |
| 《柯桥日报》 | 20 |
| 《舟山日报》 | 20 |
| 《丽水日报》 | 17 |
| 《浙江法制报》 | 16 |
| 《美术报》 | 13 |
| 《体坛报》 | 12 |
| 《丽水广播电视报》 | 12 |
| 《平安时报》 | 11 |
| 《衢州日报》 | 10 |
| 《永康日报》 | 7 |
| 《义乌商报》 | 6 |
| 《浙江城市广播电视报》 | 4 |

图44　2021年浙江省报纸官方微博粉丝数

（3）报纸抖音账号运营状况

从媒介融合的角度来说，跨媒介的内容生产已经成为常态。报纸不仅仅满足于纸质版面和文字表达形态，也开始涉足视频和音频领域。同一条新闻，往往既有文字和图片报道，也有视频、音频产品。但是，在缺乏技术平台能力的情况下，报纸的融媒体产品缺少传播渠道，产品化开发进程缓慢。许多报纸都曾经尝试自己搭建视频平台，但由于技术能力薄弱，用户数不足，吸纳用户的成本过于高昂，团队也缺乏互联网意识，实际效果并不理想。近年来，随着短视频平台的崛起，报纸媒体的媒介融合拥有了新的渠道，国内一些反应灵敏的报纸，抓住机会积极在抖音上打造自己的账号，极大提升了在视频领域的影响力。浙江报业积极在抖音、快手平台上开设账

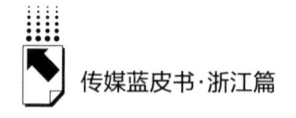

号，这也成为其媒体深度融合发展新的增长点。

与微信公众号和官方微博起初的运营策略不同，各报纸在视频账号运营方面都采取了集中力量、主攻一点的方式。《瑞安日报》有6个抖音账号，《舟山日报》《台州日报》《浙江法制报》《永康日报》各有2个，其余报纸均为1个账号。开设抖音账号的报纸，将抖音作为重要的视频产品输出渠道和融媒体平台，获得了大量的用户。抖音账号粉丝超过100万人的报纸有《杭州日报》546万人，《都市快报》333万人，《温州商报》248万人，《温州都市报》244万人，《钱江晚报》158万人（见图45）。

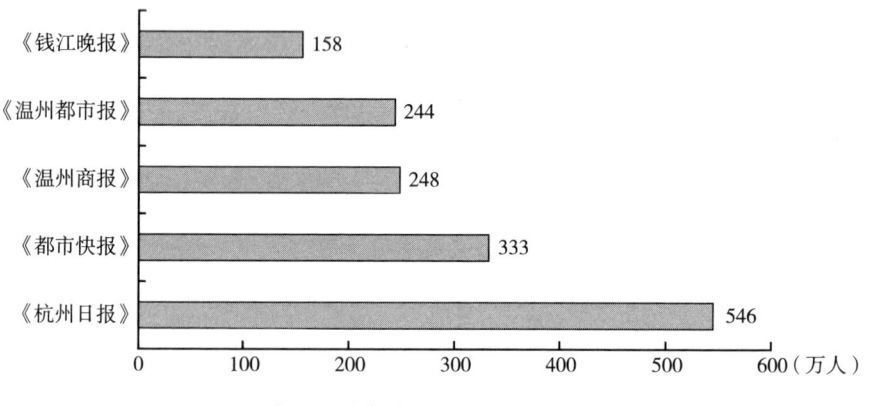

**图45 2021年浙江省抖音账号粉丝超过100万人的报纸**

抖音账号粉丝超过10万人的报纸是《台州日报》71万人，《丽水日报》70万人，《温州晚报》65万人，《城报》51万人，《农村信息报》《每日商报》32万人，《浙江老年报》《金华日报》30万人，《东阳日报》29万人，《乐清日报》25万人，《体坛报》《义乌商报》21万人，《瑞安日报》20万人，《丽水广播电视报》《永康日报》17万人，《衢州日报》13万人，《嘉兴广播电视报》12万人，《温岭日报》10万人（见图46）。抖音粉丝数在10万人以下的有《温州日报》8.5万人，《慈溪日报》6.6万人，《海宁日报》3.9万人，《舟山日报》3.8万人，《富阳日报》3.4万人，《交通旅游导报》3.1万人，《柯桥日报》2.2万人，《宁波日报》1.3万人，《科技金融时报》《浙江法制报》《奉化日报》1.2万人。

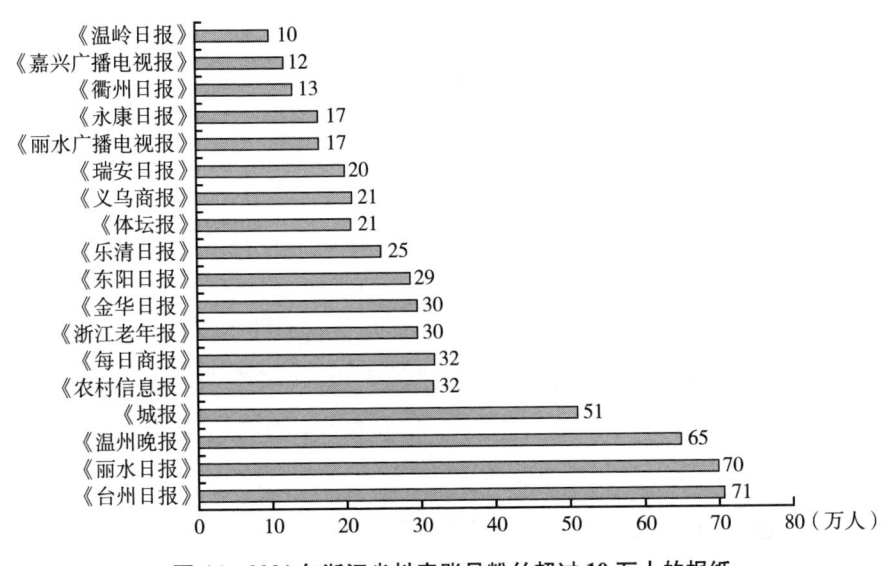

| 报纸 | 粉丝数（万人） |
| --- | --- |
| 《温岭日报》 | 10 |
| 《嘉兴广播电视报》 | 12 |
| 《衢州日报》 | 13 |
| 《永康日报》 | 17 |
| 《丽水广播电视报》 | 17 |
| 《瑞安日报》 | 20 |
| 《义乌商报》 | 21 |
| 《体坛报》 | 21 |
| 《乐清日报》 | 25 |
| 《东阳日报》 | 29 |
| 《金华日报》 | 30 |
| 《浙江老年报》 | 30 |
| 《每日商报》 | 32 |
| 《农村信息报》 | 32 |
| 《城报》 | 51 |
| 《温州晚报》 | 65 |
| 《丽水日报》 | 70 |
| 《台州日报》 | 71 |

图 46　2021 年浙江省抖音账号粉丝超过 10 万人的报纸

此外，"天目新闻""浙江新闻"等本地新闻平台，也成为报纸的第三方新媒体发布渠道。

## 五　报纸人力资源现状

对报纸从业人员现状的调查结果显示，报纸面临较大的人力成本问题，此外，人员老化、年龄结构偏大、知识结构相对传统、学历层次较低、领军人才匮乏、岗位分工结构不合理、行政化倾向明显等均阻碍着报业的发展。

据统计[①]，浙江省报业员工总人数为 8065 人，其中男性 3851 人，女性 3940 人。

报业员工中，事业编制 2423 人，公司编制 4239 人，临时用工 1355 人。

岗位分工方面，采编岗 3629 人，行政岗 1222 人，经营岗 1796 人，报纸版面编辑 981 人，新媒体采编人员 1456 人，新媒体技术人员 284 人。

行政岗不包括平时担任采编和经营部门领导的人员，而是指报社专门设

---

① 统计结果不包含《温州晚报》和《每日商报》数据。

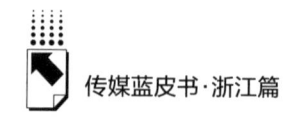

立的行政机构工作人员，其人数占报业从业人员总人数的15%，与采编人员比为1∶3，平均每3个采编人员配1个专职行政人员，比例明显偏高，且几乎与奇缺的新媒体采编人员形成了1∶1的比例，这从一个侧面说明了报社的行政化程度在加深。

报纸版面编辑人数大大少于新媒体采编人员，这说明纸质版已经不再是报纸运营的重点，报纸运营的重点已经转向新媒体。但新媒体采编人员仅为采编岗人数的一半，说明报纸还需要进一步加快转型的步伐。

遗憾的是，虽然新媒体转型急需技术性人才，但全省报业的新媒体技术人员仅为284人，其中《宁波日报》有80位新媒体技术人员，《瑞安日报》有32位新媒体技术人员，其余报纸大多是个位数，不少报纸甚至是零。媒介技术的巨大变革是报业所面临危机的根源所在，只有重视技术能力的培育与应用，才能让报业在未来媒体行业竞争中取得一席之地。

随着媒介技术的进步，大数据、云计算、人工智能的作用越来越大，无论是舆情分析，还是数据库建设，都需要懂得一定的技术知识。然而，报纸新媒体技术人员的匮乏，使得报纸在转型中面临极大的困境，始终处于被动状态。这也表明，报纸领导者没有真正意识到技术问题的重要意义，没有将重点放到搭建技术团队上来。

职称结构方面，全省报业共有74人具有正高职称，454人具有副高职称，1637人具有中级职称，2452人具有初级职称。在学历构成上，全省报纸从业人员中有443人具有硕士研究生学历，7人具有博士研究生学历，5369人具有本科学历，2258人具有大专及以下学历。数据说明，报纸从业人员学历和职称程度偏低，有进一步提升空间。

## 六　结语

到目前为止，中国报纸行业已经先后经受新媒体领域的三波冲击，第一波冲击来自以新闻门户为代表的网站，第二波来自以微博、微信为代表的社交媒体，第三波来自以今日头条、抖音、快手为代表的流量化平台。从调查结果不难看出，目前报纸行业面临越来越严峻的形势，也承受着越来越大的转型压力。报纸作为传统媒体中内容生产能力最强、对新媒体反应最为敏捷、适应能力最快的媒体，在持续寻找转型的突破口。

在这个过程中，随着市场萎缩，报纸行业发行量和高峰时期相比有了很大的缩减，版面规模也调整为原有规模的数分之一。报纸一方面受到新媒体冲击，另一方面也受到原材料涨价的压力，从而被迫缩减版面规模，减少无效发行，并通过几轮涨价来应对成本上升。然而，涨价带来的负面效应也应当予以关注，因价格过高，不少用户的订阅欲望锐减，从而使发行市场进一步收缩，发行收入降低。

面对这种情况，报业积极拓宽收入来源，广告收入普遍下降到总收入的1/3左右，不再是报纸最主要的收入来源。而来自政务服务、生活与社会服务、技术信息服务、新媒体账号运营以及财政补贴等方面的收入占比在进一步提升，这说明报纸行业在面对市场变化时，嗅觉非常灵敏，反应相当灵活、快速。

不过，传统市场在进一步压缩，而新的市场尚未形成。尤其是在新媒体领域，报业做出了巨大的努力，但是在体制机制上未能形成突破，营利模式也有待确立。从人力资源组成看，报业极度欠缺新媒体技术领域的人才，这一点将严重制约报纸的转型之路。

从国内外报纸媒体转型成功的案例来看，报纸媒体应当突破原有纸质媒介的层次，转变为以内容生产为基础，以数字技术为支撑的跨媒介媒体机构。原有的制度化、体系化的报纸产业布局已经不能适应深化媒介融合的总体要求，为达成这一目标，需要从组织变革的角度切入，重新整合资源，科学设计生产流程，优化组织架构，改善人才队伍，以此实现报纸媒体的成功转型。

# 媒体行业与市场报告

Media Industry and Market Reports

## B.5 2021年浙江广告市场发展报告

严晓青　陈靖云　田　彬\*

**摘　要：** 本报告以政治、经济、技术和文化环境为发展背景，通过重新界定视听广告产业及其产业生态系统的内涵与外延，概述了视听广告产业总体发展情况，并从科技创新、新兴广告形式、各地广告收入、广电MCN、短视频广告、数字户外广告等方面总结了视听广告产业生态的新特点、新趋势，最后从科技引领、业态创新、产业融合等三个方面对视听广告产业未来发展趋势进行展望。

**关键词：** 广告市场　产业生态　产业融合

---

\* 严晓青，浙江工业大学人文学院广告系副教授，主要研究方向为形象传播与责任、广告与媒介产业生态；陈靖云，浙江工业大学新闻与传播专业硕士研究生，主要研究方向为形象传播、广告与媒介产业生态；田彬，浙江工业大学新闻传播学硕士研究生，主要研究方向为形象传播、广告与媒介产业生态。

在互联网技术和数字化媒体快速发展的背景下，网络视听广告迅速崛起，广告产业新业态、新模式成长态势日益凸显。浙江广播电视和网络视听产业新业态以"互联网+高科技+新模式+新消费+跨界"为特点，以服务互联网生态的新型广告和围绕平台生态的产业链两种形式为依托，将电商直播、短视频打造成网络视听广告产业新的增长点，两者在短时间内跃升为广播电视及网络视听业至关重要的新阵地。

# 一 浙江广播电视和网络视听广告产业发展背景

## （一）政策环境

2020年，习近平在浙江考察时，赋予浙江努力成为新时代全面展示中国特色社会主义制度优越性的"重要窗口"的新目标、新定位。为切实践行"八八战略"、奋力打造新时代广播电视行业的"重要窗口"，争创社会主义现代化先行省，推动广播电视及网络视听业实现高质量创新发展，浙江政府部门发布了一系列网络视听广告相关的政策与规划意见。

2020年7月31日，浙江省人大常务委员会发布了修订后的《浙江省广告管理条例》，该条例于9月1日起施行，针对专利保护条例等14件法规进行了修订和补充。2020年12月3日，浙江省广播电视局印发了《关于推动我省广播电视和网络视听业高质量发展的实施意见》，该文件旨在着力加强广播电视与网络视听阵地建设和行业管理，打造忠诚广电、智慧广电、实力广电、惠民广电及清廉广电，做大做强产业发展平台，完善产业发展扶持政策。2021年2月3日，浙江广电集团发布《浙江省广播电视和网络视听发展"十四五规划"》，宣布通过系统建构"13335"战略格局，进一步完善浙江广电集团现代全媒体传播体系，并提出做新传统产业平台，将广告产业融入新经济生产消费全链路。[1]

---

[1] 《"13335"战略格局 浙江广电2021年及"十四五"规划发布》，流媒体网，2021年2月7日，https://lmtw.com/mzw/content/detail/id/197895/keyword-id/-1。

从全国范围看，为加强网络直播营销管理，促进网络直播营销健康有序发展，国家网信办、广播电视总局等七部门于2021年4月23日联合发布《网络直播营销管理办法（试行）》。2021年8月20日，十三届全国人大常委会第三十次会议正式表决通过《中华人民共和国个人信息保护法》，这是我国第一部个人信息保护方面的专门法律，将为公民的个人信息保护提供有力保障。在有关法律的基础上，国家进一步细化、完善个人信息保护应遵循的原则和个人信息处理规则，明确个人信息处理活动中的权利义务边界，健全个人信息保护工作体制机制。2021年9月1日，《中华人民共和国数据安全法》正式施行。作为我国首部数据安全领域的基础性立法，该部法律体现了总体国家安全观的立法目标，聚焦数据安全领域的突出问题，确立了数据分类分级管理，建立了数据安全风险评估、监测预警、应急处置，以及数据安全审查等基本制度，并明确了相关主体的数据安全保护义务。浙江省民营经济发展中心及时响应国家层面的总体规划，积极开展网络直播营销行为的专项监测工作，致力于抖音、淘宝、快手三大网络直播平台营销新业态的规范管理及消费者合法权益的保护。

伴随着一系列前瞻性政策规制的出台，浙江广播电视和网络视听产业逐步实现了从行业管理与体系建设到实际行业监管的全方面覆盖，为更好地实现浙江广播电视与网络视听产业高质量创新发展提供了重要的顶层设计支撑。

## （二）经济环境

2020年，面对国内外形势持续深刻复杂的变化以及席卷全球的新冠肺炎疫情，浙江坚持以习近平新时代中国特色社会主义思想为指导，忠实践行"八八战略"，坚持"两手硬，两手赢"，经济社会发展取得新成绩。

根据国家年度统计调查初步核算，2020年浙江全省生产总值为64613亿元，相比上年增长3.6%。[①] 浙江全省广播电视的营业收入逾2132亿元，

---

[①] 《2020年浙江省国民经济和社会发展统计公报》，浙江省统计局网站，2021年2月28日，http://tjj.zj.gov.cn/art/2021/2/28/art_1229129205_4524495.html。

其中，IPTV、互联网电视、网络视听节目服务等新媒体业务收入达74.9亿元，同2017年首次统计的收入数据相比增长近14倍。[①] 2020年浙江的社会消费品零售总额达到26630亿元，零售总额稳居全国各省份第4名。浙江拥有十亿级以上商品实体交易市场287个，乡村社区零售总额为4293亿元，全省消费市场总体平稳健康发展，消费质量与产业持续升级。2020年浙江省居民人均生活消费支出为31295元，居全国第三、省区第一。[②] 2020年浙江全体居民恩格尔系数为28.5%，其中城乡居民恩格尔系数分别为27.4%和32.3%，均达到联合国所划分的富足水平标准。

浙江的消费结构不断优化，教育培训、文化娱乐休闲等支出增长较快，居民的精神生活富足。作为电商大省，2020年浙江全省实现网络零售额22608亿元，与上年相比增长14.3%，居全国第二；跨境电商交易额达1.69万亿元，同比增长31.1%，居全国第二；淘宝镇、淘宝村的数量居全国第一。浙江经济的持续增长，尤其是电商经济及文娱产业的快速发展，为网络视听产业的发展提供了经济支撑；而城乡居民收入的持续增长，为居民的文化消费奠定了必要的物质基础。

### （三）技术环境

截至2020年12月，浙江省网民规模达到5321.8万人，互联网普及率达82.4%，其中手机网民占全省网民总数的99.7%。[③] 截至2020年底，浙江光纤线路总长度达349.8万公里，共建成5G基站6.26万个，均居全国第三，实现了5G网络大规模商用，网络通信能力持续增强。浙江高清及超清电视发展也取得了重要突破，杭州探索4K超清频道试播，省级电视频道和

---

[①] 《省发展改革委 省广播电视局关于印发〈浙江省广播电视和网络视听发展"十四五"规划〉的通知》，浙江省广播电视局网站，2021年3月31日，http：//gdj.zj.gov.cn/art/2021/3/31/art_1229248384_4572344.html。

[②] 《2020年浙江省人民生活等相关统计数据公报》，浙江省统计局网站，2021年2月3日，http：//tjj.zj.gov.cn/art/2021/2/3/art_1229129205_4445429.html。

[③] 《浙江省互联网发展报告2020来了!》，"人民咨询"百家号，2021年6月3日，https：//baijiahao.baidu.com/s?id=1701531001220340001&wfr=spider&for=pc。

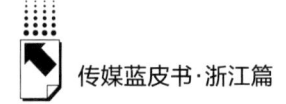

11个市级台的主频道在全国率先全部实现高清化播出，67%的县市实现高清化改造。随着网络通信技术的高速发展和移动设备硬件的升级，具备随身、随时及社交属性和定位属性的智能手机逐渐成为支付、游戏、直播等高附加值业务的通道入口。

2020年浙江数字经济核心产业增加值达7020亿元，同比增长13%，对GDP增长贡献率达34.9%。[1] 此外，浙江网络零售额达22608亿元，位居全国第二，移动支付活跃用户普及率达75%。《中国互联网发展报告（2021）》数据显示，浙江省以56.52的互联网发展综合指数排在全国第六位。云计算、物联网、大数据、移动互联网和人工智能被越来越广泛地应用于网络视听产业，居民线上网络消费习惯被进一步稳固和强化，短视频和电商直播在消费市场中占据越来越大的比重，对传统行业产生了颠覆性的影响。

**（四）文化环境**

2020年，浙江省"新时代六个一工程"取得优异成绩，以重大现实题材、重大历史题材为创作重点，涌现出一批思想精深、制作精良的优秀影视作品。电视剧、动画片、纪录片和网络电影等门类产量和质量均位于全国各省份前列，逾100部电视剧在央视、一线卫视和头部互联网平台播出。41部动画片、20部纪录片获国家广播电视总局推优；《麦香》《可爱的中国》获得中宣部"五个一工程奖"；《外交风云》、《急诊科医生》、《长安十二时辰》、《知否知否应是绿肥红瘦》以及《都挺好》分别获得第32届中国电视"飞天奖"优秀作品奖及第30届中国电视金鹰奖最佳电视剧奖等奖项，"浙产剧"社会影响力不断增强。[2] 浙江全省出口电视剧超

---

[1] 《2020年浙江数字经济总量突破3万亿元》，浙江省经济与信息化厅网站，2021年5月18日，https://jxt.zj.gov.cn/art/2021/5/18/art_1229246513_58926598.html。

[2] 《省发展改革委 省广播电视局关于印发〈浙江省广播电视和网络视听发展"十四五"规划〉的通知》，浙江省广播电视局网站，2021年3月31日，http://gdj.zj.gov.cn/art/2021/3/31/art_1229248384_4572344.html。

492部26099集，动画片超1352小时，出口总额超5400万美元。① 2020年，浙江省动漫游戏产业逆势上扬，实现产值258.9亿元，相比2019年增长30.63%。

优质浙产剧及动漫作品的蓬勃涌现为广播电视及视听渠道吸引了大量受众，同时为广播电视广告产业的发展提供了基础保障。2021年浙江启动"助力山区26县跨越式高质量发展公益行动"，其中"广告投放"行动定制了26个山区县公益广告和形象宣传片，借由广播电视和新媒体融合展播。以淳安县融媒体中心为例，该中心2020年全年播出公益广告18980条次，总时长18960分钟，平均每天播出公益广告52分钟。② 此外，为引导和鼓励广播电视公益广告的创作生产及传播，浙江省广播电视局每年组织评选全省电视公益广告扶持项目。公益广告作为弘扬优秀文化、提高精神文明的助推器，彰显了浙江省广播电视视听媒体的社会责任与担当。

## 二 浙江广播电视和网络视听广告产业生态新格局

### （一）内涵与外延的重新界定

**1. 视听广告产业**

视听广告产业是指广告信息基于视频和声音等媒体内容传播的产业链、供应链和价值链上所相关联的媒体和企业集群。传统的视听广告产业主要以电视、广播、电影和互联网网站为媒介载体进行广告信息传播。

随着互联网技术的高速发展，电视等传统媒体朝媒体融合的方向加快迈进。在三网融合等政策的推动及视频云技术、互动技术、大数据分析等新技术加速

---

① 《省发展改革委 省广播电视局关于印发〈浙江省广播电视和网络视听发展"十四五"规划〉的通知》，浙江省广播电视局网站，2021年3月31日，http://gdj.zj.gov.cn/art/2021/3/31/art_1229248384_4572344.html。

② 《淳安县融媒体中心在全省被唯一列入全国广电公益广告扶持项目名单》，千岛湖新闻网，2021年11月4日，http://www.qdhnews.com.cn/news/content/2021-11/04/content_9295822.html。

应用的背景下，当下视听广告产业的具体业态包括短视频、综合视频、网络直播、网络电视、网络音频、网络电影等，网络视听行业围绕数字化信息与视频内容的媒体传播核心业务，向视频购物、数字营销、电视支付、智慧家庭等多样化的增值业务辐射。而短视频与电商直播的发展共同构建了全新的数字视听矩阵，并推进以数字为主体的视听广告产业生态系统的逐步形成。

2. 视听广告产业生态系统

在数字时代下，基于大数据、5G等高新技术的数字视听广告产业，打破了传统视听广告产业"广告主—广告代理公司—媒体—消费者"的产业链条，广播电视和网络视听媒体的身份不再局限于信息的分发媒介，而是以投资、打造公益品牌及MCN公司运营等全新的路径和形式，成为广告主、广告代理公司和传播媒介等多重身份的集合体。

视听广告产业生态系统，是指全新背景下的数字视听广告产业，与消费者、广告主之间所构成的具有多重结构的视听广告系统，与传统视听广告产业系统交织并行所形成的生态系统。在这个生态系统中，视听媒体所参与的多重路径为其带来了与消费者更多的接触点，创造了新的营收方式，引发了整个视听广告产业的生态革新。而随着信息技术的迭代发展，视听广告产业生态系统将始终处于随着新技术和新的媒介趋势的出现而动态变化的状态。

目前的视听广告产业生态系统，可以分为传统视听广告产业链和新兴数字视听广告产业链两大类。传统视听广告产业链，即"广告主—广告代理公司—媒体—消费者"产业链，主要包括传统广播电视媒体及相关视听媒介渠道的传播。新兴数字视听广告产业链则更多地融合了以下内容：传统广播电视视听媒体参与或投资MCN公司运营，打造公益品牌、IP及主持人KOL，以短视频或电商直播形式进行视频化的视听内容运营；视听媒体通过线上媒介与线下场景的联动，进行更为精准有效的场景营销；传统广电媒体作为公域流量池的合法管理者，利用数据分析等专业技术对消费者数据进行精细化处理，协助广告主获得所需消费者相关数据以取得收益，广告主在此基础上进行品牌私域运营。

## （二）视听广告产业发展总体情况

**1. 产业规模稳步提升，产业结构不断优化升级**

近年来，浙江省视听广告产业规模呈现稳步发展的势头，2018～2020年，浙江省广播电视集团、各影视制作机构及网络公司的广告收入在实际创收中的占比稳居第一。浙江省各地、各部门深入实施广告发展战略，着力改善法治环境、营商环境和市场环境，为视听广告产业规模化、集约化发展奠定了强有力的基础。目前，浙江拥有3个国家广告产业园区、17个省级广告产业园区，园区集聚了大批优秀广告公司及关联企业，可辐射带动全省视听广告产业发展，产业资源整合集聚效应明显。整个浙江广播电视和网络视听广告产业，以省级广电部门为主导、高新技术企业为支撑，互联网广告头部企业带动，借助电商直播、短视频平台，传统及现代传媒广告企业携手并进，优势互补、协调互动的产业格局正在逐步形成。"十四五"期间，浙江视听广告产业结构将得到进一步的优化升级，以达成广告产业优质高效发展的目标。

**2. 产业创新持续增强，新业态新模式层出不穷**

随着互联网技术和数字化媒体的高速发展，互联网广告迅猛发展。在此影响下，浙江广播电视和网络视听广告产业进入了全新的发展阶段，产业创新不断强化，以"互联网+高科技+新模式+新消费+跨界"为特点的新业态、新模式成长态势日益凸显。主要类型可概括为：服务互联网生态的新型广告服务，如智能广告、大数据服务、智能电视端的广告服务等；围绕平台生态的产业链服务形式，如连接线上和线下的公关服务、活动执行等；数字技术中心化广告生态创新模式。其中，"直播+电商"已成为浙江广播电视和网络视听广告产业的新热点模式。自2016年"直播元年"开启后，直播电商呈现繁荣发展态势，浙江作为"中国电商巨头"紧跟发展风口，建立了中国（杭州）直播电商产业基地，以直播电商助推浙江视听广告产业发展，成效显著。

**3. 媒体融合加速推进，广告经营模式逐步转型**

随着媒体深度融合逐步进入"下半场"，浙江省广播电视媒体紧跟时代步伐，持续推进媒体融合的进程。据浙江省广播电视局统计，2020年浙江广播电视集团的新媒体业务收入为74.52亿元，同比增长132.92%，呈快速增长态势。由此可见，浙江省广播电视集团积极应对市场的变化，全省主流媒体更加主动地拥抱新媒体，在此趋势下，传统的广告经营理念亟须革新。为此浙江尝试进行广告经营重心调整，坚持理念及认知与市场同步、与时代同步，不断推出创意与新技术兼备的广告服务及产品体系，媒体广告经营逐步从单一售卖、一维传播的模式向多样化、多维度、立体化传播的广告经营模式转型，融媒体战略成效显著。例如，浙江卫视综艺节目《王牌对王牌》通过淘宝直播开设"蓝莓台"直播间，联合省青联发起"春雷助农、王牌送到"公益直播带货，为"春雷"计划中小企业直接拉动777.7万元成交量。① 浙江卫视将广告深度植入节目内容，打通了从内容生产、宣传推广、融媒互动到流量变现的全流程通道，为观众带来沉浸式娱乐消费营销新体验，展现了主流媒体广告经营的多维尝试与发展优势。

### （三）视听广告产业生态呈现的新特点、新趋势

**1. 产业生态变化显著，科技创新成为主要动力**

2020年以来，浙江视听广告产业乃至全国视听广告产业都呈现迅猛发展的势头，产业规模不断扩张，产业结构日益优化，产业新模式层出不穷，整个产业生态处于动态变化的过程中。从各种原动力来看，科技创新成为浙江视听广告产业生态革新的主要助推力。在数字互联网时代的大背景下，浙江出台《浙江省广播电视和网络视听发展"十四五"规划》，提出深入实施数字经济"一号工程2.0版"，加强产业创新扶持，鼓励5G、大数据、人工智能、区块链等高新技术在广播电视和网络视听领域的创新应用。②

---

① 《浙江卫视"蓝莓台"入驻淘宝直播》浙江广播电视集团网站，2020年5月13日，http://www.zrtg.com/jdetail/13457285.html。
② 《省发展改革委 省广播电视局关于印发〈浙江省广播电视和网络视听发展"十四五"规划〉的通知》，浙江省广播电视局网站，2021年3月31日，http://gdj.zj.gov.cn/art/2021/3/31/art_ 1229248384_ 4572344.html。

5G等高新技术不断与传统媒体相结合，碰撞出新的火花，科技创新使视听广告产业原有的"广告主—广告代理公司—媒体—消费者"单一产业链条得以革新，整个产业生态衍变为传统视听广告产业链与新兴数字视听广告产业链交织共存的格局。在新的产业生态中，媒体不再局限于广告主触达消费者链路的中介，也不再作为单一的传播主体与渠道，而是集广告制作者、传播者、运作者、反馈者等多重角色于一身的集合体。此种产业生态的变化打通了广告主、广告代理公司、媒体与消费者之间的营销链路，将资源有效盘活，从而获得更高的效益。

**2. 传统广告由"热"转"冷"，新兴广告逐渐开辟新局面**

随着全球互联网环境的不断优化以及新媒体技术的飞跃式发展，传统媒体的生存空间正逐渐被压缩，随之而来的是传统媒体广告市场份额的日益减少。据2010~2020年浙江省广电行业年报统计，浙江广播电视行业广播广告收入在基本平稳的态势中略有增长。电视广告收入的变化趋势却大相径庭，从2010年起的七年间，其收入整体呈上升态势（除了2016年比2015略低）；而从2017年至今，电视广告收入连年急速下跌，2020年收入较2017年缩减一半以上（见图1）。由此可见，2010~2020年，浙江广播电视行业传统媒体广告收入由逐年增长的"火热"局面进入了迅速下跌的"爆冷"局面。

图1　2010~2020年浙江广播电视行业广告收入、电视广告收入、广播广告收入变化趋势

在大环境的影响下,网络媒体广告等新兴广告形式逐渐崭露头角,这些基于互联网的新形式凝聚了广播广告、电视广告的共同点,以自身优势实现了资源聚合、内容兼容、多维触达和收益高效。据统计,2019年浙江网络媒体广告收入将近6.6亿元,2020年达7.27亿元。此外,2019年浙江省其他广告收入达9.18亿元,2020年则飙升到16.87亿元。这些新兴广告逐渐成为浙江视听广告产业的一股新浪潮,亦成为广告主与消费者沟通、对话的有效形式。长期以来,传统媒体广告在视听广告产业中占据着较高的市场份额,并拥有较大的影响力,但是在互联网加速发展的趋势下,其竞争力日渐降低。从表面上看,传统媒体广告依然存在拥有较稳定的受众群体、不会被轻易取代的优势,但从浙江视听广告产业未来发展趋势来看,传统媒体广告如何进行全面变革与创新,以提升广告的质量与传播力,是相关从业者今后亟须思考的问题。

**3. 各市传统广告收入总体下跌,"杭宁温"广告收入居各地之首**

在传统广告日益"遇冷"的态势下,浙江下属的11个市级辖区也受到大环境的影响,各市传统广告发展形势大致趋同。从变化趋势来看,2020年以来各市传统广告收入总体呈下降趋势。其中,各市广播广告收入变化趋势相对稳定,多年来增减幅度较小,部分城市呈缓慢增长的变化趋势。由此可见,广播广告在浙江视听广告产业中仍占有一席之地,但增速放缓、份额较小是广播广告在未来发展中仍需改善的问题。

各市占据传统广告收入主体份额的电视广告收入则波动较大,2014年前后,杭州、宁波、温州、绍兴、金华等8市的变化较为明显,总体呈下跌趋势,个别城市甚至出现断崖式下跌(见图2至图12)。由此可见,在当下网络新媒体步步紧逼的时代,传统电视广告单维输出、单方接受的形式已不再适用,"互动性"成为广告的第一要义。电视广告需结合网络新媒体意识,革新自身的思维逻辑与运作方式,与时俱进,更好地适应时代发展的需要。

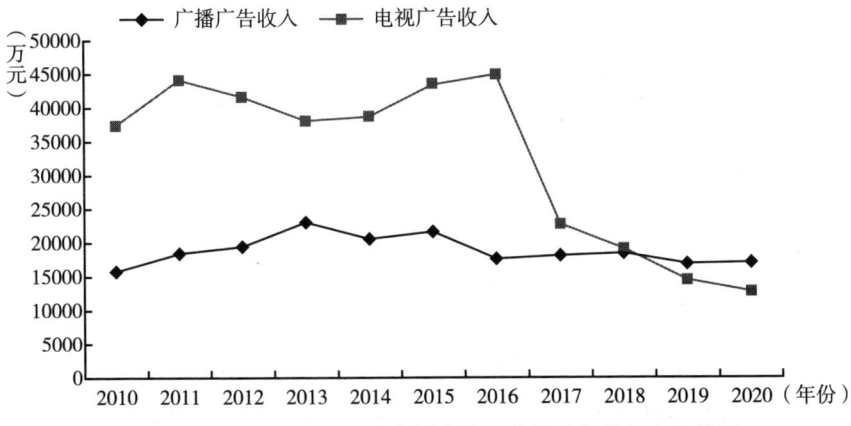

图2 2010~2020年杭州市广播广告、电视广告收入变化趋势

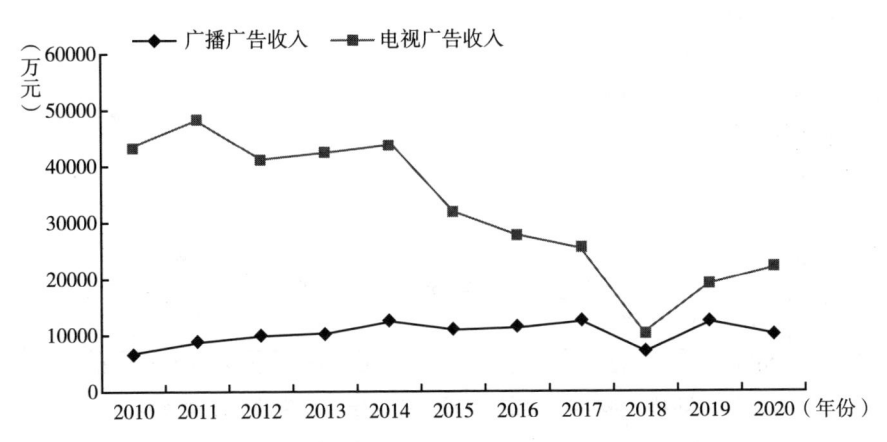

图3 2010~2020年宁波市广播广告、电视广告收入变化趋势

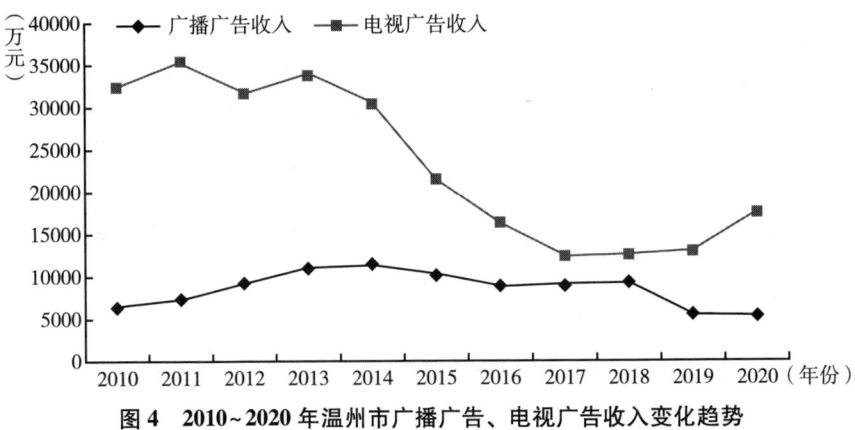

图4 2010~2020年温州市广播广告、电视广告收入变化趋势

图5 2010~2020年嘉兴市广播广告、电视广告收入变化趋势

图6 2010~2020年湖州市广播广告、电视广告收入变化趋势

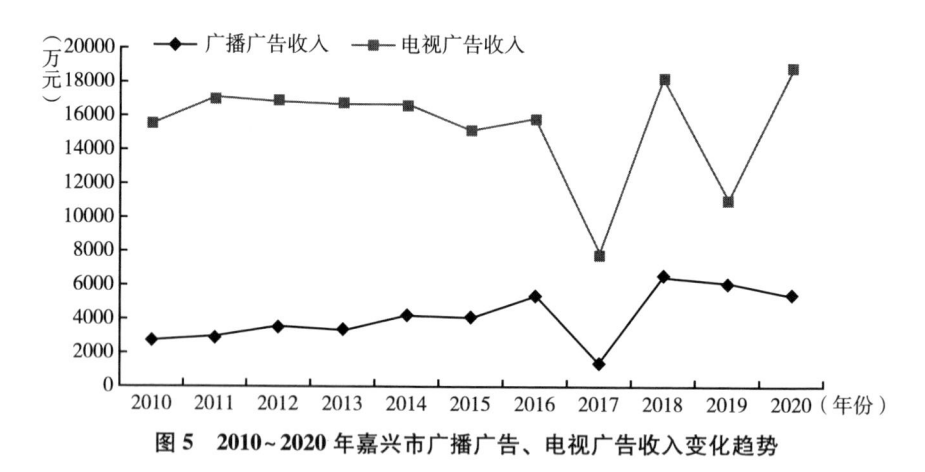

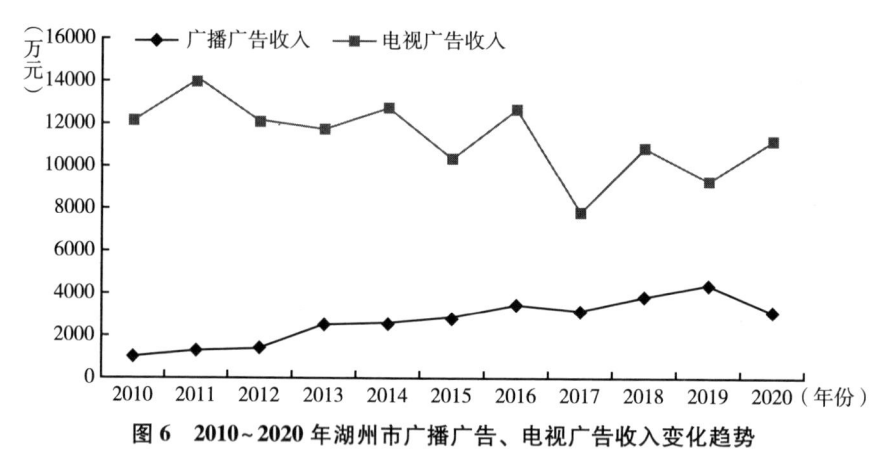

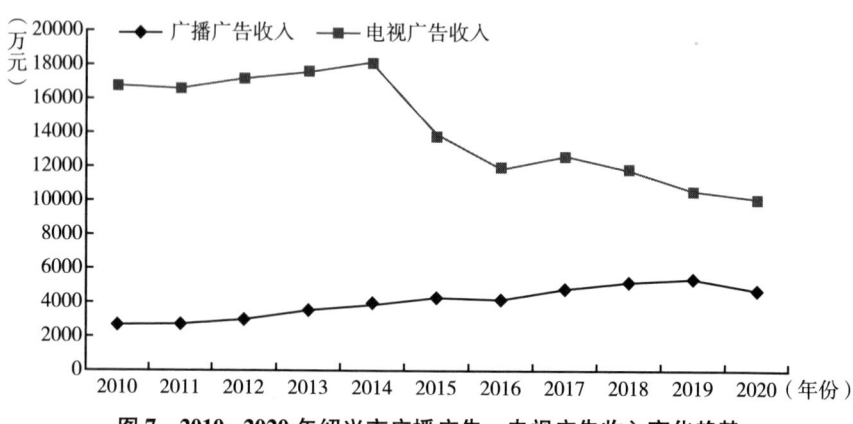

图7 2010~2020年绍兴市广播广告、电视广告收入变化趋势

图8　2010~2020年金华市广播广告、电视广告收入变化趋势

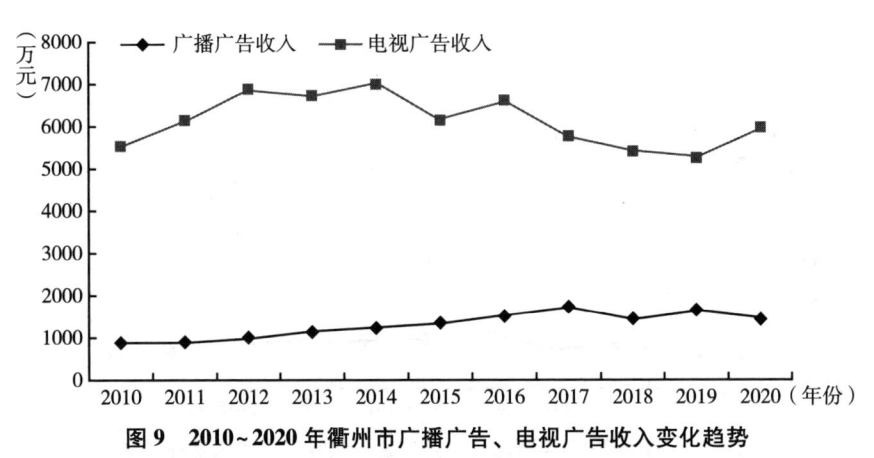

图9　2010~2020年衢州市广播广告、电视广告收入变化趋势

图10　2010~2020年舟山市广播广告、电视广告收入变化趋势

图 11　2010~2020年台州市广播广告、电视广告收入变化趋势

图 12　2010~2020年丽水市广播广告、电视广告收入变化趋势

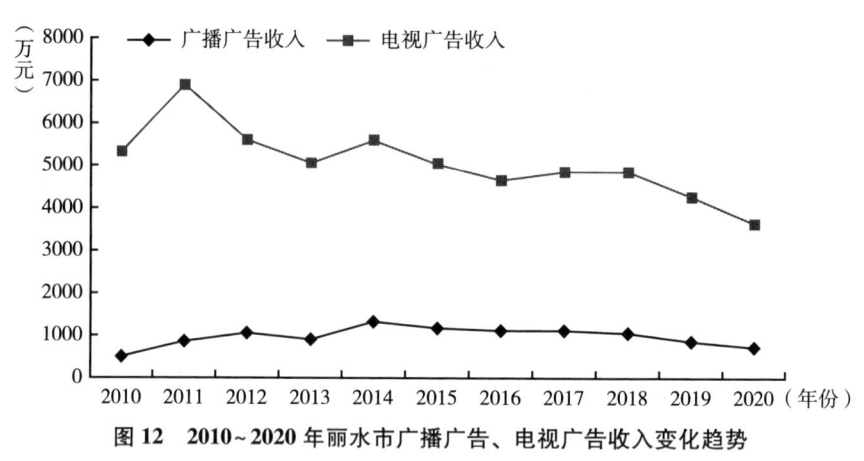

从市场份额来看，杭州、宁波、温州三地2010年以来的广告收入基本占据各市排行榜的前三名，与其他城市之间的差值较大。可见，广告收入的高低与城市规模大小成正比，城市规模越大，广告受众越多，广告市场带动力越强，发展前景越好（见图13至图16）。因此浙江省视听广告产业在发展中形成了以"杭宁温"为主要带动对象的辐射圈，未来仍需重点深耕这三市的视听广告产业，以期获得更大的辐射效应。值得一提的是，嘉兴市2020年广告收入相比2019年实现飞跃式增长，跃居第二，未来发展潜力可观。因此，未来浙江也要同步注重其他城市的视听广告产业发展，积极探索长三角城市群协同创新及区域合作共赢的新方向、新模式，以扩大浙江视听广告产业综合影响力。

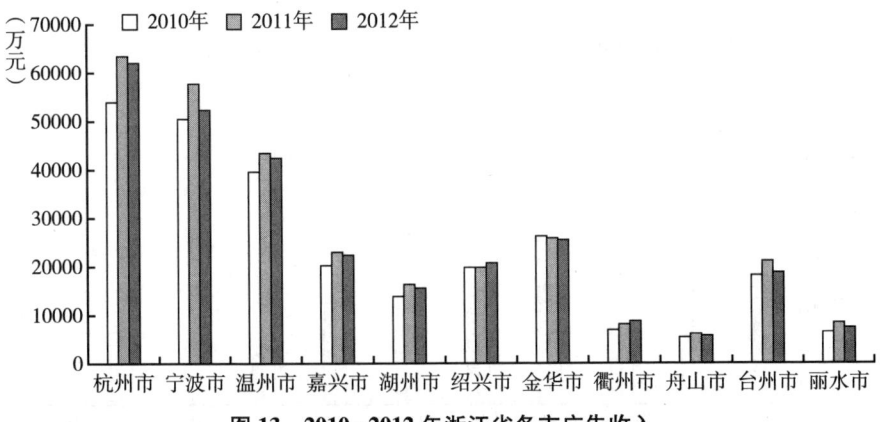

图13　2010~2012年浙江省各市广告收入

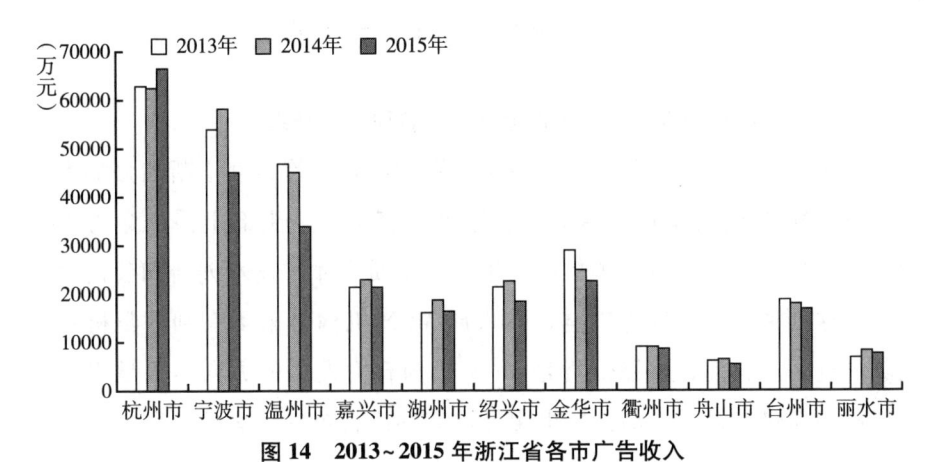

图14　2013~2015年浙江省各市广告收入

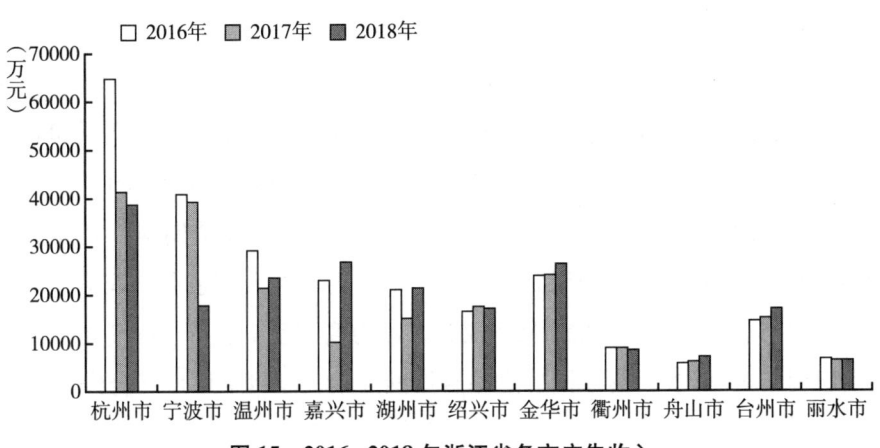

图15　2016~2018年浙江省各市广告收入

123

图16 2019~2020年浙江省各市广告收入

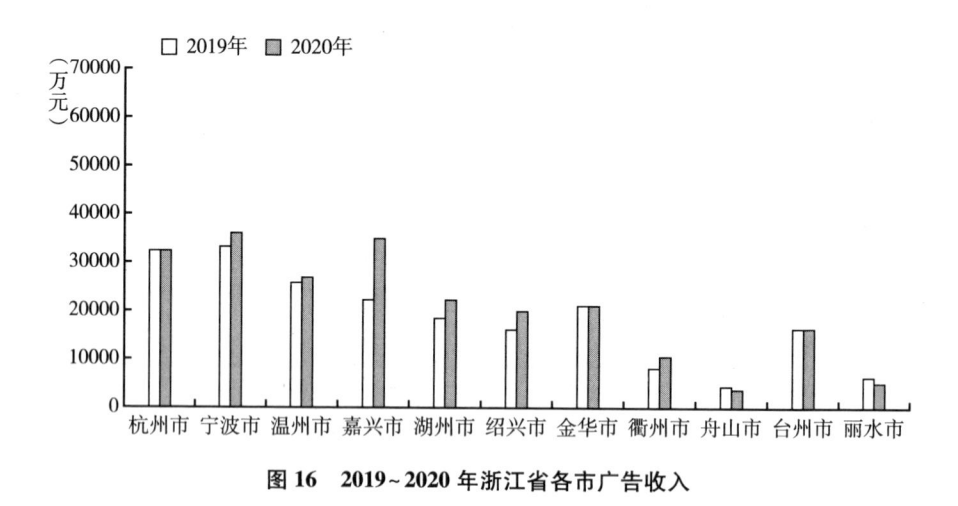

**4. 广电积极布局MCN，直播助推产业盈利模式升级**

近年来，在新型互联网平台飞速发展和国家监管力度不断加强的大背景之下，MCN机构优质内容缺失、原创内容不足、头部主播生命力短等问题逐渐显现，而广电媒体集内容生产、优质人才、技术创新和公信力于一身，这种独到的优势为广电媒体入局MCN机构带来了有利的契机和可创新的空间。目前，直播带货是MCN机构着力发展的方向，也是视听广告产业的新热点模式。浙江广电媒体原有的广告单一售卖的盈利模式已然受到冲击，直播带货这种形式促使广告资源灵活流动，优化了广电媒体的商业变现能力。

2019年以来，浙江广电集团依赖自身媒体平台，设立了广电集团所属的MCN机构，将传统的电视直播技术嫁接于移动端直播。"黄金眼MCN"就是其中的一种，它是由浙江广电集团民生休闲频道创新孵化的项目，自成立以来全力深耕短视频和电商直播两大领域。2020年疫情期间，"黄金眼MCN"携手阿里巴巴客服部持续推出陪伴式服务直播，通过分享线上生产生活知识与技巧，鼓励消费者线上购物，助力商家复工复产。据统计，直播活动吸引了8000多户商家同时进驻直播间互动，获得了用户和合作方的充分肯定。① 直播带货从用户思维出发，使浙江广电融媒传播链路得以优化，也为视听广告的服务形式提供了新路径，推动了浙江视听广告产业盈利模式向纵深方向转型升级。

5. 短视频广告日益主流化，推进产业形态多元发展

据 CNNIC 统计，截至 2020 年 12 月，我国短视频用户规模超 8 亿人，占据整体网民规模的近 9 成。② 随着短视频内容生产愈加丰富与优化，短视频平台生态逐渐完善，用户活跃渗透率也在不断上涨，短视频行业呈现稳步增长的态势。短视频结合新技术呈现多传播、强社交、高精准等特点，广告这颗种子也在此生根发芽，短视频广告逐渐成为目前主流广告形态之一。

在此趋势下，浙江紧跟时代热点，积极入局短视频领域，2021 年 4 月，中央广播电视总台与浙江省人民政府共同打造了国家（杭州）短视频基地项目，其目的是建设面向国际、亚洲领先、国内一流的主流视听新媒体平台。浙江海宁也于 2021 年 12 月举办了第二届中国（海宁）短视频产业高峰论坛，近年来，借助短视频的风口，海宁皮革产业开拓了广告营销的新渠道，短视频逐渐成为皮革产业"走出去"的重要推广手段。短视频广告的盛行丰富了视听广告产业的形态，促使浙江视听广告产业显现出比以往传统、单维形态更强大的传播效能、商业价值和形式意义，有利于实现网络视听广告产业在数字经济领域高速增长的目标。

6. 数字户外广告逐渐兴起，"线上+线下"成为新态势

在互联网人口红利逐渐消减的趋势下，视听广告仅通过线上广告实现有效转化的难度不断攀升，而技术红利的到来为传统的线下广告注入了新鲜血液，数字线下广告成为互联网、大数据等技术与线下广告结合的产物。其中，数字户外广告是目前的热门形式，存在产业化的利好发展趋势。

---

① 《民生休闲频道"黄金眼 MCN"构建多维度融媒传播见成效》，浙江广播电视集团网站，2020 年 4 月 9 日，http://www.zrtg.com/jdetail/13445282.html。

② 《第 47 次〈中国互联网络发展状况统计报告〉》，国家互联网信息办公室网站，2021 年 2 月 3 日，http://www.cac.gov.cn/2021-02/03/c_1613923423079314.htm。

当前，户外广告正处于从线下传统户外到数字化户外转型的变革阶段。随着场景数字化水平的提高以及城镇化规模的扩大，户外广告市场价值也将不断凸显，成为拉动线下广告回暖并持续增长的主力军。其中，楼宇数字电梯广告发展势头强劲，近年来其市场规模持续扩大，同比增长率保持两位数，彰显了线下流量的价值。此外，户外广告还衍生出了物联网广告。作为户外广告的升级形式，物联网广告是以场景、联结、大数据、新兴分析技术为基础的新兴广告模式，有利于降低广告成本、提升广告投放与转化效率，为消费者提供良好精准的体验，目前较多适用于家庭领域。

随着视听广告产业的数字化转型发展，"线上+线下"的广告产业发展态势逐渐形成，通过线上和线下数据的整合精准定位目标用户，有效覆盖目标圈层，打通全域营销，实现有效转化。

## 三 浙江广播电视和网络视听广告产业未来发展趋势展望

### （一）科技引领视听内容智慧化精准化，推动产业新升级

随着大数据、云计算、5G、VR、AR、4K/8K等信息技术在广播电视与网络视听产业的广泛应用与升级迭代，跨屏互动的全媒体传播格局迅速建立。浙江广播电视系统将深入贯彻省委数字化改革整体部署，把数字化改革作为推进广播电视和网络视听工作守正创新的有力抓手，重塑职能系统，再造核心流程，提升整体效能，进而推动广播电视服务管理业务的提质升级。[1]

数字技术的成熟及应用，让广播电视与网络视听广告的分发与投放更加精准有效。在5G、人工智能、大数据中心、物联网等"新基建"的加持

---

[1] 《全面深化数字化改革，浙江广播电视系统这样干！》，浙江省广播电视局网站，2021年2月23日，http://gdj.zj.gov.cn/art/2021/2/23/art_ 1229286895_ 58457692.html。

下，短视频与电商直播等视听新阵地也将开启业态的全新升级与多维度开发，形成全新的广播电视与网络视听广告产业生态系统。

## （二）网络视听产业业态加速创新，开创营收新模式

在2020年疫情对线下消费场景的影响作用下，居民线上网络消费习惯被进一步稳固和强化，网络视听产业得以蓬勃发展，传统广播电视机构纷纷挺进互联网，实现了电商、MCN等多领域的业务拓展，并通过网络直播和短视频等方式实现了商业变现，从内容生产到传播流量再到商业盈利，为产业发展注入了新动能。

省领导在视察中国（之江）创新创业基地时指出要"抢抓机遇，多出成果"，要以基地获批为契机，用好、用足这一国字号平台，在产业政策、重大项目等方面主动创新，大胆探索，为全国网络视听产业多探路、多闯关、多破题、多提供浙江经验；要突出视听特色，集聚各类资源，鼓励创新创业，从而大力推动浙江省影视产业高质量发展。[①]

广播电视媒体与网络视听产业升级除了依托技术进步，还要致力于开辟视听产业营收新模式，其中，产业发展与国家战略的融合，是媒介视听广告发展的全新增长点。一方面，诸如新基建、美丽乡村建设等政府扶持项目与内容，本身是社会发展的重点和痛点，媒体机构利用自身权威性与高曝光度积极助力宣传，是广播电视媒体参与社会治理的社会责任所在。另一方面，媒体通过帮助政府和社会共同建设与打造在全省甚至全国范围内具有一定影响力的公共品牌，公共品牌本身就具备海量的价值空间，此类公共品牌可以助力媒体打造自身的公益IP，从而增加媒体广告的收入份额，同时帮助参与其中的品牌构建社会价值。

## （三）持续深耕产业融合与整合，打造传播新思维

传统的商业模式正在受到来自各方变革力量的冲击和挑战，媒体融合也

---

① 《省领导对中国（之江）视听创新创业基地提出殷切期望》，浙江省广播电视局网站，2021年2月9日，http://gdj.zj.gov.cn/art/2021/2/9/art_ 1229286895_ 58457677.html。

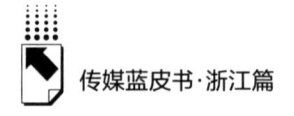

不再局限于不同媒介的内容整合与分发，而是进入了全新的发展阶段。进一步强调体制机制创新，构建全媒体传播体系，通过转机制、创平台、拓功能，不断探索新时代媒体融合的成功经验。①

广播电视与网络视听产业未来将持续在内容生产制作、节目资源、市场业务、生产主体、体制机制、政策管理等方面深度整合、融合，推进超高清视频、高新视频和相关行业应用的深度融合与联合创新，为视听广告产业发展提供更多的可能性，打造全新的生态模式。同时，广播电视及网络视听产业将持续深耕矩阵传播与多屏互动，加速实现"全渠道+全终端"的全覆盖，视听媒介内容采编与媒介广告运营这两个原本相对独立的板块，在视听产业融合的背景下也趋向融合。不同属性的媒介之间相互渗透、深度融合，通过推进"全场景+全样态"的视听感受，让视听广告与活跃于电视、社交媒体和短视频等不同媒介的消费者之间产生更多的接触点，发生更多信息触达，从而增加广播电视广告产业的消费者体量，扩宽消费渠道来源，实现广播电视与视听广告产业的融合发展。

---

① 《张伟斌调研青田景宁融媒体中心》，浙江省广播电视局网站，2021年8月11日，http：//gdj.zj.gov.cn/art/2021/8/11/art_ 1229286895_ 58457990.html。

# B.6
# 2021年浙江电视收视市场分析

李威委 徐 珍*

**摘 要：** 2021年，浙江广播电视行业不断自我更新，精简频道，走向资源集中化、分工专业化之路。节目形式方面，各卫视频道不断求新求变，加快节目形式创新，线上线下结合，以新颖的节目形式吸引受众，拉动疫情影响之下的实体经济发展。内容产出方面，紧抓红色主旋律的同时，注重抗疫、扫黑、运动会等多样化的主题内容产出，充分发挥电视直播大屏的优势，为受众呈现更加多元丰富的内容。行业发展方面，省内各级广播电视媒体在着力提升节目质量的同时，也在积极响应国家的政策号召，探索媒体融合背景下广播电视行业的新发展。在此基础上，本报告依托中科网联数据科技有限公司的海量融源收视数据，对2021年浙江省电视收视市场进行简要盘点和梳理。

**关键词：** 电视收视市场 频道 收视率 浙江

## 一 浙江省网收视概览

### （一）浙江省网收视总体情况

**1.浙江地区触达率维持高位，电视大屏观众黏性较高**

如今，电视仍是大众生活中最常接触的主要媒介形式之一。中科网联数

---

\* 李威委，中科网联数据科技有限公司媒介研究部主任，主要研究方向为媒介数据研究；徐珍，中科网联数据科技有限公司电视事业部总经理，主要研究方向为媒介数据研究、电视收视与广告研究、电视节目编排等。

据科技有限公司（以下简称"中科网联"）海量融源收视（全国网）的数据显示，2021年全国城镇地区电视直播全天每收视户平均触达率为79.2%，全国城镇地区电视直播全天每收视户平均收视时长为345分钟。可见，全国城镇地区电视直播触达率依然维持在高位。对于浙江地区的电视直播观众来说，电视亦是日常获取信息的来源之一。2021年浙江省居民电视直播全天触达率为71.3%，略低于全国网的数值，但高达七成的观众触达率亦反映出浙江地区受众对电视的高接触度。在每收视户平均收视时长上，浙江地区的数值为357分钟，高于全国网的数值。

**2. 奥运赛事加持大屏收视热度，20点档和21点档收视率最理想**

2021年，盛夏的荧屏迎来了东京奥运会，金秋的荧屏又等到了在陕西省举办的中华人民共和国第十四届运动会，各类事件均在搅动着电视收视市场。从各月份浙江省网电视直播全天时段收视情况来看，2021年下半年电视触达率整体高于上半年，其中，东京奥运赛事所在的7月和8月触达率均达到72.1%，为全年峰值。同时，7月每收视户平均收视时长达到371分钟，8月达到了373分钟，是分月数值中的最高值，可见重大体育赛事对电视市场的唤醒能力。相对来说，4月份的触达率和每收视户平均收视时长数值相对较低（见表1）。

表1 2021年各月份浙江省网电视直播全天时段收视情况

单位：%，分钟

| 月份 | 触达率 | 每收视户平均收视时长 |
| --- | --- | --- |
| 1月 | 70.9 | 344 |
| 2月 | 71.9 | 365 |
| 3月 | 70.6 | 350 |
| 4月 | 70.1 | 343 |
| 5月 | 70.9 | 354 |
| 6月 | 71.2 | 362 |
| 7月 | 72.1 | 371 |

续表

| 月份 | 触达率 | 每收视户平均收视时长 |
|---|---|---|
| 8月 | 72.1 | 373 |
| 9月 | 71.6 | 365 |
| 10月 | 71.2 | 362 |
| 11月 | 71.6 | 352 |
| 12月 | 71.9 | 349 |

资料来源：中科网联CCData海量融源收视（浙江省网）。

从每分钟触达率来看，凌晨2点至5点，浙江地区居民家中的电视机基本处于关机状态，整体市场触达率均保持在1个百分点以下。中午时段迎来全天第一波小高峰，12点40分前后整体市场触达率达到21%左右。全天触达率峰值出现在晚间黄金收视时间，21点08分至21点14分，触达率维持在48.79%。21点30分之后，受众陆续关机，结束一天的收视行为。总体来看，20点档和21点档是大屏收视最为火热的时段。

### （二）浙江省网收视情况——频道篇

**1. 央视频道组各时段收视优势明显，且与浙江省台频道组呈现此消彼长的竞争关系**

分析电视大屏各级别频道组的收视份额是洞察浙江地区观众收视偏好的维度之一。表2展示的是全天和晚间时段，浙江省网中各级别频道组的收视份额。数据表明，不管是全天时段还是晚间时段，央视频道组的收视份额都远超其他级别的频道组，分别达到了41.5%和40.8%，四成的收视份额使央视频道组的市场竞争力不言而喻。外省卫视频道组和浙江省台频道组的竞争特点突出，外省卫视频道组全天的收视份额明显高于其在晚间的收视份额，可见其白天时段的节目颇受青睐。浙江省台频道组全天收视份额为18.1%，晚间收视份额为22.6%，这些数据反映其晚间的节目较受市场欢迎。

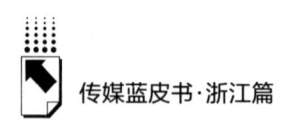

表2　2021年浙江省网各级别频道组全天和晚间时段收视份额情况

单位：%

| 频道 | 全天（00:00:00~23:59:59） | 晚间（18:00:00~22:59:59） |
| --- | --- | --- |
| 央视频道组 | 41.5 | 40.8 |
| 外省卫视频道组 | 19.5 | 13.8 |
| 浙江省台频道组 | 18.1 | 22.6 |
| 其他落地频道组 | 20.9 | 22.8 |

资料来源：中科网联CCData海量样本收视率及海量融源收视（浙江省网）。

细分时间颗粒，2021年全天收视份额中，央视频道组7月收视份额凸出，其份额的提升压缩了本地频道的市场"蛋糕"。与之相对应，浙江省台频道组7月全天收视份额降至16.2%，为全年所有月份中的最低值。而外省卫视频道组中，第四季度的收视份额普遍较低。在晚间收视表现中，央视频道组7月同样表现优异，而11月收视份额相对较低，仅为38.3%。与此同时，浙江省台频道组11月的收视份额是其全年最高值。总体来看，中央级频道组和省级频道组之间呈现此消彼长的竞争关系（见表3）。

表3　2021年浙江省网各级别频道组全天/晚间时段收视份额分月情况

单位：%

| 时段群组 | 月份 | 央视频道组 | 外省卫视频道组 | 浙江省台频道组 | 其他落地频道组 |
| --- | --- | --- | --- | --- | --- |
| 全天<br>(00:00:00~<br>23:59:59) | 1月 | 43.1 | 19.1 | 17.4 | 20.4 |
| | 2月 | 42.8 | 20.1 | 16.9 | 20.2 |
| | 3月 | 39.4 | 20.0 | 18.7 | 21.9 |
| | 4月 | 40.3 | 20.7 | 18.0 | 21.0 |
| | 5月 | 41.2 | 19.9 | 18.3 | 20.6 |
| | 6月 | 41.8 | 20.1 | 17.2 | 20.9 |
| | 7月 | 44.1 | 19.0 | 16.2 | 20.7 |
| | 8月 | 42.1 | 20.4 | 17.9 | 19.6 |
| | 9月 | 41.4 | 19.9 | 19.0 | 19.7 |
| | 10月 | 41.2 | 18.9 | 19.1 | 20.8 |
| | 11月 | 39.6 | 18.4 | 19.9 | 22.1 |
| | 12月 | 40.7 | 18.0 | 18.9 | 22.4 |

续表

| 时段群组 | 月份 | 央视频道组 | 外省卫视频道组 | 浙江省台频道组 | 其他落地频道组 |
|---|---|---|---|---|---|
| 晚间<br>(18:00:00~<br>22:59:59) | 1月 | 42.4 | 13.9 | 21.2 | 22.5 |
| | 2月 | 43.0 | 15.3 | 20.5 | 21.2 |
| | 3月 | 38.5 | 14.2 | 23.0 | 24.3 |
| | 4月 | 39.1 | 15.1 | 22.1 | 23.7 |
| | 5月 | 40.6 | 14.0 | 22.6 | 22.8 |
| | 6月 | 41.8 | 13.5 | 21.4 | 23.3 |
| | 7月 | 44.5 | 13.2 | 20.5 | 21.8 |
| | 8月 | 41.4 | 15.0 | 22.8 | 20.8 |
| | 9月 | 41.0 | 13.3 | 24.0 | 21.7 |
| | 10月 | 40.2 | 12.6 | 24.2 | 23.0 |
| | 11月 | 38.3 | 12.8 | 24.9 | 24.0 |
| | 12月 | 39.6 | 12.7 | 23.3 | 24.4 |

资料来源：中科网联CCData海量融源收视（浙江省网）。

2021年各频道组的每分钟收视率也呈现了鲜明的收视特征，央视频道组全天各时段均呈一枝独秀状态，收视率领先于其他级别的频道组。外省卫视频道组则具有独特的收视特征，其白天时段收视率仅次于央视频道组，且11点档至17点档收视率波动小、稳定度高。晚间早边缘18点左右收视走势开始下滑，《新闻联播》节目播出结束后，借助电视剧类节目，收视重新起势。浙江省台频道组晚高峰跨度不大，晚边缘收视率不及央视频道组坚挺。

2. 各频道间竞争激烈，中央四套最受浙江市场青睐

从2021年浙江省网所有落地频道全天收视率排名来看，居于前3位的频道分别是中央四套、中央新闻以及浙江卫视。其中，中央四套和中央新闻频道收视率超过1%，浙江卫视和排名第4的中央六套收视率数值非常接近，竞争焦灼。前十榜单中，央视频道占据六席，浙江省台频道占据三席，除了浙江卫视，省级地面频道中的浙江民生休闲频道和浙江教科影视频道也在榜单中。外省卫视频道中，湖南卫视排名第9（见表4）。

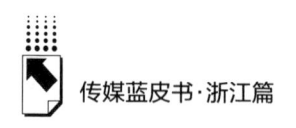

表4 2021年浙江省网所有落地频道全天收视率排名前十

单位：%

| 排名 | 频道 | （r）收视率 | 收视份额 |
| --- | --- | --- | --- |
| 1 | 中央四套 | 1.06 | 6.0 |
| 2 | 中央新闻 | 1.03 | 5.8 |
| 3 | 浙江卫视 | 0.96 | 5.4 |
| 4 | 中央六套 | 0.95 | 5.4 |
| 5 | 浙江民生休闲频道 | 0.90 | 5.1 |
| 6 | 浙江教科影视频道 | 0.89 | 5.0 |
| 7 | 中央一套 | 0.80 | 4.5 |
| 8 | 中央八套 | 0.78 | 4.4 |
| 9 | 湖南卫视 | 0.62 | 3.5 |
| 10 | 中央三套 | 0.54 | 3.0 |

资料来源：中科网联CCData海量融源收视（浙江省网）。

以央视频道为对象统计的2021年浙江省网全天收视率排名中，中央四套和中央新闻频道当属收视第一梯队。紧随其后的是以中央六套、中央一套、中央八套和中央三套组成的收视第二梯队，该系列频道收视率居于0.5%至1.0%之间。此外，进入前十榜单的还有中央五套、中央二套、中央七套和中央十套（见表5）。

表5 2021年浙江省网所有落地央视频道全天收视率排名前十

单位：%

| 排名 | 频道 | （r）收视率 | 收视份额 |
| --- | --- | --- | --- |
| 1 | 中央四套 | 1.06 | 6.0 |
| 2 | 中央新闻 | 1.03 | 5.8 |
| 3 | 中央六套 | 0.95 | 5.4 |
| 4 | 中央一套 | 0.80 | 4.5 |
| 5 | 中央八套 | 0.78 | 4.4 |
| 6 | 中央三套 | 0.54 | 3.0 |

续表

| 排名 | 频道 | (r)收视率 | 收视份额 |
| --- | --- | --- | --- |
| 7 | 中央五套 | 0.48 | 2.7 |
| 8 | 中央二套 | 0.40 | 2.3 |
| 9 | 中央七套 | 0.26 | 1.4 |
| 10 | 中央十套 | 0.20 | 1.1 |

资料来源：中科网联CCData海量融源收视（浙江省网）。

以外省卫视频道为对象统计的2021年浙江省网全天收视率排名中，湖南卫视高居榜首，不管是收视率还是收视份额，都与排名第二的东方卫视拉开了较大差距。东方卫视与江苏卫视市场份额相同，东方卫视以收视率高于江苏卫视0.01个百分点的微弱优势排名第二，竞争可谓白热化。排名第五位至第九位的分别是深圳卫视、安徽卫视、北京卫视、广东卫视、天津卫视，五大卫视收视率和收视份额都相同，竞争十分焦灼（见表6）。

表6 2021年浙江省网所有落地外省卫视频道全天收视率排名前十

单位：%

| 排名 | 频道 | (r)收视率 | 收视份额 |
| --- | --- | --- | --- |
| 1 | 湖南卫视 | 0.62 | 3.5 |
| 2 | 东方卫视 | 0.38 | 2.1 |
| 3 | 江苏卫视 | 0.37 | 2.1 |
| 4 | 黑龙江卫视 | 0.23 | 1.3 |
| 5 | 深圳卫视 | 0.14 | 0.8 |
| 6 | 安徽卫视 | 0.14 | 0.8 |
| 7 | 北京卫视 | 0.14 | 0.8 |
| 8 | 广东卫视 | 0.14 | 0.8 |
| 9 | 天津卫视 | 0.14 | 0.8 |
| 10 | 江西卫视 | 0.11 | 0.6 |

资料来源：中科网联CCData海量融源收视（浙江省网）。

以浙江省台频道为对象统计的2021年浙江省网全天收视率排名中，收视梯队分层显而易见。首先，浙江卫视的收视率和收视份额双高，处于省台收视中的第一阵营。浙江民生休闲频道和浙江教科影视频道收视率分别为0.90%和0.89%，收视份额分别为5.1%和5.0%，两者实力相当，难分伯仲，属于第二阵营。第三阵营由浙江经视频道、浙江新闻频道、浙江钱江都市频道以及浙江少儿频道组成，与分属第二阵营的频道存在一定的收视差距（见表7）。

表7 2021年浙江省网所有落地浙江省级频道全天收视率排名

单位：%

| 排名 | 频道 | (r)收视率 | 收视份额 |
| --- | --- | --- | --- |
| 1 | 浙江卫视 | 0.96 | 5.4 |
| 2 | 浙江民生休闲频道 | 0.90 | 5.1 |
| 3 | 浙江教科影视频道 | 0.89 | 5.0 |
| 4 | 浙江经视频道 | 0.16 | 0.9 |
| 5 | 浙江新闻频道 | 0.13 | 0.7 |
| 6 | 浙江钱江都市频道 | 0.10 | 0.6 |
| 7 | 浙江少儿频道 | 0.08 | 0.4 |

数据来源：中科网联CCData海量融源收视（浙江省网）。

## （三）浙江省网收视情况——节目篇

电视节目是受众接触电视大屏最直接的入口，是电视大屏具体的呈现内容和呈现形式。几十年来，电视节目的制作水准不断提升，内容越来越丰富，形式越来越多样化。爆款综艺，热门大剧，高热度专题片……各种节目类型精彩纷呈，塑造了诸多经典荧幕形象，引爆了多维度民生话题。通过对浙江地区电视节目的收视盘点，可以大致勾勒出浙江地区居民在2021年中对电视节目的收视喜好。

**1. 新闻/时事类节目需求凸显，各类型节目收视特征差异较大**

2021年，在中科网联所有含节目监测的频道中，新闻/时事类节目以全天总收视率140517.7%的成绩排名第一。值得提及的是，排名第2的生活类节目总收视率为74218.1%，新闻/时事类节目的总收视率约为生活类节目的1.9倍，浙江地区民众对新闻的获取需求不言而喻。排名第3~5位的节目类型分别是综艺娱乐类、电视剧类、专题/教育类，三种节目类型的总收视率皆稳定在同等量级上。而戏剧类、财经类和音乐类节目的需求则相对较小（见表8）。

表8　2021年浙江省网所有含节目监测频道各节目类型全天总收视率排名

单位：%

| 排名 | 节目类型 | （r）总收视率 |
| --- | --- | --- |
| 1 | 新闻/时事类 | 140517.7 |
| 2 | 生活类 | 74218.1 |
| 3 | 综艺娱乐类 | 69344.1 |
| 4 | 电视剧类 | 65891.2 |
| 5 | 专题/教育类 | 64819.5 |
| 6 | 电影类 | 41259.8 |
| 7 | 体育类 | 36648.9 |
| 8 | 青少年类 | 32109.4 |
| 9 | 电视导购类 | 15300.8 |
| 10 | 法治类 | 12340.7 |
| 11 | 音乐类 | 9914.6 |
| 12 | 财经类 | 9898.5 |
| 13 | 戏剧类 | 1052.6 |

资料来源：中科网联CCData海量融源收视（浙江省网）。

从分月情况来看，排名前三位的节目类型中，新闻/时事类和生活类节目2月的总收视率分别为其全年最低值，而与此相反的是综艺娱乐类节目在该月份冲上了此类型的总收视率峰值。电视剧类和专题/教育类节目在年中收视热度较高，而电影类节目在第四季度总收视率攀升。青少年类节目七月份的总收视率遥遥领先于其他月份，可见暑假期间少年儿童具备一定的遥控器控制权。2021年是体育大年，在东京奥运会和陕西全运会的强力助推下，体育类节目在第三季度备受市场关注。其中，7月份总收视率高达6224.4%，仅次于新闻/时事类节目，排名跃升至第二位（见表9）。

表9 2021年浙江省网所有含节目监测频道各节目类型全天总收视率分月情况

单位：%

| 月份 | 新闻/时事类 | 生活类 | 综艺娱乐类 | 电视剧类 | 专题/教育类 | 电影类 | 体育类 | 青少年类 | 电视导购类 | 法治类 |
|---|---|---|---|---|---|---|---|---|---|---|
| 1月 | 12469.1 | 6370.0 | 5839.9 | 5101.4 | 4729.2 | 3001.6 | 2028.7 | 2841.6 | 1373.7 | 1113.1 |
| 2月 | 10187.5 | 5279.4 | 8173.7 | 4469.6 | 4458.1 | 3012.4 | 1659.7 | 2808.5 | 1273.4 | 884.5 |
| 3月 | 11282.0 | 6186.3 | 6261.8 | 5416.7 | 5236.8 | 3267.6 | 2392.1 | 2411.3 | 1304.0 | 1052.9 |
| 4月 | 11034.8 | 5591.3 | 5970.3 | 5430.7 | 5323.5 | 2655.0 | 2397.2 | 2314.0 | 933.4 | 1085.4 |
| 5月 | 12062.0 | 5855.4 | 6084.6 | 5523.6 | 5667.8 | 3446.5 | 2353.3 | 2551.8 | 1078.0 | 1047.2 |
| 6月 | 11319.9 | 5745.3 | 5806.3 | 5388.0 | 5443.8 | 3562.0 | 3154.2 | 2712.6 | 1133.2 | 998.2 |
| 7月 | 11678.1 | 6117.9 | 5655.4 | 5398.6 | 6073.9 | 3487.2 | 6224.4 | 3351.8 | 1383.9 | 1002.8 |
| 8月 | 12340.9 | 6857.0 | 5909.6 | 6404.2 | 5853.0 | 3646.8 | 5203.4 | 2983.1 | 1555.4 | 1055.2 |
| 9月 | 11901.6 | 6419.1 | 5173.4 | 6075.4 | 5510.6 | 3322.5 | 3402.5 | 2478.0 | 1502.6 | 1042.1 |
| 10月 | 12161.4 | 6530.7 | 5265.3 | 5638.0 | 5945.9 | 3898.4 | 2763.4 | 2490.8 | 1330.4 | 1031.6 |
| 11月 | 11946.0 | 6421.7 | 4595.1 | 5398.3 | 5267.8 | 3736.2 | 2468.2 | 2485.5 | 1231.7 | 964.5 |
| 12月 | 12134.3 | 6843.0 | 4608.6 | 5646.5 | 5309.0 | 4224.0 | 2601.7 | 2680.2 | 1201.3 | 1063.2 |

资料来源：中科网联CCData海量融源收视（浙江省网）。

以晚间黄金档时段为分析对象的总收视率统计结果中，各节目类型的收视特征大不相同。最突出的当数为18点档和21点档的新闻/时事类节目以及19点档的生活类节目。电视剧类节目在晚间19~20时的市场关注度提升显著。综艺娱乐类节目与电影类节目的收视趋势有异曲同工之处，两类节目总收视率的冰点均在19点档，随后逐渐回暖，在20点档迎来高峰后再次回落。青少年类节目从18点档开始逐步下滑，或与青少年的作息时间和接触电视的习惯有关（见表10）。

表10　2021年浙江省网所有含节目监测频道主要节目类型总收视率分时段情况

单位：%

| 节目类型 | 18:00:00~18:59:59 | 19:00:00~19:59:59 | 20:00:00~20:59:59 | 21:00:00~21:59:59 | 22:00:00~22:59:59 |
|---|---|---|---|---|---|
| 新闻/时事类 | 18405.4 | 18066.3 | 11534.9 | 31427.0 | 15877.8 |
| 生活类 | 16266.1 | 18192.7 | 2860.9 | 6202.2 | 5717.0 |
| 综艺娱乐类 | 4771.7 | 3322.9 | 8628.1 | 7049.0 | 7235.1 |
| 电视剧类 | 2513.6 | 7154.4 | 8194.1 | 5255.0 | 3025.1 |
| 专题/教育类 | 2799.4 | 4248.8 | 5863.6 | 7697.1 | 11476.9 |
| 电影类 | 4083.0 | 1547.4 | 7858.0 | 4778.2 | 4969.0 |
| 体育类 | 2814.7 | 2213.7 | 5519.8 | 5447.5 | 1644.1 |
| 青少年类 | 3649.2 | 2592.3 | 2745.6 | 1893.2 | 419.8 |
| 电视导购 | 121.0 | 147.0 | 30.0 | 187.0 | 236.1 |

资料来源：中科网联CCData海量融源收视（浙江省网）。

**2. 省台频道强于综艺和生活类节目，央视频道新闻/时事类节目可圈可点**

在各种类型的电视节目中，不同节目对观众的吸睛程度有所差异，本部分以总收视率排名前四的节目类型为例做简要介绍。以新闻/时事类节目为例，新闻收视市场呈现央视频道和省台频道平分天下的局面。浙江教科影视频道强势发力，21点档的《小强热线》以收视率3.59%的成绩斩获2021年新闻/时事类节目的收视冠军。在新闻/时事类节目前20的榜单中，央视频道共有13档节目进入榜单，浙江省台频道共有7档节目进入榜单（见表11）。

表11 2021年浙江省网新闻/时事类节目全天收视率排名前二十

单位：%

| 排名 | 频道 | 节目名称 | (r)收视率 | 收视份额 | 触达率 |
|---|---|---|---|---|---|
| 1 | 浙江教科影视频道 | 《小强热线》 | 3.59 | 7.6 | 5.7 |
| 2 | 中央四套 | 《今日关注》 | 3.18 | 7.1 | 4.6 |
| 3 | 浙江民生休闲频道 | 《1818在路上》 | 3.08 | 6.9 | 4.8 |
| 4 | 中央四套 | 《中国新闻》 | 2.87 | 5.9 | 4.2 |
| 5 | 中央一套 | 《晚间新闻》 | 2.75 | 9.3 | 3.9 |
| 6 | 中央四套 | 《海峡两岸》 | 2.67 | 5.6 | 4.2 |
| 7 | 中央新闻 | 《新闻联播》 | 2.66 | 6.7 | 3.8 |
| 8 | 浙江民生休闲频道 | 《1818黄金粉公众版》 | 2.59 | 6.1 | 4.4 |
| 9 | 中央新闻 | 《共同关注》 | 2.51 | 7.9 | 4.4 |
| 10 | 中央一套 | 《新闻联播》 | 2.50 | 6.3 | 4.9 |
| 11 | 浙江卫视 | 《今日评说》 | 2.45 | 5.1 | 2.8 |
| 12 | 浙江卫视 | 《新闻联播》 | 2.41 | 6.1 | 3.6 |
| 13 | 中央四套 | 《今日亚洲》 | 2.34 | 5.4 | 3.7 |
| 14 | 中央四套 | 《中国舆论场》 | 2.30 | 5.4 | 5.4 |
| 15 | 中央新闻 | 《东方时空》 | 2.29 | 4.6 | 3.5 |
| 16 | 浙江卫视 | 《浙江新闻联播》 | 2.23 | 6.6 | 3.5 |
| 17 | 浙江教科影视频道 | 《纪实》 | 2.22 | 5.6 | 3.0 |
| 18 | 中央新闻 | 《焦点访谈》 | 2.18 | 5.0 | 2.7 |
| 19 | 中央四套 | 《深度国际》 | 2.14 | 5.0 | 3.7 |
| 20 | 中央四套 | 《新闻联播》 | 2.11 | 6.8 | 2.8 |

资料来源：中科网联CCData海量融源收视（浙江省网）。

对于生活类节目而言，浙江民生休闲频道的老牌生活调解类节目《舅要管到底》、《钱塘老娘舅》和生活服务类节目《1818黄金屋》分列生活类节目第一位、第二位和第四位。浙江民生休闲频道晚间多档生活类节目联合编排，稳固了频道在生活类节目收视中的地位。在前二十排名中，高收视的生活类节目内容来自多样化细分领域，包括生活调解类、楼市服务类、养生医药类、家常餐饮类、时尚美容类等，涵盖了民众的各种生活需求（见表12）。

表12  2021年浙江省网生活类节目全天收视率排名前二十

单位：%

| 排名 | 频道 | 节目名称 | （r）收视率 | 收视份额 | 触达率 |
|---|---|---|---|---|---|
| 1 | 浙江民生休闲频道 | 《舅要管到底》 | 3.65 | 8.2 | 5.1 |
| 2 | 浙江民生休闲频道 | 《钱塘老娘舅》 | 3.24 | 7.4 | 4.8 |
| 3 | 中央四套 | 《健康中国》 | 2.51 | 6.5 | 3.3 |
| 4 | 浙江民生休闲频道 | 《1818黄金屋》 | 2.43 | 6.5 | 2.7 |
| 5 | 浙江民生休闲频道 | 《美丽新风尚》 | 1.98 | 6.3 | 2.4 |
| 6 | 浙江民生休闲频道 | 《美丽百分百》 | 1.97 | 7.2 | 2.3 |
| 7 | 浙江教科影视频道 | 《娘家姐妹花》 | 1.78 | 5.9 | 3.1 |
| 8 | 浙江民生休闲频道 | 《书画园地》 | 1.65 | 3.7 | 2.2 |
| 9 | 浙江民生休闲频道 | 《出发来浙里》 | 1.35 | 4.2 | 1.5 |
| 10 | 浙江教科影视频道 | 《养生大国医》 | 1.32 | 4.0 | 1.7 |
| 11 | 浙江民生休闲频道 | 《和你聊聊天》 | 1.23 | 4.3 | 1.4 |
| 12 | 浙江教科影视频道 | 《宝藏》 | 1.12 | 3.7 | 1.4 |
| 13 | 浙江民生休闲频道 | 《汽车先锋》 | 1.06 | 3.8 | 1.5 |
| 14 | 中央二套 | 《消费主张》 | 1.06 | 2.4 | 1.8 |
| 15 | 中央新闻 | 《村庄故事》 | 1.04 | 4.0 | 1.9 |
| 16 | 浙江教科影视频道 | 《哈喽美好家》 | 0.98 | 3.3 | 1.5 |
| 17 | 中央二套 | 《回家吃饭》 | 0.98 | 2.9 | 1.7 |
| 18 | 中央二套 | 《傲椒的湘菜》 | 0.90 | 3.4 | 2.6 |
| 19 | 中央二套 | 《是真的吗》 | 0.89 | 2.7 | 2.2 |
| 20 | 浙江教科影视频道 | 《楼市大脑》 | 0.86 | 3.4 | 1.0 |

资料来源：中科网联CCData海量融源收视（浙江省网）。

对于综艺娱乐类节目而言，在浙江地区的收视战场上，浙江卫视自是当之无愧的强者，大有霸屏之势。在2021年浙江省网综艺娱乐节目全天收视率前二十的排名中，浙江卫视的节目包揽了榜单前十二名的席位。其中，王牌综艺《中国好声音》和强势综艺衍生节目《跑男来了·黄河篇》收视份额破十，由此可见浙江地区观众对本土上星频道节目的认可。央视频道中，中央三套的《开门大吉》和《越战越勇》分列榜单第十三位和第二十位。外省卫视频道中，湖南卫视的歌唱类季播综艺《嗨唱转起来》排名第十四位，综艺常青树《快乐大本营》排名第十六位（见表13）。

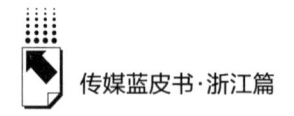

表13  2021年浙江省网综艺娱乐节目全天收视率排名前二十

单位：%

| 排名 | 频道 | 节目名称 | (r)收视率 | 收视份额 | 触达率 |
| --- | --- | --- | --- | --- | --- |
| 1 | 浙江卫视 | 《中国好声音》 | 4.71 | 10.6 | 8.7 |
| 2 | 浙江卫视 | 《王牌对王牌2021》 | 4.23 | 9.1 | 8.6 |
| 3 | 浙江卫视 | 《奔跑吧·黄河篇》 | 3.83 | 8.3 | 8.0 |
| 4 | 浙江卫视 | 《奔跑吧》 | 3.82 | 8.8 | 7.3 |
| 5 | 浙江卫视 | 《奔跑吧·黄河篇(精编版)》 | 3.68 | 7.7 | 8.7 |
| 6 | 浙江卫视 | 《青春环游记3》 | 3.45 | 7.5 | 7.1 |
| 7 | 浙江卫视 | 《请吃饭的姐姐》 | 3.03 | 9.1 | 5.2 |
| 8 | 浙江卫视 | 《我就是演员》 | 2.65 | 6.7 | 6.6 |
| 9 | 浙江卫视 | 《天赐的声音2》 | 2.56 | 8.3 | 5.4 |
| 10 | 浙江卫视 | 《跑男来了·黄河篇》 | 2.46 | 10.2 | 2.8 |
| 11 | 浙江卫视 | 《追星星的人》 | 2.35 | 6.5 | 5.6 |
| 12 | 浙江卫视 | 《闪光的乐队》 | 2.33 | 5.4 | 5.9 |
| 13 | 中央三套 | 《开门大吉》 | 2.28 | 5.1 | 5.2 |
| 14 | 湖南卫视 | 《嗨唱转起来》 | 2.21 | 4.5 | 5.2 |
| 15 | 浙江卫视 | 《为歌而赞》 | 2.17 | 5.3 | 5.9 |
| 16 | 湖南卫视 | 《快乐大本营》 | 2.11 | 5.0 | 4.5 |
| 17 | 浙江卫视 | 《嗨放派》 | 2.06 | 4.9 | 5.7 |
| 18 | 浙江卫视 | 《超燃美食记》 | 2.04 | 5.8 | 4.1 |
| 19 | 浙江卫视 | 《美好的星城》 | 2.02 | 5.4 | 3.9 |
| 20 | 中央三套 | 《越战越勇》 | 1.96 | 4.2 | 4.9 |

资料来源：中科网联CCData海量融源收视（浙江省网）。

对于剧场类节目而言，2021年全天收视率排名前二十的榜单中，表现最突出的莫过于浙江卫视的"中国蓝剧场"，在前十席位中占据七席。其中，于2021年1月开播的电视剧《正青春》，在收视率、触达率两项指标上都占据剧场"江湖"的制高点。浙江教科影视频道的剧场竞争实力亦不容小觑，全年有5部电视剧进入榜单且均在市场份额这一维度上表现亮眼。中央八套在榜单中占据六席，其剧目也有鲜明特征，如《知青家庭》《养父的花样年华》等均为年代剧（见表14）。由此，剧场江湖"三分天下"的形势基本形成。

表 14  2021 年浙江省网电视剧全天收视率排名前二十

单位：%

| 排名 | 频道 | 节目名称 | (r)收视率 | 收视份额 | 触达率 |
|---|---|---|---|---|---|
| 1 | 浙江卫视 | 《正青春》 | 3.49 | 7.7 | 5.0 |
| 2 | 浙江卫视 | 《山海情》 | 2.94 | 6.8 | 4.2 |
| 3 | 浙江卫视 | 《阿坝一家人》 | 2.88 | 6.8 | 4.4 |
| 4 | 浙江卫视 | 《输赢》 | 2.85 | 5.8 | 4.3 |
| 5 | 浙江教科影视频道 | 《纸醉金迷》 | 2.69 | 10.5 | 3.3 |
| 6 | 浙江卫视 | 《你好检察官》 | 2.67 | 5.8 | 4.1 |
| 7 | 中央八套 | 《对手》 | 2.61 | 5.3 | 4.2 |
| 8 | 浙江卫视 | 《爱在星空下》 | 2.55 | 5.7 | 3.8 |
| 9 | 浙江教科影视频道 | 《连环套》 | 2.52 | 9.5 | 3.2 |
| 10 | 浙江卫视 | 《心跳源计划》 | 2.43 | 5.4 | 3.7 |
| 11 | 浙江教科影视频道 | 《战火纷飞的年代》 | 2.32 | 9.1 | 2.9 |
| 12 | 中央八套 | 《亲爱的孩子们》 | 2.29 | 4.8 | 3.5 |
| 13 | 中央八套 | 《养父的花样年华》 | 2.29 | 7.5 | 3.6 |
| 14 | 浙江教科影视频道 | 《脱身》 | 2.28 | 8.7 | 2.9 |
| 15 | 中央八套 | 《霞光》 | 2.27 | 4.9 | 4.2 |
| 16 | 浙江卫视 | 《大江大河2》 | 2.25 | 6.8 | 3.1 |
| 17 | 中央八套 | 《知青家庭》 | 2.24 | 7.1 | 3.7 |
| 18 | 浙江教科影视频道 | 《黎明前的抉择》 | 2.24 | 11.0 | 2.9 |
| 19 | 浙江卫视 | 《暴风眼》 | 2.15 | 7.1 | 3.2 |
| 20 | 中央八套 | 《叛逆者》 | 2.14 | 5.9 | 3.3 |

资料来源：中科网联 CCData 海量融源收视（浙江省网）。

## （四）浙江省网收视情况——省级频道篇

在浙江省网数据表现中，浙江省级频道是重要角色之一，因此将浙江省台频道作为单独一个部分进行梳理便产生了其必要性。浙江省台频道包括浙江卫视、钱江都市频道、经济生活频道、教科影视频道、民生休闲频道、新闻频道、少儿频道、国际频道、好易购和数码时代频道。本报告以中科网联数据中监测的前七个频道为对象，分析浙江省台收视概况。

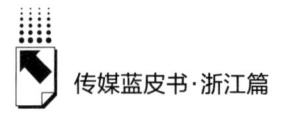

**1. 省台频道各有所长，浙江卫视、浙江民生休闲频道和浙江教科影视频道收视亮眼**

浙江卫视、浙江民生休闲频道和浙江教科影视频道的收视最为吸睛，而三者在竞争优势上又各有所长。浙江教科影视频道从18点档，即《娘家姐妹花》节目开始前后，收视攀升，迅速聚集观众池，绝对收视优势一直持续至20点档电视剧结束后。浙江民生休闲频道在9点档和14点档分别迎来两个收视小高峰，两个收视高峰均由节目《PK大擂台》带动，可见该节目已培植了一批忠实观众。在晚间黄金时段，浙江民生休闲频道19点档和21点档的两个收视峰皆出现在浙江教科影视频道的收视缺口时段，二者晚间竞争日趋白热化。浙江卫视凭借晚间《浙江新闻联播》节目收获第一波收视高峰，之后"中国蓝剧场"再度掀起收视潮。对于浙江经济生活频道而言，20点30分左右播出的《经视新闻》是撑起频道收视的中流砥柱。浙江新闻频道在19点档具备一定的收视优势，而钱江都市频道在21点档前后的剧场时间有一定的观众收视体量。

从收视率每分钟的走势中可见，新闻/时事类和电视剧带动了一波又一波的收视高峰。表15是浙江省台频道新闻/时事类节目全天收视率排名前二十，这些节目均来自浙江教科影视频道、浙江民生休闲频道、浙江卫视和浙江经济生活频道。其中，浙江教科影视频道的《小强热线》排名第一。榜单中，《1818黄金眼》系列节目表现亮眼，不仅晚间首播收视排名靠前，《1818黄金眼》和《1818黄金眼公众版》也进入前二十。此外，多档周播节目表现不俗，如每周六播出的《周末面孔》，虽与观众见面的机会不及日播节目多，依然不负观众期待。

**表15　2021年浙江省台频道新闻/时事类节目全天收视率排名前二十**

单位：%

| 排名 | 频道 | 节目名称 | （r）收视率 | 收视份额 | 触达率 |
| --- | --- | --- | --- | --- | --- |
| 1 | 浙江教科影视频道 | 《小强热线》 | 3.59 | 7.6 | 5.7 |
| 2 | 浙江民生休闲频道 | 《1818在路上》 | 3.08 | 6.9 | 4.8 |
| 3 | 浙江民生休闲频道 | 《1818黄金眼公众版》 | 2.59 | 6.1 | 4.4 |

续表

| 排名 | 频道 | 节目名称 | （r）收视率 | 收视份额 | 触达率 |
|---|---|---|---|---|---|
| 4 | 浙江卫视 | 《今日评说》 | 2.45 | 5.1 | 2.8 |
| 5 | 浙江卫视 | 《新闻联播》 | 2.41 | 6.1 | 3.6 |
| 6 | 浙江卫视 | 《浙江新闻联播》 | 2.23 | 6.6 | 3.5 |
| 7 | 浙江教科影视频道 | 《纪实》 | 2.22 | 5.6 | 3.0 |
| 8 | 浙江卫视 | 《时代先锋》 | 1.76 | 5.5 | 2.1 |
| 9 | 浙江卫视 | 《同心树》 | 1.67 | 5.6 | 2.0 |
| 10 | 浙江卫视 | 《周末面孔》 | 1.59 | 6.1 | 2.4 |
| 11 | 浙江民生休闲频道 | 《1818黄金眼》 | 1.58 | 4.4 | 3.9 |
| 12 | 浙江卫视 | 《新闻深一度》 | 1.40 | 4.8 | 2.2 |
| 13 | 浙江卫视 | 《正午播报》 | 0.71 | 3.6 | 1.2 |
| 14 | 浙江经济生活频道 | 《经视新闻》 | 0.67 | 1.4 | 1.7 |
| 15 | 浙江教科影视频道 | 《浙江警视》 | 0.65 | 3.1 | 1.0 |
| 16 | 浙江民生休闲频道 | 《壹周视点》 | 0.63 | 2.6 | 0.8 |
| 17 | 浙江教科影视频道 | 《焦点1线》 | 0.58 | 2.3 | 0.9 |
| 18 | 浙江民生休闲频道 | 《1818黄金眼》 | 0.54 | 2.5 | 1.5 |
| 19 | 浙江民生休闲频道 | 《1818黄金眼公众版》 | 0.54 | 5.5 | 1.2 |
| 20 | 浙江经济生活频道 | 《新闻深呼吸》 | 0.49 | 1.5 | 0.7 |

资料来源：中科网联CCData海量融源收视（浙江省网）。

由表16可知，浙江省台频道全天收视率排名前二十的电视剧均出自浙江卫视和浙江教科影视频道。浙江卫视有14部电视剧进入排名，且"中国蓝剧场"的《正青春》以5%的触达率登上冠军宝座，优异的剧场表现离不开频道的购剧实力、对时代主题的把握等。与浙江卫视的剧目涉及多样化主题有所不同，浙江教科影视频道多年来形成了自身清晰的剧场定位，主要播出年代类和抗战类电视剧。同时，该频道晚间电视剧四集连播，充足的剧集为观众带来了流畅的观剧体验。

表16　2021年浙江省台频道电视剧全天收视率排名前二十

单位：%

| 排名 | 频道 | 节目名称 | （r）收视率 | 收视份额 | 触达率 |
| --- | --- | --- | --- | --- | --- |
| 1 | 浙江卫视 | 《正青春》 | 3.49 | 7.7 | 5.0 |
| 2 | 浙江卫视 | 《山海情》 | 2.94 | 6.8 | 4.2 |
| 3 | 浙江卫视 | 《阿坝一家人》 | 2.88 | 6.8 | 4.4 |
| 4 | 浙江卫视 | 《输赢》 | 2.85 | 5.8 | 4.3 |
| 5 | 浙江教科影视频道 | 《纸醉金迷》 | 2.69 | 10.5 | 3.3 |
| 6 | 浙江卫视 | 《你好检察官》 | 2.67 | 5.8 | 4.1 |
| 7 | 浙江卫视 | 《爱在星空下》 | 2.55 | 5.7 | 3.8 |
| 8 | 浙江教科影视频道 | 《连环套》 | 2.52 | 9.5 | 3.2 |
| 9 | 浙江卫视 | 《心跳源计划》 | 2.43 | 5.4 | 3.7 |
| 10 | 浙江教科影视频道 | 《战火纷飞的年代》 | 2.32 | 9.1 | 2.9 |
| 11 | 浙江教科影视频道 | 《脱身》 | 2.28 | 8.7 | 2.9 |
| 12 | 浙江卫视 | 《大江大河2》 | 2.25 | 6.8 | 3.1 |
| 13 | 浙江教科影视频道 | 《黎明前的抉择》 | 2.24 | 11.0 | 2.9 |
| 14 | 浙江卫视 | 《暴风眼》 | 2.15 | 7.1 | 3.2 |
| 15 | 浙江卫视 | 《大浪淘沙》 | 2.01 | 4.4 | 3.3 |
| 16 | 浙江卫视 | 《突围》 | 2.00 | 7.5 | 3.1 |
| 17 | 浙江卫视 | 《美好的日子》 | 1.89 | 5.5 | 3.1 |
| 18 | 浙江卫视 | 《埃博拉前线》 | 1.86 | 5.3 | 3.3 |
| 19 | 浙江教科影视频道 | 《鸳鸯佩》 | 1.85 | 9.4 | 2.4 |
| 20 | 浙江卫视 | 《不惑之旅》 | 1.75 | 7.5 | 2.6 |

资料来源：中科网联CCData海量融源收视（浙江省网）。

## 二　浙江省各地市收视概览

在对浙江地区收视情况的梳理过程中，各地市的收视格局是不可或缺的内容之一。在浙江省的各地市级区域内，落地频道不但包含央视频道、外省卫视频道及浙江省台频道，还包括本地市级频道。地市级电视台作为地方宣传的主流阵地，其产出的电视节目是浙江省各地居民日常收看的重要内容之一。

本报告以中科网联2021年各地市网环境的海量样本收视率数据为依据，简要分析浙江11个地级市的收视概况。报告中分析的地区排名不分先后，包括杭州、宁波、温州、绍兴、湖州、嘉兴、金华、衢州、台州、丽水和舟山。

## （一）杭州地区收视情况

从杭州地区各频道组的竞争情况来看，央视频道组的市场份额在全天时段中排名第一。外省卫视频道组和浙江省台频道组份额较接近，分别为16.6%和17.1%，杭州市台频道组份额仅次于央视频道组，为24.8%。而在晚间黄金档的收视格局中，央视频道组和杭州市台频道组平分秋色，份额均高达三成。外省卫视频道组晚间份额不及全天，浙江省台频道组则与杭州市台频道组类似，皆在晚间显现收视优势（见图1）。

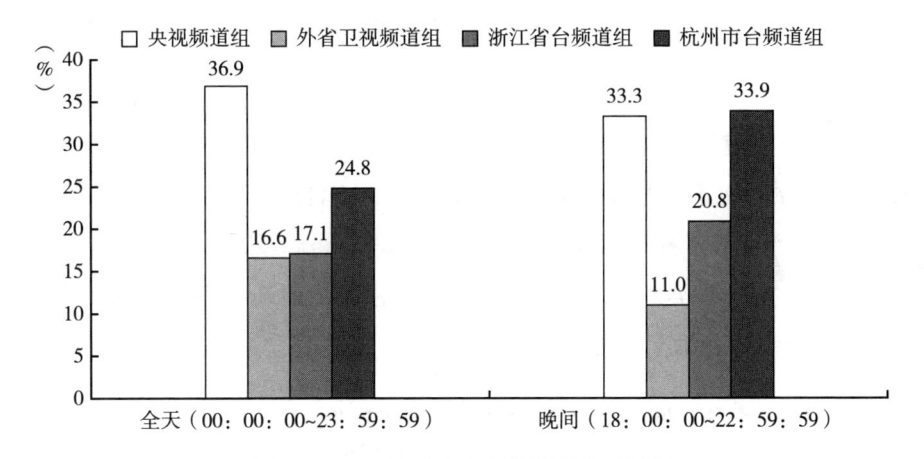

**图1 2021年杭州市各级频道组收视份额**

资料来源：中科网联CCData海量样本收视（杭州）。

以本地频道较有优势的晚间黄金时段为例，在杭州地区所有落地频道排名前十中，来自杭州本地市台的影视频道、西湖明珠频道和综合频道位列前三，杭州生活频道排名第七。其中杭州影视频道收视份额力压浙江教科影视频道，成为杭州地区收视黏性最理想的频道。此外，西湖明珠频道和杭州综合频道在杭州地区的触达率超过20%，足见其观众基础的扎实（见表17）。

**表17　2021年杭州市网晚间（18：00：00~22：59：59）所有落地频道排名前十**

单位：%

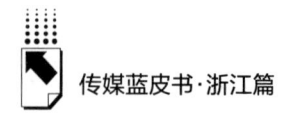

| 排名 | 频道 | （r）收视率 | 收视份额 | 触达率 |
|---|---|---|---|---|
| 1 | 杭州影视频道 | 3.83 | 9.1 | 15.1 |
| 2 | 西湖明珠频道 | 3.81 | 9.0 | 24.3 |
| 3 | 杭州综合频道 | 3.37 | 8.0 | 20.4 |
| 4 | 浙江教科影视频道 | 2.79 | 6.6 | 12.6 |
| 5 | 中央四套 | 2.58 | 6.1 | 15.3 |
| 6 | 浙江卫视 | 2.57 | 6.1 | 13.9 |
| 7 | 杭州生活频道 | 2.40 | 5.7 | 19.1 |
| 8 | 中央一套 | 2.33 | 5.5 | 14.9 |
| 9 | 浙江民生休闲频道 | 2.19 | 5.2 | 14.1 |
| 10 | 中央新闻 | 2.12 | 5.0 | 13.3 |

资料来源：中科网联CCData海量样本收视（杭州）。

地市级频道作为本土舆论主要阵地，新闻节目是其主要输出渠道之一。在杭州市台晚间黄金档播出的主要新闻节目排名前十中，两档方言节目《阿六头说新闻》《我和你说》收视表现出众，首播收视率分别为9.32%和8.21%。自办时政类新闻节目中，19点档的《杭州新闻联播》以收视率3.61%的成绩排名第七（见表18）。

**表18　2021年杭州市台晚间（18：00：00~22：59：59）主要新闻节目排名前十**

单位：%

| 排名 | 频道 | 节目名称 | （r）收视率 | 收视份额 | 触达率 |
|---|---|---|---|---|---|
| 1 | 西湖明珠频道 | 《阿六头说新闻》 | 9.32 | 19.5 | 13.9 |
| 2 | 杭州生活频道 | 《我和你说》 | 8.21 | 16.0 | 13.1 |
| 3 | 杭州综合频道 | 《民情观察室》 | 6.94 | 20.1 | 9.5 |
| 4 | 杭州综合频道 | 《新闻60分》 | 5.53 | 18.4 | 10.8 |
| 5 | 杭州综合频道 | 《新闻联播》 | 5.36 | 13.2 | 8.4 |
| 6 | 西湖明珠频道 | 《明珠手语新闻》 | 4.67 | 12.4 | 5.0 |

续表

| 排名 | 频道 | 节目名称 | （r）收视率 | 收视份额 | 触达率 |
|---|---|---|---|---|---|
| 7 | 杭州综合频道 | 《杭州新闻联播》 | 3.61 | 8.0 | 5.2 |
| 8 | 杭州综合频道 | 《今日关注》 | 3.04 | 6.4 | 3.4 |
| 9 | 杭州综合频道 | 《廉政经纬》 | 2.96 | 6.3 | 3.6 |
| 10 | 杭州影视频道 | 《今日新看点》 | 2.90 | 5.9 | 3.8 |

资料来源：中科网联CCData海量样本收视（杭州）。

### （二）宁波地区收视情况

宁波地区的收视竞争中，各级别频道各显神通。央视频道组的收视表现稳扎稳打，全天和晚间收视份额分别为44.0%和43.1%，收获了宁波大屏市场的最大"蛋糕"。浙江省台频道组在宁波地区收视处于弱势状态，全天份额仅为5.5%，晚间份额虽有上升，也仅为6.1%。宁波市台频道组全天市场份额为24.6%，晚间黄金档则升至35.7%（见图2）。

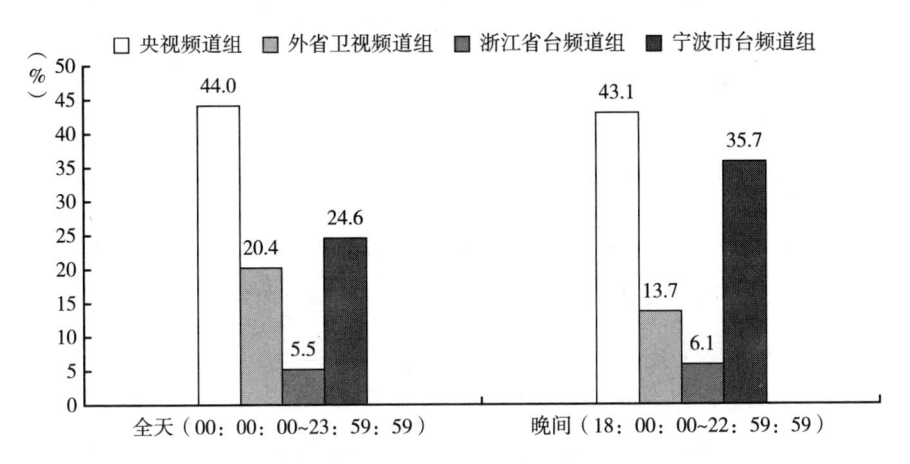

**图2 2021年宁波市各级频道组收视份额**

资料来源：中科网联CCData海量样本收视（宁波）。

从各频道表现来看，宁波影视剧频道的收视表现强势出圈，收视份额达到13.6%，同时触达率指标也表现优秀，成功拿下2021年宁波市网晚间收视冠军。宁波地区晚间收视前十频道均来自央视频道组和宁波市台频道组（见表19）。

表19　2021年宁波市网晚间（18：00：00~22：59：59）所有落地频道排名前十

单位：%

| 排名 | 频道 | （r）收视率 | 收视份额 | 触达率 |
|---|---|---|---|---|
| 1 | 宁波影视剧频道 | 6.54 | 13.6 | 22.4 |
| 2 | 中央四套 | 5.22 | 10.8 | 22.7 |
| 3 | 宁波经济生活频道 | 3.86 | 8.0 | 17.6 |
| 4 | 宁波都市文体频道 | 3.40 | 7.1 | 16.4 |
| 5 | 宁波新闻综合频道 | 2.92 | 6.1 | 15.0 |
| 6 | 中央新闻 | 2.51 | 5.2 | 12.1 |
| 7 | 中央一套 | 2.23 | 4.6 | 11.9 |
| 8 | 中央五套 | 1.97 | 4.1 | 10.8 |
| 9 | 中央六套 | 1.92 | 4.0 | 11.6 |
| 10 | 中央八套 | 1.76 | 3.7 | 8.9 |

资料来源：中科网联CCData海量样本收视（宁波）。

### （三）温州地区收视情况

2021年温州地区的收视格局与杭州、宁波略有不同，从全天和晚间黄金时间两档时段来看，央视频道组皆呈一枝独秀之势，份额分别高达47.6%和47.8%。全天时段中外省卫视频道组与温州市台频道组旗鼓相当，而浙江省台频道组较为弱势。进入晚间黄金档后，外省卫视频道组竞争力削弱，省台和市台频道组收视回暖，其中温州市台频道组份额上升至24.0%（见图3）。

从细分频道来看，温州新闻综合频道2021年晚间收视率为4.91%，以绝对优势领先排名第二的中央四套，夺得年度晚间收视冠军。此外，在温州本地市级频道中，温州经济科教频道以1.92%的收视率成绩排在晚间第六位（见表20）。

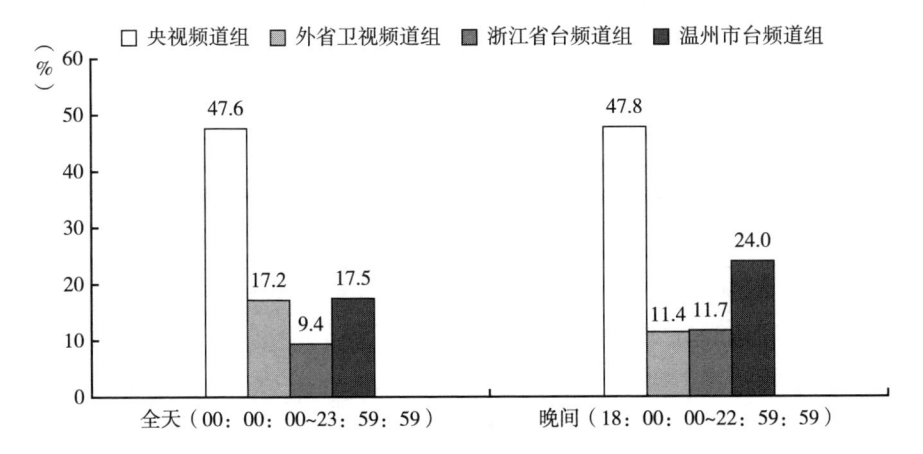

图 3  2021年温州市各级频道组收视份额

资料来源：中科网联 CCData 海量样本收视（温州）。

表20  2021年温州市网晚间（18：00：00~22：59：59）
所有落地频道排名前十

单位：%

| 排名 | 频道 | （r)收视率 | 收视份额 | 触达率 |
| --- | --- | --- | --- | --- |
| 1 | 温州新闻综合频道 | 4.91 | 13.5 | 27.4 |
| 2 | 中央四套 | 3.29 | 9.0 | 17.3 |
| 3 | 中央六套 | 2.26 | 6.2 | 13.5 |
| 4 | 中央八套 | 2.16 | 5.9 | 10.5 |
| 5 | 中央三套 | 1.93 | 5.3 | 12.3 |
| 6 | 温州经济科教频道 | 1.92 | 5.3 | 14.5 |
| 7 | 浙江教科影视频道 | 1.90 | 5.2 | 7.5 |
| 8 | 中央新闻 | 1.72 | 4.7 | 9.8 |
| 9 | 中央一套 | 1.60 | 4.4 | 10.9 |
| 10 | 中央五套 | 1.35 | 3.7 | 8.2 |

资料来源：中科网联 CCData 海量样本收视（温州）。

在温州市台晚间播出的主要新闻节目排名前十中，温州新闻综合频道19点档首播的自办时政新闻节目《温州新闻联播》凭借7.06%的收视率成为榜首。温州市台频道组的新闻节目中，本土方言节目亦未缺席，《闲事婆和事佬》以及《百晓讲新闻》两档节目均已开播多年，收视依然坚挺（见表21）。

表21  2021年温州市台晚间（18：00：00~22：59：59）主要新闻节目排名前十

单位：%

| 排名 | 频道 | 节目名称 | （r）收视率 | 收视份额 | 触达率 |
| --- | --- | --- | --- | --- | --- |
| 1 | 温州新闻综合频道 | 《温州新闻联播》 | 7.06 | 18.8 | 10.4 |
| 2 | 温州新闻综合频道 | 《新闻联播》 | 6.68 | 20.2 | 10.4 |
| 3 | 温州新闻综合频道 | 《有话直说》 | 5.77 | 20.1 | 7.4 |
| 4 | 温州新闻综合频道 | 《闲事婆和事佬》 | 5.34 | 20.8 | 9.4 |
| 5 | 温州新闻综合频道 | 《新政聚焦》 | 5.31 | 12.9 | 6.2 |
| 6 | 温州新闻综合频道 | 《温州擂台六比竞赛》 | 5.20 | 11.1 | 11.1 |
| 7 | 温州新闻综合频道 | 《民情采访车》 | 4.94 | 13.0 | 5.5 |
| 8 | 温州经济科教频道 | 《百晓讲新闻》(1800) | 4.85 | 21.1 | 7.5 |
| 9 | 温州新闻综合频道 | 《人民问政》 | 4.70 | 12.0 | 6.8 |
| 10 | 温州新闻综合频道 | 《政情民意中间站》 | 4.48 | 11.3 | 7.5 |

资料来源：中科网联CCData海量样本收视（温州）。

**（四）绍兴地区收视情况**

绍兴地区2021年全天和晚间的收视竞争格局差异较大。在全天时段中，央视频道组收视份额最高，浙江省台频道组份额较低。而在晚间时段中，绍兴市台频道组收视发力，黄金档份额达到39.6%，力压央视频道组，在四级频道组中拔得头筹（见图4）。

在2021年绍兴市网晚间所有落地频道排名中，绍兴公共频道拔得收视头筹，且具有领先优势，绍兴新闻综合频道紧随其后，绍兴文化影视频道排名第四。在绍兴本地市台中，绍兴文化影视频道相对于其他频道而言，观众体量和收视黏性都有进步空间（见表22）。

## 2021年浙江电视收视市场分析

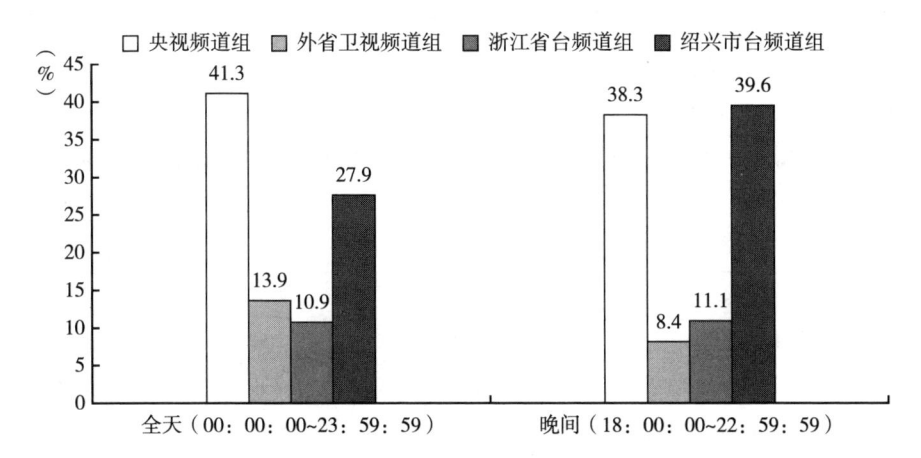

图 4 2021年绍兴市各级频道组收视份额

资料来源：中科网联CCData海量样本收视（绍兴）。

表 22 2021年绍兴市网晚间（18：00：00~22：59：59）所有落地频道排名前十

单位：%

| 排名 | 频道 | （r）收视率 | 收视份额 | 触达率 |
| --- | --- | --- | --- | --- |
| 1 | 绍兴公共频道 | 6.93 | 18.9 | 27.3 |
| 2 | 绍兴新闻综合频道 | 5.42 | 14.8 | 30.1 |
| 3 | 中央四套 | 2.30 | 6.3 | 13.4 |
| 4 | 绍兴文化影视频道 | 2.14 | 5.8 | 13.3 |
| 5 | 中央六套 | 1.78 | 4.9 | 11.8 |
| 6 | 中央一套 | 1.66 | 4.5 | 11.1 |
| 7 | 浙江卫视 | 1.66 | 4.5 | 9.8 |
| 8 | 中央八套 | 1.48 | 4.1 | 8.2 |
| 9 | 中央新闻 | 1.34 | 3.7 | 7.7 |
| 10 | 中央五套 | 1.33 | 3.6 | 7.8 |

资料来源：中科网联CCData海量样本收视（绍兴）。

一方面，绍兴公共频道民生新闻内容的输出能力可圈可点，该频道的《真话难听》、《师爷说新闻》和《直播绍兴》是绍兴市台晚间收视热度最高的三档新闻节目。另一方面，绍兴新闻综合频道的时政新闻节目也有出色表现，如18点档首播的《绍兴新闻联播》（见表23）。

表23 2021年绍兴市台晚间（18：00：00~22：59：59）主要新闻节目排名前十

单位：%

| 排名 | 频道 | 节目名称 | （r）收视率 | 收视份额 | 触达率 |
|---|---|---|---|---|---|
| 1 | 绍兴公共频道 | 《真话难听》 | 9.47 | 30.3 | 11.5 |
| 2 | 绍兴公共频道 | 《师爷说新闻》 | 8.96 | 20.1 | 12.4 |
| 3 | 绍兴公共频道 | 《直播绍兴》 | 6.39 | 23.1 | 10.5 |
| 4 | 绍兴新闻综合频道 | 《新闻联播》 | 5.59 | 15.8 | 9.8 |
| 5 | 绍兴新闻综合频道 | 《全媒体时空》 | 5.30 | 13.3 | 8.6 |
| 6 | 绍兴新闻综合频道 | 《绍兴新闻联播》 | 5.15 | 17.5 | 8.5 |
| 7 | 绍兴公共频道 | 《直播绍兴》 | 4.67 | 12.7 | 6.6 |
| 8 | 绍兴新闻综合频道 | 《绍兴党建》 | 4.62 | 12.2 | 5.5 |
| 9 | 绍兴新闻综合频道 | 《绍兴新闻联播》 | 4.16 | 11.8 | 5.7 |
| 10 | 绍兴文化影视频道 | 《今日越城》 | 1.04 | 4.10 | 1.6 |

资料来源：中科网联CCData海量样本收视（绍兴）。

### （五）台州地区收视情况

央视频道组在台州地区呈一家独大的竞争态势，2021年全天和晚间收视份额均近五成，与另外三组频道组拉开不小的差距，占领了收视高地。与全天收视份额相比，台州市台频道组在晚间的表现较理想，晚间份额上涨至20.8%，仅次于央视频道组（见图5）。

台州本地市台频道中，台州文化生活频道和台州新闻综合频道在2021年晚间落地频道排名中分别列第一名和第十名。台州公共频道收视表现不及前两个频道，未进入前十名。在表24的排名中，央视频道占得六席，竞争力强劲。

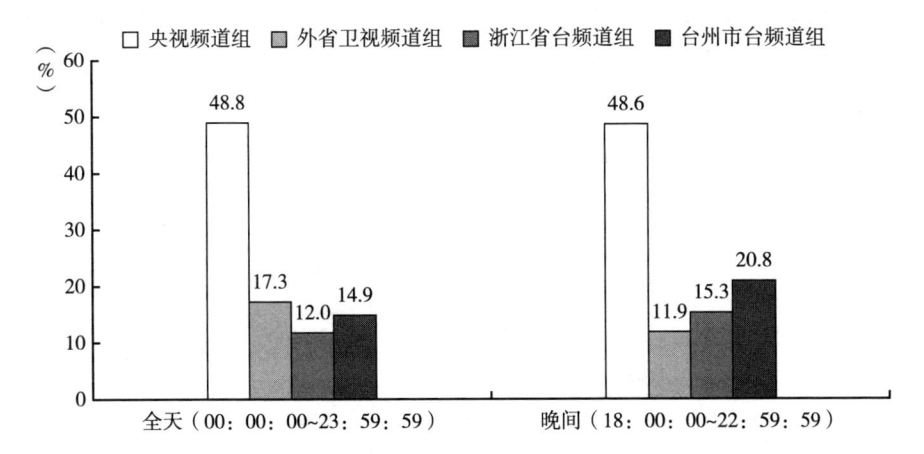

图 5  2021年台州市各级频道组收视份额

资料来源：中科网联CCData海量样本收视（台州）。

表24  2021年台州市网晚间（18：00：00~22：59：59）所有落地频道排名前十

单位：%

| 排名 | 频道 | （r）收视率 | 收视份额 | 触达率 |
| --- | --- | --- | --- | --- |
| 1 | 台州文化生活频道 | 4.99 | 14.7 | 20.1 |
| 2 | 中央四套 | 2.87 | 8.4 | 15.4 |
| 3 | 中央六套 | 2.40 | 7.0 | 13.3 |
| 4 | 浙江教科影视频道 | 2.07 | 6.1 | 8.1 |
| 5 | 中央八套 | 2.05 | 6.0 | 9.9 |
| 6 | 中央新闻 | 1.66 | 4.9 | 9.1 |
| 7 | 中央三套 | 1.50 | 4.4 | 9.9 |
| 8 | 中央一套 | 1.40 | 4.1 | 9.9 |
| 9 | 浙江卫视 | 1.36 | 4.0 | 9.4 |
| 10 | 台州新闻综合频道 | 1.28 | 3.8 | 9.7 |

资料来源：中科网联CCData海量样本收视（台州）。

《阿福讲白搭》节目在过去的2021年里，充分得到了台州地区电视观众的认可，不仅晚间首播断层出圈，收视率高达7.56%，而且晚边缘的重播也收获了不错的收视表现。此外，台州新闻综合频道亦有多档新闻节目输出，各档节目实力相当（见表25）。

表25　2021年台州市台晚间（18∶00∶00~22∶59∶59）主要新闻节目排名前十

单位：%

| 排名 | 频道 | 节目名称 | (r)收视率 | 收视份额 | 触达率 |
| --- | --- | --- | --- | --- | --- |
| 1 | 台州文化生活频道 | 《阿福讲白搭》 | 7.56 | 28.0 | 10.6 |
| 2 | 台州文化生活频道 | 《阿福讲白搭》 | 3.65 | 10.6 | 5.4 |
| 3 | 台州文化生活频道 | 《东海先锋》 | 3.57 | 8.8 | 4.6 |
| 4 | 台州新闻综合频道 | 《台州新闻》 | 1.65 | 4.8 | 2.8 |
| 5 | 台州新闻综合频道 | 《台州深观察》 | 1.56 | 4.1 | 2.2 |
| 6 | 台州新闻综合频道 | 《台州新亮点》 | 1.33 | 3.7 | 1.8 |
| 7 | 台州新闻综合频道 | 《请你来协商》 | 1.27 | 3.6 | 2.5 |
| 8 | 台州新闻综合频道 | 《台州新闻》 | 1.20 | 3.7 | 1.6 |
| 9 | 台州新闻综合频道 | 《新闻联播》 | 1.07 | 3.5 | 2.4 |
| 10 | 台州新闻综合频道 | 《台州深观察》 | 1.02 | 3.4 | 1.2 |

资料来源：中科网联CCData海量样本收视（台州）。

### （六）丽水地区收视情况

央视频道组在丽水地区的收视表现可谓一骑绝尘，2021年全天和晚间收视份额均在五成以上，远高于其他级别频道组的份额，颇得丽水地区观众的喜爱。外省卫视频道组、浙江省台频道组和丽水市台频道组之间竞争激烈，其中丽水市台频道组全天和晚间收视份额分别为14.6%和20.0%，在三个频道组中无论是全天还是晚间均表现最佳（见图6）。

2021年丽水地区所有落地频道中，中央四套力压丽水文化休闲频道成为年度晚间收视冠军，但在收视黏性上不及丽水文化休闲频道，且其他维度的收视优势也并不突出。面对第二名的紧紧追赶，中央四套的"守播"压力不小。另外，丽水新闻综合频道排名晚间第三位（见表26）。

## 2021年浙江电视收视市场分析

图例：□ 央视频道组　■ 外省卫视频道组　■ 浙江省台频道组　■ 丽水市台频道组

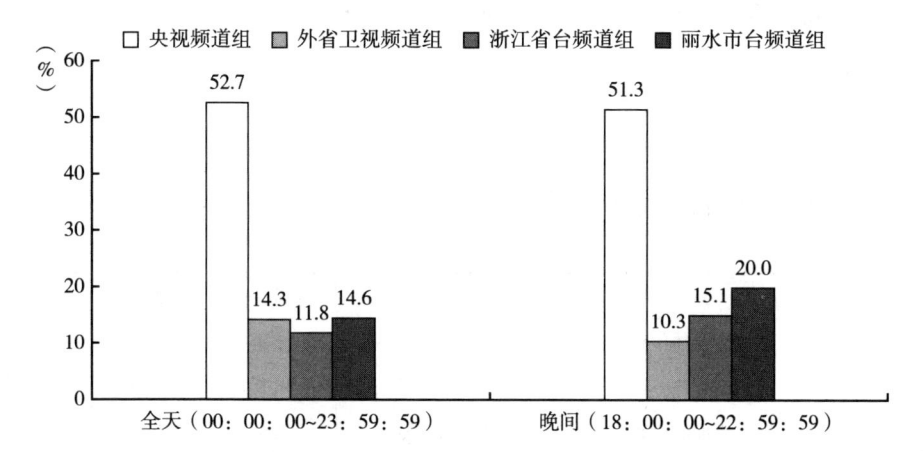

全天（00:00:00~23:59:59）：52.7、14.3、11.8、14.6
晚间（18:00:00~22:59:59）：51.3、10.3、15.1、20.0

**图6　2021年丽水市各级频道组收视份额**

资料来源：中科网联CCData海量样本收视（丽水）。

**表26　2021年丽水市网晚间（18:00:00~22:59:59）所有落地频道排名前十**

单位：%

| 排名 | 频道 | (r)收视率 | 收视份额 | 触达率 |
|---|---|---|---|---|
| 1 | 中央四套 | 3.71 | 8.8 | 17.9 |
| 2 | 丽水文化休闲频道 | 3.66 | 8.6 | 16.9 |
| 3 | 丽水新闻综合频道 | 3.13 | 7.4 | 16.3 |
| 4 | 中央六套 | 2.81 | 6.6 | 15.2 |
| 5 | 中央一套 | 2.69 | 6.3 | 15.3 |
| 6 | 中央八套 | 2.51 | 5.9 | 11.6 |
| 7 | 浙江卫视 | 2.24 | 5.3 | 10.4 |
| 8 | 中央新闻 | 1.97 | 4.6 | 10.5 |
| 9 | 中央三套 | 1.95 | 4.6 | 12.8 |
| 10 | 中央五套 | 1.92 | 4.5 | 10.6 |

资料来源：中科网联CCData海量样本收视（丽水）。

在《老白谈天》节目中，主持人用当地方言以贴近老百姓的口吻讲述各类事件，荣登2021年丽水市台晚间新闻节目收视率冠军宝座。另外，晚边缘时间重播的《丽水新闻》收视份额达到9.6%,该数值在本土频道的新闻节目中较为靠前。区域性新闻节目如《莲都新闻》,也有一定的收视需求(见表27)。

表27 2021年丽水市台晚间(18:00:00~22:59:59)主要新闻节目排名

单位:%

| 排名 | 频道 | 节目名称 | (r)收视率 | 收视份额 | 触达率 |
| --- | --- | --- | --- | --- | --- |
| 1 | 丽水文化休闲频道 | 《老白谈天》 | 4.88 | 9.6 | 6.3 |
| 2 | 丽水新闻综合频道 | 《丽水新闻》 | 4.10 | 9.6 | 6.1 |
| 3 | 丽水新闻综合频道 | 《县市区一刻》 | 3.55 | 7.5 | 4.5 |
| 4 | 丽水新闻综合频道 | 《丽水新闻》 | 2.57 | 6.2 | 3.2 |
| 5 | 丽水公共频道 | 《瓯江报道》 | 2.49 | 7.3 | 3.9 |
| 6 | 丽水文化休闲频道 | 《莲都新闻》 | 2.31 | 7.55 | 3.2 |
| 7 | 丽水新闻综合频道 | 《新闻联播》 | 2.07 | 5.40 | 3.8 |

资料来源:中科网联CCData海量样本收视(丽水)。

## (七)嘉兴地区收视情况

2021年,央视频道组在嘉兴地区全天和晚间的收视份额分别为45.8%和45.3%,两者相差不大,说明其在各时段都保持着不错的市场竞争力。外省卫视频道组在全天的份额表现中,仅次于央视频道组,但晚间黄金档竞争力有所削弱。浙江省台频道组和嘉兴市台频道组晚间收视崛起,特别是嘉兴市台频道组由全天13.0%的市场份额上升至晚间的19.2%(见图7)。

如表28所示,嘉兴市三个主要本土频道(嘉兴新闻综合频道、嘉兴文化影视频道、嘉兴公共频道)分别排名晚间第二位、第四位和第九位。中央六套晚间播出的电影类节目在嘉兴地区颇受观众追捧,凭借电影类节目的杰出表现,该频道排名晚间收视第一位。

## 2021年浙江电视收视市场分析

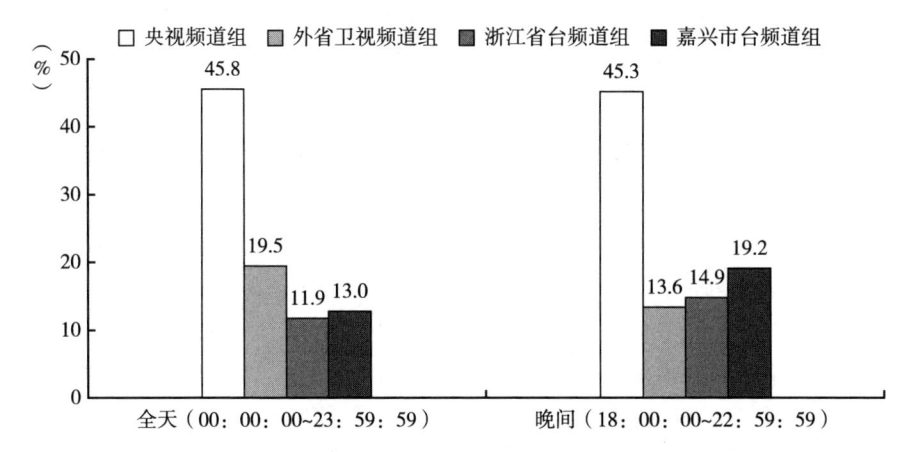

**图7　2021年嘉兴市各级频道组收视份额**

| 频道组 | 全天 | 晚间 |
|---|---|---|
| 央视频道组 | 45.8 | 45.3 |
| 外省卫视频道组 | 19.5 | 13.6 |
| 浙江省台频道组 | 11.9 | 14.9 |
| 嘉兴市台频道组 | 13.0 | 19.2 |

资料来源：中科网联CCData海量样本收视（嘉兴）。

**表28　2021年嘉兴市网晚间（18：00：00~22：59：59）所有落地频道排名前十**

单位：%

| 排名 | 频道 | (r)收视率 | 收视份额 | 触达率 |
|---|---|---|---|---|
| 1 | 中央六套 | 2.93 | 7.7 | 16.9 |
| 2 | 嘉兴新闻综合频道 | 2.71 | 7.1 | 16.4 |
| 3 | 中央四套 | 2.62 | 6.8 | 15.4 |
| 4 | 嘉兴文化影视频道 | 2.61 | 6.8 | 15.4 |
| 5 | 导航频道 | 2.26 | 5.9 | 9.7 |
| 6 | 中央新闻 | 2.12 | 5.5 | 12.5 |
| 7 | 中央八套 | 2.08 | 5.4 | 10.8 |
| 8 | 浙江教科影视频道 | 2.05 | 5.3 | 9.7 |
| 9 | 嘉兴公共频道 | 1.67 | 4.4 | 10.6 |
| 10 | 中央五套 | 1.61 | 4.2 | 9.8 |

资料来源：中科网联CCData海量样本收视（嘉兴）。

嘉兴市级频道中，首播的民生新闻《小新说事》在2021年众多常规新闻节目中收视率最高。值得一提的是，《小新说事》的触达率高达8.3%，是排名第二位的《今朝多看点》触达率的1.8倍，可以预见该节目在当地享有的群众基础和知名度。区域性新闻节目亦表现出了一定的市场需求，如《南湖新闻》等（见表29）。

**表29　2021年嘉兴市台晚间（18：00：00~22：59：59）主要新闻节目排名**

单位：%

| 排名 | 频道 | 节目名称 | （r）收视率 | 收视份额 | 触达率 |
| --- | --- | --- | --- | --- | --- |
| 1 | 嘉兴新闻综合频道 | 《小新说事》 | 5.11 | 11.6 | 8.3 |
| 2 | 嘉兴文化影视频道 | 《今朝多看点》 | 3.03 | 11.3 | 4.5 |
| 3 | 嘉兴新闻综合频道 | 《天天看嘉兴》 | 2.84 | 7.3 | 3.4 |
| 4 | 嘉兴新闻综合频道 | 《嘉兴新闻》 | 2.50 | 7.0 | 3.0 |
| 5 | 嘉兴新闻综合频道 | 《港区新闻》 | 2.23 | 6.6 | 2.3 |
| 6 | 嘉兴新闻综合频道 | 《嘉兴新闻》 | 2.04 | 6.6 | 3.4 |
| 7 | 嘉兴文化影视频道 | 《今朝多看点》 | 1.93 | 4.3 | 3.4 |
| 8 | 嘉兴公共频道 | 《南湖新闻》 | 1.77 | 4.6 | 2.1 |
| 9 | 嘉兴新闻综合频道 | 《新闻联播》 | 1.75 | 4.8 | 3.4 |
| 10 | 嘉兴公共频道 | 《秀洲新闻》 | 1.72 | 4.6 | 1.9 |

资料来源：中科网联CCData海量样本收视（嘉兴）。

## （八）金华地区收视情况

2021年金华地区各级别频道组的竞争格局与丽水地区高度相似：央视频道组全天和晚间所占份额均过半，其余各级频道组分别占得一至两成的市场份额。浙江省台频道组和金华市台频道组晚间收视发力，黄金档分别占得13.0%和19.1%的市场份额（见图8）。

探究央视频道组在金华地区分得市场一半"蛋糕"的原因，可知在该地区晚间收视排名前十中，有7个频道来自央视频道组。中央六套、中央四套、中央八套三个频道分别借助自身在电影类节目、新闻类节目和电视剧类节目方面的收视优势，在金华地区的榜单中分列前三名。本地市级频道中，金华教育科技频道和金华公共频道分别排名第四位和第五位（见表30）。

## 2021年浙江电视收视市场分析

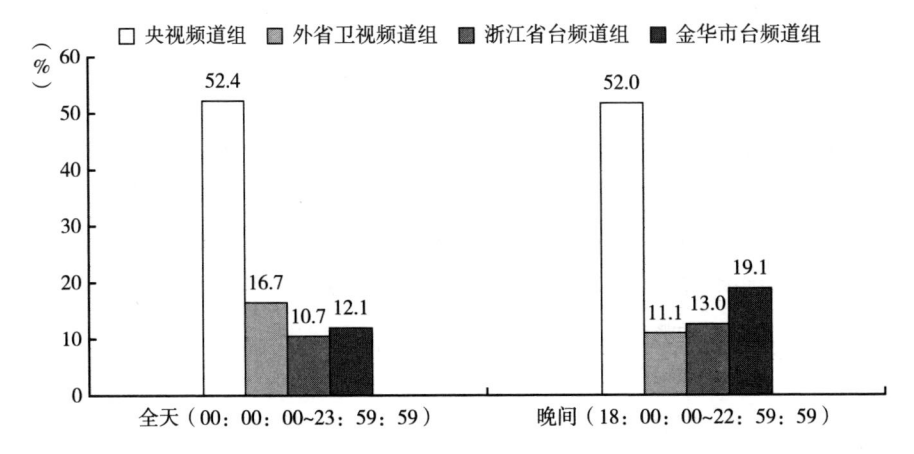

图例：□ 央视频道组  ▨ 外省卫视频道组  ▦ 浙江省台频道组  ■ 金华市台频道组

全天（00:00:00~23:59:59）：52.4、16.7、10.7、12.1
晚间（18:00:00~22:59:59）：52.0、11.1、13.0、19.1

**图8　2021年金华市各级频道组收视份额**

资料来源：中科网联CCData海量样本收视（金华）。

**表30　2021年金华市网晚间（18:00:00~22:59:59）所有落地频道排名前十**

单位：%

| 排名 | 频道 | (r)收视率 | 收视份额 | 触达率 |
| --- | --- | --- | --- | --- |
| 1 | 中央六套 | 3.16 | 8.4 | 16.4 |
| 2 | 中央四套 | 3.12 | 8.3 | 16.4 |
| 3 | 中央八套 | 2.78 | 7.4 | 12.9 |
| 4 | 金华教育科技频道 | 2.70 | 7.2 | 13.6 |
| 5 | 金华公共频道 | 2.56 | 6.8 | 12.1 |
| 6 | 中央新闻 | 1.99 | 5.3 | 11.0 |
| 7 | 浙江教科影视频道 | 1.72 | 4.6 | 6.6 |
| 8 | 中央一套 | 1.67 | 4.5 | 10.3 |
| 9 | 中央三套 | 1.58 | 4.2 | 10.7 |
| 10 | 中央五套 | 1.45 | 3.9 | 8.9 |

资料来源：中科网联CCData海量样本收视（金华）。

金华市台自办新闻节目中，2021年晚间收视率排名第一的是18点档播出的《百姓零距离》，首播份额在新闻节目中一枝独秀，可称本台收视王牌。还有《小马开讲》节目根植金华地区多年，深受群众喜爱。

161

同时,其系列节目《小马微言》不管是首播还是重播都有喜人表现(见表31)。

表31 2021年金华市台晚间(18:00:00~22:59:59)主要新闻节目排名

单位:%

| 排名 | 频道 | 节目名称 | (r)收视率 | 收视份额 | 触达率 |
| --- | --- | --- | --- | --- | --- |
| 1 | 金华教育科技频道 | 《百姓零距离》 | 3.38 | 12.4 | 6.2 |
| 2 | 金华公共频道 | 《先锋广角》 | 2.42 | 6.2 | 3.1 |
| 3 | 金华公共频道 | 《无限金华》 | 2.40 | 6.3 | 3.1 |
| 4 | 金华新闻综合频道 | 《新闻联播》 | 2.17 | 6.0 | 3.7 |
| 5 | 金华新闻综合频道 | 《金华新闻联播》 | 2.10 | 6.7 | 3.8 |
| 6 | 金华公共频道 | 《小马微言》 | 1.99 | 5.7 | 2.4 |
| 7 | 金华公共频道 | 《小马开讲》 | 1.95 | 5.8 | 3.0 |
| 8 | 金华公共频道 | 《小马开讲》 | 1.86 | 5.0 | 2.4 |
| 9 | 金华教育科技频道 | 《市场监管直通车》 | 1.83 | 4.5 | 2.5 |
| 10 | 金华公共频道 | 《小马微言》 | 1.74 | 4.9 | 1.9 |

资料来源:中科网联CCData海量样本收视(金华)。

### (九)舟山地区收视情况

从2021年全天时段来说,从央视频道组到舟山市台频道组,份额呈梯队式下降;从晚间档时段来说,央视频道组依然保持市场份额的领先地位,浙江省台频道组和舟山市台频道组旗鼓相当。2021年舟山市台频道组全天和晚间的收视份额分别为12.1%和19.0%(见图9)。

2021年舟山市网晚间所有落地频道排名中,浙江教科影视频道表现出众,坐上榜单头把交椅。舟山本地电视台的三个主频道,即舟山新闻综合频道、舟山群岛旅游频道和舟山公共频道分别在榜单中排名第二位、第七位和第九位(见表32)。

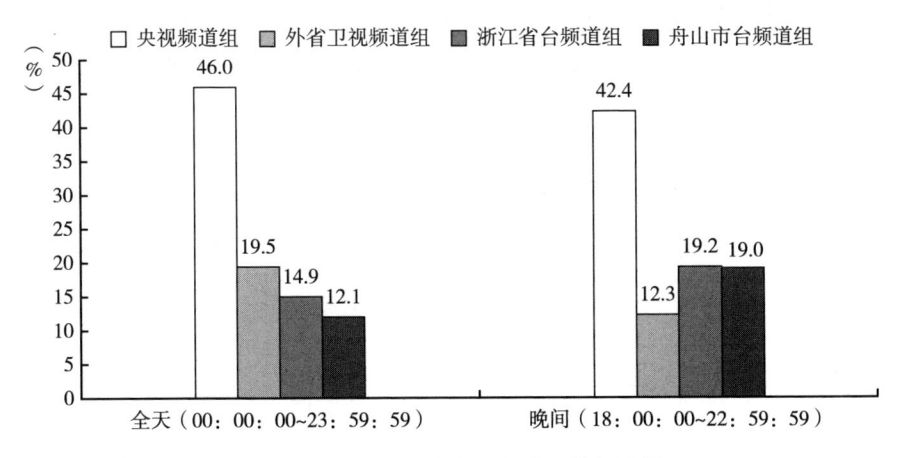

图9 2021年舟山市各级频道组收视份额

资料来源：中科网联CCData海量样本收视（舟山）。

表32 2021年舟山市网晚间（18：00：00~22：59：59）所有落地频道排名前十

单位：%

| 排名 | 频道 | （r）收视率 | 收视份额 | 触达率 |
| --- | --- | --- | --- | --- |
| 1 | 浙江教科影视频道 | 3.46 | 11.2 | 11.5 |
| 2 | 舟山新闻综合频道 | 3.37 | 10.9 | 20.3 |
| 3 | 中央四套 | 2.46 | 8.0 | 13.1 |
| 4 | 中央六套 | 1.89 | 6.1 | 10.9 |
| 5 | 中央八套 | 1.71 | 5.5 | 8.7 |
| 6 | 中央五套 | 1.48 | 4.8 | 7.8 |
| 7 | 舟山群岛旅游频道 | 1.37 | 4.4 | 6.9 |
| 8 | 中央新闻 | 1.17 | 3.8 | 7.2 |
| 9 | 舟山公共频道 | 1.14 | 3.7 | 8.8 |
| 10 | 中央三套 | 1.00 | 3.2 | 6.8 |

资料来源：中科网联CCData海量样本收视（舟山）。

## （十）湖州地区收视情况

毋庸置疑，央视频道组在湖州地区是当之无愧的主角，2021年全天和

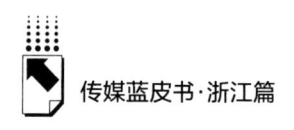

晚间均占得四成的市场份额。外省卫视频道组全天时段份额达23.7%，但晚间竞争力有所下降。浙江省台频道组和湖州市台频道组在晚间取得了相同的成绩，份额均为18.3%（见图10）。

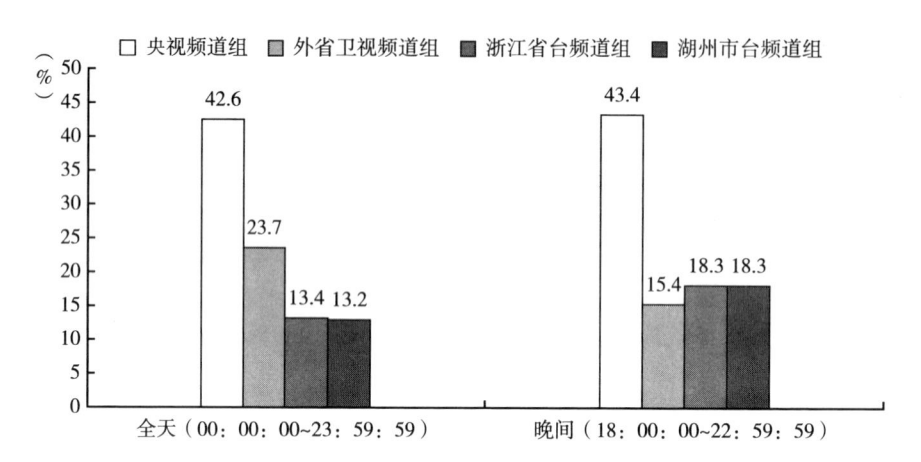

图10 2021年湖州市各级频道组收视份额

资料来源：中科网联CCData海量样本收视（湖州）。

2021年，湖州地区晚间的频道竞争情况与舟山地区有相似之处。浙江教科影视频道也是依靠出众的收视黏性，坐上榜单头把交椅。中央六套、中央四套和中央八套是中央级频道中收视最靠前的频道。与舟山市台一样，湖州市台最优秀的频道排名第二位（见表33）。

表33 2021年湖州市网晚间（18：00：00~22：59：59）
所有落地频道排名前十

单位：%

| 排名 | 频道 | （r）收视率 | 收视份额 | 触达率 |
| --- | --- | --- | --- | --- |
| 1 | 浙江教科影视频道 | 3.78 | 8.6 | 12.5 |
| 2 | 湖州文化娱乐频道 | 3.69 | 8.4 | 15.0 |
| 3 | 中央六套 | 3.27 | 7.5 | 16.3 |
| 4 | 湖州新闻综合频道 | 2.98 | 6.8 | 16.3 |

续表

| 排名 | 频道 | (r)收视率 | 收视份额 | 触达率 |
|---|---|---|---|---|
| 5 | 中央四套 | 2.97 | 6.8 | 15.0 |
| 6 | 中央八套 | 1.95 | 4.4 | 9.9 |
| 7 | 浙江民生休闲频道 | 1.93 | 4.4 | 10.2 |
| 8 | 中央新闻 | 1.87 | 4.3 | 10.3 |
| 9 | 中央三套 | 1.49 | 3.4 | 9.3 |
| 10 | 湖州公共频道 | 1.33 | 3.0 | 8.9 |

资料来源：中科网联CCData海量样本收视（湖州）。

湖州新闻综合频道在新闻内容的采编和节目制作上颇为用心，多档新闻节目受当地群众青睐。其中，时政类新闻节目在湖州当地收视热度较高，市级频道自办的《湖州新闻联播》和转播的中央台《新闻联播》分别排在第一、第二位（见表34）。

表34 2021年湖州市台晚间（18:00:00~22:59:59）主要新闻节目排名

单位：%

| 排名 | 频道 | 节目名称 | (r)收视率 | 收视份额 | 触达率 |
|---|---|---|---|---|---|
| 1 | 湖州新闻综合频道 | 《湖州新闻联播》 | 3.88 | 11.2 | 8.0 |
| 2 | 湖州新闻综合频道 | 《新闻联播》 | 3.65 | 8.9 | 5.7 |
| 3 | 湖州新闻综合频道 | 《小璐说安全》 | 2.64 | 5.3 | 3.1 |
| 4 | 湖州新闻综合频道 | 《南太湖先锋》 | 2.59 | 5.2 | 3.1 |
| 5 | 湖州新闻综合频道 | 《关注》 | 2.60 | 5.6 | 3.2 |
| 6 | 湖州新闻综合频道 | 《南太湖新闻》 | 2.56 | 5.2 | 3.0 |
| 7 | 湖州新闻综合频道 | 《湖州新闻联播》 | 2.25 | 5.3 | 3.0 |
| 8 | 湖州新闻综合频道 | 《南浔新闻》 | 1.98 | 6.3 | 2.7 |
| 9 | 湖州新闻综合频道 | 《吴兴新闻》 | 1.71 | 5.7 | 2.2 |
| 10 | 湖州公共频道 | 《阿奇讲事体》 | 1.64 | 3.3 | 2.7 |

资料来源：中科网联CCData海量样本收视（湖州）。

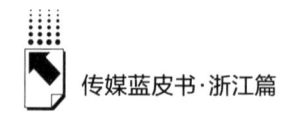

## （十一）衢州地区收视情况

衢州地区2021年全天各频道组收视份额从央视频道组到衢州市台频道组呈下降的阶梯式分布，但晚间份额的分布有其独特之处：在央视频道组份额高达五成的情况下，浙江省台频道组的份额排名第二，外省卫视频道组排名第三，衢州市台频道组份额仅为11.7%（见图11）。

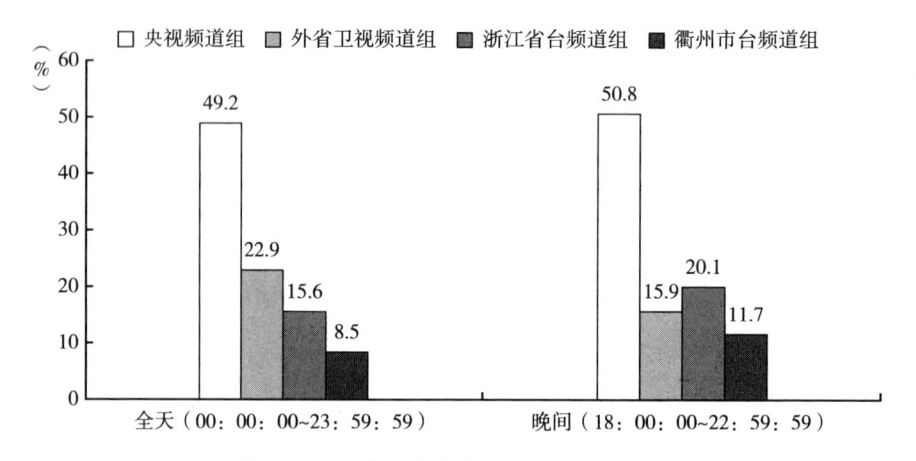

**图11 2021年衢州市各级频道组收视份额**

资料来源：中科网联CCData海量样本收视（衢州）。

深究衢州各级频道组收视份额分布的情况可知，衢州市台表现最佳的频道，即衢州新闻综合频道，在2021年晚间收视中仅排第七名。而前十榜单中，其余九席皆出自央视频道组和浙江省台频道组（见表35）。衢州本地市台的进步空间充足。

**表35 2021年衢州市网晚间（18:00:00~22:59:59）所有落地频道排名前十**

单位：%

| 排名 | 频道 | （r）收视率 | 收视份额 | 触达率 |
|---|---|---|---|---|
| 1 | 中央四套 | 3.49 | 9.0 | 17.1 |
| 2 | 中央六套 | 3.16 | 8.1 | 16.5 |
| 3 | 浙江教科影视频道 | 2.67 | 6.9 | 9.5 |

续表

| 排名 | 频道 | (r)收视率 | 收视份额 | 触达率 |
|---|---|---|---|---|
| 4 | 中央八套 | 2.39 | 6.2 | 11.8 |
| 5 | 中央一套 | 2.37 | 6.1 | 13.4 |
| 6 | 浙江民生 | 2.30 | 5.9 | 11.7 |
| 7 | 衢州新闻综合频道 | 2.29 | 5.9 | 13.2 |
| 8 | 浙江卫视 | 1.95 | 5.0 | 11.1 |
| 9 | 中央三套 | 1.79 | 4.6 | 11.7 |
| 10 | 中央新闻 | 1.47 | 3.8 | 7.6 |

资料来源：中科网联CCData海量样本收视（衢州）。

# 结　语

本报告通过对浙江地区总体收视表现的简要分析和对浙江省十一地市收视竞争格局的回顾，大致描绘了一幅浙江民众对电视大屏的收视偏爱图。有在各地皆受观众追捧的上星和地面频道，有深耕当地市场、贴近老百姓的本土频道，有观众体量和黏性俱佳而"断层出圈"的节目，也有实实在在、兢兢业业服务民生的节目。电视作为传播媒介，在中国发展的几十余年里，不断推出老百姓喜闻乐见的节目，在媒体融合的新时代背景下，依然在努力探索和寻找"电视"这一媒介的新定位。

# B.7
# 2021年浙江影视剧产业发展报告

邵鹏　毕佳琦*

**摘　要：** 2021年是我国建党百年，亦是全球影视行业历经"寒冬"后的全面复苏之年。站在这重大历史节点上，浙江省高度重视影视产业的发展，坚定影视创作守正创新，满足人民群众多样化、个性化需求。本报告主要从浙江省广播电视和网络视听发展"十四五"规划出发，重点梳理2021年浙产影视剧的发展概况，并从中总结浙产影视剧产业的发展特点，以便推进浙江影视剧创作工作迈上新台阶、开创新局面。

**关键词：** 浙产影视剧　提质增效　浙派精品

2021年是我国"十四五"规划的开局之年，也是全球影视行业全面复苏崛起之年。为深入学习贯彻习近平新时代中国特色社会主义思想，全面贯彻新发展理念，加快推进浙江广播电视和网络视听行业高质量创新性发展，浙江制定《浙江省广播电视和网络视听发展"十四五"规划》，争取到2025年，浙江广播电视业总体实力进一步增强，视听内容创作生产更加繁荣，广播电视与网络视听业成为全国影视产业高质量发展的主力军。回顾2020年，全球影视产业遭遇突如其来的新冠肺炎疫情重挫，剧组停拍、影

---

* 邵鹏，浙江工业大学人文学院副院长、教授，硕士生导师，未来媒体研究院院长，浙江省创新理论传播研究院执行院长，浙江省网络生态研究中心主任，主要研究方向为全球传播、媒介记忆、媒介融合；毕佳琦，浙江工业大学人文学院新闻与传播专业硕士研究生，主要研究方向为媒介记忆、媒介融合。

片撤档、院线停业，影视剧行业似乎进入了"至暗时刻"。而随着国内新冠肺炎疫情得到有效控制，影视行业的复工复产也在稳步推进。国家广播电视总局（以下简称"国家广电总局"）数据显示，2020年全国共生产电视剧202部、电影650部、网络剧230部、网络电影769部。[1] 在此形势下，2021年浙产影视剧产业发展如火如荼。

## 一 2021年浙江影视剧产业发展概况

浙江是我国影视剧生产大省。回顾2021年的影视剧市场，浙产影视剧把握时代脉搏，坚持以人民为中心的创作导向，创作出了许多时代精品。截至2021年第三季度，浙江共生产电视剧31部，6部电影票房过亿元。此外，在省委、省政府的正确领导下，浙江省广播电视和网络视听基础设施也逐渐完善。截至2020年底，浙江共有80家广播电视机构，3291家电视内容制作单位，45家网络视听节目持证单位以及30多个电视内容产业基地。[2] 也可以说，全国影视产业"北有北京，南有浙江"的格局正在形成。

### （一）电视剧市场：数量锐减，质量提升

国家广电总局发布的全国拍摄制作电视剧备案公示显示，截至2021年9月，全国拍摄制作备案公示的剧目共367部。其中，浙产剧31部，占公示总数的8.4%，且大多数都是当代题材。具体而言，2021年前三季度，浙产剧月备案数量分别是6部、6部、6部、0部、1部、2部、3部、3部、4部；备案剧目中单部浙产剧平均集数均在40集以下。相比2020年前三季度，浙产剧备案数量、集数均有所下降，共减少26部1487集，同比分别下

---

[1] 《中华人民共和国2020年国民经济和社会发展统计公报》，国家统计局网站，2021年2月28日，http://www.stats.gov.cn/tjsj/zxfb/202102/t20210227_1814154.html。
[2] 《浙江省广电局局长张伟斌权威解读〈关于推动我省广播电视网络视听业高质量发展的实施意见〉》，浙江省广播电视局网站，2020年12月16日，http://gdj.zj.gov.cn/art/2020/12/16/art_1229271411_2192199.html。

降45.6%、58.0%。浙产剧总集数下降幅度明显高于剧目数量下降幅度，种种迹象表明，"注水"剧正在"脱水"，努力追求质量的提升。这与国家广电总局为提升电视剧行业整体品质下发《进一步加强电视剧网络剧创作生产管理有关工作的通知》有关，该通知反对电视剧内容"注水"，规范集数长度。通知发布后，不仅引起了业界广泛关注，也促进了浙产剧的自我净化和质量提升。

2021年是中国共产党成立一百周年，浙江省广播电视局进一步发挥优化资源配置的作用，围绕"庆祝建党100周年"等重大主题，加大重点电视剧选题规划力度，发动组织电视工作者投入创作。浙产电视剧《大浪淘沙》在"理想照耀中国——国家广播电视总局庆祝中国共产党成立100周年主题作品创作展播活动"中成功入围优秀主题作品行列。[1] 该剧以现代青年视角回顾历史，讲述了从五四运动到1945年"七大"召开这二十多年间中国共产党的艰苦奋斗史，颂扬爱国主义情怀，同时深刻地展现了中华大地翻天覆地的变化。此外，作为庆祝中国共产党成立100周年优秀电视剧展播重点剧目，浙江华策影视股份有限公司的献礼力作《绝密使命》和《我们的时代》也已开播。《绝密使命》讲述了交通员在长达3000公里的红色交通线上输送物资、传送情报、护送干部的故事，带领观众深刻了解这段值得铭记的红色历史。《我们的时代》则聚焦于乡村振兴战略，展现浙江大学生村官党员的奋斗青春。这些优秀浙产剧为建党百年主旋律作品注入了"新鲜血液"。

2021年，浙江深入实施电视剧"新时代精品六个一工程"，推进文艺创作从规模数量增长向质量效益提升转变，打造一批反映新时代、具有浙江特色、在全国有影响力的精品力作。由罗晋、尹昉主演的重大历史题材电视剧《天下长河》是浙江省重点视听作品，该剧以康熙年间的黄河治理工程为线索，讲述陈潢、靳辅两位能臣治理黄河水患的故事。

---

[1] 《献礼建党百年｜浙产电视剧〈大浪淘沙〉今晚开播》，"浙江省视协"微信公众号，2021年5月11日，https://mp.weixin.qq.com/s/isgl5UUDa9CuvC_wqoAZ1A。

《天下长河》于2021年9月7日在浙江横店举行开机仪式，同时宣告成立《天下长河》剧组临时党支部。与以往不同的是，导演张挺和演员尹昉共同宣读《〈天下长河〉剧组演职员公约》，承诺全体演职人员严于律己，在党支部的领导下，着力打造体现时代精神的精品力作，用心讲好黄河故事。

（二）电影市场：题材丰富，涉猎广泛

2021年是浙产电影硕果累累的一年，其以"现象级"爆发之势，领先全国乃至全球电影市场，成为影视产业的黑马。国家电影局数据显示，截至2021年10月10日，全国电影总票房超400亿元，票房过亿元的影片达47部，其中国产影片33部。国产电影创作呈现百舸争流之势，浙产电影更是表现不俗，共有《送你一朵小红花》《侍神令》《缉魂》《秘密访客》《我要我们在一起》《盛夏未来》6部浙产电影票房过亿元。其中，由浙江横店影业有限公司和上海儒意影视制作有限公司出品的《送你一朵小红花》最终收获14.33亿元票房，成为中国影史元旦档影片剧情片票房冠军，并成功入围北京国际电影节·第28届大学生电影节"光影青春"优秀国产影片。

2021年浙江电影生产创作类型丰富多元，进一步满足了观众的多元化需求。截至2021年10月底，在2021年国产片电影票房总榜TOP 20中，浙产电影有5部不同类型的电影上榜。动作片《刺杀小说家》排名第7，总票房10.35亿元；亲情片《我的姐姐》排名第8，总票房8.60亿元；青春片《盛夏未来》排名第17，总票房3.87亿元；爱情片《我要我们在一起》排名第18，总票房3.26亿元；魔幻片《侍神令》排名第19，总票房2.74亿元。从以上数据来看，浙产类型片的生产量稳定，题材广泛，制作精良，电影市场广阔。此外，浙产电影《龙井》是国内首部以龙井茶文化为主题的电影，不仅进入第十一届北京国际电影节北京民族电影展，还入选浙江省庆祝中国共产党成立100周年"百年百部千村万场"主题电影展映活动推荐片单，为浙产文艺片的创作提供了新思路。

近年来，新主流大片成为我国电影创作市场的重要内容。恰逢建党100周年，2021年多部主旋律影片上映。浙江制片机构积极参与联合出品，制作年度新主流大片，讲述中国故事，传递中国精神。2021年国庆档电影《我和我的父辈》依然沿用了《我和我的祖国》的模式，由沈腾、徐峥、章子怡、吴京联合拍摄制作。该片由《乘风》《诗》《鸭先知》《少年行》四个单元组成，主要聚焦我国革命、建设、改革开放和新时代四个时期，从"家与国"的视角描写父辈的艰苦奋斗经历，展现中国人顽强拼搏的时代记忆。① 抗美援朝题材影片《长津湖》由陈凯歌、徐克、林超贤联合执导，经过5年多的剧本打磨、2年多的细致筹备，影片最终取得了巨大的成功，成为2021年全球电影票房第一名。这些新主流大片的出品方或联合发行方中几乎都可以看到浙江制片机构的身影。浙江制片机构俨然已成为新主流大片创作的主力军。

### （三）影视基地：铆足干劲，持续发力

当前影视文化产业处于快速增长的进程中，全国各地涌现出数以千计的新建影视基地项目。浙江高度重视影视产业的发展，影视产业正成为浙江经济发展的支柱性产业。② 目前，浙江拥有横店影视城、象山影视城等众多影视基地以及宁波民和文化产业园等众多产业园区。

横店影视城素有"东方好莱坞"之称，已成为全球规模最大的影视拍摄基地，也是中国首个"国家级影视产业实验区"。③ 目前，横店影视文化产业集聚区已建成30余个大型实景基地和130余座专业摄影棚，是"基地规模最大、影视要素最全、配套服务最优、技术最先进、成本最低廉"的龙头影视基地。从具体数据看，2021年上半年，集聚区共接待剧组222个，已达到2020年全年接待剧组数量的60%，超8000人长期在横店生

---

① 《我和我的父辈（2021）》，1905电影网，https：//www.1905.com/mdb/film/2254375/。
② 卿周子：《浙江影视产业的现状与发展》，《传播力研究》2019年第22期，第3~4页。
③ 袁方兴、郑少敏：《文化产业"全域化"发展战略中的人才培养研究》，《中国商论》2016年第28期，第181~182页。

活,"横漂"人数突破10万人,产业复苏表现强劲。另外,横店影视城正不断优化内容质量,向"横店出品"全面发力。2021年横店影视出品的《你好,李焕英》《送你一朵小红花》《我的姐姐》分列全国票房第1名、第5名和第8名,国庆档电影《长津湖》累计票房突破56亿元。此外,《乔家的儿女》《功勋》《山海情》等多部好评热剧不断,带动集聚区影响力快速提升。

作为中国头部影视基地之一的象山影视城建于2003年5月,张纪中导演为拍摄《神雕侠侣》,在象山新桥镇投资建设"神雕城",象山影视城随之发展而来。目前,象山影视城总占地面积1091亩,有4个大型实景基地和70余座摄影棚,其中摄影棚总面积35万平方米,居全国第一位。从具体数据看,象山影视城累计接待拍摄剧组1550个,2021年上半年共接待《和平之舟》《风起陇西》等126个拍摄剧组,同比增长85.2%。11月4日,在象山取景拍摄的主旋律题材当代军旅剧《和平之舟》于中央电视台综合频道首播,首播收视破亿,直冲收视榜榜首,提升了象山影视城的影响力。

浙江除了拥有众多影视基地外,还有许多文化产业园区,这些基地与园区共同助力浙江影视文化产业的发展。宁波民和文化产业园位于宁波国家高新区,占地面积34896平方米,总建筑面积13万平方米,总投资近10亿元。该园区以产业集聚为主,目前已聚集了大概1600家优秀文化企业,代表企业有宁波影视集团,其生产的《解密》《向东是大海》《七月与安生》都是大众耳熟能详的作品。截至2021年10月底,该园区已生产制作34部优秀影视剧,参与投资的网剧《灵丹妙药》也获得了不错的口碑。另外,由宁波影视集团出品的《一枝一叶总关情》亦未播先火,增强了宁波民和文化产业园的集聚效应,为浙江影视剧产业的发展提供了源源不竭的动力。

(四)影视公司:争当标杆,趁势而上

近年来,浙江影视产业强势崛起,逐渐发展为中国影视产业的副中心之一,这离不开浙江影视公司的努力,本土的华策、天意等老牌影视公司以及

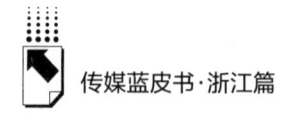

东阳正午阳光影视有限公司、阿里巴巴影业等都是浙江影视剧创作生产的中坚力量。①

浙江华策影视股份有限公司是中国影视行业领军企业,被称为"中国电视剧第一股"。华策影视已成长为影视剧年产量全国第一、全网播出量全国第一、市场占有率全国第一、海外出口额全国第一、头部内容市场占有率达30%的国内影视行业第一品牌。2021年是华策影视公司上市第二个十年的开局之年,收获颇丰。根据华策影视2021年半年度报告,2021年上半年,华策影视公司电视剧项目全网首播13部494集,开机7部256集,杀青8部290集,取证6部203集,其中《我们的新时代》《绝密使命》《觉醒年代》入选中宣部和国家广电总局纪念"建党百年"的重点献礼剧目,这三部电视剧一经播出引发巨大的社会反响。在电影领域,华策也取得了佳绩,2021年上半年共有5部电影(含网络电影)上映,并有5部电影处于后期制作阶段,出品的《刺杀小说家》票房破10亿元,动画电影《名侦探柯南：绯色的子弹》首次做到和日本几乎同步上映,最后取得2.15亿元的票房。另外,古装大戏《有翡》《长歌行》,现代剧《下一站是幸福》《以家人之名》《亲爱的,热爱的》等多部剧的剧本IP成功向海外输出改编,并且取得了十分亮眼的成绩。

另外,杭州本土著名企业阿里巴巴集团于2014年收购文化中国传媒集团,在其基础上组建了阿里巴巴影业集团,进驻文娱产业。② 近年来,阿里巴巴影业已投资拍摄《摆渡人》《三生三世十里桃花》《傲娇与偏见》等多部影片。2021年,阿里巴巴影业参与出品发行的影片都取得了不错的成绩,例如其参与出品的《长津湖》最终收获56.68亿元的票房,《你好,李焕英》最终收获54.14亿元的票房,目前这两部电影分别稳居2021年中国内地影片票房的第一、第二位,并收获了良好的口碑。

---

① 丁莉丽：《影视产业发展的"浙江经验"》,《中国广播电视学刊》2018年第8期,第74~77页。
② 王牧耕：《"外部融入"与"内部生成"——中国互联网与电影产业融合模式的路径与效益研究》,《中国电影市场》2021年第10期,第4~12页。

## 二 2021年浙江影视剧产业发展特点

2021年，浙江影视剧产业的发展可谓"风生水起"，"（浙）剧审字"成为荧屏上常见的标签之一。浙江省广播电视局紧抓建党百年重大时间节点，对重点剧进行项目化推荐，打造了一批具有传播度、辨识度、美誉度的浙产影视剧精品，实现了社会效益和经济效益的双丰收。此外，优秀影视剧也是展示国家文化的重要窗口。对此，浙产影视剧加大"走出去"步伐，为讲述中国故事贡献了一份力量。

### （一）聚焦重大历史节点，打造浙产影视精品

习近平指出，衡量一个时代的文艺成就最终看作品。[①] 2021年是中国共产党建党100周年，为做好庆祝中国共产党成立100周年优秀电视剧展播工作，浙江积极响应中宣部和国家广播电视局的工作部署，组织省市县三级电视播出机构，集中力量开展庆祝建党百年优秀电视剧展播活动，通过荧屏讴歌主旋律。同时浙江精心组织创作，浙产剧《和平之舟》《幸福到万家》《大浪淘沙》《春风又绿江南岸》入选了"建党百年电视剧展播活动重点剧目"。另外，强强联合逐渐成为当前浙产影视剧制作的一大亮点。浙江的一些制作机构会联合其他省份制作机构共同制作电视剧，由上海广播电视集团出品、浙江东阳春羽影视文化有限公司承制的电视剧《功勋》，由响想时代娱乐文化传媒（北京）有限公司出品、浙江华策影视集团策划推出的电视剧《我们的新时代》，以及由中国电视剧制作中心有限责任公司出品、浙江编剧创作的电视剧《红船》等，这三部电视剧均被列入10部建党百年重大主题重点剧目。

2021年是建党百年，适逢"十四五"规划开局之年，亦是全面建设

---

[①] 《增强文化自觉坚定文化自信 展示中国文艺新气象铸就中华文化新辉煌》，《贵州日报》2021年12月15日。

社会主义现代化国家新征程开启之年，但由于当前疫情社情舆情非常复杂，意识形态工作责任重大，浙江省广播电视局明确要求各省市县主流媒体要扛起强信心、暖人心、聚民心的时代重任，部署推进浙江省重点电视剧、广播剧和网络剧等的创作生产工作，并在前期广泛征集意见的基础上制定了《浙江省广播电视和网络视听"十四五"重点文艺作品选题规划》（以下简称《规划》），其中电视剧48部、网络剧10部。电视剧《春天里的人们》就被纳入《规划》之中，该剧以全国道德模范、宁波百丈街道划船社区原党委书记余复玲为原型，从社区工作者的角度切入，不仅展现了城市基层社会治理现代化的最新成果和经验，也见证了社区工作者的辛酸、困境与成长。与以往浙产剧注重现实主义题材不同，2021年浙产剧更多聚焦历史节点，重点创作精品主旋律影视剧，努力将浙江广大干部群众和企业育新机、开新局的故事讲精彩，把"中国共产党好"的故事讲到位，大力营造共庆百年华诞、共创历史伟业的浓厚氛围，真正当好举旗定向先锋，奏响时代旋律先声。

### （二）注重发挥社会效益，做深做好文化传播

党的十九届四中全会提出，文化企业要"把社会效益放在首位，实现社会效益和经济效益相统一"[①]。在市场经济条件下，"两个效益"统一于浙产影视剧创作生产实践中。例如，由浙江影视集团立项出品的重大航天题材电视剧《大国飞天》以"建设航天强国，实现航天梦"为主题，讲述了在习近平新时代中国特色社会主义思想指引下，中国航天事业的飞速发展。该剧于2020年12月开机，辗转多地取景，全方面展示新时代中国航天事业的伟大成就和祖国的壮美河山，弘扬航天精神，彰显航天强国风采，是一部引领社会风尚的正能量作品。

2021年初上映的《送你一朵小红花》也是当年浙产电影大获成功的

---

① 《建立健全文化创作生产体制机制》，福建机关党建网，2020年6月22日，http://www.fjjgdj.gov.cn/2020-06/22/content_ 30358609. htm。

代表。它是由韩延执导，易烊千玺、刘浩存领衔主演的一部现实主义题材作品。该影片之所以口碑爆棚，原因在于它不仅选题紧扣社会现实，有助于深化对临终关怀的认知，提高生命的质量，而且直面癌症医疗服务中的许多难题，并为其提供解决方案，推动临终关怀事业的发展。① 现实主义题材历来是浙产影视剧生产创作的重点题材，而现实主义题材的作品往往体现出对社会现实问题的观点和态度，更加注重社会效益，进而推动社会取得一定的进步。当前，一些重点浙产影视剧紧扣建党100周年，以及全面建成小康社会、弘扬中华优秀传统文化等主题，在思想内涵、艺术水准、表现形式上努力创新、精益求精，实现了良好的社会效益和传播效果。

### （三）恰逢其时趁势"出海"，用心讲好中国故事

近年来，浙产影视剧正成为国产影视剧阵营中不可或缺的重要力量。自2020年新冠肺炎疫情肆虐全球，时至今日，疫情形势仍然严峻，国外许多剧组被迫暂停拍摄，众多影片也纷纷选择延期上映。在党和政府的正确领导下，国内各个剧组的复工正有条不紊地进行着。浙江作为影视剧生产大省，多部影视剧趁势"出海"，并取得佳绩。

"走出去"正成为浙产影视剧的重要标签之一。2021年11月5日，"温州家人"三部曲的最后一部《温州三家人》正式登陆CCTV中文国际频道（美洲版），是浙产剧走出国门、吸引海外观众的有益尝试。该片由中央电视台和温州广播电视传媒集团出品，是继《温州一家人》《温州两家人》之后的续篇。该剧主要聚焦在新时代大背景中成长起来的温州新生代，他们紧随世界发展潮流，紧抓国家"一带一路"发展机遇，积极利用"互联网+"模式探索创业，不断推动产业转型升级。这是一部温州人励志奋进的电视剧，它的"出海"不仅向世界展现了我国改革开放和现代化建设下的温州缩影，也成为新时代用心讲好中国故事的范例，构筑了

---

① 张鹏、姬娅锐：《临终关怀与人生的价值与意义探索——影片〈送你一朵小红花〉的现实意义分析》，《美与时代（下）》2021年第5期，第115~117页。

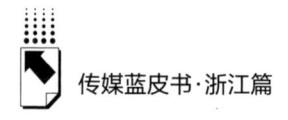

一道独特而又靓丽的风景线。

由华策影视出品的《刺杀小说家》亦趁势"出海",并取得不错的成绩,该片于2021年2月12日在国内和海外同步上映。此前,华策影视在互动平台表示,《刺杀小说家》在北美、澳新同步上映后,首周票房成绩优异,是澳新地区同期开画影片票房第一,也是北美地区同期开画华语影片票房第一。除此之外,浙江省广播电视局积极搭建国际交流平台,推动广播电视产业"走出去",要求各地搭建好国际云交易平台。中国(浙江)影视产业国际合作区搭建"十诺影视云交易平台",集聚视听企业300余家,推动浙产剧《长歌行》在海外发行,发行单价达13万美元。2021年,浙产影视剧相继乘风破浪、趁势"出海",再度掀起了一股"影视华流潮",为讲好中国故事贡献了不容小觑的力量。

## 三 浙江影视剧产业发展趋势与展望

近年来,新技术的进步重新构筑了全球影视文化产业的发展基座,影视文化产业日益成为世界经济的支柱性产业。对此,国家高度重视影视文化产业的发展,浙江积极响应中央号召,坚定影视创作守正创新,承传统文化之精华,乘时代发展之趋势,用科技赋能浙产影视精品,让中华文化展现其永久魅力。

### (一)打造"新浙派精品",谱写时代新篇章

文化是一个国家、一个民族的灵魂。文化兴则国兴,文化强则国强。而影视剧既是文化的载体,也是文化的产物。影视创作则是影视产业发展的关键,事关影视产业发展大局。站在这"两个一百年"的历史交汇点上,作为全国影视重镇,浙江省广播电视局实施影视精品工程,进一步推动影视精品创作繁荣发展,全面提升影视作品质量,使浙江省影视精品创作继续走在全国前列。未来,浙江广播电视和网络影视创作者更应以高内容、高质量和高标准为创作要求,在兼顾观众审美趣味的同时发挥时代引领性价值,谱写新时代中国特色社会主义新篇章。

打造"新浙派精品"需立足现实，深入生活。现实主义题材历来是各省份影视剧生产的重中之重，创作者想要打造"新浙派精品"，自身需对浙江现实情况有足够的了解，必要时也应进行实地考察，用以小见大的视角去反映新时代的人文精神。只有真正立足于现实，才能还原现实生活，与观众进行良好的沟通与交流，进而深刻揭示人性，传递积极向上的正能量。

打造"新浙派精品"应立足传统，守正创新。我国是一个历史悠久的文明古国，拥有五千年的文化底蕴，素有"鱼米之乡"美称的浙江省，文化底蕴更是深厚。浙产影视剧创作者应以浙江优秀传统文化为指引，创新故事表达方式，探索艺术的更多可能性。以本土优秀传统文化为根本，以提高大众审美为目标，是打造"新浙派精品"的必由之路，也是实现浙产影视剧新飞跃的必然选择。

## （二）深化"走出去"工程，突破"近地文化圈"

优秀影视剧是向世界展示本民族文化魅力的重要窗口，也是向世界展示本民族文化发展活力的重要途径。随着科技的发展，国际交流日益紧密。2021年，为响应国家号召，浙江全省广电系统深化"走出去"工程，鼓励各省市县广电媒体充分发挥各自的优势，积极推进浙江各影视公司布局海外市场，推动浙产影视作品积极"出海"，力求将中华文化传播到全世界，并不断增强浙产影视剧内容的国际影响力与传播力。

浙产影视剧"出海"，要灵活善用"洋腔洋调"。"文化折扣"仍在阻碍着国外观众真正地认识和了解浙产影视剧，这就导致浙产影视剧在"出海"的过程中，出现了"墙内开花墙外香"的现象，即国内反响平平的影视剧，到了国外却异常火爆。未来，浙产影视剧的制作者可以善用一些"洋腔洋调"，创作一些更具文化通约性的影视剧作品，让具有文化差异的国外观众能够理解并接受中国故事，不断提升浙产影视剧的国际影响力。[①]

---

[①] 刘汉文、陆佳佳：《2019年中国电影产业发展分析报告》，《当代电影》2020年第2期，第15~26页。

浙产影视剧"出海"，要综合运用多元渠道。数字技术的进步为影视剧产业发展带来革命性的影响，它改变了以往仅以某类传统媒体为播放平台的形式，新媒体平台成为影视剧播出的重要平台之一。因此，浙产影视剧可以利用线上线下相结合的方式"出海"。例如《侍神令》就采用了"国内院线+海外线上"的形式"出海"，并取得了不错的成绩。其在Netflix上映一周后，就登上了7个国家和地区的电影榜第一名，这一举措无疑为浙产影视剧"出海"开拓了新路径。

### （三）科技赋能影视产业，助力数字化转型

随着传输技术和内容存储技术的发展，浙产影视剧的创作者与时俱进，不断研究新形势下的创作规律和传播规律，探索新的表现形式。移动传播时代受众注意力分散，开始利用碎片化时间观看剧目，制作精品化短剧集逐渐成为趋势。2021年9月全国重点网络影视剧拍摄备案公示情况中，浙产网络剧《读取进度去爱你》《油盐酱醋你第一季》等均备案拍摄12集。剧集创作向"短"、制作水准向"上"是创作者的一致追求，也是一代代观众的共同期许。

随着5G技术的成熟，短视频愈加火爆。根据CNNIC发布的第48次《中国互联网络发展状况统计报告》，截至2021年6月，我国短视频用户规模为8.88亿人，占网民整体的87.8%，短视频越发受到大众欢迎。越来越多的受众开始在抖音或其他短视频App追剧，竖屏剧也成为短视频时代适应受众观看习惯的新剧种。浙产剧《和平之舟》播出前就在抖音进行宣传预热，播出后受众也可以在抖音上观看片段，截至2021年11月底，该剧抖音粉丝达68.6万人。在短视频大行其道的今天，竖屏短剧迎来了一轮快速增长，这为浙产影视剧创作者探索影视剧新样态提供了新路径。但也应当意识到，提升内容质量，深化立意深度，制作短小隽永的精品化内容才是浙产影视剧的核心竞争力提升的关键。

随着数字化时代的来临，数字技术已成为推进中国电影产业发展的重要条件，尤其是数字化视效技术为中国电影提供了"弯道超车"的契机。年初上映的浙产电影《刺杀小说家》是中国电影工业化进程中第一次完整使

用虚拟拍摄技术的影片，这其中包括前期预览虚拟拍摄、实拍阶段虚实结合拍摄等，意味着中国电影视效制作技术得到了显著的提升。[①] 未来，随着科技不断赋能，浙产影视剧制作者也应不断抓住契机，继续深化影视剧科技创新工作的开展，提高影视剧的制作水准，持续关注科技进步对影视剧制播方式带来的变革，不断助力影视产业的数字化转型，促进浙产影视剧在内容创作上的提质增效，发挥影视大省的引领作用。

## 结 语

得益于自身良好的影视产业基础，又有着深厚的历史文化积淀，浙江一直以来都是中国影视剧生产大省，其生产的影视剧数量和质量都居于全国前列。可以说，浙江影视产业是全国影视产业发展的中流砥柱。然而，当今世界正经历百年未有之大变局，在新冠肺炎疫情和互联网高速发展的双重影响下，浙江影视剧产业面临众多不确定性，"星耀"海外之路道阻且长。

2021年是中国共产党成立100周年，是我国"十四五"规划的开局之年，亦是全面建设社会主义现代化国家新征程开启之年。站在这重要的历史节点上，为做好广播电视和网络视听工作，浙江深入实施电视剧"新时代精品六个一工程"，不断推动影视剧创作从规模数量增长向质量效益提升转变，以打造一批反映新时代、具有浙江特色、在全国具有较强影响力的"浙派"精品力作。浙产影视剧创作的高质量发展不仅可以推进中国影视产业行业规范和标准的建立，亦可推动我国影视产业进入提质增效的新发展阶段。在数字化时代，浙产影视剧制作者应当积极关注科技进步给影视制播方式带来的新动能，利用科技策源影视产业，让"浙派精品"影视剧为中国影视产业的整体发展带来源源不竭的动力，同时深化"走出去"工程，用"浙派精品"去讲述中国故事，诠释中国形象，展现中国风格。

---

[①] 徐建：《〈刺杀小说家〉：中国电影数字化工业流程的见证与实践》，《电影艺术》2021年第2期，第131~137页。

# B.8
# 2021年浙江出版业发展报告

沈珉 罗召君 顾炳燕**

**摘 要：** 2021年浙江图书出版总量与销售量总体呈增长趋势，虽然在疫情影响之下，零售市场规模略有缩减，但相较2020年已有回升。随着线上平台的建设和主题内容出版的带动，线上线下双渠道保持持续增长的态势。本报告总结和分析浙江在建党百年主题内容出版、数字赋能出版转型、深耕地域特色推动精品内容出版以及开展多元出版活动等方面的探索和实践，并在其基础上进一步展现浙江在内容出版、平台搭建、版权输出和出版规划方面的经验和亮点。

**关键词：** 出版业 图书出版 数字出版 版权输出

## 一 2021年浙江出版总体情况

2021年的图书出版总数与销售总数呈现上升态势。中央宣传部出版物数据中心数据显示，2020年核发CIP 26万余个，2021年核发CIP 27万余个，较2020年增加1万多个。北京开卷发布的《2021中国图书零售市场报告》显示，2021年图书零售市场同比上升1.65%，码洋规模为986.8亿元。

---

\* 此报告为浙江工商大学"重要窗口"课题"浙江主题出版研究"成果之一。
\*\* 沈珉，浙江工商大学人文与传播学院教授，浙江文化产业创新研究院专家，主要研究方向为出版理论、出版史、图像传播等；罗召君，浙江工商大学人文与传播学院硕士研究生，主要研究方向为编辑出版；顾炳燕，浙江工商大学人文与传播学院硕士研究生，主要研究方向为编辑出版。

但是和2019年相比，零售市场规模下降3.51%，未恢复到疫情前水平。从不同渠道来看，网店渠道零售码洋保持正向增长，但和前几年相比增速明显放缓，同比增长1%；实体店渠道2021年受主题出版图书拉动，同比上升4.09%，但是和2019年相比码洋规模仍然出现了31.09%的负增长。从不同细分市场来看，在建党百年影响下，马列和学术文化类同比增长超过20%；文学市场恢复正向增长，这是2019年以来文学市场首次出现正向增长。虽然2015~2019年，图书零售市场规模一直保持10%以上的增速，但2020年受新冠肺炎疫情影响较大，码洋首次出现负增长。

浙江出版状况与全国出版状况大体一致，受疫情影响较大，同时内部优化品种结构，出版总数有所下降，内容种类有一定调整。中央宣传部出版物数据中心数据显示，2021年浙江14家图书出版社出版图书种数为9826种，较2020年下降32%，较2019年下降39%（见图1）。

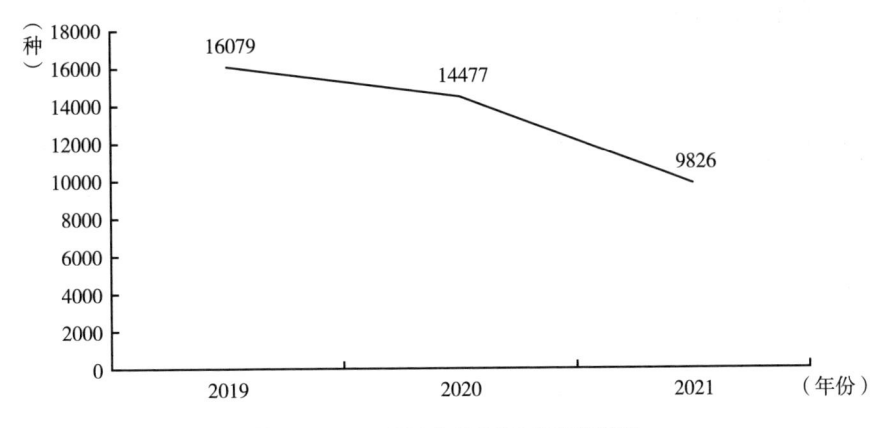

**图1　2019~2021年浙江图书出版种数**

在销售品种上，对2021年浙江14家图书出版社当当网销量前50的书目共计700本图书进行统计。在这700本图书中，各书目类别最多的是G（文化、科学、教育、体育），占总数的29.57%，接下来为J（艺术）、I（文学）、K（历史、地理）以及H（语言、文学）等，分别占总数的21.14%、20.43%、8.43%以及3.29%，与全国的销售状况相仿（见图2）。

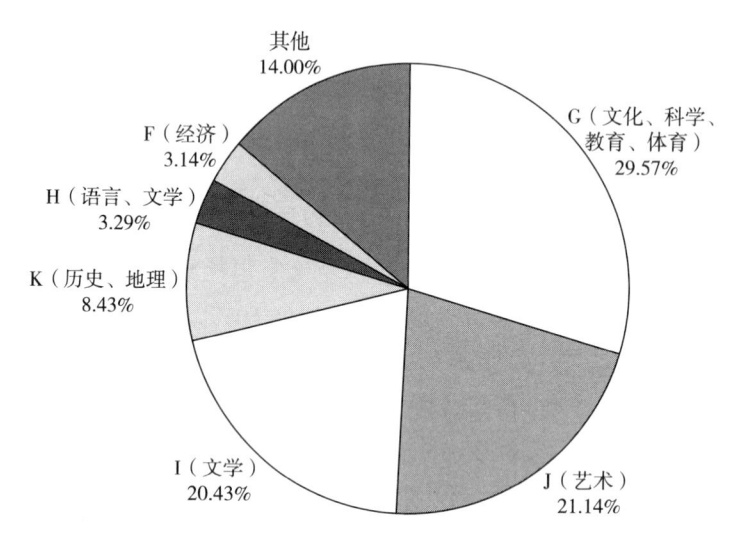

**图 2　2021 年浙江 14 家图书出版社当当网销量前 50 书目类别**

此外，在这 700 本图书中，原创版权占 82%，引进版权占 18%（见图 3）。在版权为原创的图书中，书目类别为 G（文化、科学、教育、体育）的图书所占比重最高，达到 34.78%，其次是 J（艺术）类、I（文学）类、K（历史、地理）类，以及 H（语言、文学）类，分别占 22.43%、19.13%、7.83%、

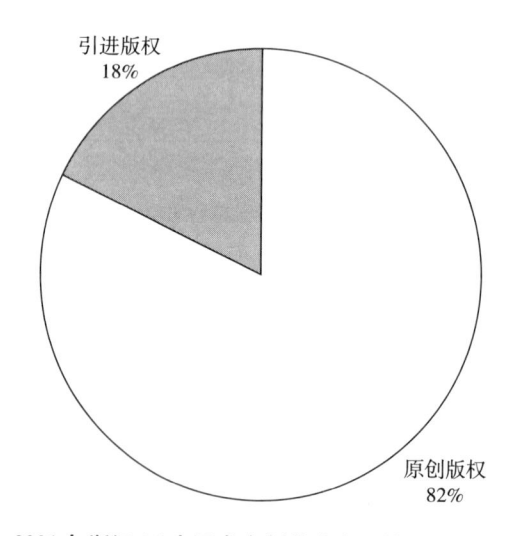

**图 3　2021 年浙江 14 家图书出版社当当网销量前 50 版权状况**

以及3.65%（见图4）。不难发现，原创版权图书中书目类别所占比重的排序同整个图书的书目类别排序相同，排名第一的都是G类书目。但是在引进版权的图书中，I（文学）却是所占比重最大的书目类别，占比达26.4%，接下来依次是J（艺术）、K（历史、地理）以及Z（综合性图书），分别占15.2%、11.2%，以及6.4%，而G（文化、科学、教育、体育）类图书仅占引进版权图书的5.6%（见图5）。

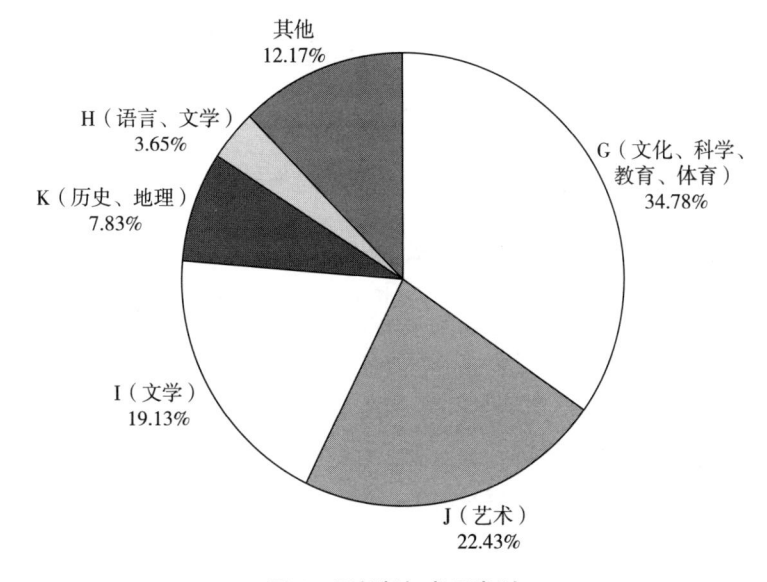

**图4 原创版权书目类别**

## 二 浙江出版业发展特征

### （一）献礼建党百年，主题出版高涨

2021年是中国共产党建党100周年。为了迎接建党100周年，浙江各出版社提前准备，从各自角度来策划与挖掘主题，主题出版高涨。主题出版大致分成以下四个类型：第一，国家重大事件；第二，区域政治经济生活重

185

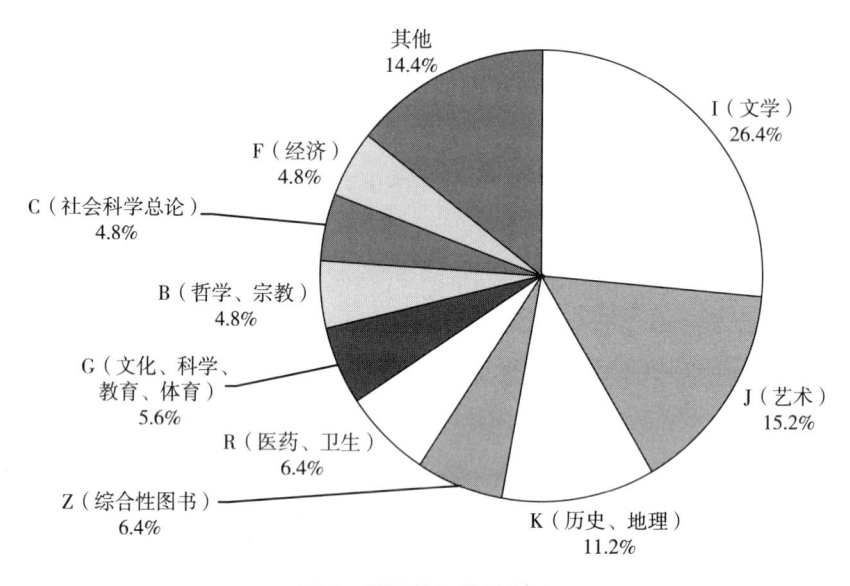

图5　引进版权书目类别

大事项；第三，社会生活中的重大事件；第四，配合重大活动挖掘历史题材的作品。在建党百年、"十四五"开局之年等大事件背景下，主题出版更是成为出版业盘活全国性资源的重要业务板块。浙江是中国革命红船的启航地、中国改革开放的先行地和习近平新时代中国特色社会主义思想的重要萌发地，"三地"优势为浙江立足本省，做好精品内容出版提供了得天独厚的宝贵资源。

建党100周年背景下，浙江主题出版物的规模达100多种：浙江人民出版社推出《党领导下的浙江革命武装斗争史》丛书5册，《浙江省革命老区发展史》32册；浙江古籍出版社推出《信仰的力量——浙江英烈七十人》《共产党宣言》；浙江科学技术出版社推出《为了万家灯火——中国共产党百年抗灾史》；浙江教育出版社推出《粲然》，讲述了新中国第一个大型科学装置建造背后的故事，揭示了在重大成就背后中国共产党为中华民族谋复兴的初心使命；浙江电子音像出版社推出《脊梁——共和国勋章获得者的故事》《红色家书》；浙江文艺出版社推出"长征·我是红小鬼"系列丛书三册；多个出版社开掘"红船"主题，浙江人民出版社策划《红船精神问答》，浙江少年儿童出版社推出《中国有了一条船》。此外，还有《革命与复兴：中国共产党百年图像志》《光辉的历程——中国共产党的故事》《绝密交通线》《漫画中共党史·开天辟地》《伟大的历程：名画里的百年中国革命史》《百年传颂——建党100周年音像史》等小说、漫画、摄影、动画、音像作品，多角度、多形式地展现百年党史，献礼建党100周年。

### （二）聚焦数字赋能，做好出版转型

近些年来，浙江相继出台文化产业发展五年规划、建设全民阅读书香浙江、公共文化服务保障、文化和科技深度融合等相关政策，推动文化产业数字化进程，通过整合资源放大数字阅读服务效能。

2021年10月，在第七届浙江书展上，中国音像与数字出版协会和浙江省委宣传部、宁波市委宣传部共同发布《2020浙江省数字阅读报告》。这是浙江首次发布年度数字阅读报告，报告从政策、产业、用户、趋势4个方面，全景式呈现数字阅读在浙江发展的新成果和新理念。[①] 浙江的数字阅读市场以B2B和衍生产品为主要特色业务，构成产业稳定发展的结构。2020年，浙江数字阅读行业市场规模达37.17亿元，占全国市场的10.6%，用户规模达2658万人，进入平稳增长期。单次电子阅读时长达90.8分钟，主要偏好在晚上进行阅读；人均电子书阅读量达9.7本，有声书阅读量为6.1本，每天都阅读电子书的用户占比达73.7%；96%以上的用户使用手机进行阅读，其次是电脑网页端，占比为34.6%。

随着新兴技术的演进升级，数字中国、数字社会等概念不断涌现与落地，数字技术作为底层逻辑嵌入各个领域。技术发展加上用户消费与阅读习惯的迁移，对出版行业带来重大影响，各出版社也在打破传统路径依赖，探索数字出版新路径。

为有效落实出版业数字化改革工作要求，提升相关人员的移动互联网思

---

① 《2020年浙江省数字阅读报告发布》，全民阅读网，2021年10月15日，http://www.ahread.com/front/news/9-8348。

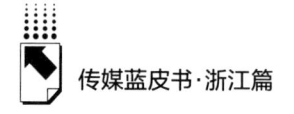

维，协助推进各单位"一微一端"项目建设落地，推进集团数字出版产业升级发展，浙江出版联合集团于2021年7月26~30日举办了为期5天的数字出版产品设计培训班，46位青年编辑参加了集中学习。此次培训邀请专业团队授课，紧紧围绕数字出版产品设计主题，分析行业数字融合发展的不足，讲解数字内容出版标准及数据加工要求，教授互联网产品规划与设计技能。[1]

浙江的数字出版也取得了一定成绩。浙江出版联合集团获"2020年度人教数字出版工作开拓进取奖"和"2020年度人教数字出版工作协作服务奖"，[2]在数字出版业务拓展、协作进取和业绩成长中表现突出。

### （三）结合地方资源，做好精品出版

2021年，浙江出版业以时代背景和社会问题为基底，深耕浙江大地，利用省内的历史文化资源以及良好的数字技术基础，把握正确政治方向，满足人民群众精神文化需求，出版了一系列精品图书作为时代答卷。

浙江出版联合集团深入挖掘浙江地域特色，充分利用浙江的独特精神财富和百年党史的红色资源，塑造出版品牌，展示出版标识，建设主题出版、重点出版、大众出版、教育出版的专业产品线矩阵，诠释好、出版好习近平新时代中国特色社会主义思想的最新理论成果，生动讲好浙江的奋斗故事。深刻领悟习近平总书记关于伟大建党精神的重要论述，深刻理解伟大建党精神的丰富内涵和实践要求，激发书写浙江出版壮美华章的磅礴力量。深刻认识发展过程中的短板与不足，推出具有传播度、辨识度、认可度的浙版精品，以"浙江之窗"展示"中国之治"，以"浙江之答"回应"时代之问"。

---

[1]《躬行践履，提升数字出版实战能力——集团举办数字出版产品设计培训班》，浙江出版联合集团网站，2021年8月5日，https：//www.zjcb.com/index.php？process＝news&newsID＝7008。

[2]《人教社召开2021年人教数字出版工作会议 浙版集团荣获多个奖项》，浙江出版联合集团网站，2021年5月18日，https：//www.zjcb.com/index.php？process＝news&newsID＝6902。

各个出版社积极布局，结合地方资源，做好精品出版。浙江人民出版社《浙江省革命老区发展史》丛书共32册，翔实记载了各个老区县从土地革命、抗日战争、解放战争到新中国成立后社会主义建设、改革开放和党的十八大以来各个阶段的斗争和发展过程。该系列丛书有三大特点，首先是全景式反映浙江革命老区的发展成就，展现了提前脱贫、实现跨越式发展的成绩；其次是传承红色基因，充分运用红色资源，记录省内每个革命老区的红色足迹，反映了革命先烈的英雄事迹；最后是增强了"四个自信"，不忘初心，继续前行。①

此外，浙江出版社的几本古籍整理图书也被纳入2021年度国家古籍整理出版拟资助项目，例如浙江古籍出版社的《毛奇龄全集》《宗稷辰日记》《论衡集证》，浙江大学出版社的《今乐府选》珍稀戏曲辑校、《浙江古代文献总目》，这些都是浙江深耕优质内容、做好精品出版的体现。

### （四）推进多元出版活动，引领建设文化大省

浙江作为具有深厚历史、文化底蕴的大省，具有良好的非物质文化遗产基础，例如良渚文化、河姆渡文化以及马家浜文化。近年来，浙江开始加大向各个产业领域嵌入浙江文化，展现浙江风貌、传达浙江声音。而出版产业作为文化传播的重要领域，自然承担着展现与焕发浙江历史文化的重任，将浙江的历史文化与新时代结合，推动各种出版活动，创新了历史文化的展现方式，以此重讲浙江故事、传播浙江声音，唤醒人们对于浙江历史文化的记忆，并且凭借优质文化活动打响了浙江出版品牌。浙江出版联合集团提出，要锚定浙江省委"打造新时代文化高地"的目标，以目标为引领，深化浙学研究、南宋文化挖掘、宋韵文化阐释等专业产品线建设。2021年，浙江省出版传媒股份有限公司参加北京图书订书会，举办浙江书展；各个地方出版社也采用会展形式，展现出版行业姿态。

---

① 黄琳：《〈浙江省革命老区发展史〉记录32个老区县奋斗足迹》，中国新闻出版广电网，2021年3月19日，https：//www.chinaxwcb.com/info/570135。

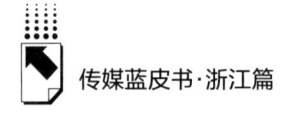

**1. 北京图书订货会**

2021年3月31日至4月2日，第34届北京图书订货会在中国国际展览中心（老馆）举办。会议期间，浙江出版联合集团各出版社组织了10余场重磅活动。例如教育社邀请国家高端智库专家张占斌对"十四五"规划的核心要义进行权威解读，举行了主题为"读懂三个'新'，开启新征程"的全国"两会"精神学习分享会；少儿社举行《乌兰牧骑的孩子》新书品鉴会，邀请到作者鲍尔吉·原野和儿童文学领域的专家学者畅谈红色传奇里的童年精神；摄影社举行《德清清地流》新书发布会，中国作协副主席何建明与众多专家学者集聚一堂，结合德清这一社会主义现代化建设先行者的县域样本，探讨全面建成小康社会的丰富内涵。此外，在浙江馆外侧主体书柜中，"中国近现代教育丛刊"、"中华传世藏书"系列、"浙江文丛"三项重大出版工程为重点陈列对象，它们不仅展现了浙江出版联合集团深耕中华优秀传统文化的成果，体现了公司致力于构建与浙江"重要窗口"相匹配的学术出版高峰高地的决心，以及践行"文化浙江、品质出版"的使命担当，同时进一步推动实现浙江省建设文化大省的目标。[1]

**2. 第七届浙江书展**

2021年10月，以"致敬百年，读领风尚"为主题的第七届浙江书展在宁波成功举行，书展在多个方面展示了浙江的文化魅力。围绕"人文之美、精神之富"，浙版馆集中展示了《中国有了一条船》《共同富裕看浙江》《红船精神与浙江发展》等具有浙江文化符号和文化标识的优秀出版物，体现浙江推动高质量发展、建设共同富裕示范区的文化自觉。着力"城市文脉、千年魅力"，为提升"书藏古今、港通天下"的城市形象，宁波馆集中展示了包括《四明文库》编纂出版工程及其阶段性成果在内的120种反映宁波城市文化的优秀出版物，展示宁波从古至今的华丽蜕变

---

[1] 《奋进新征程，"浙"里有好书——浙版传媒参加2021北京图书订货会》，浙江出版联合集团网站，2021年4月1日，https://www.zjcb.com/index.php?process=news&newsID=6852。

和独特的城市文化魅力。以"浙东运河文脉传承"为线索，书展主会场特别设置了大运河文化馆，提炼作为中国大运河重要组成部分与河海交汇节点的浙江的历史文化元素，展示了别具一格的浙江人文价值。同时，展馆内还打造了宋代书房，立体式展现了独特的宋韵文化，使宋韵文化"流动"起来、传承下去，真正成为浙江历史文化"金名片"，为打造新时代文化高地注入鲜活动能。①

3. 其他活动

温州城市书展。2021年4月29日至5月3日，2021年温州城市书展在温州国际会展中心举行。作为主办方之一，浙江出版联合集团组织旗下8家出版单位携两千余种口碑新书精彩亮相，全面展示公司挺拔的出版主业、聚焦高质量发展的丰厚成果，以书展的方式为温州带去书香，推广阅读之美。主题图书、重点图书、浙江出版联合集团好书展区优中选精，以极具中国气派、时代特征和浙江辨识度的图书彰显浙版风采。为大力营造共庆百年华诞、共创历史伟业的浓厚氛围，此次温州书展上，浙江出版联合集团还集中展示了"红色根脉"系列图书，例如以歌颂"红船"精神、构筑美好中国梦为主题的长篇励志原创诗歌《中国有了一条船》，展示浙江共产党人初心与使命的报告文学《改革先锋谢高华》，以连环画形式讲述党的诞生故事的《红船故事》。另外，为帮助读者进一步了解温州文脉，公司荟萃了一批温州名家名作加以重点展示，如现代词学界泰斗、温州人夏承焘先生的著作《永嘉词征》《唐宋词人年谱》等，还有温州籍名家林景熙、刘伯温、董每戡、梅冷生等人的文集。②

《看见5000年——良渚王国记事》首发式。2021年7月6日，是良渚古城遗址申遗成功一周年的日子，也是第一个"杭州良渚日"。③浙江古籍

---

① 《第七届浙江书展在宁波开幕，参展图书2万余种》，浙江在线网，2021年10月9日，https://zjnews.zjol.com.cn/zjnews/nbnews/202110/t20211009_23196671.shtml。
② 《阅读，让城市更美好——浙版传媒参加2021温州城市书展》，浙江出版联合集团网站，2021年5月4日，https://www.zjcb.com/index.php?process=news&newsID=6892。
③ 《"杭州良渚日"，本报记者〈看见5000年——良渚王国记事〉首发》，钱江晚报·小时新闻网，2020年7月6日，https://www.thehour.cn/news/383438.html?from=timeline&isappinstalled=0。

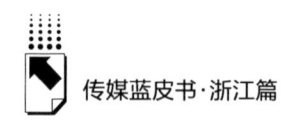

出版社出版的《看见5000年——良渚王国记事》举行了首发式，活动还通过浙江古籍出版社的天猫旗舰店进行了网络直播。①

## 三 浙江出版业发展亮点

### （一）深耕拓展出版题材，创新主题出版形式

2021年浙江出版在内容、题材、表现形式和阅读形式上都取得了较大突破，在主题出版高涨的现状中呈现深耕拓展主题内容、创新主题出版形式等特点。

**1. 图书结构上，强调系列书与丛书的分量**

不少出版社专门成立编辑室，提前布局规模化生产。浙江人民出版社推出"浙江省革命老区发展史"32册，记录了浙江32个老区县的革命历史，展现了各个老区县脱贫致富的发展特色，书写了浙江人民的不懈奋斗史和浙江老区的辉煌成就史，具有重要的时代和历史价值。另外，"党领导下的浙江革命武装斗争史"丛书（共5册），由浙江省委党史研究室、浙江省中共党史学会联合推出，对从土地革命战争时期至浙江解放期间，中国共产党领导浙江人民建立革命武装、开展游击战争的辉煌历程进行了系统介绍。浙江少年儿童出版社推出"我的祖国新读本"系列（全6册），从历史、地理、现实等方面出发，以浅近的文字、精美的图片介绍祖国的悠久历史、灿烂文化、各地风貌、科技发展。浙江人民美术出版社推出《红船故事》连环画（全10册），描绘了从1919年到1928年的中国革命史，反映了建党、中共一大、创建井冈山革命根据地等中国共产党的历史大事件，生动展现了革命先驱的风采，具有普及党史知识、进行革命教育的价值。中国美术学院出版社推出"画说初心"系列（全8册），用视觉之光重绘了一个个重大历史时

---

① 《浙江古籍出版社举办〈看见5000年——良渚王国记事〉"亮话会"》，中国新闻出版广电网站，2021年4月27日，https://www.chinaxwcb.com/info/571443。

刻，用充满激情与热情的画笔写照时代，雕塑历史，绘制了讴歌党和人民在长期实践中开辟中国特色社会主义道路的动人画卷。浙江大学计划推出"新思想在浙江的萌发与实践"系列教材（全20册），以思想性、历史性与现实性集中反映党的十八大以来浙江坚持一张蓝图绘到底，在新思想指导下的新实践与取得的新成就。

**2. 图书内容上，宏观与微观兼有，温度与深度并存**

随着主题出版的不断成熟和日益深化，其表现形式也逐渐呈现多样化，主题出版物已经不仅仅是理论专著、文件汇编和普及读本。浙江省各出版社结合自身特点，充分发挥省内资源优势，跳出了传统的政治话语体系，[①]对省内各领域资源进行深入挖掘，创新拓展了主题出版内容，使得主题出版题材更加精细化、多元化。

在建党百年之际，浙江出版业集中展示了一系列献礼建党百年的优秀出版图书。《中国共产党在浙江一百年简史》《中国共产党在浙江一百年大事记》等从宏观角度记述了中国共产党在浙江省内百年活动的光辉业绩。《中国共产党在浙江一百年百名英烈》通过个案展示了党领导人民进行革命、建设、改革的光辉历程。《红船故事》《中国有了一条船》从微观视角切入，聚焦中国浙江"红船精神"，展现浙江"红色根脉"；《迟到的勋章》《改革先锋谢高华：一个勇于担当的共产党人》则以个人传记的方式叙述中华儿女的故事，展现共产党人初心使命。这些党史教育主题出版物形式多样、内容丰富，极具中国气派、时代特征和浙江辨识度。[②]

**3. 图书形式上，成年与青少年读物并生，纸质与数字共举**

在主题出版中，通过文本与图片来进行编排是常见形式。但随着数字出版的加快以及出版技术的多样化，音像技术与VR被运用到出版中。浙江电子音像出版社出版的《八一军旗红——少儿动漫军史故事》，用VR

---

[①]《梁昌：发挥资源优势　创新主题出版》，中国新闻出版广电网站，2021年11月9日，https://www.chinaxwcb.com/info/575663。

[②]《奋进新征程，"浙"里有好书——浙版传媒参加2021北京图书订货会》，浙江出版联合集团网站，2021年4月1日，https://www.zjcb.com/index.php?process=news&newsID=6852。

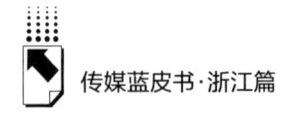

虚拟影像真实重现了我军历史上一系列重大的历史事件和相关战役，是一部纪念中国人民解放军建军94周年和新中国成立72周年的动漫军史献礼作品。

此外，中国美术学院出版社在坚持"高扬时代艺术精神，提升视觉心灵阅读"的出版理念和"小而美、专而精"的发展定位外，还对创新表达主题出版进行了积极探索，例如《画说初心》《画说小康》《画说新时代》《时代记忆》等系列丛书以党史为主题，用图像表现党史，深刻描绘重大历史时刻，将党和人民在长期实践中开辟中国特色社会主义进程描入动人画卷。在其展览中，参展者可以与书中作品亲切"对话"，深刻理解和感受党"为中国人民谋幸福，为中华民族谋复兴"的初心使命。[①]

浙江人民出版社所出版的《漫画百年党史·开天辟地》通过手绘漫画的形式讲述党史故事，以软形式展现了党史的"硬内核"，契合新一代青年的阅读习惯，以富有时代气息的语言和表现形式赢得了年轻人的拥趸，首发微信公众号推文在2小时内阅读量突破10万次，单日预购册数超1万册。

### （二）搭建新媒体平台，促进出版产业更新

移动互联网技术的发展为出版产业更新升级提供了新的思考路径，出版业数字化改革浪潮成为不可逆的必然趋势。在出版行业整体数字化改革的浪潮下，浙江作为互联网技术以及新媒体行业的龙头省份，利用自身良好的技术基础以及庞大资源，创新了出版作品的内容与表现形式，还充分利用新媒体平台，搭建起了自身的新媒体矩阵，进一步促进出版产业链、营销方式、盈利模式等多方面更新升级。

#### 1. 建构立体出版矩阵

针对当前出版业所面临的挑战，浙江出版联合集团提出顺应出版数字化的改革潮流，建设线上数字出版主赛道。以技术为依托，以新兴终端为入

---

[①] 《亮丽的"国美红"｜中国美术学院出版社主题出版成果展》，中国美术学院网站，2021年12月4日，http://www.caa.edu.cn/xds/xsdt/202112/46990.html。

口，全面构建以线上出版为主体、线上线下相互促进的双循环出版新格局。同时，将加快发行转型，推进构建线下书店、线上平台双矩阵，提升智慧数字发行能力，打造面向全网用户的行业电商平台。具体而言，浙江出版联合集团将整合线上线下的服务力量，以基础数据联通和"智版大脑"建设为依托，打造超级客户端和流量入口。此外，还将建设垂直细分平台，将数字阅读、图书电商、知识服务、教育服务、馆配服务、按需印刷、大数据分析等领域的客户端平台聚合，形成产业集群，并建设分发渠道，从而细分业务范围，拓展盈利模式。①

**2. 探索图书直播等社交营销方式**

在当前万物皆可直播、人人做主播的"直播+"浪潮下，出版产业借助直播模式开创了图书直播新纪元，创新拓展了自身的营销与盈利模式，并契合了当前用户的消费方式与喜好。在今年的北京国际图书博览会上，直播成为随处可见的风景。浙江省出版社通过选好主播、精准定位、创新形式、保障价格，走出了一条差异化图书直播道路。图书直播要求主播深挖专业度与内容上的垂直度，对于一些同质化程度较高的图书，主播也要找到差异化卖点，让其成为爆款。以主播王芳与浙江少年儿童出版社合作的一套《上下五千年》为例，由于儿童图书市场竞争激烈，为了与市场同类产品形成区分，她根据图书的内容，附赠了一堂自己讲的50分钟的历史课，读者只要在书上扫码，就能听到这堂课。这种全新的形式带给了读者更为形象生动的体验。凭借此差异化卖点，这套书成为直播间的爆款图书。

此外，浙江出版联合集团为适应时代发展，通过发挥协同优势，增强品牌出版能力，并且以自主原创和争抢头部资源为抓手，形成了市场产品线品牌集群。同时，流量时代的商业思维和销售模式也是浙江出版联合集团所关注的重要内容，通过发力新媒体短视频矩阵建设，深耕直播带货新赛道，关

---

① 张君成：《出版单位、主播与平台怎样在直播中共赢》，中国新闻出版广电网，2021年11月26日，https://www.chinaxwcb.com/info/575982。

注私域流量沉淀与转化，以直播带货为突破口构建起自营销售渠道体系，推动营销平台立体化，提高图书带货能力和盈利能力。①

除了图书直播，众多出版社所布局的新媒体矩阵还包括微信公众号、视频号、微店等。例如，浙江文艺出版社所建构的矩阵就包括微信公众号、微博、豆瓣、抖音号、天猫旗舰店。其微信公众号功能区分为"浙里"（上架新书、荐读）、"有"（浙江文艺出版社官网、天猫旗舰店）、"好书"（合作联系）三个板块，公众号整体基调偏向于图书推荐、会议与活动通讯、活动预告。抖音号主要做图书直播与图书推荐短视频，已获得10.8万名粉丝。

### 3.完善图书销售的数字布局

在北京图书订货会上，浙江出版联合集团为积极响应"数字浙江"建设，专门设立了数字融合新业态展区。通过"博库网络数据平台""中金易云出版发行大数据平台""青云在线"等云端，以场景联动的形式展示了公司在精品数字出版、知识服务、在线教育、智慧发行等领域的新探索。具体而言，"博库网络数据平台"能够进行线上电商平台的流量监控及数据分析，实时展示用户订单物流路线示意图、用户画像标签、重点图书销售情况数据等；"中金易云出版发行大数据平台"在实时采集全国图书市场数据方面具有优势，将全国5000多家实体书店以及3000多家网络店铺的市场数据展现在现场大屏幕上，方便读者洞察本年度图书市场发展的风向；"青云在线"致力于打造中小学课程体系平台，研发K12在线教育整体解决方案，其数字融合课程入选国家新闻出版署"数字出版精品遴选推荐计划"。在数字融合新业态展区中，六张屏幕、六大场景以多维度实体呈现了科技赋能浙江出版的文化成果。②

### （三）重视版权输出，助力中国文化"出海"

版权外输一直是我国乃至世界出版领域所面临的重要挑战。此外，在当

---

① 张君成：《出版单位、主播与平台怎样在直播中共赢》，中国新闻出版广电网，2021年11月26日，https://www.chinaxwcb.com/info/575982。

② 《奋进新征程，"浙"里有好书——浙版传媒参加2021北京图书订货会》，浙江出版联合集团网站，2021年4月1日，https://www.zjcb.com/index.php?process=news&newsID=6852。

前所面临的百年未有之大变局下,在全球政治地缘冲突显著的语境下,各国之间进行深度文化交流成为当务之急,而图书版权输出正是我国开展这种文化交流的重要媒介途径。

1. 浙江省版权持续输出

与2019年相比,2021年海外图书馆系统永久收藏中文书目的总品种数仍然呈现下滑趋势,且尚未改善。自2017年以来,这已是连续第5年下滑,但下滑幅度有所放缓。数据显示,2021年共有467家出版社的17300种中文图书进入海外图书馆系统永久收藏,比2020年的475家出版社减少8家,馆藏总量上也仅比2020年的18208种减少908种。与2020年相比,2021年我国出版机构的表现依旧可圈可点、亮点醒目。就浙江而言,浙江工商大学出版社2021年度海外馆藏品种就达46种,呈现明显上升趋势。[1] 目前,浙江教育出版集团多部出版成果在海外落地。《中国大科学装置出版工程》中的3册英文版版权已顺利输出至施普林格·自然出版集团,其中多册图书的德文版和英文版版权也已顺利输出至德古意特出版社。[2] 浙江大学出版社的"中国历代绘画大系"在推出《宋画全集》之后,又推出《元画全集》。2015年,两部共39册画集正式被联合国教科文组织总部图书馆收藏,充分彰显了中国的文化自信。

2. 主题出版实现版权输出

党史动漫专题片《血与火：新中国是这样炼成的》,由中央网信办网络传播局、中央党史和文献研究院第七研究部指导,浙江教育出版社、人民网出品,上海和胤文化传播有限公司、武汉江通动画传媒股份有限公司制作。这部党史动漫专题片突出了红色主题,客观准确地呈现了历史事件的原貌,具有一定的学术性和权威性。这部动漫专题片的推出,一方面有利于党史知识的普及,另一方面对提高党员党性修养提供了新形式、新途径,有助于引

---

[1] 《独家发布2021中国图书海外馆藏影响力报告!》,"中国出版传媒商报"微信公众号,2021年8月27日,https://mp.weixin.qq.com/s/XlZiYizLjtzpihXYXd-o5A。

[2] 《全网观看量已超10亿!浙教社这部动漫版权输出多国》,浙江新闻网,2021年9月14日,https://zj.zjol.com.cn/news.html?id=1728176。

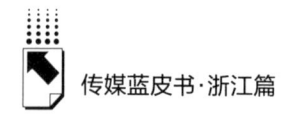

导广大党员和群众继承红色信仰、赓续红色根脉、抒发爱国情感。在第28届北京国际图书博览会开幕当天，浙江教育出版社举行《血与火：新中国是这样炼成的》大型党史动漫俄语和罗马尼亚语的版权输出协议。

《血与火：新中国是这样炼成的》党史动漫专题片版权的输出，是浙江教育出版社首次涉及动漫作品的版权输出，也是我国以动漫出版的形式向国外读者介绍中国共产党历史的创新式举动，是促进中外文化交流的又一重要体现。

### （四）做好出版规划，推进出版强国建设

为推动"十四五"时期出版业高质量发展，深入推进出版强国建设，根据《中华人民共和国国民经济和社会发展第十四个五年规划和2035年远景目标纲要》《"十四五"文化发展规划》《关于加强和改进出版工作的意见》等，国家新闻出版署编制了《出版业"十四五"时期发展规划》，该规划中提到，"十四五"时期国家重点出版物出版专项规划由图书和音像电子出版物两大部分11个子规划组成。首次遴选的规划项目共1929项，图书项目为1753项，其中浙江省入选图书项目61项。从入选数量来看，入选最多的项目为社会科学与人文科学出版规划，达26项。接下来依次是自然科学与工程技术出版规划12项，古籍出版规划9项，未成年人出版物出版规划5项，文艺原创出版规划4项，主题出版规划3项，重大出版工程规划2项。但如果从入选数量在该项目全国数量中的占比来看，文艺原创出版规划项目全国共38项，浙江入选4项，占该项目全国数量的10.53%，是浙江入选的各个项目中占比最高的。从出版单位入选项目数量来看，浙江大学出版社、浙江古籍出版社以及浙江教育出版社均以9个项目成为浙江入选数量最多的出版单位，其次是以8个项目入选的浙江科学技术出版社，以4个项目入选的浙江人民出版社、浙江少年儿童出版社、浙江摄影出版社以及中国美术学院出版社，浙江文艺出版社入选3个项目，浙江工商大学出版社、浙江人民美术出版社以及西泠印社出版社皆入选2个项目，宁波出版社入选1个项目（见表1）。

表1  浙江省入选"十四五"时期国家重点出版物图书出版专项规划的项目

| 序号 | 项目名称 | 编写者 | 规模(卷/册) | 出版社 |
|---|---|---|---|---|
| 主题出版规划(3项) | | | | |
| 1 | 《让群众过上好日子》等系列丛书 | 本书编写组 | 5 | 浙江人民出版社 |
| 2 | "纪录小康工程"丛书 | 丛书编委会 | 500 | 浙江人民出版社 |
| 3 | 人类命运共同体理念引领下的国际传播研究丛书 | 孙有中 | 4 | 浙江大学出版社 |
| 重大出版工程规划(2项) | | | | |
| 4 | 黄宾虹艺术大系 | 高世名 | 50 | 浙江人民美术出版社 |
| 5 | 中国历代绘画大系(扩编) | 张曦 | 80 | 浙江大学出版社 |
| 文艺原创出版规划(4项) | | | | |
| 6 | 牵挂——一个小山村的小康故事 | 徐剑 | 1 | 浙江教育出版社 |
| 7 | 乌思藏风云 | 次仁罗布 | 1 | 浙江文艺出版社 |
| 8 | 烽火初心"十一书" | 王龙 | 1 | 浙江教育出版社 |
| 9 | 新世纪实力派作家长篇小说新作丛书 | 莫言、阿来、格非等 | 8 | 浙江文艺出版社 |
| 未成年人出版物出版规划(5项) | | | | |
| 10 | "灯火集"长篇小说系列 | 彭学军、胡永红、汤汤等 | 6 | 浙江少年儿童出版社 |
| 11 | 纯净草原少年小说系列 | 鲍尔吉·原野 | 3 | 浙江少年儿童出版社 |
| 12 | 葛翠琳童话全集 | 葛翠琳 | 12 | 浙江少年儿童出版社 |
| 13 | 梨园少年三部曲 | 周锐 | 3 | 浙江少年儿童出版社 |
| 14 | 青少年科学素养提升出版工程 | 郭传杰、李正福、郑永春等 | 22 | 浙江教育出版社 |
| 古籍出版规划(9项) | | | | |
| 15 | 诗经文献丛刊(第一辑) | 赵敏俐点校 | 10 | 浙江古籍出版社 |
| 16 | 陈文述全集 | 陈文和、曹明升点校、汇编、辑佚 | 15 | 浙江古籍出版社 |
| 17 | 今乐考证校笺 | 汪超宏校笺 | 1 | 浙江古籍出版社 |
| 18 | 调腔传统戏本的抢救整理与研究 | 俞志慧、吴宗辉点校、整理 | 5 | 浙江工商大学出版社 |
| 19 | 中国美术学院图书馆藏善本碑帖丛刊 | 张坚、兰友利等编校 | 9 | 中国美术学院出版社 |

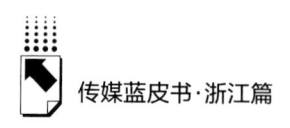

续表

| 序号 | 项目名称 | 编写者 | 规模（卷/册） | 出版社 |
| --- | --- | --- | --- | --- |
| 20 | 皇清书史 | 金丹点校 | 1 | 浙江人民美术出版社 |
| 21 | 中国美术学院图书馆藏善本印谱丛刊 | 张坚、兰友利等编校 | 1 | 中国美术学院出版社 |
| 22 | 淮南子集释 | 吴则虞、吴受琚注释 | 1 | 浙江古籍出版社 |
| 23 | 明代内府本图志 | 马学良编 | 1 | 浙江古籍出版社 |
| 社会科学与人文科学出版规划（26项） | | | | |
| 24 | 中国新兴科技伦理治理研究 | 雷瑞鹏、翟晓梅 | 1 | 浙江教育出版社 |
| 25 | "微观党史研究"丛书 | 曹大臣、王智、李继锋等 | 20 | 浙江人民出版社 |
| 26 | 革命与复兴：中国共产党百年图像志 | 高世名、高初、晋永权 | 1 | 浙江摄影出版社 |
| 27 | 为了万家灯火——中国共产党百年抗灾史 | 陈安、陈樱花等 | 1 | 浙江科学技术出版社 |
| 28 | 国家制度与国家治理现代化研究丛书 | 张文显 | 10 | 浙江大学出版社 |
| 29 | 数字经济20年 | 兰建平 | 1 | 浙江科学技术出版社 |
| 30 | 数字赋能与数字治理丛书 | 黄先海 | 8 | 浙江大学出版社 |
| 31 | 强国新征程："十四五"时期的中国经济 | 张占斌 | 1 | 浙江教育出版社 |
| 32 | 徐崇立日记 | 贺美华、刘雪平 | 4 | 浙江古籍出版社 |
| 33 | 向达全集 | 荣新江 | 20 | 浙江古籍出版社 |
| 34 | 敦煌残卷缀合研究丛书 | 张涌泉 | 5 | 浙江大学出版社 |
| 35 | 日本长崎历史文化博物馆藏近代中日关系档案汇编 | 〔日〕王宝平 | 10 | 浙江古籍出版社 |
| 36 | 大运河与中国古代社会研究 | 马俊亚、张学锋、张信 | 3 | 浙江人民出版社 |
| 37 | 梁思成全集 | 梁思成 | 15 | 浙江摄影出版社 |
| 38 | 重大公共安全事件应急管理心理学丛书 | 游旭群、刘永芳、姬鸣等 | 7 | 浙江教育出版社 |
| 39 | 中华翻译研究文库 | 许钧 | 20 | 浙江大学出版社 |
| 40 | 百年域外鲁迅传播与研究文献整理研究（1909~2020） | 朱文斌、张仕英、李贵苍等 | 10 | 浙江工商大学出版社 |
| 41 | 周建人文存 | 顾明远、周慧梅 | 10 | 浙江古籍出版社 |

续表

| 序号 | 项目名称 | 编写者 | 规模(卷/册) | 出版社 |
|---|---|---|---|---|
| 42 | 巴金译文集 | 巴金、〔俄〕屠格涅夫等 | 25 | 浙江文艺出版社 |
| 43 | 中国百年影像档案 | 孙明经、孙健三 | 5 | 浙江摄影出版社 |
| 44 | 国家图书馆藏陶文集成 | 国家图书馆 | 4 | 西泠印社出版社 |
| 45 | 玺文印典 | 莫小不 | 2 | 西泠印社出版社 |
| 46 | "画说小康"丛书 | 高世名、许江、骆献跃等 | 8 | 中国美术学院出版社 |
| 47 | 中华竹精神 | 范景中 | 5 | 中国美术学院出版社 |
| 48 | 李可染全集 | 李可染艺术基金会 | 8 | 浙江大学出版社 |
| 49 | 二十世纪昆曲艺术家研究书系(第一辑) | 陈均、韩景林、王若皓等 | 10 | 宁波出版社 |
| 自然科学与工程技术出版规划(12项) | | | | |
| 50 | 湍流结构基础与应用研究 | 陈十一、万敏平、史一蓬等 | 10 | 浙江大学出版社 |
| 51 | 中国海洋发展战略研究丛书 | 张海文、贾宇、罗刚等 | 8 | 浙江教育出版社 |
| 52 | 中国生物安全风险防控及治理体系建设 | 陈薇 | 1 | 浙江教育出版社 |
| 53 | 舟山群岛海洋生物多样性研究 | 徐汉祥、尤仲杰、赵盛龙等 | 5 | 浙江科学技术出版社 |
| 54 | 中国海洋保护动物图鉴 | 徐汉祥、喻子牛、赵盛龙等 | 1 | 浙江科学技术出版社 |
| 55 | 脑科学前沿译丛 | 李红、周晓林、罗跃嘉等 | 8 | 浙江教育出版社 |
| 56 | 脉冲电场的医学应用 | 肖越勇、蒋天安 | 1 | 浙江科学技术出版社 |
| 57 | 土壤大数据方法 | 张维理 | 1 | 浙江科学技术出版社 |
| 58 | 人工智能与量子霸权 | 曾贵华、王中阳 | 1 | 浙江科学技术出版社 |
| 59 | 中国营造学社古代建筑勘察大系 | 傅熹年 | 10 | 浙江摄影出版社 |
| 60 | 中深层地热资源研究与应用 | 曹耀峰 | 1 | 浙江科学技术出版社 |
| 61 | 关键地史时期生物与环境演化研究 | 周忠和、詹仁斌、杨石岭等 | 4 | 浙江大学出版社 |

资料来源:国家新闻出版署公布的《出版业"十四五"时期发展规划》附件。

# B.9 2021年浙江动漫游戏产业发展报告[*]

张李锐[**]

**摘　要：** 经过十七年的发展和沉淀，浙江动漫游戏产业已然领跑全国，逐渐成长为推动浙江经济持续高速发展的有力增长点。在"高质量发展"的新要求、"重要窗口"的新使命、"数字经济第一城"的新机遇、"美好生活需求"的新期许下，浙江动漫游戏产业已站在了产业转型的关键期。在"十四五"开局之年，本报告通过回顾、拆解浙江动漫游戏产业的成就与经验，评估其未来的发展方向，为浙江动漫游戏产业发展提供新思路。

**关键词：** 动漫游戏产业　浙江模式　文化创意产业

近年来，文化创意产业已成为撬动经济转型升级的先导性产业，是"点亮"浙江区域经济的新增长点，也是突出"物质富裕、精神富足"双向发力的新引擎。尤其是动漫游戏产业，已形成一种"打造特色生活方式、创新政策体系、多元平台支撑"的"浙江模式"。面对打造"重要窗口"的新使命和"数字经济"的新机遇，浙江动漫游戏产业能级稳居第一方阵，实现精品创作量质并举、国际影响力不断扩大、重磅项目接连落地、转型升级持续深化的发展态势。

---

[*] 本文系2021年度浙江工业大学人文社科基金项目"'影游'融合形态与传播模式研究"（SKYZX-20210228）的阶段性成果；杭州市社科规划项目"'影游'融合形态与传播模式研究"（Z22JC081）的阶段性成果。

[**] 张李锐，博士，浙江工业大学人文学院广播电视学专业讲师，主要研究方向为戏剧影视艺术、电子游戏，现任浙江省委宣传部电影处审片专家。

## 一 浙江动漫游戏产业概况和成绩

### (一) 产业能级稳居第一方阵

经过17年的发展和沉淀，浙江动漫游戏产业已经领跑全国，并逐渐成为推动浙江经济持续发展的有力增长点。中国动漫游戏上市公司集中分布在东南沿海地区，其中浙江的公司数量最多，产生了全国动漫领军企业——中南卡通，全国首家A股主板IPO上市游戏公司——电魂网络，创业板上市、国内领先的互联网消费互动媒体——华策影视，美国纳斯达克上市企业——斯凯网络，形成了3家主板、1家美国纳斯达克以及多家新三板挂牌的动漫游戏上市企业集群，成为产业集聚发展的中心。统计数据显示，2020年仅杭州的动漫游戏产业产值就达到258.9亿元，比2019年增长30.63%，创下历史新高，上缴税金7.4亿元。杭州现有动漫游戏及相关企业350余家，从业人员1.2万人。[1]

### (二) 精品创作量质并举

2020年全年，浙江共生产电视动画片77部29676分钟，占全国总产量的20%，居全国各省（区、市）第一位。游戏生产也有较大的增长，杭州全年制作完成各类游戏1570款，同比增长174%。以内容创意为核心引领，浙产精品佳作数量位居全国前列，根据国家新闻出版署公布的国产电视动画片制作备案公示统计，2021年上半年共有592款国产网络游戏过审，其中，浙江共有146款游戏获得版号，占比为24.7%，居全国各省份首位。国家广播电视总局办公厅公布的2021年第一、第二季度优秀国产电视动画片作品名录中，浙产动画作品占推优数量的35%以上，居全国各省份榜

---

[1] 《杭州动漫游戏产业年产值创历史新高》，新华网，2021年11月25日，http://www.zj.xinhuanet.com/2021-02/09/c_1127082600.htm。

首，并与上年全年浙产动画获总局推优数持平。另外，8部浙产漫画作品入选2020年中宣部"原动力"中国原创动漫出版扶持计划，《下姜村的绿水青山梦》《红船故事》获中国文化艺术政府奖最佳动漫作品奖，妙聚网络的《神兽养成记》与《悟空历险记》获得2020年度中国游戏行业金手指奖"优秀手机游戏奖"。

### （三）国际影响力不断扩大

头部企业加速文化"出海"，影视动画出口稳居全国前列，如中南卡通原创动画片《魔幻仙踪》《乐比悠悠》《天眼传奇》《郑和下西洋》等20部动画作品先后进入全球93个国家和地区的播映系统。杭州蒸汽工厂文化创意有限公司的定格动画作品《口袋森林》《呀！小鬼》《灯泡人》登上了戛纳电视节、韩国独立电视节等国际影展的舞台。翻翻动漫连续十年举办新星杯漫画大赛，培育漫画新人，作品登陆日本顶级漫画杂志《周刊少年Jump》，同时还在东京成立了分公司。数字游戏全球影响力进一步提升，如网易游戏多次登顶中国发行商"出海"收入排行榜首，已连续十一个季度保持百亿元以上营收；杭州电魂网络在新加坡、日本等国持续推进海外发行渠道、发行平台、支付结算系统的战略布局工作，2020年实现境外销售收入1.03亿元，同比增长82.87%，与网易雷火、奥光动漫、绝地科技、美盛文化等企业一起连续多年被评为国家文化出口重点企业。作为"中华文化走出去"的重要窗口，第十七届中国国际动漫节特别增设红色动漫致敬百年风华主题展、"国漫自由行"板块、"金猴奖"红色动漫奖项，通过CGTN、Hangzhoufeel等平台，运用英语、法语、日语等30种语言，面向海外受众展现动漫节盛况和浙江风采。第五届MIP China杭州国际电视内容高峰论坛从线下拓展到线上，参与国家和地区数比上届增加了25%，境外买家参与数比上届翻了一番，意向金额增加了82%。浙江动漫游戏产业始终坚守中华文化立场，促进国际业界交流合作，在加快构建双循环新发展格局中发挥着重要作用。

## （四）重磅项目接连落地

浙江省良好的动漫氛围、优厚的政策也成为吸引动漫游戏领军企业和重磅项目入驻并落地的重要因素。中宣部"原动力"中国原创动漫出版扶持计划评选也落地在浙江，力争打造国漫孵化基地；日本东京电视台投资 20 亿日元在杭州成立都之漫公司，注册资本实缴 1.3 亿元，将加强布局动漫开发制作、游戏化授权等业务；最具人气的二次元视频弹幕网站哔哩哔哩也选择在杭州布局电竞业务板块；国内最大的漫画在线阅读平台快看漫画、创作了《哪吒》等票房巨制的北京十月文化、制作了《白蛇缘起》的追光动画等都积极与杭州接洽；腾讯、网易等头部游戏企业也计划在杭州举办电竞项目决赛。优秀企业与项目的集聚为产业注入了"新鲜血液"，将共同助推浙江动漫游戏产业迈向新高度。杭州也吸引了蔡志忠、朱德庸、黄玉郎、敖幼祥、夏达、聂峻、慕容引刀等一批动漫名家落户。

## （五）转型升级持续深化

"科技+文创"在浙江动漫游戏产业的融合发力，进一步赋能产业转型升级，释放产业融合效能，催生新兴业态。如中南卡通积极布局 5G 云动漫，打造集数字动漫全产业链等于一体的数字文创谷；阿优文化自主研发儿童智能机器人"阿U兔智"、AR智能教育终端"阿U幻镜"以及儿童数字内容平台，成为我国首家获得国家科技进步奖的动漫游戏企业；玄机科技运用AI制作动漫，引领动画技术革新。加快拓展产业版图，通过多元发展做强"动漫之都"品牌，快速迈进"电竞之都"序列，如杭州紧抓电竞被确定为 2022 年杭州亚运会正式比赛项目这一有利契机，积极布局电竞产业发展。打造全国第一座亚运会赛事标准的专业电子竞技场馆，出台电竞产业扶持政策"电竞16条"，强化萧山电竞双创中心和电竞数娱小镇要素保障。目前杭州已有电竞战队16支，成为 LPL 主场赛举办城市之一。

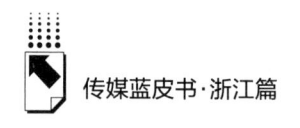

## 二 浙江动漫游戏产业的模式与特点

### （一）打造特色生活方式，突出"物质富裕、精神富足"双向发力

在实现物质富裕的同时实现精神富有、更好地满足人民对美好精神文化生活的新期待是共同富裕的一个重要方面，浙江动漫游戏产业经过十七年的发展，已经不仅仅是一种多态融合的产业格局和为梦想发声的创业主义，而是成为一种兼容并蓄的城市文化，代表着一种生活方式。浙江动漫游戏产业通过创造高品质精神文化生活推进精神富有，成为浙江高质量发展、建设共同富裕示范区的一股力量。

动漫游戏作为一种"语言"，成为城市表达的媒介。全国首个动漫地铁车站在杭州地铁一号线江陵路站亮相，动漫公交专线成为西湖边靓丽的风景线，城市道路边上千个弱电箱体也"穿"了动漫外衣。除此之外，杭州还携手腾讯动漫在杭州萧山国际机场打造全国首个动漫主题值机岛，与银泰签订战略合作协议，打造动漫主题商场。"动漫迎新年""动漫毅行大会""国际动漫·美丽乡村"活动、"西湖漫"动漫游戏公益联盟，"全城动漫"氛围越来越浓。动漫游戏也成为行政职能部门走群众路线所青睐的方式，如杭州公安推出"杭警官"二次元民警形象，平湖市公布省内首个"扫黄打非"动漫形象"小平虎"，城市垃圾分类宣传教育片、防疫科普宣传片、亚运会宣传片等也都推出了动画版。可见，动漫游戏的"语言"已深深扎根于城市基因之中。

动漫游戏作为一种"调味剂"，为群众生活增添活力。在"动漫之都"杭州，不仅有每年都会举办的国内规模最大、人气最旺、影响力最广的中国国际动漫节，也有贯穿全年的杭州COSPLAY文化节、"我是动漫王"拜师仪式、动漫主题交响音乐会、西湖漫画明信片大赛等。此外，杭州加速培育电竞峰会等活动项目，满足人民对美好精神文化生活的新期待。

动漫游戏作为一种"桥梁"，平衡城乡文化供给。浙江连续三年开展

"动漫进乡村"计划，先后在淳安、建德、桐庐、临安和富阳等5个县（市、区）进行作品巡展，在农村文化礼堂、小学校园开展公益动画观影、动画短片展映交流、动漫课堂、动漫互动体验等系列活动。邀请漫画家下乡收徒，在文化礼堂设立动漫角，为乡村小学建立动漫教室，去田间地头选拔"动漫小唱将"，这些载体将大大丰富乡村群众特别是留守青少年的精神文化生活。[①]

动漫游戏作为一种"精神"，传承红色基因。部署开展"永远跟党走——红色动漫致敬百年风华"主题动漫作品征集展示活动，活动成果和《红船故事》连环画、《真理的味道》等杭产原创红色动漫作品一同在中国国际动漫节集中展出。启动"'我爱科学'——中国'科学家精神'"主题漫画创意大赛，展现建党百年历程中的科学家风采。"初心·逐梦——看《红船故事》学红船精神"系列活动走进社区和学校。连续举办了12次"西湖漫"公益品牌"爱心月历"活动，打造"动漫+党建"特色品牌活动，用动漫传承红色文化。

## （二）发挥政策合力，探索灵活创新的政策体系

浙江动漫游戏产业从无到有、从有到优、从优到强的发展历程，离不开政策的支持、推动、引导、巩固。浙江动漫游戏产业政策结束了过去以补贴带动生产量的政策导向，[②] 开始走上注重质量、鼓励开展资本运作的全新动漫产业发展道路。

浙江一直高度重视文化工作，建设目标从"文化大省"递进到"文化强省"，再升级到"文化浙江"，在这一历程中始终将动漫游戏作为重点产业加以支持和发展。《浙江省文化改革发展"十四五"规划》将动漫（数字影视）、游戏（数字出版）、电子竞技列为文化产业数字化战略中的重要部

---

① 《浙江启动"动漫进乡村"计划》，中国政府网，2018年3月27日，http://www.gov.cn/xinwen/2018-03/27/content_5277770.htm。
② 于小涵：《动漫产业政策变迁与政策工具研究——基于杭州的调查》，《经济论坛》2021年第2期，第77页。

分，从规范发展、精品创作、产业结构、名企创优、国际传播、新业态等角度对动漫游戏产业规划远景目标，其中更是明确指出了电子竞技在数字经济建设中的重要作用，提出"系统谋划电竞未来发展规划，加快电竞产业基地建设，推动电竞标准建设，提升自主研发能力，打造原创游戏IP。规范发展电竞产业，推动电竞小镇建设，培育和引进电竞赛事，支持电子竞技俱乐部发展，深入探索电竞与在线直播、旅游等垂直行业应用的深度融合"[①]。《浙江省文化和旅游厅推进文化和旅游高质量发展促进共同富裕示范区建设行动计划（2021—2025年）》指出，要重点发展动漫、游戏、数字音乐、网络文化、数字文化装备等优势产业，以数字技术、声光电技术、互联网技术、虚拟现实技术等为手段，积极发展数字艺术。

积极发挥文化经济政策的引导、激励和保障作用。统筹文化创意资金，重点围绕吸引和培育高端人才、扶持小微企业发展、助力项目启动、优化文化产业用地等方面，研究制定动漫游戏行业领域专项惠企政策，细化动漫游戏相关企业技术税收优惠政策和获奖补助实施政策。鼓励金融机构对动漫游戏企业精准开展文化金融服务，设立动漫游戏产业风险补偿基金，给予动漫游戏企业贷款授信额度支持，针对中小动漫游戏企业实施"雏鹰计划"，引导优质动漫游戏企业对接资本市场。

加大动漫游戏人才培育、引进力度，将动漫游戏人才纳入省市高层次人才文化领域目录及文化人才培养、评价激励、流动配置机制，完善人才引、育、留、用的管理和服务配套政策。鼓励省内高校开设动漫游戏专业，支持企业、机构开展影视动画、游戏行业人才培训，深化校企共建实训基地、众创空间、孵化器等创新创业平台，使企业和院校成为动漫游戏人才培养的"双主体"。

优化营商环境，积极探索制定行业标准。推动"最多跑一次"在文化创业产业实施，明确动漫游戏管理权限、缩短内容审批周期、简化行政审批

---

[①] 《省发展改革委　省委宣传部关于印发〈浙江省文化改革发展"十四五"规划〉的通知》，浙江省人民政府网站，2021年6月30日，https://www.zj.gov.cn/art/2021/6/30/art_1229505857_2307038.html。

事项，为动漫游戏企业项目审批提供便利。依托《动画渲染平台管理与服务规范》等行业地方标准，在动漫游戏领域设置版权保护服务点，成立行业协会的知识产权服务中心、上链数字版权行业链和司法区块链平台，提升内容创作、素材资源库管理、产品交易、渠道发行与版权保护的服务能力和水平，推动行业高标准化发展。

（三）多元平台支撑，夯实产业集群规模化

产业化基地平台集聚效应显现。浙江已拥有2家国家级动漫产业基地、3家国家动画教学研究基地，形成了以杭州高新区国家动画产业基地、宁波鄞州国家动漫游戏产业基地两大动漫园区为载体，以浙江大学、浙江传媒学院、中国美术学院三家国家动画教学研究基地为依托，以杭州数字娱乐产业园、华媒科创园、白马湖生态创意城、网易产业园等多个具有代表性的园区为蓄水池，以"浙南电竞小镇""上虞e游小镇""杭州网游小镇""杭州电竞数娱小镇"等动漫游戏特色小镇为补充的完整平台，构建起集动漫游戏教育培训、产业孵化、技术研发、展示交易为一体，贯通IP创作、产品研发、市场运营、衍生品授权等各个主要环节的产业链与生态系统，实现动漫游戏产业由里及外的专业集群规模化。

拓展节展平台功能，发挥文化品牌优势。浙江已拥有中国（杭州）国际动漫节这张文化金名片，连续5年举办MIP China杭州国际电视内容高峰论坛，还在疫情防控常态化背景下推出国内首个"云上动漫游戏产业交易会"，探索动漫游戏节展新前沿。其中，中国（杭州）国际动漫节经过16年的积淀，专业化、国际化、产业化、品牌化、智慧化程度持续提升，成长为国家级和国际化的平台。2021年第十七届中国（杭州）国际动漫节，全面覆盖展览展示、品牌赛事、权威论坛、商务交易和大型活动五大板块，延伸打造"云上谈商务""线上逛漫展""网上看直播""我想去现场"等功能，以"永不落幕"动漫节的办节新模式打造线上线下产品矩阵，扩大品牌文化会展的国家合作新空间。共吸引了56个国家和地区的335家中外企业机构、4031名展商客商和专业人士通过线上线下参与各项活动，开展一对一洽谈1646场，现场签约额达4.8亿元。线下及线上通过"云上国漫"平台参与动漫节互动的人数超过1300万人次。以中国国际动漫节为平台推动产业发展的方式，已经成为富有地方特色的"杭州模式"。

学理平台不断优化，开拓"产学研"新模式。省内各级动漫游戏协会是政府、企业、高校协作互助的桥梁和纽带，是传统"产学研"合作体系以外更具联动效应和前沿性的有益补充。以浙江省动漫产业学会、浙江省游戏行业协会、杭州市动漫游戏协会为代表的省内各级协会组织，及时发布国家最新产业政策和重大动态信息，组织开展座谈调研、主题培训、奖项评选，领队组团进行考察调研和参会参展。各类协会将动漫游戏业界和学术界的优势力量加以整合，力图打造理论研究的优质平台，以此激励动漫理论的创新与融合，这不仅是理论建设新路径的典型范例，也是理论和实践相结合的多元互动新模式。

## 三 浙江动漫游戏产业存在的问题

### （一）补助政策条款不够细化

近年来国内动漫游戏产业发展迅速，互联网、大数据等信息技术的发展催生了动漫游戏的新场景、新模式、新业态，显著改变了动漫游戏产业的产品形态和评价体系，当前的补助政策条款显得不够细化，主要表现在以下两个维度。首先是产业分类上，尤其是"网络游戏"和"电子竞技"是否应该以同一评价体系进行财政补助的问题。从盈利模式上来看，以赛事体系为核心的"电子竞技"显然有别于依靠游戏内增值服务的"网络游戏"，两者在孵化成本、风险、投资回报周期、市场环境等方面都具有显著差异。目前，电子竞技产业位于前列的省份都已推出了"电子竞技"专项补助政策，如上海市《促进文化创意产业发展财政扶持资金实施办法》的项目申报指南中将"电竞"单列，并明确了"赛事""电竞场馆""电竞战队""内容制作分发平台"等具体项目的补助标准。显然，电子竞技已成为浙江文化领域"十四五"规划的数字文化重点产业,亟须出台更具体和更有针对性的补助政策。其次,现行政策在补助的阶段性和评价标准上仍待细化。大部分项目类别要求已发行或已出版,具有较强的奖励性质,但是动漫游戏产业作为前期风险和成本较高的行业,如果仍以事后奖励扶持为主且扶持资金有限,一方面难以适应该产业的发展要求,容易扼杀起步困难的小型企业,另一方面也拉低了扶持资金的边际收益。虽然在《杭州市人民政府办公厅关于鼓励和扶持动漫游戏产业发展的补充意见》中已增加对优秀动画片创作生产的前期扶持力度,仍可以从作品评估分级、增设扶持阶段、调整阶段支付比例等方面进一步细化阶梯性扶持政策。

## (二)人才结构存在短板

浙江动漫游戏行业正面临"两头"缺人的结构性问题,上缺高端创意设计人才,下缺基础性技能人才。目前,浙江动漫游戏人才的培养主要来源于两方面:一是接受普通高等院校和高职院校四年常规教育培养的人才,这类人才的特点是专业素质高,理论性强,但是行业适应能力较差;二是通过社会培训机构短期培训出来的人才,这类人才主要擅长技术制作,行业适应力强,但是原创和审美素质较弱。[①] 同时精通技术和理论两项内容的高端人才稀缺,尤其是创意人才、编剧人才、形象设计人才、高端市场营运人才和品牌策划营销人才,一部分优秀的动漫人才转向了设计、游戏等盈利更大、待遇更好的行业,而游戏产业中的高端人才又纷纷涌向北上广深等一线城市。另外,在游戏产业爆发性增长的背景下,专业人才储备无法和行业增长速度匹配,也无法满足行业细分职位所要求的复合型专业素质。相较于依托腾讯和三七互娱等头部公司所开设的游戏学院而受益的广东,或者从高校电竞专业、电竞俱乐部获取人才的北京、上海,浙江既缺乏面向社会的游戏培训项目,也未形成依托高校的游戏教育系统,尚未具备游戏人才"造血"功能。

---

① 邵杨:《浙江省动漫产业发展现状综述与特点研究》,《当代动画》2018年第2期,第84~88页。

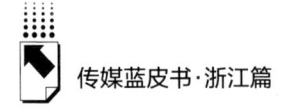

### （三）高端平台资源相对不足

浙江动漫游戏产业专业化、高端化、国际化的平台数量相对较少，文化产业需进一步加强高端创新资源的引进集聚。目前动漫游戏产业的项目展示和商务活动主要依赖于中国国际动漫节及其相关分会，在保证资源对接和实现曝光的同时，缺乏项目长期跟踪服务的配套平台功能，出现了比较明显的功能交叉与功能缺失的现象，[1] 尤其是在研发孵化、投融资、知识产权交易、智库咨询、国际推广等具有长期性、政策性的关键节点缺少深度整合的专业化服务。并且，无论是展会项目、赛事评选还是引进资源都是为动漫产业量身打造的，尚未针对游戏、电竞产业的发展需求设置专业活动，也未形成规模化的游戏、电竞主题节展，这无疑是杭州打造"电竞之都"的短板。另外，动漫游戏产业经过多年"借船出海"的"走出去"发展，正面临"融进去"的转型挑战，越来越多的企业开始加快布局海外市场，以实现产业链条的全球化延伸和业务规模的扩展，但目前无论是对接国际企业的孵化平台，还是政府牵头的动漫游戏产业海外招商引资推介会、海外经营规范性培训等都未实现，国际性平台建设相对滞后。

### （四）产业生态有待强化

从行业的宏观布局来看，浙江已初步形成完整的动漫游戏产业链，但是在部分核心环节依然存在短板，业态联动也较为单一。以游戏产业链中游的发行、运营渠道为例，掌握大量流量资源和分发渠道的互联网公司、具有雄厚资金基础和专业影响力的游戏大厂在这一环节占据绝对的强势地位，在2018年游戏行业收入前50新产品中，腾讯、网易发行的产品收入占比合计达80.6%。[2] 可见，浙江的游戏发行、运营公司无论是数量上还是规模上都

---

[1] 顾婧劼：《国内动漫会展模式优化与功能优化》，《中国报业》2021年第4期，第58页。
[2] 《2018中国游戏产业报告：电竞市场实际销售收入达834.4亿元，同比增长14.2%》，"懒熊体育"百家号，2018年12月24日，https：//baijiahao.baidu.com/s？id=1620692151874273296&wfr=spider&for=pc。

较为薄弱，未能真正支撑产业链的生态闭环。另外，动漫游戏产业的跨界发展催生了诸多业态，但是也存在辐射范围不广、融合程度不深、经营模式不清晰的现实问题，如何加强业态联动、打造完整的产业生态链、形成要素汇聚的产业生态，是放大动漫游戏产业聚集区引领力的关键。

## 四 浙江动漫游戏产业发展的突破口

### （一）推进行业标准化建设

鼓励动漫游戏产业相关标准的建设，以标准化促进政策制定进一步细化，营造良好的动漫游戏产业生态。从源头上规范动漫游戏企业的内容生产、产品及服务标准，制定诸如《动漫内容分级要求》《电子游戏内容分级要求》《电竞场馆建设规范》《电子竞技直转播平台管理规范》等地方标准，承担修订相应国家标准、行业标准。探索标准"走出去"，争取设立动漫游戏国家化标准研究基地，推动区域协同标准的制定，实现长三角标准化合作。行业标准的出台，将成为相关配套政策和评价体系的有力依据，可以进一步明确产业政策重点，实现扶持项目和金额的调整，优化扶持方式的转变，并辐射至优惠税收政策、产业用地政策、公共服务政策等领域。

### （二）创新人才培养机制

基于动漫游戏行业实用性人才紧缺的现状，借助浙江大学、浙江传媒学院、中国美术学院三家国家动画教学基地的优势，联合浙江工商大学艺术学院、杭州师范大学动漫学院、浙江工业大学艺术学院以及省内高职专科院校，探索"混合所有制办学"等产学研合作创新模式，通过"理论学习+项目学习+跟岗实习"的创新模式培养市场所需要的，既掌握动漫原创能力，又具备最新操作技术，还懂得影视动漫管理销售技能的复合型人才。支持头部企业开设面对高校学生的动漫学院、游戏学院等技术经验培训项目，建立"学、练、赛、聘"的育人聘任机制，为全国各大动画、游戏公司持续输出拥有实战技能的专业人才。基于行业内企业发展的痛点，力邀具有动画游戏类企业管理、发展策划经验的行业领军人物来为初创阶段的企业及工作室开展培训，以此加强行业黏性，夯实产业人才基础建设。同时，实施柔性引进人才激励支持政策，实行年薪制、协议工资制、项目工资等灵活多样的分配形式，吸引高端人才、紧缺人才。针对省内暂无动漫、游戏方面的职称评定的现状，设立"动漫、游戏行业职务任职资格"，并纳入浙江省（海外）高层次人才引进机制，享受各级政府的创业、生活补助政策，尤其需对加大原创性、基础性环节和优秀创作人才的扶持力度。

### （三）健全动漫游戏产业生态圈

做大做强国家级动漫产业基地、特色主题园区、教学基地、节展平台。加大对重点骨干企业培育扶持力度，帮助专精特新"小巨人"企业持续壮大，发展一批文化独角兽企业和隐形冠军，鼓励各类人才创办相关企业。推动动漫、电子游戏等产品的开发生产、发行出版、播出展示、运营推广和销售，推进互联网科技、虚拟现实技术、5G、AI等在动漫游戏领域的集成应用，拓展动漫游戏IP与服装、玩具、旅游、零食、直播等垂直行业应用的深度融合，带动周边业态与品牌合作方、上下游产业链企业落点集聚。扶持本地原创项目发展，引进知名团队、俱乐部和配套企业，加快配套基础设施建设，培育和引进国内外具有影响力的高端赛事，搭建具备投融资、项目定制、海外代理、第三方服务、IP合作授权、流量变现、行业职业培训等功能的产业服务平台。

# B.10
# 2021年浙江会展产业发展报告

张健康[*]

**摘　要：** 本报告对2021年浙江会展产业发展数据及十大热点事件进行评析，认为2021年浙江会展产业因新冠肺炎疫情导致发展受阻，但已有所恢复；线上业态继续迅猛发展，但利益挑战并现；国际化发展亮点频出，但国际局势局部动荡。展望2022年，疫情对会展产业的影响将减弱，重大会展事件和数字经济的持续发展将为浙江会展产业带来进一步国际化、数字化的发展机遇。

**关键词：** 会展产业　国际化　数字化

2021年，浙江会展产业在新冠肺炎疫情反复中前行，严格遵守政府部门关于新冠肺炎疫情防控的要求，积极落实各项防控措施，严密制定会展项目疫情防控方案；按照"非必要不举办、能线上不线下"的原则，严格控制会议活动数量和规模；严控庙会、大型文艺演出、展销促销等活动的举办，降低农村集市的规模和频次。虽然受到疫情的严重影响，但是相较于2020年，浙江会展产业呈现一定的回升和复苏态势。浙江会展业界牢牢把握住疫情平稳的间隙，积极举办会展活动，推动经济社会发展。

---

[*] 张健康，浙江外国语学院文化和旅游学院执行院长，教授，主要研究方向为会展整合营销传播、智慧会展与新科技。

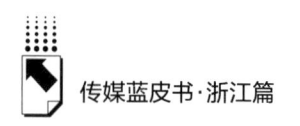

# 一 2021年浙江会展产业发展数据

2021年浙江会展产业的业态丰富。从最主要的展览业的相关统计数据来看，2021年浙江展览馆数量达到16个，位居中国前列；室内可租用总面积达到64万平方米，与广东、江苏、山东、上海有一定的差距，与天津较为接近，是云南、四川、江西和北京的两倍左右。义乌国际博览中心室内可租用面积达到120000平方米，是浙江省内首屈一指的大型展馆。同时，浙江正在稳步推进展览馆建设，重点项目包括杭州大会展中心（300000平方米）、丽水国际会展中心（125000平方米）、台州国际博览中心（80000平方米）、杭州国际博览中心二期（60000平方米）等。从展览馆办展数量来看，2021年浙江共举办展览197场，占全国的6.70%，排名第四，其中杭州国际博览中心、宁波国际会议展览中心分别举办49场、44场展览会，办展数量分别居浙江第一、第二位，其中杭州国际博览中心办展总面积达到173万平方米，位列浙江省之首。

2021年浙江办展数量位列广东、上海、江苏之后，且与这些省份存在较大的差距。广东共举办展览419个，占全国展览总数量的14.2%；上海共举办展览会341个，占全国展览总数量的11.6%；江苏共举办展览307个，占全国展览总数量的10.4%。广东、上海历来都是办展大省，其龙头地位难以撼动，但是江苏仍是浙江可以赶超的对象。从办展总面积来看，2021年浙江办展面积为539.5万平方米，占全国的5.80%，排名全国第六，位列广东、上海、山东、江苏、北京之后。上海举办展览总面积为1705.5万平方米，占全国展览总面积的18.3%；广东举办展览总面积为1690.5万平方米，占全国展览总面积的18.2%；山东举办展览总面积为679.2万平方米，占全国展览总面积的7.3%；江苏举办展览总面积为598.7万平方米，占全国展览总面积的6.4%；北京举办展览总面积为553.6万平方米，占全国展览总面积的6.0%。可见，山东、江苏、北京的展览总面积虽然居于浙江之前，但数据十分接近，同属于广东、上海第一梯队之后的第二梯队。2021年浙江经贸展览中，办展面积在 2 万平方米及以上的共计 97 个，5 万平方米及以上的共计 25 个，其中杭州 12 个、宁波 4 个、义乌 4 个、温州 2 个、永康 2 个、青田 1 个（见表1）。

表1  2021 年浙江经贸展览（5 万平方米及以上）汇总

单位：平方米

| 展览名称 | 举办地 | 举办展览馆 | 办展面积 |
| --- | --- | --- | --- |
| 2021 春季中国（杭州）婚博会 | 杭州 | 杭州国际博览中心 | 69200 |
| 2021 第十九届温州国际汽车展览会 | 温州 | 温州国际会展中心 | 55000 |
| 2021 中国国际电子商务博览会暨数字贸易博览会 | 义乌 | 义乌国际博览中心 | 50000 |
| 2021 第三十四届浙江国际科研、医疗仪器设备技术交流展览会 | 杭州 | 杭州国际博览中心 | 138400 |
| 2021 第九届浙江（杭州）白马湖车展 | 杭州 | 杭州白马湖国际会展中心 | 100000 |
| 2021 第二十二届中国杭州国际汽车工业展览会（春季展） | 杭州 | 杭州国际博览中心 | 138400 |
| 2021 宁波国际机床展览会暨第十七届模具之都博览会 | 宁波 | 宁波国际会议展览中心 | 60000 |
| 2021 第四届中国国际茶叶博览会 | 杭州 | 杭州国际博览中心 | 70000 |
| 2021 第十二届中国（永康）国际门业博览会 | 永康 | 永康国际会展中心 | 85000 |
| 2021 第二十届中国国际日用消费品博览会 | 宁波 | 宁波国际会议展览中心 | 90000 |
| 2021 第二十三届中国浙江投资贸易洽谈会/第四届中国-中东欧国家投资贸易博览会 | 宁波 | 宁波国际会议展览中心 | 58394 |
| 2021 杭州国际服装贴牌加工（OEM/ODM）博览会 | 杭州 | 杭州国际博览中心 | 50000 |
| 2021 中国（温州）国际缝制、制衣设备展览会 | 温州 | 温州国际会展中心 | 50000 |
| 2021 第十六届中国义乌文化和旅游产品交易博览会 | 义乌 | 义乌国际博览中心 | 60000 |
| 2021 第十七届中国国际动漫节 | 杭州 | 杭州白马湖国际会展中心 | 80000 |
| 2021 第二十二届中国杭州国际汽车工业展览会（秋季展） | 杭州 | 杭州国际博览中心 | 138400 |
| 2021 中国义乌国际小商品博览会 | 义乌 | 义乌国际博览中心 | 100000 |
| 2021 中国五金博览会（永康） | 永康 | 永康国际会展中心 | 85000 |
| 2021 秋季中国（杭州）婚博会 | 杭州 | 杭州国际博览中心 | 69200 |

续表

| 展览名称 | 举办地 | 举办展览馆 | 办展面积 |
|---|---|---|---|
| 2021第十四届中国义乌国际森林产品博览会 | 义乌 | 义乌国际博览中心 | 76000 |
| 2021中国杭州文化创意产业博览会 | 杭州 | 杭州白马湖国际会展中心 | 70000 |
| 2021第二十一届全国农药交流会暨农化产品展览会 | 杭州 | 杭州国际博览中心 | 52000 |
| 2021中国(杭州)绿色建筑建材博览会 | 杭州 | 杭州国际博览中心 | 50000 |
| 第四届华侨进口商品博览会 | 青田 | 青田侨乡进口商品城 | 90000 |
| 2021宁波特色文化产业博览会 | 宁波 | 宁波国际会议展览中心 | 50000 |

资料来源：中国贸促会《中国展览经济发展报告2021》。

## 二 2021年浙江会展产业发展热点事件评析

### (一)《浙江省展览业发展三年行动计划（2021—2023年）》(征求意见稿)发布

《浙江省展览业发展三年行动计划（2021—2023年）》（征求意见稿）提出主要目标：到2023年，浙江省会展场馆室内展览总面积达到120万平方米；展览业基础设施完成投资约650亿元，拉动相关产业投资约5850亿元；展览业三大核心指标进入全国前五；形成有国际竞争力的会展产业链，数字展览优势明显，初步建成分工合理的展览业城市发展格局。该计划提出的重点任务和举措包括优化展览空间布局、提升展会项目品牌、增强数字展览效能、壮大展览市场主体、提升展览服务水平、实施国内外合作工程等，以此促进浙江省展览业高质量发展。

《浙江省展览业发展三年行动计划（2021—2023年）》（征求意见稿）发布的价值意义在于推进浙江会展产业更好地坚持以习近平新时代中国特色社会主义思想为指导，准确把握新发展阶段，深入贯彻新发展理念，加快构建新发展格局，围绕浙江"新时代全面展示中国特色社会主义制度优越性的重要窗口"和"共同富裕示范区"的定位，以"数字化、市场化、专业化、品牌化、国际化、生态化、标准化"为导向，构建区域布局更合理、产业结构更优化、功能作用更完善、数字业态更繁荣、窗口示范更突出的新时代展览业体系，全力建设会展强省，打造全球数字展览高地。

## （二）杭州市国际会展博览集团成立，并与英富曼签署战略合作协议

2月26日，杭州市国际会展博览集团有限公司宣布成立。作为杭州市商旅集团的会展主体，集团由西博公司、西博文化公司以及国交中心组建而成。6月18日，杭州市国际会展博览集团有限公司与世界最大会展集团英富曼正式牵手，签署战略合作协议，强强联合，共同开拓中国本土市场和国际市场，加速推进国际合作与交流。

会展集团的成立具有重要意义：其一，有利于深化会展管理体制改革，加快政府职能转变，创新管理方式，充分发挥市场在会展资源配置中的决定性作用，培育壮大会展市场主体；其二，有利于进一步推动商旅集团"商、旅、文、会、体"联动发展，推动会展板块与杭州市商旅集团其他产业深度融合，产生"1+1>2"的融合效应，加快建设"国际会议目的地城市"，打造具有国际影响力的"会展之都""赛事之城"，推进杭州自身会展定位的实现以及在全国会展地位的确立，促进长三角会展产业形成新格局。

## （三）德纳展览成为UFI首家中国集团会员

6月10日，经国际展览业协会（UFI）审批，德纳展览正式成为UFI首家中国集团会员。德纳展览旗下子公司上海德纳展览服务公司、温州德纳展览有限公司、四川德纳展览有限公司也属于UFI会员。目前，德纳展览经UFI认证的展览项目包括IWF上海国际健身展，中国（温州）国际皮革、鞋材、鞋机展，中国（温州）国际眼镜展，中国（温州）国际工业博览会，成都广印产业博览会和成都印刷包装产业博览会。UFI的认证要求很高，对展览会规模、办展历史、专业参展商比例、专业观众比例等都有严格的量化

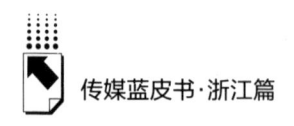

指标设定，通过UFI认证是专业贸易型展会具备国际化水平的重要标志。

德纳展览成为UFI首家中国集团会员的意义在于：以其为代表的浙江省会展产业在国际化、办展规模、专业化水平等方面得到了国际展览业管理组织的高度认可，这也必将促进浙江会展产业在办展规范化、专业化、国际化等层面加快融入国际展览业的进程。

### （四）杭州国际博览中心成为国家级服务业标准化试点单位

5月，杭州国际博览中心通过浙江省会展业标准化技术委员会首个示范基地的验收，并被国家标准化管理委员会确定为2021年度国家级服务业标准化试点单位。杭州国际博览中心是经浙江省会展行业协会和浙江省会展业标准化技术委员会批准的首批"3+2"会展业标准化示范基地单位之一。杭州国际博览中心一直在深入推进会展服务标准化管理工作，引领中国第六代会展场馆的示范建设。

杭州国际博览中心成为国家级服务业标准化试点单位的意义在于：有利于推进浙江会展产业建立标准化组织体系，构建服务标准体系，制定相关服务标准，开展标准宣传培训，组织标准贯彻实施，开展标准实施评价，制定持续改进措施，从而提升会展服务水平和市场竞争力。

### （五）习近平向世界互联网大会乌镇峰会致贺信

9月26~28日，主题为"迈向数字文明新时代——携手构建网络空间命运共同体"的2021年世界互联网大会乌镇峰会在浙江省桐乡市乌镇开幕。习近平致贺信，他强调，中国愿同世界各国一道，共同担起为人类谋进步的历史责任，激发数字经济活力，增强数字政府效能，优化数字社会环境，构建数字合作格局，筑牢数字安全屏障，让数字文明造福各国人民，推动构建人类命运共同体。[1] 峰会采取"线上+线下"相结合的方式举办，来自80余

---

[1] 《努力让数字文明造福各国人民》，"环球网"百家号，2021年9月28日，https：//baijiahao.baidu.com/s？id=1712119502735996545&wfr=spider&for=pc。

个国家和地区的近 2000 名代表参加会议。

习近平向世界互联网大会乌镇峰会开幕致贺信的意义在于：其一，体现了国家对浙江经济文化包括会展产业发展的高度重视；其二，有利于推动各级政府更加注重利用会展平台开展主场外交、推进产业发展。实际上，习近平历来关注会展活动，向多个重大会展活动发出贺信，积极利用会展平台推进国际社会携手共进，以顺应信息化、数字化、网络化、智能化发展趋势，抓住机遇，应对挑战。

### （六）第二届中国—中东欧国家博览会暨国际消费品博览会顺利召开

6月11日，以"构建新格局，共享新机遇"为主题的第二届中国—中东欧国家博览会暨国际消费品博览会在宁波顺利召开。本届博览会规模盛大，来自52个国家（中东欧国家13个）的代表到会，举办中国—中东欧国家投资合作洽谈会等经贸合作活动12项，吸引了2041名参展商和7468家专业采购商参会，采购意向累计成交107.8亿元，签约双向投资项目97个，总投资182.1亿美元。中国—中东欧国家动植物卫生检疫措施工作组、中国—中东欧国家电子商务合作对话机制、中国—中东欧贸易指数、"侨链国际"数字贸易平台等17项机制性平台落户浙江宁波。

第二届中国—中东欧国家博览会暨国际消费品博览会顺利召开的意义在于：该重大国际性展会很好地提升了浙江会展产业的国际化程度；借助这次展会，中国与中东欧国家在贸易、投资、人文等方面的交流合作进一步巩固，对浙江"一带一路"倡议统领下的对外开放发挥了积极的影响。

### （七）浙江服务贸易云展会服务专场以线上线下相结合的形式举办

浙江省商务厅以线上线下相结合的形式举办了2021年浙江服务贸易云展会服务专场。一是全球数字贸易博览会数字文旅服务专场。本次数字文旅服务专场借助"全球数字贸易云展会"平台，旨在为浙江文旅企业提供开拓国际市场的渠道，不断提升浙江数字文旅的国际竞争力，促进数字化技术、服务平台资源对接，推动数字文旅产业的合作交易，有助于浙江数字文

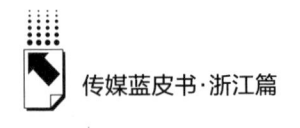

旅产业的创新发展。二是数字教育服务专场。本次活动旨在为浙江教育企业提供开拓国际市场的渠道，搭建我国数字教育服务企业与境外教育数字化领域采购商合作与交流的平台，进一步提升我国数字教育的国际竞争力。

浙江服务贸易云展会服务专场的意义在于：有利于在疫情防控常态化的背景下，推进在线数字化展会开展，深入推广"浙江服务、服务全球"品牌，引导服务贸易企业开展数字化营销，帮助浙江省服务贸易企业更为有效地稳客户、拓市场。

### （八）中国国际服务贸易交易会浙江主宾省活动日成功举行

9月2日，以"数字开启未来，服务促进发展"为主题的2021年中国国际服务贸易交易会在北京开幕；9月3日，由浙江省人民政府主办，浙江省商务厅承办的2021年中国国际服务贸易交易会浙江主宾省活动日在北京国家会议中心举行。本次活动日以"浙江服务、服务全球"为主题，旨在推动浙江服务贸易在更广阔的领域与各国开展经济文化交流合作，打造"浙江服务、服务全球"品牌，包括"117"系列活动，即1个综合展区、1个主宾省活动日和浙江省服务贸易国际合作对接会等7场系列活动。活动日围绕数字贸易、数字制造、数字文旅、数字教育、数字通信、数字医疗、数字金融、数字供应链等八大领域的优势企业参展，举办浙江省参与2021年服贸会企业项目集中签约仪式，签约项目16项，合同意向金额约3.37亿美元。

中国国际服务贸易交易会浙江主宾省活动日成功举行的意义在于：作为参展大省，浙江借助中国国际服务贸易交易会这一重大国际性展会，更好地展示浙江在全球服务领域数字化、网络化、智能化发展的最新前沿、最新成果和最新应用场景，宣传和提升浙江数字品牌形象，扩大浙江数字经济的社会影响力。

### （九）世界旅游博物馆举办在线展览

10月20日，世界旅游博物馆首次推出线上展览，包括"发现旅游"和"星光粲然"两个展厅。该次在线展览的背景是受疫情影响，原本定于 2021 年开馆的世界旅游博物馆开馆时间推迟。世界旅游博物馆是世界旅游联盟总部的重要组成部分，坐落于萧山湘湖的压湖山岛，建筑面积约 3.6 万平方米，是全球首座以旅游为主题的综合性大型博物馆。世界旅游博物馆设旅游综合厅、世界旅游厅、中国旅游厅、旅游体验厅和联盟会员厅等展厅，共有藏品 400 余件（套），包括来自中国、德国、法国、日本、意大利等 26 个国家的旅游相关文物与藏品，以及覆盖中文、英文、日文、法文等 8 种语言的历史文献资料，藏品的年代分布从 1820 年跨越至 2020 年。

世界旅游博物馆举办在线展览的意义在于：一方面，体现浙江省常年展领域应对疫情的积极举措；另一方面，借助在线形式全面展示世界旅游文化，并向世界讲述中国旅游故事。博物馆是常年展的重要场地，世界旅游博物馆未来将为浙江会展产业，特别是艺术类、文化类展览提供宝贵的场地资源。

## （十）中国会展六校联盟在杭州成立

5 月 16 日，第一届"头雁风采"论坛暨"中国会展六校联盟"成立大会在杭州举行。会议期间，由无锡城市职业技术学院、浙江经贸职业技术学院、浙江旅游职业学院、青岛酒店管理职业技术学院、长沙商贸旅游职业技术学院、广东轻工职业技术学院等六所国家"双高建设"会展骨干专业院校共同发起成立"中国会展六校联盟"。联盟首届"头雁风采"论坛以"数智社会与会展职业教育"为主题，六校就专业特色、数智社会人才需求、未来发展路径等进行了深度探讨。

中国会展六校联盟在杭州成立的意义在于：首先，浙江是会展教育大省，而中国会展六校联盟在杭州成立，能够更好地体现浙江在中国会展教育领域的影响力，并在会展教育的国际化、数字化和应用型等探索和实践中发挥更好的引领作用；其次，有利于开展校际全方位、宽领域、多层次协作，做到优势互补，提高教育资源的使用效益，实现各美其美、协同创新的联盟建设目标。

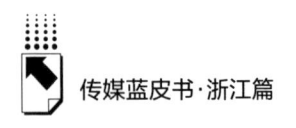

## 三 2021年浙江会展产业发展评价

### （一）疫情导致的困难已有所恢复

新冠肺炎疫情发生后，大量展会被迫停办或延期，总体而言，浙江会展产业面临艰巨的挑战。2021年以来，疫情多点散发，会展产业的脆弱性表现得十分明显。较长时间的行业暂停，导致部分中小会展企业倒闭或转型，会展人才出现较大流失。但是随着疫情防控常态化，困难将逐步消解，会展产业举办的环境将越来越好。从会展产业统计数据来看，2021年较2020年已有所恢复。随着免疫体系构建的完成和疫情的有效控制，延期的许多会展活动都将陆续举办，压抑许久的浙江会展产业必将出现爆发性恢复。

### （二）线上业态继续迅猛发展，利益挑战并现

线下项目运作的暂停带来线上会展业态的迅猛发展。特别是随着科技手段的成熟和应用，线上会展活动已经成为一道亮丽风景线。2021年，线上线下相结合、多种营销手段与技术的整合使浙江会展产业的包容性、开放性、智慧性越来越明显，呈现无限的发展空间，更好地服务浙江经济、社会和文化的发展。但是会展产业毕竟是线下的产业形态，线上的会展项目运作，其运作主体和利益分配势必需要重构，会展企业如何做好业务模式的转型，在深层次上面临巨大挑战。媒介就是讯息，科技为行业变革提供颠覆性力量，浙江会展产业和国内、国际会展产业一样，必须与时俱进推动高质量发展。

### （三）国际化发展亮点频出，但国际局势局部动荡

2021年浙江重大会展活动，如杭州市国际会展博览集团有限公司成立并与英富曼签署战略合作协议，德纳展览成为UFI首家中国集团会员，世界互联网大会乌镇峰会、第二届中国—中东欧国家博览会暨国际消费品博览

会、中国国际服务贸易交易会浙江主宾省活动日以及世界旅游博物馆在线展览的举办，等等，无不体现着浓厚的国际化色彩，助推浙江的对外开放。但是，当前中国正处于大国崛起过程之中，世界经济一体化步伐时有矛盾，世界局势和国际关系局部动荡，这些都将对浙江会展产业国际化发展带来一定程度的负面影响。

# 结 语

展望2022年，疫情对浙江会展产业的影响将有所减弱，浙江会展产业发展面临重大会展事件带来的新机遇。

一是筹备第19届亚运会带来的国际化机遇。亚运会是国际重大赛事，亚运会的举办必将使杭州成为世界瞩目的热点城市，浙江"一带一路"倡议统领下的对外开放也必将在亚运会的助力下得以大跨步发展。浙江产品需要进一步"走出去"，浙江文化需要进一步的国际化传播，会展产业是不可或缺的载体。浙江作为民营经济大省，同时是参展大省，国际化机遇不仅是浙江民营经济，也是浙江会展产业必须要把握的重大机遇，特别是一系列国际化赛事将在浙江落地举办。

二是首届全球数字贸易博览会举办带来的数字化机遇。全球数字贸易博览会是经国家批准的国内唯一以数字贸易为主题的国家级国际性展会，该展会的举办必将进一步推进浙江数字经济发展。数字经济是浙江的"一把手工程"，也是浙江的"金名片"。2022年，浙江会展产业可以借助区块链、虚拟现实、大数据、云计算、物联网、元宇宙等数字新技术，构建与现实世界映射、交互的虚拟世界，对产品进行虚拟化、数字化的完美展示，彻底改变参展体验，为浙江会展产业提供数字化发展机遇。

为了更好地把握2022年的数字化、国际化机遇，浙江省政府部门应该积极出台会展产业扶持政策，用好会展产业扶持资金，推进会展企业和项目的并购整合。浙江会展场馆应在原有场馆租赁基础上构建基于场馆的会展产业生态圈，推进多元化经营以开源节流，在场馆空档期做好场馆设备设施的

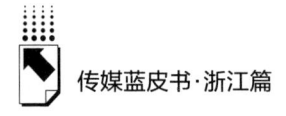

更新和维护。浙江会展企业应该推进企业能力的内涵式提升，弥补以往办展过程中的各类服务质量缺口，特别是强化市场调研，更准确地了解客户需求，提升服务产品的设计水平，培训服务人员和提升服务水平，采用更有效的新媒体宣传推广等方式，推进业务的多元化发展，向整合营销传播型企业转型，全方位、全时段服务于企业的市场营销。浙江会展从业人员应该积极拓展职业技能，包括线上线下整合营销传播技能、大数据挖掘分析技能、新业态产品设计技能等。

# 媒体融合与产业创新报告

Media Convergence and Industrial Innovation Reports

## B.11
## 2021年浙江传媒上市公司分析报告

何苗 徐津毅*

**摘 要：** 2021年，浙江传媒上市公司总体呈现逐渐回暖的态势。在对36家浙江传媒上市公司分析后发现，动漫游戏上市公司在"宅经济"驱动下迎来较大利好，IP矩阵逐步形成，游戏"出海"业绩喜人；影视传媒上市公司虽然整体业绩起伏较大，但在建党百年背景下推出较多精品力作的公司，业绩实现大幅增长；新闻出版上市公司正处于数字化转型的关键期，在线销量稳步增长，数字阅读潜力巨大；电视传媒上市公司则努力向多领域渗透，拓展新的利润增长点；广告营销与策划上市公司普遍深耕产业链与生态圈，积极布局数字营销相关业务；文化旅游类上市企业依然在环境变化中积极谋发展、求恢复。总体而言，传媒上市公司作为浙江传媒产业的"晴

---

\* 何苗，浙江理工大学史量才新闻与传播学院副教授，主要研究方向为媒介经济、新媒体、文化创意产业、媒介融合；徐津毅，浙江理工大学史量才新闻与传播学院硕士研究生，主要研究方向为文化创意产业。

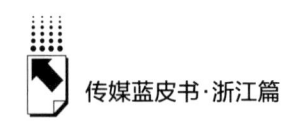

雨表",表现出了足够的韧劲和强劲的恢复力。

**关键词：** 传媒上市公司　新业态　细分行业　发展韧性

# 一　总体概览

2021年是"十四五"规划开局之年，更是建设社会主义文化强国至关重要的一年，浙江各传媒上市公司在此背景下的发展各有异同，或稳步向前，或受疫情席卷之累，又或是萌生新机遇。受新冠肺炎疫情影响，2020年国内各传媒上市公司纷纷迎来"寒冬"。浙江作为国内传媒上市公司主要分布省份，省内各传媒上市公司总体遇冷严重。但在国家政策的扶持下，2021年浙江传媒上市公司总体上逐渐回暖。分析显示，浙江传媒上市公司呈现动漫游戏持续向好、影视传媒震荡较大的特点。据不完全统计，浙江传媒上市公司共36家，主要包括影视传媒、动漫游戏、新闻出版、电视传媒、广告策划与营销以及文化旅游等六大细分领域上市公司。其中影视传媒和动漫游戏上市公司是浙江传媒上市公司的主要类型，两者占比高达61.1%。电视传媒和文化旅游上市公司在浙江传媒上市公司中占比最低，约为8.4%，是浙江传媒上市公司亟待更新的细分类型。2021年，新闻出版上市公司新增浙版传媒、果麦文化两家，在浙江传媒上市公司中的占比约为11.1%（见图1）。

据浙江传媒上市公司2021年半年度报告不完全统计，影视传媒上市公司受疫情打击严重，其归母净利润属六类传媒上市公司中最低。在"宅经济+疫情冲击"双重因素的作用下，动漫游戏上市公司的发展则迎来新利好。动漫游戏上市公司的归母净利润远超影视传媒上市公司，居第一位（见图2）。按地域分布来看，浙江传媒上市公司产业集聚效应明显，主要位于杭州、宁波等经济较发达地区。

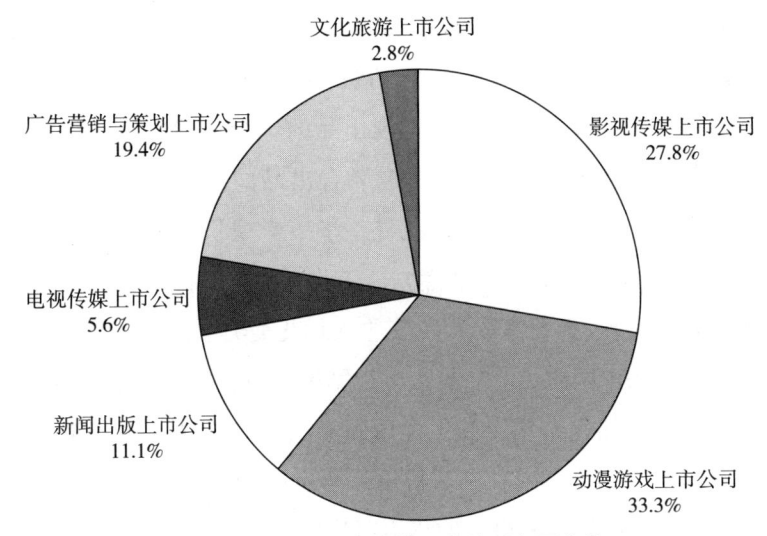

图1 2021年浙江传媒上市公司主要分类

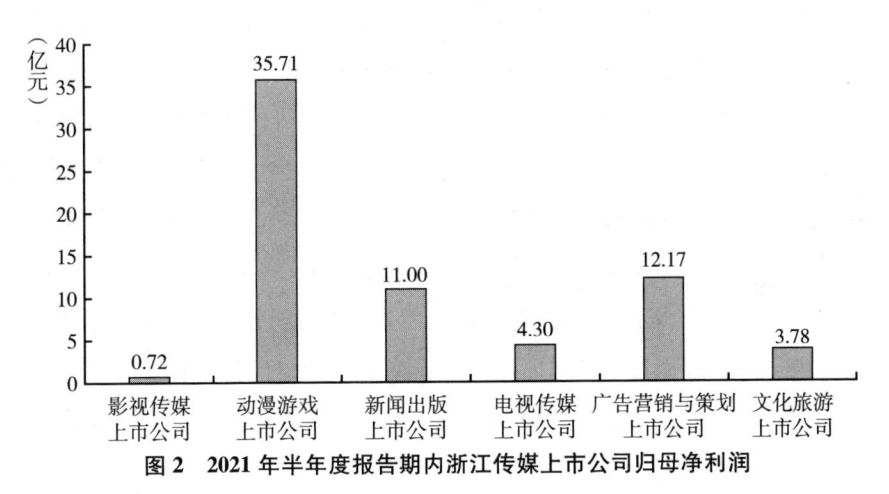

- 文化旅游上市公司 2.8%
- 广告营销与策划上市公司 19.4%
- 电视传媒上市公司 5.6%
- 新闻出版上市公司 11.1%
- 动漫游戏上市公司 33.3%
- 影视传媒上市公司 27.8%

图2 2021年半年度报告期内浙江传媒上市公司归母净利润（亿元）

- 影视传媒上市公司：0.72
- 动漫游戏上市公司：35.71
- 新闻出版上市公司：11.00
- 电视传媒上市公司：4.30
- 广告营销与策划上市公司：12.17
- 文化旅游上市公司：3.78

## 二 发展亮点

### （一）影视传媒上市公司发展亮点

**1. 回归主流，聚焦精品**

2021年，华策影视精品剧目全面开花，接连蓄力规模化、精品化的头部内容，共计首播剧集18部612集，取证16部525集，开机15部495集，华策出品的剧集占据国内各大视频平台播出TOP 10的有7部，涵盖了古装、爱情、武侠等多种类型。①。由华策影视出品的纪念"建党百年"重点献礼剧目《我们的新时代》《绝密使命》和联合出品的《觉醒年代》首播，引发强烈社会关注，实现双效丰收。此外，华策影视积极推动精品内容"出海"，弘扬中华优秀文化，古装热播剧《有翡》《长歌行》在海外收获大批流量，实现新突破。《锦绣南歌》荣获"国际艾美奖"最佳电视剧奖，成为首部获得该奖项的中国剧集。在聚焦电视剧精品内容投资制作的同时，华策也在电影制作领域加速布局，催生优质新品类。2021年，由华策主控主投研发制作的电影《刺杀小说家》获得单片票房破10亿元的成绩，其也成为近年来海外同步上映的规模最大的华语影片之一。②

同样将发展亮点放在建立精品化内容矩阵上的还有浙文影业。浙文影业的子公司天意影视始终将创作主旋律、正能量的精品力作作为自身的发展方向，曾出品《龙珠传奇》《决胜法庭》《士兵突击》等优质作品，2021年鲜有出圈作品问世。浙文影业2021年半年度报告显示，另一子公司世纪长龙的影视业务基本停滞。在未来三年储备项目中，如《曹操》《冬与狮》《兰心大剧院》等较符合"新主流剧"定位的剧作将成为浙文影业的重点发展项目。③ 2021年4月，浙江文投入主浙文影业，二者发挥协同效应，浙文影业将全力打造影视全产业链平台，基本面逐渐改善向好。而青雨传媒作为影视行业资深的优质内容提供商，近年来鲜有新作。2020年，青雨传媒致力于老剧轮番发行和海外剧作发行，其中发行老剧《潜伏》实现营收2830万元。④ 2021

---

① 《华策影视傅斌星：主旋律、奇幻内容引领2021年，新年将发力元宇宙｜探路2022》，"钛媒体App"搜狐号，2022年1月25日，https：//www.sohu.com/a/518902700_116132。
② 《浙江华策影视股份有限公司2021年半年度报告》，全景网，2021年8月27日，http：//static.cninfo.com.cn/finalpage/2021-08-27/1210874706.PDF。
③ 《浙文影业集团股份有限公司2021年半年度报告全文》，东方财富网，2021年8月25日，https：//data.eastmoney.com/notices/detail/601599/AN202108241512113099，JUU2JUI1JTk5JUU2JTk2JTg3JUU1JUJEJUIxJUU0JUI4JTlB.html。
④ 《老剧回款慢新剧发行难 中型影视公司生存危机频现》，证券时报网，2021年8月4日，https：//stock.stcn.com/djjd/202108/t20210804_3506523.html。

年,《潜伏》荣获首届澳涞坞国际电视节金萱奖。

慈文传媒则推动头部精品剧和精品原创剧齐头并进。2021年,由慈文传媒制作的《红色银行之苏维埃国家银行》入选国家广播电视总局"庆祝建党100周年重点纪录片目录";《夏天的骨头》入围第15届FIRST电影市场产业放映单元;自制网络电影《麒麟幻镇》在爱奇艺全网独播,分账票房累计突破千万元。2021年慈文传媒的半年度报告显示,《风暴舞》在激烈的市场竞争中脱颖而出,播放流量及口碑市场表现优异,进入热度榜单TOP 10。① 另外,东望时代顺应时代发展,继续深耕影视业务,坚持精品化战略。2021年,东望时代共有《一次心跳的距离》《我站的地方是中国》《金融街》《寄住在你眼里的烟火》四部剧集存货。电视剧《好好生活》已于2021年10月开播。东望时代的影视业务虽为主营业务,但制作投入较小,播出热度较低,盈利空间较窄。

**2. 台网合力,多方布局**

2020年8月,浙江广电入股唐德影视,唐德影视也是浙江广电首家控股的上市公司。唐德影视2021年半年报显示,唐德影视的营收和毛利主要来源于《夏梦狂诗曲》《因法之名》等电视剧的发行收入和毛利,以及电视剧《我们住在一起》《狼殿下》等项目的海外版权代理发行收入和毛利。② 2021年,唐德影视在网络剧方面重整旗鼓,先后与企鹅影视、芒果TV合作网络剧《我的卡路里男孩》《暗格里的秘密》等项目。更值得一提的是,唐德影视斥3.6亿元巨资拍摄的古代传奇题材电视剧《诸葛亮传》,或是消除《巴清传》坏账余波的新契机。此外,公司尚未制作完毕的主要影视作品包括《狂怒沙暴》《朱雀》《你的声音如此美丽》《香山叶正红》。2021年12月,唐德影视为避免退市风险,将《战时我们正年少》《长风破浪》等剧的

---

① 《慈文传媒股份有限公司2021年半年度报告》,全景网,2021年8月30日,http://static.cninfo.com.cn/finalpage/2021-08-30/1210898606.PDF。
② 《浙江唐德影视股份有限公司2021年半年度报告》,巨潮资讯网,2021年8月30日,http://www.cninfo.com.cn/new/disclosure/detail?stockCode=300426&announcementId=1210903478&orgId=9900023887。

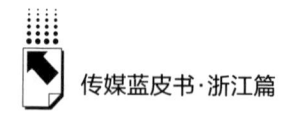

版权授予浙江广电及其子公司浙江影视，交易总金额达3.92亿元。①

华谊兄弟聚焦"影视+实景"，全力打造具有文化体验等附加价值的中国特色电影文化旅游业态。2021年6月，华谊兄弟（济南）电影小镇开业，海口、长沙、苏州、郑州、济南五地实景项目实现五城联动。武汉卓尔·华谊兄弟电影小镇项目以及秦皇岛文化旅游项目也正在有序推进。从内容制作产出方面来看，华谊兄弟积极参与孵化优质影片，《温暖的抱抱》《侍神令》《你好，李焕英》等影片均获得不错的票房成绩。另外，华谊兄弟秉持全球化战略，积极布局海外合作。2021年，华谊兄弟拥有中国大陆地区独家权利的韩国首部全太空背景科幻大片《胜利号》在Netflix上线；由罗素兄弟执导、汤姆·霍兰德主演的电影《谢里》在北美上映，并在Apple TV+上线；由罗兰·艾默里奇执导的好莱坞科幻灾难大片《月球陨落》（暂定名）已关机进入后期制作阶段。②

横店影视在业务范围上纵向扩张，自下而上渗透影视全产业链，调动产业链各环节协同联动，实现"内容+渠道"全方位发展。2021年，横店影视前瞻性布局三、四、五线城市，填补影院市场空白区域。2021年横店影视半年度报告显示，公司拥有385家自营影院，其中三、四、五线城市占比达70%。在做好放映等业务的同时，2021年横店影视大举进军内容产业，由横店影业参投的《送你一朵小红花》《你好，李焕英》《我的姐姐》等影片上映后，口碑票房双丰收，横店影视逐步实现由"院线"向"电影公司"转型升级。③献礼剧《大国飞天》、乡村振兴题材剧《花开山乡》以及动作喜剧电影《龙马精神》等高质量剧作的产出，不断推动横店影视向上游扩

---

① 《唐德影视：3.92亿将〈长风破浪〉等剧版权卖给浙江广电》，新浪网，2021年12月24日，https://finance.sina.com.cn/stock/relnews/cn/2021-12-24/doc-ikyakumx6130191.shtml。
② 《华谊兄弟传媒股份有限公司2021年半年度报告》，巨潮资讯网，2021年8月21日，http://www.cninfo.com.cn/new/disclosure/detail?plate=szse&orgId=9900008488&stockCode=300027&announcementId=1210823212&announcementTime=2021-08-21。
③ 《横店影视股份有限公司2021年半年度报告》，巨潮资讯网，2021年8月21日，http://www.cninfo.com.cn/new/disclosure/detail?stockCode=603103&announcementId=1210809211&orgId=9900033195。

张。不仅如此，横店影视孙公司横店柏品影视继续主攻网络电影。由柏品影视参投的网络电影《无间风暴》《火线突围》《一眉先生》三部影片的分账票房均突破千万元大关，其中电影《无间风暴》位居2021年网络电影票房榜第二名。① 与横店影视不同的是，嘉凯城依旧铺陈院线业务这一主营路线。截至2021年6月，嘉凯城在全国125个城市拥有影城165家，银幕数量964块。②

### （二）动漫游戏上市公司发展亮点

**1. 建立IP矩阵，拓宽业务范围**

2021年，祥源文化继续聚焦动漫及其衍生、动画影视主业，力求培育民族动漫创意和品牌。2021年4月，祥源文化与星皓动画联合出品制作的《西游记之再世妖王》上映当日上座率达18.1%，影片票房过亿元，跻身2021年清明档电影票房前三。③ 在发展动画影视业务的同时，祥源文化坚持以"动漫+文旅"为战略发展方向，凭借自身的动漫IP资源和娴熟的动漫影视原创制作能力，将旅游资源植入动漫产品，与旅游景区、特色小镇开展系列合作。与此同时，用动漫特有的流动创新表达帮助树立城市动漫IP形象。2021年7月，由祥源文化、其卡通、凤凰古城公司联合国内外专家共同联手打造的"湘见·沱江"水上沉浸艺术游船项目于凤凰古城正式启动。在动漫基地支撑业务方面，祥源文化通过全网资质的内容服务提供商，为运营商提供动漫原创版权并进行发行，同时为咪咕动漫提供动漫运营支撑。此外，祥源文化积极推动运营新媒体动漫和增值业务，2021年6月翔通动漫商城搭建完成，成功接入移动积分商城，各业务稳定发展。祥源文化竭力打

---

① 《〈无间风暴〉目前位列第2！横店柏品影视主攻网络电影》，浙江新闻网，2021年11月25日，https://zj.zjol.com.cn/news.html?id=1766102。
② 《嘉凯城集团股份有限公司2021年半年度报告》，嘉凯城集团网站，2021年8月30日，https://www.calxon-group.com/public/uploads/20210830/0046ffb6956280c3c100b7f39191a979.PDF。
③ 《浙江祥源文化股份有限公司2021年半年度报告》，祥源文化网站，2021年8月25日，http://static.sse.com.cn/disclosure/listedinfo/announcement/c/new/2021-08-25/600576_20210825_12_tnLWpMO0.pdf。

造覆盖全年龄段用户的动漫IP矩阵，并全面推动动漫IP全产业链的发展和布局。

美盛文化基于原有动漫衍生品，重点开拓动漫、游戏、影视等文化产业链的上下游，努力实现产业转型升级，目前已初步完成"自有IP+内容制作+内容发行和运营+新媒体运营+衍生品开发设计+线上线下零售渠道"的文化生态圈的构建。2021年，美盛文化处于产业整合阶段，延伸布局泛娱乐等其他业务板块。在内容创作上，美盛文化组建优秀创作团队，致力于培育具有美盛特色的优质原创IP。2021年10月，美盛动漫原创长效IP作品《星学院》第四季已于芒果TV播出，这也是美盛文化的主推力作。在IP价值变现上，美盛文化将深化与顶级IP的合作，整合现有不同类型的平台资源，建立整体IP变现平台和新媒体平台。此外，美盛文化精准切入VR、AR领域，试图进行虚拟现实领域的前瞻性产业布局。①

金科文化的线上线下业务均呈现良好发展局面。从线上业务来看，金科文化坚持精品、长线运营策略。截至2021年8月，金科文化已研发上线20余款精品内容及移动应用。其中"会说话的汤姆猫家族"IP系列应用在全球下载量累计已超160亿次，全球月活跃用户超4亿人。金科文化在全球虚拟宠物养成、跑酷等休闲游戏细分市场占据领先地位，并形成了以《我的汤姆猫》《汤姆猫跑酷》《我的安吉拉》等产品为代表的长周期运营矩阵。在延续虚拟宠物养成及跑酷等核心品类优势的同时，金科文化也接续推出新产品。2021年7月，金科文化上线的新一代虚拟宠物类游戏《我的安吉拉2》是全球下载量第三、Google Play渠道下载量第一的热门移动游戏。② 从线下业务来看，金科文化与杭州、余杭等国内多家城市达成合作，建立IP亲子主题乐园，自营业务和城市合伙人合作并行。通过自主研发婴童用品、儿

---

① 《美盛文化创意股份有限公司2021年半年度报告》，巨潮资讯网，2021年8月28日，http://www.cninfo.com.cn/new/disclosure/detail?stockCode=002699&announcementId=1210897925&orgId=9900023225。

② 《浙江金科汤姆猫文化产业股份有限公司2021年半年度报告》，全景网，2021年8月28日，http://static.cninfo.com.cn/finalpage/2021-08-28/1210897436.PDF。

童玩具等多元化的IP衍生品，积极开拓母婴社群、视频直播等新媒体营销，以扩大销量及品牌知名度。同时，为触达"Z世代"消费需求，金科文化通过拓宽类目覆盖面、开发盲盒等热门品类，实现IP可持续发展。在IP授权方面，金科文化与恒安集团、佑康食品等多家企业达成IP授权合作，持续扩大IP生活消费场景。在保持国内业务稳定发展的基础上，积极开拓海外业务，将"会说话的汤姆猫家族"IP授权业务拓展至美国和加拿大等地。

2. 研发多领域产品，布局海外市场

电魂网络在以客户端游戏和移动端游戏为主要发展阵地的同时，积极布局H5游戏、VR游戏、App平台、单机游戏、漫画和电竞赛事等领域。截至2021年6月，其上线运营的自主研发游戏包括端游产品《梦三国》《梦塔防》等、手游产品《我的侠客》《解神者》等、VR和H5游戏《瞳》《怼怼梦三国》等、平台产品《H5闪电玩平台》和《口袋梦三国》等。2021年，电魂网络坚持推行精品化游戏产品研发与品牌推广战略，积极打造中国传统文化IP，持续深耕国风电子竞技细分领域。同时，电魂网络积极拓展海外市场，研发全球化版本，《梦三国手游》《解神者》于2021年下半年陆续在东南亚、日本和韩国发行。电魂网络以用户需求和市场变化为导向，通过优秀的数据分析能力，建立了包括游戏品牌建设、媒体宣传、活动策划等在内的一整套完备精细的运营体系。2021年电魂网络半年度报告显示，公司在2021年加大研发投入，累计投入研究开发费用1.02亿元，占公司营业收入的20.05%，同比增加37.64%。[1]

世纪华通拥有丰富的自主IP储备，先后推出和运营了许多PC端游戏，包括《热血传奇》《传奇世界》《龙之谷》等精品内容。在移动游戏时代，公司先后成功发行代理游戏《扩散性百万亚瑟王》《地城邂逅：记忆憧憬》等，推出自研游戏《热血传奇手机版》《传奇世界手游》等优秀作品。世纪华通还大力开发互联网海外市场。2021年第二季度发行的休闲新品《家庭

---

[1] 《杭州电魂网络科技股份有限公司2021年半年度报告》，全景网，2021年8月20日，http://static.sse.com.cn/disclosure/listedinfo/announcement/c/new/2021-08-20/603258_20210820_7_8367XIrx.pdf。

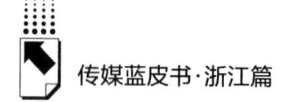

农场冒险》上线后，在美英法等国家的谷歌商店中分别取得模拟类游戏下载量前十和收入榜前十的好成绩，且保持良好发展态势。5月在Roblox平台上线的模拟类游戏《活托皮亚》取得最高日活跃用户500万人的成绩。[1]

在电子竞技方面，联络互动以其OS平台为依托，凭借中国数码文化的电竞经验，尝试开发"移动电竞"市场，形成与电子竞技相关的新产业链。在手游方面，联络互动持股奔放游戏、赐麓科技、珍珑科技，主营游戏研发推广运营，代表作包括《铠甲勇士》《飞翔吧，悟空》《浴血长空》等。2016年，联络互动参股游戏外设品牌商雷蛇约1亿股份，与其达成战略合作。至今联络互动和雷蛇仍在互相协作开拓中国电竞市场。另外，众应互联的子公司互联网B2C游戏电商平台MMOGA专门为正版授权/注册码及游戏虚拟物品提供相关交易服务。MMOGA平台的热门游戏主要有《先遣战士》《生化危机：村庄》《生化变种》等。除PC平台的产品外，网站还上架了多款新世代主机Xbox Series X丨S的游戏产品，包括《小小梦魇2》《双人成行》《灵媒》等。[2]

**3. 打造精品游戏IP，探索技术创新**

完美世界的游戏业务始终根据精品化原则，连续推出《诛仙》手游、《完美世界》手游、《新笑傲江湖》手游等多款精品游戏。2021年4月，完美世界召开游戏战略发布会并展出了20余款新游储备。在完美世界IP、诛仙IP等旗舰型IP产品的基础上，完美世界力求创新研发新产品，聚焦"MMO+X"与"卡牌+X"两大核心赛道，涵盖MMORPG卡牌、沙盒、休闲等多种类型，涉及二次元未来科幻、西方魔幻、东方仙侠等多种题材，融合了开放世界等全新元素。[3] 2021年6月，完美世界以核心IP为纽带，推

---

[1] 《浙江世纪华通集团股份有限公司2021年半年度报告》，全景网，2021年8月31日，http://static.cninfo.com.cn/finalpage/2021-08-31/1210923641.PDF。

[2] 《众应互联科技股份有限公司2021年半年度报告》，全景网，2021年8月13日，http://static.cninfo.com.cn/finalpage/2021-08-13/1210734259.PDF。

[3] 《完美世界股份有限公司2021年半年度报告》，巨潮资讯网，2021年8月17日，http://www.cninfo.com.cn/new/disclosure/detail?stockCode=002624&announcementId=1210760069&orgId=9900021520。

出"多元化"发展战略,将技术支撑力、游戏创意、营销策略三者有机结合,长线运营《梦幻新诛仙》等新游戏,充分扩大诛仙IP的影响力。此外,完美世界将海外布局的重心定位于单机游戏、移动游戏等方向。在PC端游、移动游戏、主机游戏三端共同发展的同时,公司还率先推出云游戏产品,积极向云端拓展,确立在云游戏赛道的先发优势。

2021年,顺网科技基于底层技术和边缘云计算,继续保持云电脑、云游戏等业内领先的技术优势。顺网科技的游戏业务主要有公司联运、独代的网络游戏业务以及子公司浮云科技的游戏业务。在云游戏领域内,顺网科技旗下的顺网游戏平台凭借顺网科技强大的优势技术,成功运营了500余款精品页游,数量上几乎囊括了国内95%以上的网络游戏,游戏类型包括角色扮演、社区养成以及休闲竞技等。顺网科技凭借自身拥有的全国网吧渠道资源积极扩展业务,目前已拥有游戏用户超过9000万人。不仅如此,顺网科技已建成落地了200个以上的顺网云机房,为超过40万台PC终端提供全套的"顺网云"技术平台服务。顺网技术另有竞技游戏服务平台"91Y"以及业内知名的会展业务"ChinaJoy"。[①] 2021年,顺网云海平台充分利用顺网的大数据、云计算等优势技术,专注网民的文化娱乐需求,持续优化服务平台。顺网科技也将继续积极探索云计算技术下的行业发展机会,进行技术创新,尝试全新的业务方向。

ST瀚叶聚焦游戏业务板块,其子公司瀚叶互娱以维持当前游戏产品稳定为前提,通过与多平台共同合作,拓宽变现渠道,深度开发游戏产品的商业价值。2021年,瀚叶互娱积极布局中重度游戏项目,并启动了《仙剑炼妖录》等两款相关游戏的研发工作。同时,瀚叶互娱以微信正式开放小游戏入口为契机,接连开发《几何大逃亡》《蹦一蹦城市英雄》等微信小游戏,并将《几何大逃亡》打造为长生命周期的精品IP,形成具有流量优势的产品矩阵体系。

---

① 《杭州顺网科技股份有限公司2021年半年度报告》,巨潮资讯网,2021年8月27日,http://www.cninfo.com.cn/new/disclosure/detail?stockCode=300113&announcementId=1210875703&orgId=9900013372。

## （三）新闻出版上市公司发展亮点

数字经济时代下，新闻出版上市公司正处于传统业态转型升级、新业态迅猛发展的过渡时期。数字化是新闻出版上市公司谋求转型的核心方向。2021年，新闻出版业备受资本青睐，浙版传媒和果麦文化两家新闻出版上市公司接连挂牌上市。这也是地方新闻出版上市公司向国家新闻出版上市公司发起的一次有力挑战。

#### 1. 维持传统业务，转型新兴业务

新上市公司浙版传媒的业务板块主要包括出版、发行、印刷加工等，并持续向数字媒体、数字营销等业务转型。浙版传媒实行专业化、差异化、精品化战略，着重开发高端原创专业门类图书，努力开创浙版特色。[1] 旗下教育社、少儿社、文艺社等纷纷在北京、上海等地布局落子，通过成立子公司和工作室聚拢资源，布局新业态。浙版传媒非常看重知识服务和在线教育领域。"网文鼻祖"果麦文化的业务也主要是图书策划与发行业务。2021年，果麦文化受疫情影响，开拓线上渠道的图书销售业务。销售期间，图书在线销量稳步增长，营业收入同步快速增加，整体毛利率较上年同期有所提高。

#### 2. 深度融合发展，深耕数字阅读

浙数文化聚焦数字文化和大数据两大产业，深化融媒体业务板块布局，高质量推进浙数文化产业园项目建设，持续探索技术创新和体制机制创新。2021年上半年，浙数文化积极助力罗顿发展进一步优化，并以打造系列国际一流数字体育IP、自研数字体育综合服务平台为双驱动，加速推动数字体育板块创新发展。[2] 浙报融媒体公司坚持以技术引领媒体深度融合。2021

---

[1] 《2021新闻出版上市公司年度绩效数据报告》，"媒至酷"微信公众号，2021年7月26日，https://mp.weixin.qq.com/s/xz0H7nJslWLGl0kXwaAfCw。

[2] 《浙报数字文化集团股份有限公司2021年半年度报告》，2021年8月13日，http://static.sse.com.cn/disclosure/listedinfo/announcement/c/new/2021-08-13/600633_20210813_3_QLwhjeZw.pdf。

年上半年，浙数文化基于天枢平台和天目云平台助力内容平台联动、融媒体内容聚合，实现泛媒体赋能。浙数文化内部控制规范有序，内控体系稳定。2021年底，"2021年上市公司高质量发展论坛"公布浙数文化荣获2020年度浙江上市公司"最佳内控奖"30强榜单第六名。[①]

平治信息与多个版权方合作，汇聚优质内容，通过多方阅读平台为用户提供全方位数字阅读服务；与高热度作者合作，签约各类受用户喜爱的原创文字作品，依托上述原创作品，通过IP衍生品开发等方式，不断加强漫画、影视等领域的改编孵化。截至2021年8月，平治信息拥有的各类优质文字阅读产品已达60000余本，签约作者原创作品37000余本。[②] 此外，平治信息加速布局新媒体领域，致力于成为数字阅读细分市场的领先者。平治信息将小说内容通过多个新媒体平台实现精准化引流。利用微信、新浪微博等多个新媒体平台，为用户提供精准内容，增强用户黏性，目前平治信息旗下微信公众号矩阵拥有近5000万人的粉丝数量。在精准推送和提供精品内容的基础上，平治信息推出微信公众号/小程序阅读模式，打造更为方便快捷的用户互动形式。

## （四）电视传媒上市公司发展亮点

华数传媒拓宽新增收领域，以智慧家庭为新兴服务体系，积极应对有线数字电视平台用户流失的不利情况。同时，华数传媒搭建了有线数字电视平台、新媒体/融媒体平台等多个信息平台，助力多网络协同发展、多领域渗透覆盖，并积极参与"城市大脑"建设，打造城市信息化主平台，实现电子政务、视频监控等方面的信息化应用。此外，华数传媒具有版权资源优势和内容服务优势，吸纳国内外100多家内容供应商参与建设节目内容合作体系，目前已建成全国最大的数字节目内容库之一，拥有百万小时的数字化节目内容媒体资源库。

---

① 《浙数文化连续四年获评"浙江上市公司内部控制30强"》，"浙数文化"微信公众号，2022年2月16日，https://mp.weixin.qq.com/s/31AZLnbyOe9RhiO9gxevVQ。
② 《杭州平治信息技术股份有限公司2021年半年度报告》，全景网，2021年8月30日，http://static.cninfo.com.cn/finalpage/2021-08-30/1210898565.PDF。

## （五）广告营销与策划上市公司发展亮点

**1. 打通全链路，提供精准化营销**

思美传媒以内生发展和外延并购为双支点，布局传统营销、数字营销、电影等传媒行业的各个领域，拥有文化传媒领域最齐全的产业链之一。数字营销业务是思美传媒的重点业务。思美传媒基于思美生态圈开展多元化服务，数字营销业务发展势头强劲，聚焦内容的营销方案发挥了良好的传播效果。2021年，思美传媒凭借其强大的营销实力，斩获第九届TopDigtal创新营销奖的5项大奖。[1] 此外，思美传媒基于数据科技的营销智能化转型，大力发展数字营销业务，以技术、内容、数据为主要抓手，依托公司全产业链，构建品效合一的营销服务体系，为头部客户提供智能营销解决方案。

利欧股份稳居头部，实现了从品牌到销售端完整的营销链路布局，推动产业链向上游拓展，延伸至商业策略端、产品设计包装端，打造新的品牌创意服务。2021年，利欧股份子公司上海氩氪参与新消费品牌熊困困咖啡的品牌孵化全产业链合作，成功助力熊困困登上天猫液体咖啡品类趋势榜第一的位置。另一子公司琥珀传播参与杜蕾斯001的营销传播链路，并自己创立了全新厂牌Q&A，专门提供品牌与产品设计服务。利欧股份通过电商直播和短视频业务探索流量变现，孵化电商厂牌"火星仓"，搭建公司内直播间15个，统领人、货、场协同一体化。[2] 同时，利欧股份为拓宽销售面，在上海、重庆两地建立上百个户外场景，短视频基地面积达3500平方米。公司旗下聚胜万合技术赋能品牌，助力品牌实现营销数字化转型。在私域流量方面，利欧股份还孵化了"生意管家"和"ReachLinkO"两大厂牌。此外，利欧股份的流量整合业务将流量资源汇入精准营销业务的平台，有助于提升

---

[1] 《思美传媒股份有限公司2021年半年度报告》，思美传媒网站，2021年10月26日，http：//www.simei.cc/StorageFiles/2021/10/26/c9630873-85ec-4d1f-b9f4-df8c3eefa558.pdf.
[2] 《利欧集团股份有限公司2021年半年度报告》，巨潮资讯网，2021年8月31日，http：//www.cninfo.com.cn/new/disclosure/detail?stockCode=002131&announcementId=1210925412&orgId=9900002724.

精准营销的投放效率。从流量整合业务到客户资源整合业务，利欧股份将调动其数字营销子公司，对客户进行大规模覆盖。

壹网壹创的服务特色主要包括精准化的产品设计策划服务、一站式线上数据分析与应用服务、定制化的会员服务体系、匹配精细化营销的仓储信息服务。目前，品牌线上服务和线上分销是壹网壹创的主要经营模式。2021年，壹网壹创继续发挥自身服务特色，帮助各品牌完成多项产品设计项目及物料设计项目，并投入实际应用。在获得品牌方分销业务授权后，壹网壹创在天猫或淘宝的卖家或其他第三方B2C平台分销品牌方产品。① 在保持原有经营稳定的基础上，壹网壹创以全链路品牌服务为核心优势，以新品类、新品牌、新渠道为拓展方向，持续培养自身可持续发展能力。此外，壹网壹创利用丰富的整合营销经验和精细化运营体系，通过挖掘品牌文化、丰富产品卖点来获取高流量、低成本的佳绩。

2. 坚持人本营销，依托数字化服务

"中国会展第一股"ST米奥的主营业务是全球数字展览，其还推出了贸易直播服务与数字商洽服务。ST米奥利用信息化系统管理公司的营销运营业务，打造全球贸易数据库，储存积累了众多优质供应商数据与采购商数据。凭借全球数据资源优势、独特的线上线下业务场景、全球布局的海外买家邀约组织体系和能力，ST米奥创造出一系列专门致力于外贸营销的服务体系。同时，ST米奥的产品"探客"在通过公司展会获得商机服务之后，增加了买家画像功能及大数据自带的客户挖掘服务，丰富了公司整个外贸营销服务生态链。② 在此基础上，ST米奥还建立了"以客户为中心"的销售、研发运营体系，使公司开发的产品更加符合市场需求。

每日互动用数据推动产业智能化发展，深耕开发者服务，构建面向企

---

① 《杭州壹网壹创科技股份有限公司2021年半年度报告》，巨潮资讯网，2021年8月27日，http：//www.cninfo.com.cn/new/disclosure/detail？stockCode = 300792&announcementId = 1210871186&orgId=gfbj0838942&。

② 《浙江米奥兰特商务会展股份有限公司2021年半年度报告》，巨潮资讯网，2021年8月19日，http：//www.cninfo.com.cn/new/disclosure/detail？stockCode = 300795&announcementId = 1210781999&orgId=gfbj0831822&。

的用户增长、品牌营销、风控与增能服务，以及面向政府的公共服务。此外，每日互动以第三方DMP为核心的数据服务体系，能够利用"品牌数盘"更好地服务于广告主，提升业务运营效率，以"人"为核心，持续完善销售和服务体系。在保持和品牌服务客户稳定合作的同时，每日互动持续开拓新客户，提升覆盖率，增强营销效果，实现核心领域的重大突破与持续成长。

### （六）文化旅游上市公司发展亮点

宋城演艺是文化旅游上市公司的龙头企业，其主营业务为现场演艺和旅游休闲。2021年，宋城演艺坚持疫情防控和经营管理两手抓。宋城演艺加速向演艺公园转型升级，充分发挥运营优势，旗下各景区严格把控时间窗口，紧抓产业机会。同时，宋城演艺坚持开源与节流并重，一方面积极挖掘区域市场，大力发展本地游、周边游、亲子游；另一方面结合疫情和旅游淡旺季实际情况，合理评估开闭园节奏。[①] 不仅如此，宋城演艺具有全产业链覆盖的闭环优势，坚持线上线下并行的营销推广策略，实现营销推广与市场销售的紧密结合，覆盖多种游历类型和专题。宋城演艺是中国最大的演艺集团，"宋城千古情"凭借其深厚的影响力成为现场演艺和文化创意产业的代表性品牌，宋城演艺将进一步通过弘扬民族文化打造更多的优秀作品。2021年春节期间，《宋城千古情》创下单日最高演出20场的纪录，在暑期又推出室外版千古情，有效应对疫情期间室内演出受限的风险；[②] 2021年国庆期间，宋城演艺整体接待游客超150万人次，散客占83%，较2019年同期恢复75%。[③]

---

[①] 《宋城演艺发展股份有限公司2021年半年度报告》，巨潮资讯网，2021年8月27日，http://www.cninfo.com.cn/new/disclosure/detail?stockCode=300144&announcementId=1210875661&orgId=9900015467。

[②] 《宋城演艺：预计2021年净利润为2.58亿~3.58亿元》，"北京商报"快传号，2022年1月22日，https://www.360kuai.com/pc/945e5ef4b95f680d1?cota=3&kuai_so=1&tj_url=so_vip&sign=360_57c3bbd1&refer_scene=so_1。

[③] 《2021年国庆期间重点休闲景区接待游客人次统计情况》，观研报告网，2021年10月9日，https://data.chinabaogao.com/gonggongfuwu/2021/109555AR021.html。

## 三 同业对比

### (一)绝处逢生的影视传媒上市公司

从浙江影视传媒上市公司2021年半年度报告期内的发展来看,华策影视、横店影视、浙文影业营业收入位列前三,其中作为"电视剧第一股"的华策影视业务稳健,经营状况稳步提升。华策影视归母净利润达到2.34亿元,同比增长58.71%。与2019年归母净利润亏损1.47亿元的情况相比,[①] 处于影视行业寒冬期的华策影视综合发展越发健康。截至2021年6月30日,华策影视货币资金为35.07亿元,创下公司历史最高水平。横店影视和浙文影业在疫情得到有效控制的情况下,实现扭亏为盈,营业收入相比上年同期大幅度增长,其中浙文影业在与浙江文投的协同发展下,从亏损状态重新盘活影视业务,实属不易。

同样实现扭亏为盈的还有"中国影视娱乐第一股"华谊兄弟,2021年半年度报告期内其营业收入为5.79亿元。比上年同期增长78.37%;归母净利润为1.06亿元,比上年同期增长145.75%,营收净利双增。品牌授权及实景娱乐板块营业收入约为0.53亿元,较上年同期增长433.11%。[②] 处置英雄互娱、猫眼娱乐等公司的股权是将华谊兄弟带向扭亏为盈新局面的主要原因。此外,华谊兄弟参投的电影《你好,李焕英》跻身中国影史票房榜前三。东望时代营业收入为0.26亿元(见图3),比上年同期增长32.07%,主要原因系子公司影视剧收入增加,但因股份价值变动,其归母净利润亏损0.19亿元。[③] 唐

---

[①] 《浙江华策影视股份有限公司2021年半年度报告》,全景网,2021年8月27日,http://static.cninfo.com.cn/finalpage/2021-08-27/1210874706.PDF。

[②] 《华谊兄弟传媒股份有限公司2021年半年度报告》,巨潮资讯网,2021年8月21日,http://www.cninfo.com.cn/new/disclosure/detail?plate=szse&orgId=9900008488&stockCode=300027&announcementId=1210823212&announcementTime=2021-08-21。

[③] 《浙江广厦股份有限公司2021年半年度报告》,巨潮资讯网,2021年8月31日,http://www.cninfo.com.cn/new/disclosure/detail?stockCode=600052&announcementId=1210926014&orgId=gssh0600052。

德影视受公司明星股东负面新闻影响，由盛转衰，长期处于亏损状态，2021年半年度报告期内归母净利润亏损0.79亿元，同比亏损增加；青雨传媒营业收入垫底，比上年同期减少99.11%，归母净利润亏损35万元，[1] 由盈转亏。嘉凯城归母净利润亏损4.27亿元，较上年同期有所下降（见图4）。其影视放映业务虽有所好转，但由于疫情散发，业绩仍受拖累。[2]

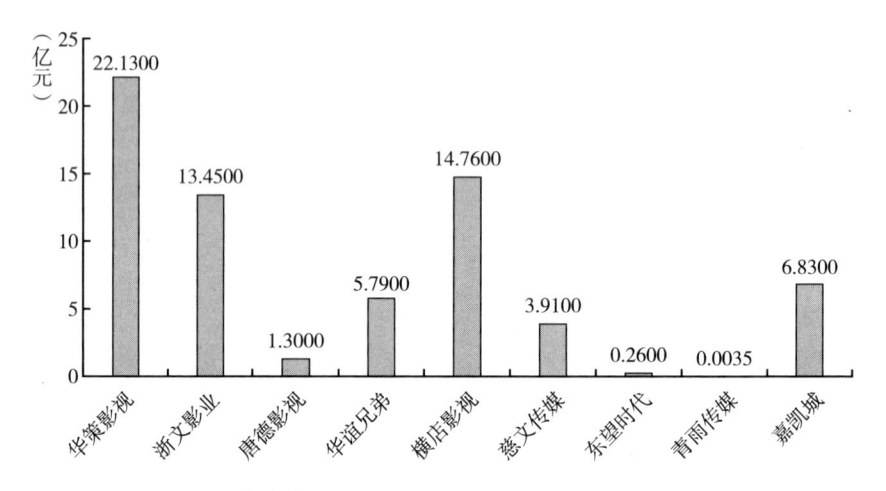

**图3　2021年半年度报告期内浙江影视传媒上市公司营业收入**

## （二）欣欣向荣的动漫游戏上市公司

从浙江动漫游戏上市公司2021年半年度报告期内的发展来看，联络互动、世纪华通的营业收入位列第一、第二，其中联络互动营业收入约为84.8亿元，同比增加23.14%；[3] 世纪华通营业收入约为73.1亿元，同比减少5.9%，[4]

---

[1] 《青雨传媒：2021年半年度报告》，东方财富网，2021年8月19日，http://xinsanban.eastmoney.com/Article/NoticeContent？id=AN202108191511029118。
[2] 《嘉凯城集团股份有限公司2021年半年度报告》，嘉凯城集团网站，2021年8月30日，https://www.calxon-group.com/public/uploads/20210830/0046ffb6956280c3c100b7f39191a979.PDF。
[3] 《杭州联络互动信息科技股份有限公司2021年半年度报告》，全景网，2021年8月30日，http://static.cninfo.com.cn/finalpage/2021-08-30/1210899214.PDF。
[4] 《浙江世纪华通集团股份有限公司2021年半年度报告》，全景网，2021年8月31日，http://static.cninfo.com.cn/finalpage/2021-08-31/1210923641.PDF。

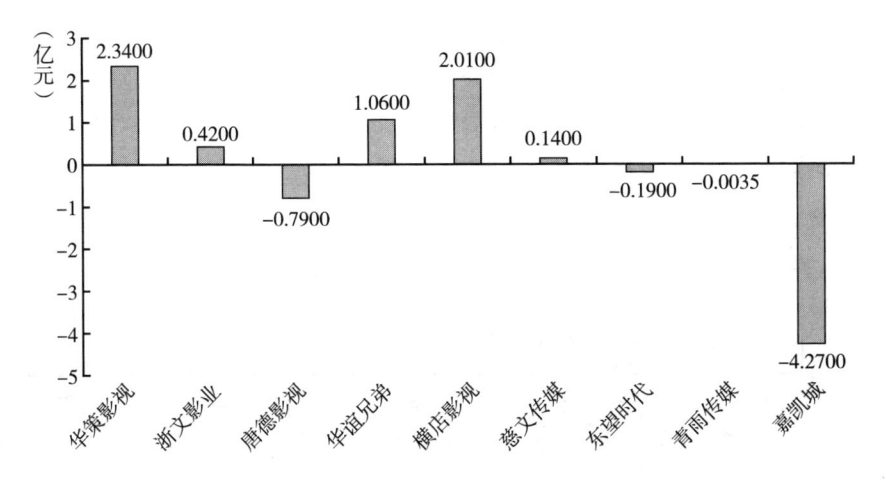

图4 2021年半年度报告期内浙江影视传媒上市公司归母净利润

但世纪华通的归母净利润比联络互动高很多。2021年是世纪华通的产品大年，其实现归母净利润约24.5亿元的可观业绩，同比上年增幅较大，主要由于计划发行游戏产品较多。金科文化作为全栖IP生态运营商，实现营业收入约9.17亿元，较上年同期下降2.47%，归母净利润约为4.12亿元。该公司自有IP"会说话的汤姆猫家族"在全球范围内的累计下载量已超百亿次。[1] 祥源文化、美盛文化、顺网科技、ST瀚叶这四家公司也实现盈利，其中顺网科技营业收入为5.00亿元（见图5），比上年同期增加14.51%。[2] 另外，业绩位于末流的艾格拉斯营业收入大幅下降，归母净利润亏损0.45亿元，公司游戏项目相继关停或转让；众应互联的归母净利润亏损在浙江动漫游戏上市公司中最大，约为1.57亿元（见图6）。

### （三）持续迈进的新闻出版上市公司

从浙江新闻出版上市公司2021年半年度报告期内的发展情况来看，浙版传

---

[1] 《浙江金科汤姆猫文化产业股份有限公司2021年半年度报告》，全景网，2021年8月28日，http://static.cninfo.com.cn/finalpage/2021-08-28/1210897436.PDF。
[2] 《杭州顺网科技股份有限公司2021年半年度报告》，巨潮资讯网，2021年8月27日，http://www.cninfo.com.cn/new/disclosure/detail?stockCode=300113&announcementId=1210875703&orgId=9900013372。

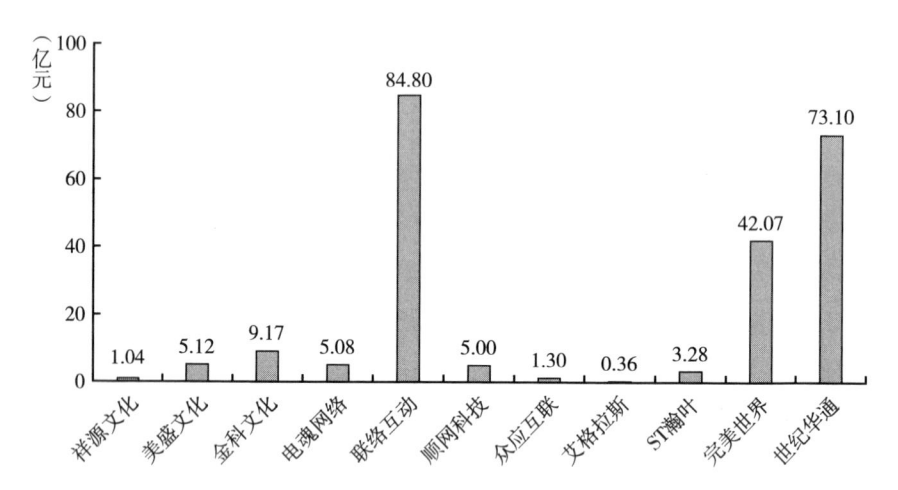

## 图5 2021年半年度报告期内浙江动漫游戏上市公司营业收入

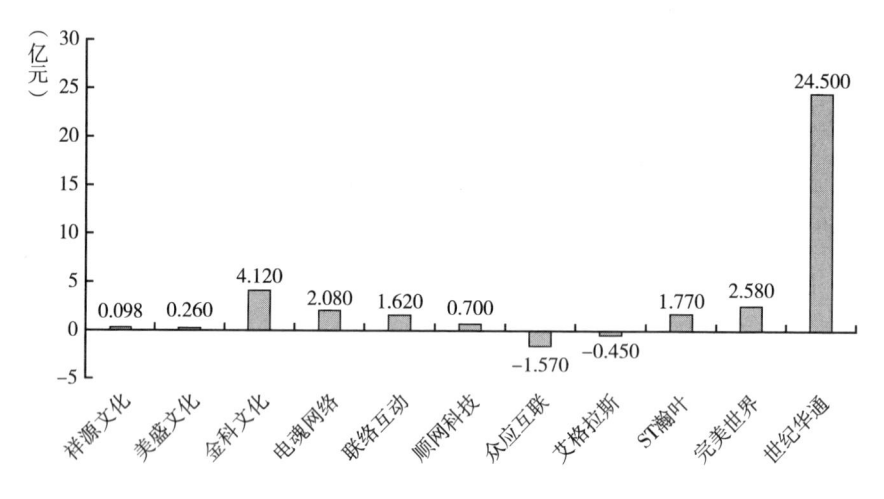

| 公司 | 营业收入（亿元） |
| --- | --- |
| 祥源文化 | 1.04 |
| 美盛文化 | 5.12 |
| 金科文化 | 9.17 |
| 电魂网络 | 5.08 |
| 联络互动 | 84.80 |
| 顺网科技 | 5.00 |
| 众应互联 | 1.30 |
| 艾格拉斯 | 0.36 |
| ST瀚叶 | 3.28 |
| 完美世界 | 42.07 |
| 世纪华通 | 73.10 |

## 图6 2021年半年度报告期内浙江动漫游戏上市公司归母净利润

| 公司 | 归母净利润（亿元） |
| --- | --- |
| 祥源文化 | 0.098 |
| 美盛文化 | 0.260 |
| 金科文化 | 4.120 |
| 电魂网络 | 2.080 |
| 联络互动 | 1.620 |
| 顺网科技 | 0.700 |
| 众应互联 | -1.570 |
| 艾格拉斯 | -0.450 |
| ST瀚叶 | 1.770 |
| 完美世界 | 2.580 |
| 世纪华通 | 24.500 |

媒、果麦文化、平治信息、浙数文化这四家公司均实现盈利，但浙数文化相比上年同期归母净利润下降。浙数文化实际控制人为浙江日报报业集团，作为党报集团控股的上市公司，其营业收入约为14.75亿元，同比下降20.79%。[1] 浙

---

[1] 《浙报数字文化集团股份有限公司2021年半年度报告》，2021年8月13日，http://static.sse.com.cn/disclosure/listedinfo/announcement/c/new/2021－08－13/600633＿20210813＿3＿QLwhjeZw.pdf。

版传媒、果麦文化是 2021 年新增的两家传媒上市公司,其中浙版传媒的营业收入和归母净利润最为可观;果麦文化的营业收入约为 2.04 亿元,同比增长 39.73%。① 实际上,这两家公司存在关联,浙版传媒现持有果麦文化 1.5%的股份。平治信息的营业收入约为 14.72 亿元,其中移动阅读业务收入呈平稳增长态势(见图 7、图 8)。

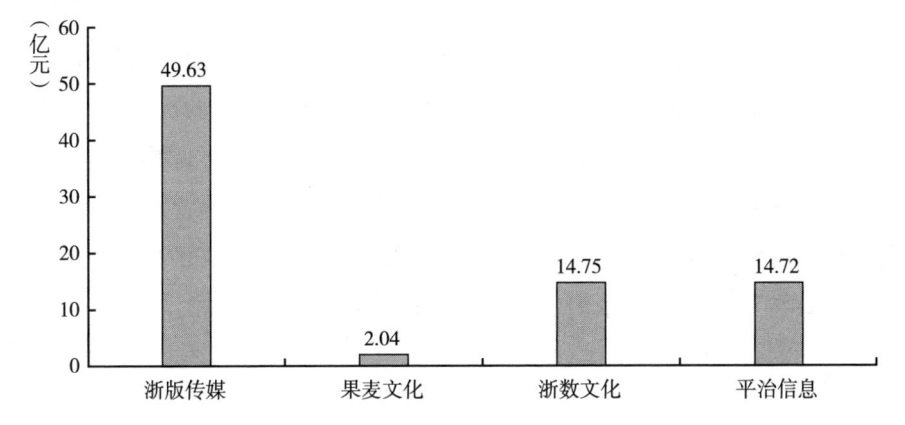

图 7 2021 年半年度报告期内浙江新闻出版上市公司营业收入

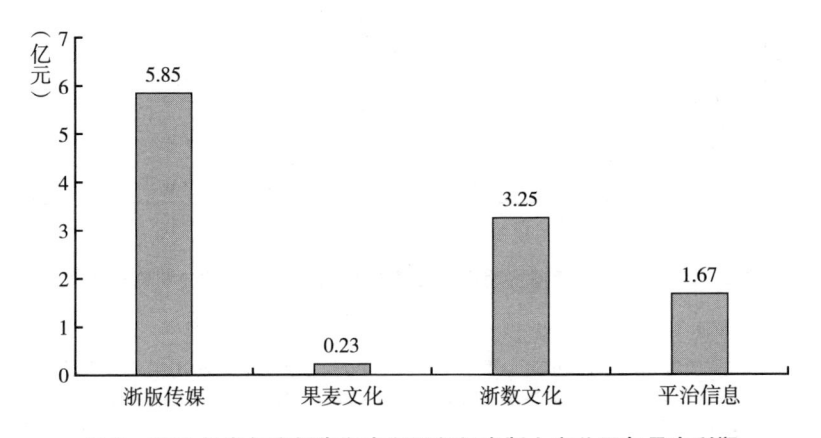

图 8 2021 年半年度报告期内浙江新闻出版上市公司归母净利润

---

① 《绑定易中天、韩寒等明星作家成"甜蜜的负担",果麦文化即将上市》,中国经济网,2021年 8 月 19 日,http://finance.ce.cn/stock/gsgdbd/202108/19/t20210819_36823407.shtml。

## （四）行稳致远的广告营销与策划上市公司

利欧股份营业收入继续稳步增长，约为91.59亿元，比上年同期增长24.50%；公司数字营销业务扣非后净利润较去年同期实现正增长。[①] 壹网壹创和每日互动的营业收入较低，壹网壹创的营业收入约为4.85亿元，同比下降13.14%，归属于上市公司股东的净利润约为1.27亿元，同比增长16.66%。[②] 受益于公司逐步成形的全域电商服务及新消费品加速服务，壹网壹创业绩呈增长趋势。每日互动营业收入约为2.68亿元，同比增长15.84%（见图9）。品牌服务实现营业收入约0.11亿元，较上年大幅增长94.36%，品牌服务业务发展迈向正轨。[③] 海峡创新出售和关闭旗下自营影城业务，子公司杭州海峡创新互动娱乐管理有限公司处于亏损状态，2021年半年度报告期内海峡创新归母净利润约为0.33亿元（见图10）。

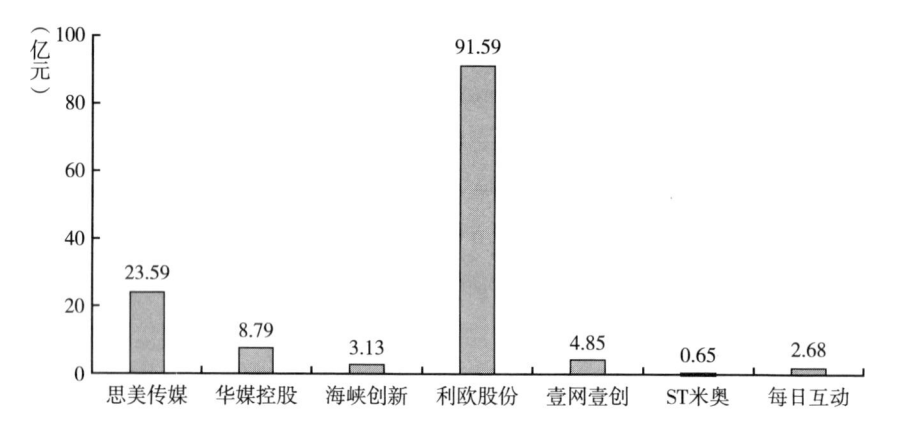

**图9　2021年半年度报告期内浙江广告营销与策划上市公司营业收入**

---

[①]《利欧集团股份有限公司2021年半年度报告》，巨潮资讯网，2021年8月31日，http://www.cninfo.com.cn/new/disclosure/detail?stockCode=002131&announcementId=1210925412&orgId=9900002724。

[②]《杭州壹网壹创科技股份有限公司2021年半年度报告》，巨潮资讯网，2021年8月27日，http://www.cninfo.com.cn/new/disclosure/detail?stockCode=300792&announcementId=1210871186&orgId=gfbj0838942。

[③]《每日互动股份有限公司2021年半年度报告》，巨潮资讯网，2021年12月31日，http://www.cninfo.com.cn/new/disclos。

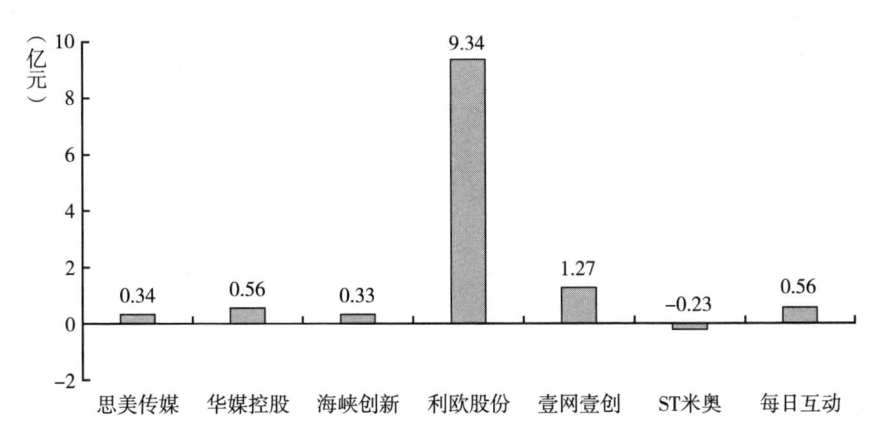

图10　2021年半年度报告期内浙江广告营销与策划上市公司归母净利润

## 结　语

2021年是经历疫情大考后的第一年，传媒行业已从步履维艰之地绝处逢生，准备调整航向扬帆起航，重塑行业发展新图景。浙江是传媒行业的发展重地，加速修复各传媒上市公司的裂痕成为当务之急。针对浙江影视传媒上市公司深陷困境、余波未清之态势，唐德影视、东望时代、青雨传媒、嘉凯城应审时度势，顺应影视行业发展大势，拓宽业务渠道以谋求新转机；华策影视、浙文影业、华谊兄弟、横店影视以及慈文传媒应提质减量，积极寻求创新与突破。针对动漫游戏上市公司轻松"躺赢"之机遇，众应互联应加强游戏研发，力争跻身头部游戏市场；祥源文化、美盛文化、金科文化、电魂网络、联络互动、顺网科技、ST瀚叶、完美世界以及世纪华通应把握时机，开发长效游戏IP，扩大游戏业务覆盖面。针对电视传媒上市公司和文化旅游上市公司"悲喜交加"之情境，华数传媒应发挥数字化优势，形成多领域渗透覆盖；宋城演艺应加速转型升级，打造中国特色品牌文化。针对新闻出版上市公司和广告营销与策划上市公司稳步前行的现状，浙版传媒、果麦文化、浙数文化、

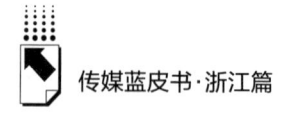

平治信息要保持精品内容供应，继续向数字化、信息化靠拢；思美传媒、华媒控股、海峡创新、利欧股份、壹网壹创、ST 米奥、每日互动要大力发展数字营销业务，加大技术创意双投入，培育营销新模式。浙江传媒上市公司的复苏绝非一日足矣，共创和谐有序的传媒业态，依旧任重道远。

# B.12
# 浙江省视听产业园区运营发展报告

袁靖华 陈涵瑶 韩嘉一[*]

**摘　要：** 本报告聚焦浙江省视听产业园区建设情况，根据运营特点的共性，提炼出五种运营模式，分别是整合地方资源的本地化运营模式、全国龙头单位从地方辐射全国的综合运营模式、政策扶持下的中小微企业集群运营模式、以国内影视剧拍摄和制作为主要业务的运营模式以及面向国际的影视合作区运营模式。本报告着力梳理了这五种运营模式的特点、具体的运行方式，并总结了浙江省视听产业园区运营的经验与不足，为推进浙江省广播电视和网络视听产业高质量创新性发展提供参考。

**关键词：** 广播电视　网络视听　视听产业园区　国际传播

## 一　浙江省视听产业园区发展概况

浙江作为经济和文化大省，在广播电视和网络视听领域一直位于全国前列。近年来，为进一步推进浙江省广播电视和网络视听产业高质量创新性发展，使其成为新时代广播电视行业的"重要窗口"，浙江省广播电视局分别于2020年11月30日和2020年5月11日印发了《关于推动我省广播电视网络视听业高质量发展的实施意见》和《浙江省广播电视和网络视听产业

---

[*] 袁靖华，浙江工业大学人文学院教授，主要研究方向为影视传播；陈涵瑶，浙江工业大学人文学院新闻与传播专业硕士研究生，主要研究方向为影视传播、国际传播；韩嘉一，浙江工业大学人文学院新闻与传播专业硕士研究生，主要研究方向为跨文化传播、国际传播。

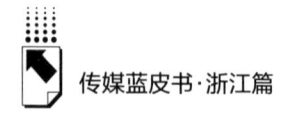

基地（园区）培育工作方案》等两份文件，在政策方面予以大力引导和扶持。

具体来看，浙江省广播电视局重点扶持一些单位和作品，并给予相应的政策优惠。在网络视听方面，浙江支持东阳横店、宁波象山、嘉兴海宁、杭州西湖等地开展重点网络影视剧备案管理试点，推动重点网络影视剧题材规划、立项创作、备案审查的关口前移，改善网络影视剧发展环境。[1] 在传统广播电视方面，浙江以安吉智慧广电产业基地、华数白马湖数字电视产业园等为重点单位，大力推进广电智慧化。

根据《浙江省广播电视和网络视听产业基地（园区）培育工作方案》中规定的基本要求、申报条件、程序要求、规范管理等内容，浙江于2020年12月10日公布了第一批省级广播电视和网络视听产业基地（园区）培育单位名单。依托这些优质单位，围绕5G应用、网络视听、数字电视等创新发展主题，推动浙江网络视听产业做大做强，打造一批具有龙头带动作用和全国影响力的品牌企业，并促进网络产业基地与现有基地间的错位发展和优势互补、合作共赢，形成更趋合理和完善的基地发展新格局。[2]

## 二 浙江省视听产业园区的五种运营模式

浙江省内与视听相关的各种产业园、产业基地众多，运营模式各不相同，但亦存在许多共同点。大体上可以分为以下五类：第一，整合地方资源的本地化运营模式；第二，全国龙头单位从地方辐射全国的综合运营模式；第三，政策扶持下的中小微企业集群运营模式；第四，以国内影视剧拍摄和制作为主要业务的运营模式；第五，面向国际的影视合作区运营模式。

---

[1] 《开局"十四五"，浙江广电这样做！》，流媒体网，2022年2月1日，https://lmtw.com/mzw/content/detail/id/197557。

[2] 《开局"十四五"，浙江广电这样做！》，流媒体网，2022年2月1日，https://lmtw.com/mzw/content/detail/id/197557。

## （一）整合地方资源的本地化运营模式

在省内众多产业园与产业基地中，以温州广电网络视听产业园、安吉智慧广电产业基地为代表的本地化运营模式，由地方广电作为主体驱动力量，整合当地资源，因地制宜地进行"本地化"设计，力求更好地服务当地。

**1. 温州广电网络视听产业园：助力直播电商，带动当地数字经济发展**

2020年12月，温州广电网络视听产业园作为全省12家视听产业园之一，入围了第一批省级广播电视和网络视听产业基地（园区）培育名单，这也是温州地区唯一的一家。随着温州网络视听产业的进一步发展，温州广电计划在温州广电网络视听产业园区逐步打造温州视听制作中心、温州融媒直播中心、温州影视文化中心、温州艺术教育中心等四大中心，并将其作为园区的四大产业。

作为温州广电下属的地方市域级广电产业园，温州广电网络视听产业园的建设既不同于省级综合性大型视听产业园，也不同于县域级别的小而精型产业园，而是基于温州市域范畴，深度挖掘温州作为全省"共同富裕先行示范市"的视听资源。针对温州各类民营经济发达、温商遍布的特点，温州广电网络视听产业园全力打造地方品牌专业直播及人才导流服务平台，开拓以直播带货和网红经济为代表的数字内容产业，有效联结品牌树立、文化传播和产业发展，探索一条适合地方产业带的直播电商之路，形成"互联网+地方文化+区域品牌"的新兴产业生态矩阵。目前规划形成的主营业务可分为短视频运营、直播带货两大业务板块。其中，短视频运营涵盖原创号和代运营两种方式，直播带货则引入了有成熟运营经验的团队共同合作开发业务，致力于"引外力、培内力"，形成广电系统内部的直播产业"造血"机制。①

背靠温州广电，利用温州广电的资源和专业度，为本地广播电视和网络

---

① 《温州广电王牌直播基地昨天成立　温州广播电视传媒集团跑上直播带货新赛道》，"百晓讲新闻"企鹅号，2021年10月23日，https://new.qq.com/omn/20211023/20211023A072JH00.html。

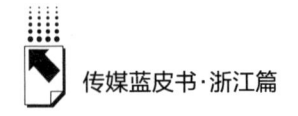

视听产业提供优质的发展环境和先进的硬件支持；利用其专业资源，结合温州本地数字经济发展态势，构建短视频运营和直播带货两大主要业务板块。温州广电网络视听产业园在提升本地视听内容制作水平的同时，立足温州本地经济发展特点，有效助力当地数字新经济的发展。

2. 安吉智慧广电产业基地：智慧化融合，县级广电公共服务向地方性综合信息服务转变

安吉智慧广电产业基地是整合地方资源的本地化运营模式的又一典型代表。该基地是在媒体融合的历史契机下，响应国家广播电视总局持续推进"智慧广电+公共服务"、促进公共服务转型升级的号召而逐渐建设起来的。2018年11月16日，国家广播电视总局组织编制并发布了《关于促进智慧广电发展的指导意见》。自此以后，以新闻宣传为根本，以视听节目服务为核心，以智能广电网、互联网和移动互联网为承载的融合型服务体系加速形成。

为推动浙江广播电视网络视听业高质量创新性发展，使其成为新时代广播电视行业的"重要窗口"，浙江省广播电视局响应并落实国家广播电视总局的号召，分别于2020年11月19日和2020年11月30日印发了《浙江省智慧广电建设行动计划》和《关于推动我省广播电视网络视听业高质量发展的实施意见》等两份政策文件。

安吉县一直走在全省广播电视智慧化建设的前列。2018年8月，浙江安吉新闻集团对安吉广播电台、安吉电视台、安吉新媒体中心3个单位15个媒体平台进行整合，成立适合县域特点的安吉县融媒体中心。2020年3月，浙江省安吉县广播电视台媒体智慧化融合案例被列为国家广播电视总局"2019年度全国广播电视媒体融合典型案例"。在安吉智慧广电产业基地的运作下，集团不断整合优质资源，坚持互联网优先战略，自主创立了融媒体移动客户端"爱安吉"，将"爱安吉"打造成集新闻时政、民生热点、便民服务、政务公开等于一体的智慧化县级融媒体移动App。[①] 安吉智慧广电产业基地立足县

---

[①] 乔秀峰：《浙江安吉新闻集团智慧化融合模式解析》，《传媒》2021年第9期，第41~42页。

域需求，以县域融媒体建设为基点，加强本地化平台和项目的定制开发，以基层智慧化数字治理解决方案提升了当地公共服务的效率和质量。

## （二）全国龙头单位从地方辐射全国的综合运营模式

浙江广播电视集团和华数集团均是在全国视听行业居领先地位的龙头单位，其服务范围不仅仅限于本地，而是以本地为核心基地将服务范围覆盖到全国。该运营模式下的产业园区，借助省级单位强大的资源整合力和人力优势，提升广电行业的制作服务能力，做到立足浙江、服务全国。

**1. 浙江国际影视中心：集传统视听节目制作和直播电商为一体，立足浙江辐射全国**

浙江国际影视中心由浙江广播电视集团投资兴建，是集影视节目拍摄、演播、后期制作、文化企业孵化、动漫会展旅游于一体的综合性文化创意产业园区，也是迄今浙江省规模最大、投资最多、档次最高、功能最全的现代化广播电视建设项目，主要包括影视后期制作核心区、影视文化综合服务区和影视独立制作区三大建筑群组。自2017年5月开园以来，经过几年的发展，吸引了浙江广播电视集团旗下的新蓝网、蓝巨星、浙江IPTV、布噜文化等实体单位和其他外部文创企业陆续落户，影视传媒产业链逐步形成。目前浙江国际影视中心已形成中国TOP直播电商产业园、中国蓝文化创意产业园、研学培训基地、影视后期制作基地、会务会展基地"两园三基地"的产业生态格局，所覆盖的业务范围广泛，在广播电视和网络视听的内容制作、分发传播、用户服务、技术支撑、生态建设、运营管理和人才培养等方面均有涉及，力求以其强大的综合实力为浙江广播电视和网络视听业高质量发展做出贡献。

值得一提的是，浙江国际影视中心成立了自己的主播学院以及直播电商产业园。位于影视中心园区内的中国TOP直播电商产业园由萧山区与浙江广播电视集团联手打造。自2020年5月开园以来，中国TOP直播电商产业园已引入妙趣互娱、太空蓝猫、希宏世、锦虹传媒、抖号科技等头部机构、企业16家，签约面积近7000平方米，辐射带动杭州乃至全国电商产业链加快升级。

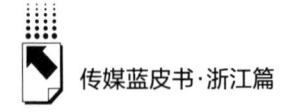

中国TOP直播电商产业园由浙江广播电视集团好易购频道进行主体运营，依托杭州发达的电商产业基础，实施"一二三运营体系"——"三中心、二基地、一基金"[①]，构建全国首个以超级头部主播为核心，集头部平台、主播、产业链、企业品牌、物流管理、大数据运营、孵化培训等于一体的直播电商生态圈。[②] 中国TOP直播电商产业园背靠浙江广播电视集团的资源和人力优势，从主播培训到选品，再到商品销售环节，为直播电商提供了一站式服务解决方案，建立起了垂直化、精细化、专业化的产业运营模式。

在高新技术的支撑下，浙江国际影视中心背靠浙江广播电视集团，以其强大的资源和专业实力，制作出了一批优秀的经典视听节目，为浙江乃至全国广播电视和网络视听产业园区的发展升级提供了重要思路。

**2. 华数白马湖数字电视产业园：推进科技创新，打造一流广电数字媒体运营区**

华数白马湖数字电视产业园是由华数集团出资建造的大型综合性数字电视产业园区。华数数字电视传媒集团有限公司是由杭州文广集团、浙江广播电视集团等投资设立的大型国有文化传媒产业集团，也是国内领先的有线电视网络和新媒体运营商，拥有全媒体和宽带网络业务牌照资源，覆盖海量传统媒体和新媒体用户，业务遍及30个省（区、市），与国内政府部门和多个全球知名企业均有深度合作。华数集团力争成为"全国一流的新媒体内容服务商、全国规模最大最先进的广电网络运营商、最具创新能力的科技文化融合企业"[③]，如今正走在不断完善智慧广电、数字服务生态产业链的路上。

华数白马湖数字电视产业园于2011年10月8日正式启动建设，历时5年建设完成，目前已成为覆盖全省、辐射全国的一流数字化运行中心，同时是全国数字产业的孵化基地、实验基地、发展基地。华数白马湖数字电视产

---

① "三中心"为主播中心、选品中心、运营中心，"二基地"为产业链生态基地、网红主播孵化基地，"一基金"为直播产业专项基金。
② 《中国首家TOP直播电商产业园荣耀启幕！》，"浙江国际影视中心"微信公众号，2020年5月8日，https：//mp.weixin.qq.com/s/a5ZUjyOQAdcEIOVS0ipt6A。
③ 孙杰贤：《华数传媒：创新，引领与傲腾》，《中国信息化》2019年第1期，第42~43页。

业园规划了"数字运行区、华数集团区、产业发展区、园区配套区"四大功能区域,打造八大运行中心,即全省数字电视播控中心、全国新媒体播控中心、全国最大的数字节目内容媒体资源库、全国节目内容分发和运行中心、数字节目内容制作中心、信息数据中心、下一代广播电视网枢纽中心、国家数字电视开放实验室。[1]

华数白马湖数字电视产业园通过提供先进齐全的设备平台和专业的人力资源,现已成为华数集团深化融合创新,从传统广电业务、新媒体和全国市场业务向智慧广电业务拓展深化的重要引擎。华数集团立足浙江,服务全国,而华数白马湖数字电视产业园则用技术创新和智慧化的运行模式,构建了融传统广电媒体服务和新型信息服务于一体的运营格局。

### (三)政策扶持下的中小微企业集群运营模式

与前两种运营模式不同,以中国(之江)视听创新创业基地、浙江(金华)网络视听产业基地、宁波民和文化产业园、杭州市高新区国家动画产业基地为代表的产业园(基地)并不是由单一的地方广电或大型国企出资建设的,而是整合了地方和中央的相关政策利好,结合地方政府的主导性产业发展创新力量,联合组建而成。其中,当地政府为其量身打造的企业落户相关财政、税收和人才优惠政策等,发挥了重要的牵引和影响作用。园区或基地内集聚了一批文化创意生产型中小微企业,在相关政策扶持下逐渐形成了各具特色的视听文创产业集群。

**1. 中国(之江)视听创新创业基地:政策扶持文创中小微企业形成创新创业集聚效应**

2021年5月13日,中国(之江)视听创新创业基地在2021中国视听创新创业大会系列活动上挂牌成立,基地聚焦培育扶持视听类中小微企业成长和创新创业人才建设,广泛吸引社会力量,集聚优势资源,立足视听特

---

[1] 《杭州"国家级文化和科技融合示范基地"建设方案(节选)》,《杭州科技》2013年第4期,第26~30页。

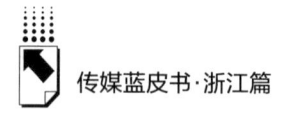

色，推动产教融合模式创新、数字科技成果转化、产业公共服务平台建设，打造视听制作、影视科技、数字文创等多个产业蓬勃发展的视听创新创业生态体系。这是2021年国家广播电视总局设立的唯一一个国家级基地，也是全国唯一一个视听创新创业基地。

中国（之江）视听创新创业基地设立在杭州西湖艺创小镇。艺创小镇位于之江文化产业带核心区域，现已吸引了2700余家文创企业在此创业，形成了以文创设计、数字文化和影视动漫等为主业的蓬勃发展的文创产业生态。目前，时光坐标、中视精彩等近20家以技术为核心的影视企业也在小镇落户，并参与了《三生三世十里桃花》《恋恋阙歌》《烈日灼心》《罗长姐》《亲爱的，热爱的》《鬼吹灯之龙岭迷窟》等多部热播影视作品的制作。入驻小镇的项氏兄弟、网大影业等网络影视企业，均位居国内网络影视第一方阵。云米文化则先后投资了《中国合伙人》《无问东西》等优秀影视作品。[1] 在政策指引下，中国（之江）视听创新创业基地不断健全配套设施，加快相关政策落地，吸引更多专注视听创意领域的小微企业入驻。

近年来，浙江省广播电视局制定出台了《关于推动我省广播电视网络视听业高质量发展的实施意见》《浙江省广播电视和网络视听产业基地（园区）培育工作方案》等文件，推动浙江视听产业布局的进一步完善。在政策支持下，中国（之江）视听创新创业基地引进了中国影视摄影师协会、中国影视技术专业委员会等专业机构，并在浙江省广播电视局的支持下，于艺创小镇开展重点网络影视剧备案管理试点，设立网络影视剧审片室，使网络影视剧发展环境得到改善。[2] 作为特色视听文创小镇，中国（之江）视听创新创业基地正在打造具有高技术支撑、高价值附加、较强国际竞争力的新时代视听产业创新基地。

---

[1] 《中国（之江）视听创新创业基地落户艺创小镇》，杭州市西湖区人民政府网站，2021年1月13日，http://www.hzxh.gov.cn/art/2021/1/13/art_1177933_59003394.html。

[2] 沈听雨：《中国（之江）视听创新创业基地获批》，《浙江日报》2021年1月5日。

### 2. 浙江（金华）网络视听产业基地：打造互联网数字创意产业新高地

浙江（金华）网络视听产业基地以金华互联网乐乐小镇为核心区，以开发区现有的产业布局为基础，重点发展网络视听产业。基地计划在政策扶持下全力打造以信息技术服务、网络游戏、网络视频、网络影视为主导的产业格局，集平台建设、内容创意、软件开发为一体的网络视听产业基地。在开发区政府的投资和政策扶持下，浙江（金华）网络视听产业基地涌现出全国最大的游戏服务商"5173.com"，还有"9158"（就约我吧）、"齐聚科技"等一批本土网络视听企业。[1] 浙江（金华）网络视听产业基地在推进企业发展的过程中有重点地进行扶持，以视听产业为核心，建设配套服务平台，包含企业孵化器、加速器、众创空间及产业园等，共同形成创业生态体系，助推产业基地发展。与此同时，游戏动漫、网络安全服务等相关企业形成的产业集群也为视听产业的融合创新发展提供了坚实的基础。

在产业集群式发展的运营模式中，每个企业都是产业价值链上的一个节点，企业在地理空间上的集聚更有利于产业价值链上各环节的有机联系。由此，价值链上下游的各单位之间能形成一个相互合作学习但又相互竞争的良性互动关系。[2] 浙江（金华）网络视听产业基地在核心产业集群式发展的同时，也注重相关产业的融合发展以及产业链的完善。整个园区形成了"核心产业+相关产业"并存的"一园多产式"格局。

### 3. 宁波民和文化产业园：民营产业园"筑巢引凤+引凤筑巢"，打造文化与金融合作示范区

宁波民和文化产业园坐落于宁波高新区 CBD 地段，整个园区面积大约为 13 万平方米，投资为 10 亿元。园区先后获得区域中小微文化公共服务平台、宁波市战略新兴文化产业园、浙江省重点产业园等称号。不同于其他有官方背景的产业园（基地），宁波民和文化产业园是一家纯民营的产业园。目前全区已形成了文化艺术、文化影视、文化科技、文化金融、文化服务五大业态。

---

[1] 《入选省级首批！快看金华开发区如何打造网络视听产业基地》，"金华开发区发布"微信公众号，2020 年 12 月 22 日，https://mp.weixin.qq.com/s/DT-EZwEI9Qk-eN4tCLaCnQ。

[2] 华正伟：《文化创意产业集群空间效应探析》，《生产力研究》2011 年第 2 期，第 9~10 页。

在运营方面，园区致力于打造360°全产业链服务体系，将影视产业做专、做深、做全。为此，宁波民和文化产业园设立了四大服务中心。首先是金融服务中心。宁波民和文化产业园打造了"文化+金融"的投融资体系，尽力解决影视企业创业周期长、融资难、行业黏合度不高的痛点问题。其次，为规范文化企业发展，园区设立了财务服务中心，为中小微影视企业提供工商注册、代理记账、政策咨询、奖项申报、纳税等服务。再次，为了帮助客户在落地时可以更好地进行资源对接，园区成立了管家服务中心。最后，园区还设有人力服务中心，在长期人才引进和短期人员配比等方面为企业提供帮助，缓解企业招人难或人才短缺等问题。随着园区软硬件建设和相关产业链的不断完善，一些优秀作品成功孵化产出，让宁波民和文化产业园实现了从"筑巢引凤"到"引凤筑巢"的华丽升级，包括李小冉、张嘉译、靳东、田亮等在内的国内知名导演、演员工作室纷纷落户。[1]

正如宁波民和文化产业园董事长张亚佩所说："与其他同类产业园相比，民和文化产业园更懂得如何以企业为本，深度服务企业。"[2] 这也是宁波民和文化产业园的优势所在。如今，除了切实为落户企业提供便利的四大服务中心，园区也已经形成了从剧本创作到影视拍摄，再到后期制作以及宣传发行的影视全产业链。

4. 杭州市高新区国家动画产业基地：政府、企业、市场三力合一，"洼地效应"助力打造"动漫之都"

杭州市高新区国家动画产业基地是"动漫之都"建设的核心区和示范区，主要发展包括动画、漫画、游戏在内的三大动画产业。目前，已有宏梦卡通、中南卡通、边锋网络、时空影视、渡口网络等多家民营动漫和游戏企业加盟基地。[3] 在杭州丰富的资源和基地政策的支持下，众多动漫企业入驻

---

[1] 谢霞：《民和文化产业园：培育全产业链影视文化生态圈》，《宁波通讯》2017年第7期，第23页。
[2] 《宁波民和文化产业园开园 培育全产业链影视生态圈》，浙江新闻网，2017年4月17日，https://zjnews.zjol.com.cn/zjnews/nbnews/201704/t20170417_3471520.shtml。
[3] 《杭州高新区国家动画产业基地》，《杭州》（生活品质版）2011年第2期。

基地,企业集聚形成经济学上的"洼地效应"。

为实现取长补短、错位发展的目标,杭州市高新区国家动画产业基地积极搭建人才培养平台,与浙江工业大学、中国美术学院、浙江传媒学院等高校密切合作,共同建立了人才教育实训中心。基地搭建的技术服务平台以"七库四平台"项目为核心,通过动漫知识库、专家人才库、动画动作库、材质贴图库、程序编码范例库、开放源码国产动漫引擎库和技术制作平台、测试部署平台、宣传发布平台、业务协作平台等的建设和积累,为企业研发和制作提供一流的软硬件设备,以降低成本,提高产量和质量,完善各企业动漫游戏产品及动漫产业链。[1] 此外,基地还成立了创意创作中心,广泛招揽人才,收集可供改编的创意资源,重视版权保护,鼓励企业原创生产,助力企业走向海外市场。例如,杭州今古时代电影制作公司制作了浙江第一部3D动画电影《麦包故事之大唐风云》;盛世龙吟团队制作的国产动画片《济公》作为央视贺岁动画片播出且顺利进入东南亚市场;中南卡通影视有限公司制作的动画片《天眼》在全国多个省(区、市)电视台播出,还进入了美国、德国、加拿大、英国等20多个国家,受到了热烈欢迎。这些优秀企业的发展、重磅项目的落地以及国家政策的引导和扶持,是杭州加快动漫游戏产业转型升级、构建"动漫之都"的关键动力。

#### (四)以国内影视剧拍摄和制作为主要业务的运营模式

这类产业园区的运营模式主要以影视剧的拍摄和制作为主,目前已形成了较为系统和完善的生产链,成为浙江乃至全国影视制作的主要基地,同时是浙江金华、宁波经济发展、文化发展的重要支柱。在专业化的影视生产基础上,产业园区充分利用统一管理、运营的优势,以影视生产带动多元化模式发展,例如线上文化旅游、承办大型活动、晚会,运营文创商业区,等等,发展、创收模式不断改革创新,呈现欣欣向荣之态。

---

[1] 余小平、叶春冬、李晓军:《"天堂硅谷"创意圆梦——走进杭州国家动画产业基地》,《中国高新区》2007年第7期,第54~57页。

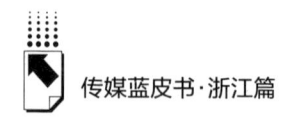

**1. 浙江横店影视产业实验区："东方好莱坞"打造影视业全产业链，"文旅一体"成为园区发展新引擎**

浙江横店影视产业实验区成立于2004年，是国家广播电视总局批准设立的全国首个集影视创作、拍摄、制作、发行、交易于一体的国家级影视产业实验区。近年来实验区先后被评为"中国最具特色影视拍摄基地""中国文化创意产业最佳投资环境园区""浙江省文化产业示范基地""浙江省文化建设示范点""中国广播影视十大年度榜样"等。2013年，经科技部、中宣部、文化部、国家新闻出版广电总局等4部门共同评审认定，实验区成功获批"国家级文化和科技融合示范基地"称号。

近年来，在各级领导和相关部门的关心支持下，横店充分发挥先发优势、基地优势、政策优势和服务优势，建成了全球规模最大的影视实景拍摄基地，形成了全国影视产业最为密集的影视产业集群，构建了最为完善的影视产业服务机制。目前实验区已吸引华谊兄弟、正午阳光、唐德影视、新丽传媒等1400余家影视企业入驻，占浙江省影视文化企业的一半左右。先后建成秦王宫、清明上河图、明清宫苑等30余个大型实景基地和100座高科技大型室内摄影棚，累计接待剧组3200多个，拍摄影视剧70000余部（集）。

现阶段，横店影视产业实验区基本实现了影视拍摄与主题旅游一体化的运营模式，新建成的圆明新园和上海滩园区更注重主题旅游功能的实现，合理分隔游览区和拍摄区，预开辟"影视体验游专线"，在展现历史风貌景观的同时注重开发沉浸式影视文化体验，通过自主策划开发与合作引进相结合的方式打造优秀传统文化节目、精品非遗节目、大型实景电影演出以及高科技娱乐项目。[1] 横店影视产业实验区在影视拍摄与制作产业链不断优化的基础上，丰富并增加了园区的附加价值；在影视拍摄专业化的基础上，形成了独特的"文旅产业一体化"。

---

[1] 耿黎明：《影视文化产业全域化发展对策研究——以金华市横店影视集聚区为例》，《辽宁经济》2020年第9期，第24~26页。

**2. 宁波市影视文化产业区：象山影视城跻身国内头部影视基地，助推宁波影视文化产业新业态**

宁波市影视文化产业区包括象山影视城、民国城和中国海影城，目前建成面积 1203 亩，总投资逾 10 亿元。2005 年，建成神雕侠侣城；2010 年，建成以春秋战国为时代背景的春秋战国城；2016 年，占地 86 亩、总投资 2.4 亿元的全国最具有质感的民国城建成；2017 年 11 月，唐城项目投入使用；2018 年 5 月，占地 112 亩、总投资 3 亿元的中国海影城正式对外营业。[1]

其中，象山影视城的规模和影响力最大，在此拍摄有《长安十二时辰》《琅琊榜》《芈月传》《三生三世十里桃花》《大秦帝国》等大热剧集。热门剧集的播出吸引大批粉丝，使得旅游成为象山影视城除了影视以外的另一大支柱产业。为了做好旅游经济这篇文章，象山影视城推出了明星见面会、剧组探班游、影视揭秘游等影视系列产品；立足影视基地特点，推出"小火车影视片场游""古风侣拍秀""数字棚学国学"等影视揭秘产品等。2019 年 1 月至 5 月中旬，象山影视城景区经营性收入 4612.2 万元，其中门票收入 4170.8 万元，同比增长 66.5%，接待游客量 114 万人，同比增长 48%，门票收入进入全国影视基地景区前三名。[2]

中国海影城由浙江广播电视集团和象山县人民政府合力打造，总投资 15 亿元，是浙江省重点文化旅游建设标杆项目，总占地面积约 1000 亩。中国海影城以"广电、海洋、影视"为主题，将浙江广电的优质资源与"海洋"体验结合，以打造"海洋影视主题乐园"为目标，是集主题游乐、影视拍摄制作、休闲度假、商业为一体的新型文化旅游综合体。[3]

宁波市影视文化产业区以象山影视基地为头部核心，再加上中国海影城

---

[1] 《努力打造宁波产业文化新名片 积极推进象山星光影视小镇建设》，《中国经贸导刊》2020 年第 12 期，第 82 页。

[2] 胡根元等：《象山影视城：深耕影视产业跻身国内头部影视基地》，《浙江画报》2019 年第 12 期。

[3] 《宁波中国海影城 东海之端·海上传奇》，《风景名胜》2018 年第 7 期。

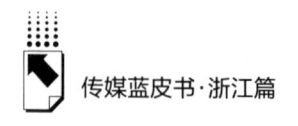

主题乐园的辅助产业带动，努力把宁波打造成中国影视文化产业的地区新标杆。

**3.博地影视文化创意产业园：以文创商业运营为核心，创造"影视产业+文娱活动承办"新局面**

宁波市级文创园博地影视文化创意产业园，别名博地影秀城，位于宁波市北仑区，总建筑面积45万平方米，总投资逾45亿元。通过为初创文化企业提供"创业教育+创业投资+创业辅导+创业交流平台"等多种标准化的服务，博地影视文化创意产业园现已成为北仑区影视人才集聚区、文创企业集聚群、精品项目集成地。短短两年间，产业园区已实现文创产值超3亿元、文创税收近2000万元，共计招商引进近200家企业，其中文创企业占比为70%，解决1600多人劳动就业。园区先后获得省级重点文创产业园、省级小微文创园、宁波市文创产业园区等称号。[①]

博地影视文化创意产业园目前拥有影视基地、影视基金、影视制作三大平台，以及包括后期制作、拍摄服务在内的全产业链娱乐产业平台。园区完善的配套服务吸引了一批优质影视制作公司，其中包括阎建钢工作室、果静林工作室、宁波正觉文化有限公司等国内领先的影视行业龙头企业和顶级大师工作室。与此同时，园区企业已投拍、出品影视项目包括《甜蜜》《有偿有限公司》《盗亦有道》等。博地现代影视基地相继接待了由陈都灵、沈月主演的电视剧《七月与安生》，献礼改革开放四十周年电视剧《启航》，华策出品的《魔女的童话》，光线出品的《无法直视》等近50个剧组的拍摄工作。

在文创商业运营的基础上，从2018年至今，博地影秀城承办了第31届电视剧"飞天奖"暨第25届电视文艺"星光奖"颁奖典礼、"丝路琴声"宁波国际钢琴艺术节，积极参与多届宁波文博会（2019年作为文博会的分会场之一），成功举办首届影视文化高峰论坛。各类大型活动的落地举办，

---

① 《博地影视文化产业园，宁波又一个"网红"影视基地！》，"文创港"搜狐号，2020年1月20日，https://www.sohu.com/a/368090331_99957768。

不仅直接提高了宁波及北仑在区域内的影响力,而且引发了社会各界的良好反响,进一步加深了国内外对于宁波"名都名城"的印象。

### (五)面向国际的影视合作区运营模式

浙江努力寻求国际传播和国家视听产业的创新,力图与国际影视产业接轨,推动中国影视行业走出国门,在探索国际合作和模式拓展方面,也取得了一些优秀成果。

国际视听产业的发展以及国际传播是树立中国国家形象的重要渠道,中国影视作品的国际化也是中华文化"走出去"的重要窗口。所以,建设面向国际的合作园区是符合时代要求、符合国际市场竞争形势、符合中国发展目标的重要举措。中国(浙江)影视产业国际合作实验区由杭州市、海宁市、浙江华策影视公司三方共同建设,总部设在杭州,基地建在海宁,是全国首家定位于影视产业国际合作的国家级影视基地,也是浙江省继横店影视产业实验区、杭州高新区国家动画产业基地后的第三个国家级影视产业基地。[①]

**1. 中国(浙江)影视产业国际合作实验区杭州总部:全国首家影视产业国际合作区,助力浙江成为中华文化"走出去"的重要窗口**

中国(浙江)影视产业国际合作实验区(以下简称"合作实验区")是全国唯一一个以文化"走出去"为导向的国家级影视产业园,于2012年由国家广播电视总局批复成立,2018年又被商务部、中宣部、文化和旅游部、国家广播电视总局授牌为首批13家"国家文化出口基地"之一。合作实验区总部位于杭州市城西科创大走廊的核心位置,紧邻浙江大学紫金港主校区。目前,合作实验区已有60多家企业入驻,影视科技文化企业占80%以上,其中不乏华策影视集团、涂鸦科技总部等龙头企业。

合作实验区主要有以下四个任务。一是建设全国领先的影视出口译制平

---

① 董一淋:《中国(浙江)影视产业国际合作实验区杭州总部落地》,《杭州》2013年第7期,第80页。

台。合作实验区组建了自己的出口译制中心,可以翻译50多种语言,年译制时长超过1000小时。二是搭建影视产品海内外销售平台。合作实验区持续参加全球重要影视节展,到一线推广销售中国影视剧。三是建设中国影视与国际同行的交流平台。8年来,合作实验区举办了6届全国影视创新峰会、4届艾美国际奖的半决赛,还承办了中美电影论坛、飞天奖等重大节展活动,展现了中国影视界在国际上的影响力。四是开展多样化的教育、培训工作,打造国际影视人才培养平台。合作实验区承办的浙江省育才基金已运行了6年,每年选送20名优秀影视制作、发行人才赴美国南加州大学或英国威斯敏斯特学院进行为期45天的专业培训,培养既懂影视、又懂国际市场的高端人才。[1]

作为全国首家国家挂牌的影视产业国际合作实验区,中国(浙江)影视产业国际合作实验区影视出口译制平台、海内外销售平台、中国影视与国际同行的交流平台以及多样化的人才教育培训工作都建设、实施得颇有成效,成为浙江众产业园区中独特的风景线,是浙江响应国家号召开展影视国际传播工作的优秀代表。

2. 中国(浙江)影视产业国际合作实验区海宁基地:"政府主导+企业自营",影视优惠政策为国际输出保驾护航

2012年5月,中国(浙江)影视产业国际合作实验区海宁基地(以下简称"海宁基地")由国家广播电影电视总局授牌成立。海宁基地成立至今,已有近400家来自全国各地的影视企业入驻,实现营业收入总额70多亿元,上缴税收5亿多元。2016年,海宁基地被浙江省委宣传部评为"浙江省重点文化产业园区",被浙江省商务厅评为"浙江省服务贸易发展基地",被中国企业园区国际合作联盟等部门列为"中国产业园区创新力百强"。

海宁基地以国际输出为导向,主要致力于中华文化"走出去",通过"政府主导"打通渠道、"企业自营"收获效益的模式,已输出版权约16000部

---

[1] 陈广:《打造中国电视剧出海金名片——中国(浙江)影视产业国际合作区的实践探索》,《传媒》2020年第5期,第28~29页。

（集）到中亚5国、东盟10国，以及北美一些国家和地区。在各级主管部门的支持下，海宁基地高举"内容为王"大旗，鼓励影视剧精品创作，每年以专项资金扶持影视精品，涌现了艺术片《路边野餐》、记录电影《宫殿之城》等佳作，屡获国际大奖，《大圣归来》《捉妖记》等热门电影亦有基地公司参与的身影，参与主创的《三八线》等一系列主旋律电视剧在中央台和一线卫视等平台播出。

中国（浙江）影视产业国际合作实验区海宁基地自成立以来，产业发展态势良好，企业集聚效应显著。海宁基地创新服务方式，利用"云服务"银企对接会，将服务阵地转移到"云"上，搭建银企融资"空中桥梁"。11家银行和14家影视企业代表，变"面对面"为"屏对屏"，在线上快速高效接洽，在线下精准解决需求。[①] 在疫情期间，海宁基地真正做到了"为企业着想，为企业做实事"，用实际行动帮助企业渡过难关，为企业带来了极大的安全感。

浙江省视听产业园区立足于国家、政府的政策和资金支持，在影视产业、地方广电、县级融媒体以及国际合作等园区建设方面均走在全国前列，不仅带动了浙江经济、文化产业的长久发展，为小微企业创业者提供了良好的创业环境和创业支持，而且积极与高校等教育机构展开合作，为优质人才提供了广阔的就业平台，并进一步在资源整合、平台搭建等方面带来示范效应。未来浙江省视听产业园区将在更加精准、细化、人性化的政策支持下，不断进步，争取在今后的发展中辐射至全国，乃至国际的更大范围。

---

① 《海影基地精准服务　破解影视企业融资难题》，"新广电"微信公众号，2020年4月2日，https://mp.weixin.qq.com/s/M_AYNm1EAaqpB8clXZvZ0A。

# B.13 浙江省广电和网络视听产业升级突围的方向

游淳惠　郑琪琦[*]

**摘　要：** "十三五"以来，浙江省广播电视和网络视听工作有序推进。浙江作为全国经济发展领先的省份，结合自身地域优势和发展特色，紧跟政策指导，加快改革创新，"十三五"时期牢牢把握正确方向，加强舆论引导、有效提升广播电视公共服务水平、深耕精品创作、产业实力持续增强、行业监管成效显著、对外交流有效推进。2021年是"十四五"规划的开局之年，也是建党100周年，本报告总结了浙江省广播电视和网络视听产业发展困境，通过对2019~2021年的政策进行分析，指出浙江省广播电视和网络视听产业的发展现状与突围方向。

**关键词：** 广播电视产业　网络视听产业　浙江省

2021年，浙江省积极响应《中华人民共和国国民经济和社会发展第十四个五年规划和2035年远景目标纲要》《浙江省国民经济和社会发展第十四个五年规划和二〇三五年远景目标纲要》和国家广播电视总局"十四五"规划相关工作要求，提出《浙江省广播电视和网络视听发展"十四五"规划》，从政策发展角度分析，可以得知浙江省广播电视和网络视听产业面临

---

[*] 游淳惠，浙江工业大学人文学院广播电视学专业教师，清华大学新闻传播学院博士，研究方向为科学传播、受众研究、媒介效果研究；郑琪琦，浙江工业大学人文学院新闻与传播专业硕士研究生。

的困境和突围路径如下。

浙江省广播电视和网络视听媒体在融合发展、升级迭代过程中，面临来自机制、理念、盈利模式、平台、人才、传播效果、产业模式、网络空间治理等问题。《广播电视和网络视听"十四五"科技发展规划》指出当前广播电视和网络视听媒体面临的新形势，首先，党中央强调要进一步推动传统媒体和新兴媒体融合发展，提高主流媒体的影响力和竞争力、构建主流媒体内容生产体系和舆论传播格局；其次，在新发展阶段，广播电视和网络视听作为我国公共文化服务供给的重要渠道，要不断升级服务，适应受众移动化、分众化、差异化、互动化趋势，为人民群众提供高质量视听内容服务和综合信息服务；再次，广播电视和网络视听要坚持用主流价值驾驭新兴技术、引导技术发展、规范技术运用，以此来应对互联网信息泛在传播带来的新挑战；最后，新一轮信息技术革命给广播电视和网络视听转型升级带来新机遇的同时，也伴随着新风险。

在网络强国战略与"互联网+"行动计划被上升至国家顶层政策的背景下，浙江省广播电视和网络视听媒体应抓住此机遇，创新浙江广电业态。浙江省广播电视局印发的《浙江省广播电视和网络视听发展"十四五"规划》指出，要进一步做大做强主流舆论场，推动媒体融合向纵深发展；围绕新时代精品工程，深入推进广播电视节目创新创优，建设更有影响力的"浙派"品牌；以数字赋能，推动产业高质量发展，打造产业集群，进一步推动广播电视和网络视听与科技、互联网深度融合；持续推进广电网络整合和5G网络建设一体化，构建智慧广电创新体系；实施广播电视国际传播"浙江行动"，推动浙产影视精品"走出去"。

# 一 浙江省广播电视媒体发展困境

自2018年11月国家广播电视总局制定出台《关于促进智慧广电发展的指导意见》以来，为持续推动浙江省智慧广电高质量发展，浙江省广播电视局于2020年11月11日制定了《浙江省智慧广电建设行动计划》，着重强调未来的工作重点是夯实智慧广电建设基础、构建智慧广电创新体系、拓展智慧广电应用服务范围、提升智慧广电保障水平。"十三五"以来，浙江省广播电视媒体全面贯彻落实党中央、国务院和省委、省政府的决策部署，舆论引导能力和水平不断提升，持续推进广播电视公共服务体系建设，公共服务成效显著，精品创作成果显著，行业监管成效显著。但目前浙江省广电产业在盈利方式、体制机制、内容生产、平台建设、人才引进、传播效果方面，仍存在一些不足之处。

## （一）省、市级广播电视媒体发展问题剖析

### 1. 传统渠道位移导致广告减量，新媒体端造血不足

2021年8月27日CNNIC发布的第48次《中国互联网络发展状况统计报告》显示，我国网民规模已达10.11亿人，其中我国网络视频用户（含短视频）规模达9.44亿人，占网民整体的93.4%，但传统视音频渠道用户持续下降。[1] 以广播和电视广告收入为例，2020年广播和电视广告收入分别为100.0亿元和689.6亿元，2021年广播和电视广告收入预计为92.6亿元和578.6亿元，预计分别下降7.4亿元和111.0亿元，传统媒体广告收入持续下降。[2]

浙江省级与市级广播电视媒体，在搭建和运营新媒体系统时都投入了大量人力、物力与财力，但大多数媒体，尤其是市级媒体仍处于影响力提升阶段，大多数媒体还是依赖于传统的广告变现，需依靠大数据实现精准定位、适销对路的内容产品，打通新媒体端流量变现的新型盈利模式。[3]

---

[1] 《第48次〈中国互联网络发展状况统计报告〉（全文）》，新浪网，2021年8月27日，http://finance.sina.com.cn/chanjing/cyxw/2021-08-27/doc-ikqcfncc5270431.shtml。
[2] 《2021年中国网络广告年度洞察报告（产业篇）》，"艾瑞咨询"澎湃号，2022年1月18日，https://www.thepaper.cn/newsDetail_forward_16335032。
[3] 杨亚初：《城市广电台推进媒体深度融合的路径探索与升维之道——以金华市广播电视台为例》，《广播电视信息》2021年第6期，第32~35页。

## 2. 体制机制难破"壁垒",融合意识出现"卡顿"

在技术平台建设层面,融媒体中心实现业务融合、贯通,但落实到体制层面,仍然存在部门与职数合不拢、并不了、减不得的问题,对实际业务流程、岗位、部门、人员设置并未进行实质性调整和重组,难以适应新平台。在机制层面,尽管中央级媒体走在体制机制改革的前列,但数量众多的市级、县级媒体并未形成系统化、集约化的内部机制,如金华市广播电视台打造了自主可控的"金彩云"平台,但"金彩云"联盟缺乏号召力与吸引力,无法打通省、市、县三级端口。[1]

从思维观念上看,媒体人员的融合意识自上而下逐层递减,缺乏凝聚力。对于互联网思维中的平台、产品、用户、数据等要素缺乏正确的认识,何为融媒体的本质、何为融媒体的运营、如何提升平台价值、如何创新内容增加服务,这些问题都成为媒体创新道路上的阻碍。机制与思维的双重困扰下,各种形式的媒体传播难以形成合力。[2]

## 3. 精品视听内容供给呈现结构性不足,流程优化尚存不足

从传统媒体粗放式的编辑部,到媒体融合集约式的"中央厨房",再到智媒时代数字化的"智能编辑部",媒介技术迭代升级,内容生产体系不断创新,但媒体的内容生产仍存在互联网思维不足的问题,未能生产大量"爆款"和精品视听内容。[3] 传统媒体工作者习惯以传播者视角进行内容生产和传播,未对目标受众结构和偏好变化等相关动态数据进行追踪,造成广播电视节目形式单一、内容同质化严重等问题。

媒体整合后如何再造策采编发流程,实现全天候、全覆盖、全媒体"新闻流"的目标,打破栏目各自为政的局面,是目前广播电视媒体面临的巨大挑战。这是因为广播、报纸、电视、新媒体等媒体业态既有共性也

---

[1] 杨亚初:《城市广电台推进媒体深度融合的路径探索与升维之道——以金华市广播电视台为例》,《广播电视信息》2021年第6期,第32~35页。

[2] 黄楚新、许可:《当前中国媒体深度融合的热点、难点与机制突破》,《传媒》2021年第14期,第12~14页。

[3] 杨亚初:《城市广电台推进媒体深度融合的路径探索与升维之道——以金华市广播电视台为例》,《广播电视信息》2021年第6期,第32~35页。

有个性，在生产方式、表现形式、传播特征、用户结构等方面存在显著差异。①

### （二）县级广播电视媒体发展问题剖析

**1. 一窝蜂式建设，缺少长期规划**

2018年全国宣传思想工作会议上，习近平总书记做出重要指示，要扎实抓好县级融媒体中心建设，更好引导群众、服务群众，由此，县级融媒体中心建设工作迎来发展关键期和重要机遇期。有关数据显示，截至2019年底，我国建设融媒体中心的县达1536个，覆盖率近82%。②

从实际建成和传播效果来看，各县政府普遍未对本县媒体的实际情况进行调研与考量，盲目地跟从国家政策的指挥，一窝蜂地建设县级媒体。从表面上看似乎推动了县级融媒体的全面建设，但实际上不少县级媒体融和浮于表面，传统媒体的优势与新媒体的优势仍处于相加状态，未能实现有机融合。这进一步导致各个平台内容同质化严重，平台未能结合自身的传播优势和特色进行有效传播，受众黏性不足，运行阻力较大。③

**2. 企事业编制待遇有别，融媒体人才难引难留**

县级融媒体中心的建设，离不开一大批复合型人才和技术人才的协作，"媒体竞争"亦是"人才竞争"，媒体核心优势是人才优势，只有大力培育本县的人才优势，才能保证融媒体中心的顺利运行。

首先，传统电视广告盈收逐渐下滑，电视节目也因创办成本过高致数量缩减，造成一批传统广播电视从业人员过剩和淘汰。其次，县级融媒体中心工作人员大部分是"60后""80后"，县级融媒体中心超过一半以上的工作人员年龄都在40岁以上。县级融媒体中心想在新媒体端发力，就需要一批能够迅速学习和认识全媒体和全流程、掌握现代技能的复合型人才，目前在

---

① 单滨新：《市级融媒体中心建设的绍兴探索》，《新闻与写作》2021年第1期，第88~93页。
② 郭好进：《5G时代背景下县级融媒体中心建设及发展探究》，《新闻前哨》2021年第10期，第42~43页。
③ 曹卫：《县级融媒体中心存在的问题与升级路径》，《视听界》2021年第5期，第121~122页。

岗的工作人员无法快速适应新岗位的职能，同时县级融媒体中心的规模和体系对高端人才吸引力不足。最后，县级融媒体中心的薪资待遇缺乏竞争力，并未向融媒体专业技术人才提供特殊的人才引进政策或配套的福利待遇，且人才引进后的长期发展路径较为模糊。[①] 基层条件不足，难以培养、引进、留住人才是县级融媒体中心亟待解决的重要课题。

**3. 经营模式尚不成熟，资金缺口依赖财政补贴**

资金是制约县级融媒体中心发展的一大痛点，目前县级融媒体中心的盈利方式较为单一，大多数依赖政府部门的财政支出，尚未形成推动县级媒体融合发展的内生动力。在县级融媒体中心建设的过程中，前期政府需要在平台、服务、技术等方面投入大量资金，不仅需要对原有的广播电视媒体资源进行重组和调整，还需要搭建全新的数据库中心和技术中心，采购媒体器材以保证中心的日常运作。

目前，以浙江省长兴县为代表的融媒体中心已率先实现市场化经营并获得盈利。但不少县级融媒体中心获得的基层单位拨发的资金较少，财政预算有限、盈利模式仍在探索中、创收渠道狭窄，这在一定程度上制约了县级融媒体中心的长期发展。[②]

**4. 传播效果微弱，服务有待强化**

首先，相较于省级、市级广播电视台的影响力和传播力，县级融媒体中心存在传播效果式微的困境。以县级电视台的新闻节目为例，其节目的资源、报道形式、呈现模式、表现手法相较于省级电视台竞争力不足，收视份额也被省级卫视台强势瓜分。

其次，县级融媒体中心在建设过程中忽略了界面的友好度以及与受众的互动性，在引导群众、服务群众方面有待加强。县级融媒体中心的主管单位主要包括县宣传部门、县级电视台以及县级传媒集团。县级融媒体中心开通"两微一端"实现自建新媒体平台，并与第三方展开合作。从表面上看，县

---

① 曹卫：《县级融媒体中心存在的问题与升级路径》，《视听界》2021年第5期，第121~122页。
② 谢新洲、朱垚颖、宋琢谢：《县级媒体融合的现状、路径与问题研究——基于全国问卷调查和四县融媒体中心实地调研》，《新闻记者》2019年第3期，第56~71页。

级融媒体中心的建设拓宽了传播渠道、丰富了传播路径；但从内容维度来看，部分县级融媒体中心照搬传统媒体生产的内容，没有发挥新媒体平台的传播优势，不关心用户体验，致使新媒体布局混乱。①

## 二 浙江省广播电视媒体突围方向

### （一）激活内容供给，提升流量质量

**1. 构建"UGC+PGC"内容生产模式，深度拓展视听优势**

在内容生产模式方面，做活UGC（用户生成内容），发力PGC（专业生产内容），专业采编人员借助技术手段，对用户生成内容进行编审，并将其推送到专业的媒体平台，从而建立"UGC+PGC"的新闻生产模式。② 同时，进一步拓展广播电视的视听优势，与各大视听平台和产业展开深度合作。如金华市电视台发挥本土优势，与横店影视文化产业联动，构建以多品类生产、多层次交互、多渠道宣发为特色的"金视频"生态圈；此外，以"看得见的广播"为着力点，金华市电视台与喜马拉雅、蜻蜓FM等声音社交平台进行合作，进一步拓展内容传播渠道与传播形式。③

**2. 打造新时代精品，建设更有影响力的"浙派"品牌**

围绕新时代精品工程，浙江省广播电视媒体应紧抓主题主线宣传，突出重大题材创作指导，围绕"找准选题、讲好故事、拍出精品"的要求，推动重大题材网络影视剧IP孵化，通过鼓励主题创作，以重点带整体。④ 如浙江广电集团"东西南北中"人文精品工程的五部纪录片，展现了浙江广

---

① 谢新洲、朱垚颖、宋琢谢：《县级媒体融合的现状、路径与问题研究——基于全国问卷调查和四县融媒体中心实地调研》，《新闻记者》2019年第3期，第56~71页。
② 段鹏：《我国县域媒体深度融合的瓶颈及对策——以浙江省海宁市传媒中心为样本》，《编辑之友》2021年第12期，第12~18页。
③ 杨亚初：《城市广电台推进媒体深度融合的路径探索与升维之道——以金华市广播电视台为例》，《广播电视信息》2021年第6期，第32~35页。
④ 祝燕南：《网络视听行业发展亮点与展望》，《传媒》2021年第13期，第13~15、17页。

电集团以积极主动的姿态投身文化浪潮，聚焦人文精品创作，以品牌助推中国纪录片新征程，坚持优质广播电视和网络视听内容的输出，是浙江广电集团助力文化建设的标志性成果。[1]

3.推进广播电视节目创新创优，释放生产活力

面对信息传播技术的不断更迭和观众日益多元的娱乐需求，广播电视节目应在流量时代让内容更加有趣有料，加强多屏互动和跨平台合作。坚持内容为王，打造品牌，用内容塑造口碑、用口碑拓展品牌。以电视娱乐节目为例，应兼顾娱乐与内容，不断传递正能量，积累节目口碑，探索品牌传播的新渠道。如浙江卫视《王牌对王牌》节目邀请《新白娘子传奇》剧组、《西游记》剧组等，带领观众重温经典、致敬经典。

## （二）引进高端人才，增强建设力量

中央与省级主流媒体融合发展的主要成功经验就是必须建立一支既懂技术又懂内容、既懂新闻又懂社交的复合型人才队伍。[2] 为推动浙江省广播电视媒体发展，在人才培养方面，要高度重视融媒体中心人才队伍建设。

1.完善人才激励机制

首先，为适应融媒体时代新闻生产和传播的特性，媒体人才招聘和引进的标准要以全媒体、复合型记者编辑的职业要求为重要考核因素，吸引具有多学科背景的专业人才进入新闻传播队伍，同时要注重人才的互联网思维、用户意识。

其次，如何留住人才是所有广播电视媒体必须解决的问题，尤其是县级融媒体中心。需要深化薪酬制度改革，统一考核、统一评审，同岗同酬、定编定额，按照"业绩导向、优绩优酬"原则进行二次分配，合理拉开收入差距。[3] 安吉县融媒体中心坚持以绩效考核为主、基本待遇为辅，中心采取

---

[1] 李盛楠、张雅馨：《浙江广电"东西南北中"人文精品工程探索纪录片新征程》，《中国广播影视》2021年第9期。

[2] 李彪：《县级融媒体中心建设：发展模式、关键环节与路径选择》，《编辑之友》2019年第3期，第44~49页。

[3] 单滨新：《市级融媒体中心建设的绍兴探索》，《新闻与写作》2021年第1期，第88~93页。

事业化管理、企业化运作,实行全员绩效考核制度,各科室中心及公司根据各自业务的特殊性,分别制定符合实际的考核标准,根据考核标准,中心编内编外员工除基本工资因身份不同外,在其他方面同工同酬。

2. 创新人才培训机制

相较于省、市级广播电视台,县级融媒体中心的人才多数来源于本县原有的媒体从业人员,人才数量和质量仍有较大提升空间。未来,县级融媒体中心要建立健全人才培训机制,从新闻理念到传播实践、从专业知识到技能素质等方面进行调整与创新,从而实现人才建设的可持续发展,释放人才效能,提高从业者的媒体竞争力。

一方面,培训内容要具有针对性和专业性。用户的需求心理与媒介接触习惯已发生较大变化,媒体人员在新闻采集、新闻编辑、新闻分发的过程中必须站在受众的立场上去思考和设计新闻作品,从而增强平台与用户的互动性与黏合度。同时,培训对象要从基层普通员工拓展至不同层次的媒体人员,并为他们开设相应的培训课程。另一方面,相对固定的培训时间、灵活多样的培训方式,使从业者不断丰富和提升自身的专业素养与能力。[1]

3. 与高校展开合作

浙江省广播电视媒体可以与浙江省高校相关专业进行长期合作,如新闻学专业、汉语言文学专业等,实现"校地合作",搭建专业化的实践基地。一方面,高校可以及时调整新闻传播人才的培养方向,培养一批能够适应融媒体变革的专业人才;另一方面,融媒体中心也能够确保高素质专业人才源源不断进入,充分激发媒体活力。安吉县融媒体中心建立星级员工制,开设"名师工作站",推出导师帮带制,与中国传媒大学、浙江大学、浙江传媒学院、浙江省广播电视学会等合作成立就业实习基地、培训中心等,并常年在高校招聘,积蓄人才。

---

[1] 赵文晶、樊丽:《县级融媒体中心人才困境与解决路径》,《中国出版》2021年第8期,第31~34页。

## （三）深化采编制度改革，再造新闻生产流程

广播、电视、报纸、新媒体在生产方式、内容阐述、传播形式、用户构成等方面均存在显著差异，它们的特色与个性是客观存在的，一直以来，采编合一和采编分离的形式既各有千秋也各有弱势。机构整合后，应进一步推动采编制度改革，逐步解决采编部门功能重复、分发内容同质化、采编力量分散等问题，再造新闻生产流程，深化内容生产供给侧结构性改革，构建全媒体传播体系，放大一体化效能。①

绍兴市新闻传媒中心对平台渠道进行整合，集中力量打造精品内容和知名品牌，优化新闻产出；采编之间建立有分有合的运作模式，兼顾各媒体的特性与个性；鼓励各平台之间兼顾自身特色、差异化发展。②

浙江广播电视集团融媒体新闻中心克服无法面对面采访的困境，形成点单式约稿、接力式分工、全程不接触的闭环协作链条，采编方式实现从"面对面"到"屏对屏"的转型，利用互联网技术与思维，活用各类新闻元素，成功打造一批"云"栏目。③

## （四）以技术创新为支撑，深化智慧广电建设

### 1. 完善技术引进机制，搭建"基础+智能"的融媒系统

作为传统媒体和新兴媒体融合的关键，智能技术的合理运用可以加快智慧广电的建设。从县域媒体来看，一方面，借助省级技术平台的力量，在对技术有充分认知和掌握的基础下，完善技术引进机制，搭建省县联动的"基础+智能"媒体融合技术系统；另一方面，以智能技术提升传播效能，大数据、云计算、VR、AR等新型智能技术能够在媒体融合改革进程中发挥

---

① 单滨新：《市级融媒体中心建设的绍兴探索》，《新闻与写作》2021年第1期，第88~93页。
② 单滨新：《市级融媒体中心建设的绍兴探索》，《新闻与写作》2021年第1期，第88~93页。
③ 冷成琳：《浙江广播电视集团：探索"云媒"制播，再造采编流程，健全快发机制，打通跨屏生产闭环》，《中国广播影视》2020年第12期。

巨大效用。① 舟山广电新建的媒体云平台为全台提供业务支撑、数据互通、资源共享、运行保障和信息安全服务，建立融媒体生产的共平台系统，大大提高了内容生产效率。

2. 实现总控播出安全化，建设科学精准的监测监管体系

依托人工智能技术、大数据处理技术、云技术、区块链技术，逐步实现智慧地解决各类监测过程中的技术问题、智能地满足各种监测业务需求，加快建设和完善网格化、协同化的浙江省广播电视和网络视听监管平台。②

舟山广电新建电视高清播出总控系统，该系统新增了全面监控功能，能提供对设备、信号、业务流程、机房环境、信息安全等层面的智能图形展现界面，实现全流程安全控制与全局的监控和预警，有效辅助运维人员进行故障排查和应急处理。广播总控监测系统升级至EQM智能化总控系统，为安全播出提供了强有力的保障。

## 三 浙江省网络视听媒体产业发展困境

《浙江省广播电视和网络视听发展"十四五"规划》指出，"十四五"时期浙江省网络视听媒体产业发展的主要任务是做大做强主流舆论场，构建新时代舆论引导创新体系；以社会主义核心价值观为引领，打造视听内容"浙派"品牌；适应数字产业化和产业数字化发展趋势，打造视听产业高地；拓宽"走出去"的渠道和方式，为浙产网络视听内容、技术、服务提供更多对外交流渠道等。"十三五"以来，浙江省网络视听媒体产业全面贯彻落实党中央、国务院和省委、省政府决策部署，围绕"新时代精品六个一工程"取得优异成绩，优化产业结构，紧扣数字化转型，产业实力持续壮大，积极拓展交流渠道，着力传播中国声音，推进对外交流合作平台建

---

① 段鹏：《我国县域媒体深度融合的瓶颈及对策——以浙江省海宁市传媒中心为样本》，《编辑之友》2021年第12期，第12~18页。
② 陶嘉庆：《两轮驱动 一体融合 加快智慧广电监管体系建设》，《中国广播电视学刊》2019年第5期，第4~7页。

设。在取得成绩的同时，也要看到，浙江省网络视听媒体产业发展仍然存在一些薄弱环节和短板：视听新媒体企业产业链意识不强，网络视听作品价值有待提升；浙江省影视产业基地面临同质化建设困境，整体产业布局不合理；网络舆论空间弱化网络视听新媒体的舆论引导效果等。

### （一）缺乏完整的产业链意识

浙江省新闻类新媒体企业虽然在内容生产方面有优质的输出，优秀新闻作品层出不穷，但是新闻作品在播出形式、产品延伸、受众体验等方面仍存在不足，有较大的提升空间，新媒体产业链的前端与后端不连贯，没有最大限度地发挥优秀内容的延伸价值。

浙江省"新蓝网"本意是将浙江广电现象级节目，如《中国好声音》《奔跑吧兄弟》等制作精良的电视节目转移到互联网平台播出，不断扩大网络视听平台的影响力和传播力。但是由于未能及时搭建下游产业链、发掘衍生产品、对产品价值的挖掘和拓展不足，伴随节目的完结，广告赞助商流失，平台互动减少，粉丝活跃度和留存度不高，最终未能成功提升"新蓝网"的知名度。[①]"新蓝网"与爱奇艺、优酷等可以购买节目网络首播权的视听平台相比，在节目专属权上并未获得优势，因此建立完善的产业链对其可持续发展尤为重要。

### （二）影视基地同质化现象严重

首先，浙江省影视产业基地面临低水平竞争、同质化现象严重的问题。不少地区都欲借助影视产业助推当地经济发展，众多园区并未基于地域特色进行本土建设，制定差异化发展策略。这不仅加大了管控难度，分散了资金、影视项目、土地，制约产业集聚效应的发挥，使园区低水平发展问题日益突出。

其次，影视产业链的打造离不开高级人才以及先进数字化技术的支持，

---

① 熊薇薇：《媒体融合下浙江新闻类新媒体经营路径研究》，《浙江万里学院学报》2021年第2期，第61~65页。

但目前来看影视产业基地的内生力不足。横店影视基地受区位影响，无法吸引高端人才入驻；同时，伴随现代影视制作模式和科学技术的蓬勃发展，横店这类以影视实景拍摄为特色的基地，在数字化技术的冲击下，面临较大的转型压力。

最后，浙江省影视产业的原创内容较少，产业布局也存在不合理之处。近些年，横店影视文化产业实验区不断引入各类影视文化产业类企业，丰富和拓展影视产业链，但大多数企业的经营业务类型仍以影视拍摄为主，专门从事原创内容和后期衍生产品开发的企业较少，造成整个产业链呈现"中间强、两头弱"的态势。[1]

### （三）政策落实效果有待进一步加强

在2021年全国广播电视工作会上，中宣部副部长，国家广播电视总局局长、党组书记聂辰席在工作报告中强调，要落实意识形态工作责任制，丰富和创新治理手段，守住守好广播电视和网络视听阵地。近年来，各类网络视听平台紧跟政策指导，弘扬主旋律、传播正能量，努力打造一个风清气朗的网络空间。但也要注意，面对复杂的外部环境，未来不可控、不可知的变量增多，网络视听舆论生态正面临快速重构，网络视听舆论引导也面临前所未有的挑战。

首先，伴随社交化趋势和后真相现象愈演愈烈，网络视听新媒体舆论引导面临观点与情绪极化的双重挑战。人人都有麦克风的时代，用户可以随时随地在社交平台上发表言论，转载他人言论，为博眼球、引流量，一些情绪化表达、夸张式陈述极易在特定群体中引发情绪感染，形成意见极化。网络空间中的情绪化意见如果不加以正确引导，有可能被别有用心者利用，消解主流价值观，打破网络舆论生态平衡。[2]

其次，网络视听空间中的信息呈爆炸式增长，各类自媒体账号打破主

---

[1] 赵飞红：《文化创意产业协同发展研究——以浙江横店影视文化产业实验区为例》，《江南论坛》2020年第4期，第28~29页。
[2] 张勇：《如何构建良好网络视听舆论生态》，《传媒》2021年第13期，第9~10页。

流媒体中心化的地位，"去中心化"趋势侵蚀主流舆论。网络空间热点频出，舆情酝酿周期越来越短。此外，新技术的快速革新加大了监管难度，运用深度伪造、人工智能等新技术，可以对主流视听作品进行移花接木，侵犯视听作品的版权，同时大量同质化视听作品出现在网络空间，而算法推荐、人工智能等新技术带来了"信息茧房"的新问题。[1]

### （四）版权监管和视听内容的健康传播面临挑战

网络视听行业的高速发展也带来一系列治理难题。网络空间中的海量信息和新兴传播技术给网络视听版权监管和视听内容的健康传播带来一系列挑战。新媒体背景下，视听内容传播的途径和方式不断拓展，如可以通过聚合平台、云盘存储、客户端、UGC分享、基于云服务的智能路由器等方式进行传播或分发。[2] 这些内容传播方式难以通过传统的监测方式进行监管，在版权层面，不仅侵犯了视听内容生产者的版权，还会打击其内容生产积极性；在内容健康方面，视听内容基于二次或多次传播可能会出现低俗化、娱乐化倾向，破坏作品本身的价值。此外，传统的内容制作界限随着UGC和自媒体的发展也逐渐模糊，这给内容管理带来新的挑战。

### （五）网络信息安全和监管落地处于困境

以5G为代表的新兴技术在给人们生活带来极大便利的同时，也给网络安全和信息安全带来极大的风险，如美国时代华纳疑似被黑客攻击，导致30多万客户数据泄露以及Facebook用户信息泄露事件等。[3] 在加快5G网络建设的同时需要加快新网络安全体系建设，以解决传统网络安全

---

[1] 张勇：《如何构建良好网络视听舆论生态》，《传媒》2021年第13期，第9~10页。
[2] 张苗苗、赵京文：《国际网络视听发展的主要特点、挑战及治理思路》，《传媒》2021年13期，第21~23页。
[3] 张苗苗、赵京文：《国际网络视听发展的主要特点、挑战及治理思路》，《传媒》2021年13期，第21~23页。

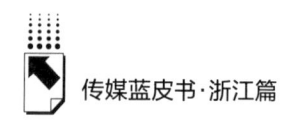

防护技术体系无法满足 5G 技术安全需求的问题，提高信息传播的可靠性。

网络视听发展过程中面临的安全问题主要由数据安全、终端安全、业务安全、传输安全构成。5G 环境下，网络数据信息丰富但有较大泄露风险，如优酷、爱奇艺、腾讯视频等网络视听平台掌握了海量影视用户的个人信息、观看数据等，这些用户数据如果不加以妥善保管，无论对个人还是对社会都会带来极大的风险。当前网络数据安全制度仍不完善，需要进行标准化建设，对用户群体和业务场景进行差异化保护。[①]

## 四　浙江省网络视听新媒体突围方向

### （一）路径升级：创新形式载体，提升国际传播能力

#### 1. 联合"出海"，加强国际交流合作平台建设

浙江省影视应抓住契机，把握浙江省现有的政策环境、经济条件，为影视产业"走出去"夯实基础。浙江省应善用丰富的影视文化资源和多元地方文化资源，为影视产业"走出去"提供强大的内容支撑、文化后盾与品质保障，着力开拓国内与海外市场，打造具有国际影响力的多样化媒体集群，拓宽影视产业"走出去"的渠道，形成与"重要窗口"相匹配的"出海"通道。[②]

中国（浙江）影视产业国际合作区将其自身定位为中国影视作品国际化发展的重要基地，中国影视作品创作生产和出口翻译的重要平台，中华文化"走出去"的重要窗口。通过建设基地、组建联盟，为打造影视文化出口基地奠定基础。通过高起点建设影视出口基地，吸引影视出口龙头企业华策集团入驻园区，壮大园区实力，再与中国电视剧制作产业协会联合发起成

---

① 雷兴国：《5G 环境下网络视听安全风险分析》，《广播电视网络》2021 年第 8 期，第 58~60 页。
② 邹少芳：《"一带一路"视域下浙江影视产业"走出去"策略探析》，《当代电影》2018 年第 6 期，第 65~68 页。

立中国电视剧（网络剧）出口联盟，积极探索中国影视出口的新模式，拓展影视海外新媒体的播出渠道与盈利模式。①

**2. 创新节事活动传播策略，拓展海外展播活动**

浙江省网络视听媒体应着力创新重大节事传播策略，优化议题设置，提高国际舆论引导力。积极主动承办重大活动，把握主场优势，规划议题设置。② 如中国（浙江）影视产业国际合作区，通过整合多方资源，建设全国领先的影视出口译制平台，2019年合作区与中国电视剧制作产业协会共同发起的"扬帆计划"，已为全国1000多部影视剧免费翻译剧情简介；同时建设影视产品海内外销售平台以及中国影视与国际同行的交流平台，持续参加香港电视节、戛纳电视节、釜山电视节等全球重要影视节展。③

### （二）内容精进：打造视听精品，强化新时代价值引领

追求精品已然成为各大视听平台坚定的发展战略，现阶段无论是网络剧、网络综艺还是网络电影均进入"减量提质"的阶段，从行业到平台的责任意识凸显，在题材选择和价值观传播上出现了众多反映现实生活的精品之作。

构建新时代视听精品，在理念和视野上首先应打破小众圈，走向主流化。网络视听精品的主流化，不仅体现在用户数量和市场份额的提升，更体现在作品的题材选择、价值观传递开始与主流接轨。网络视听作品将目光聚焦于现实题材，在给用户提供娱乐的同时反映真实生活，打破以往现实主义作品教条化的刻板印象。④ 网络视听用户群体代际更迭，如何在"国家主流

---

① 陈广：《打造中国电视剧出海金名片——中国（浙江）影视产业国际合作区的实践探索》，《传媒》2020年第4期，第28~29页。
② 王若江：《基于区域发展特点的国际传播策略创新——以浙江的实践探索为例》，《传媒》2021年第16期，第81~83页。
③ 陈广：《打造中国电视剧出海金名片——中国（浙江）影视产业国际合作区的实践探索》，《传媒》2020年第4期，第28~29页。
④ 杨雪、刘娜、陆地：《破圈与破壁：中国网络视频精品发展新动向》，《传媒》2020年第22期，第33~36页。

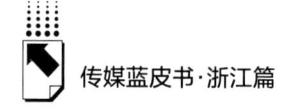

意识"和"个体亚文化取向"中寻找到契合点和平衡点，这不仅是网络视听作品创作的关键，也是未来网络视听创作的主旋律，要将社会主义核心价值观贯穿生产传播的全过程，让更多向上向善的主流视听精品充盈网络空间。

从"引入"到"输出"，汇聚本土精品力作，进一步推动海外视听布局。只有经得起跨文化、跨国界、跨民族检验的网络视听精品，才算得上真正成功与"出圈"。未来，不仅要搭载先进的数字化技术，实现制作模式的精耕细作，还应不断增强原创能力，在视听精品内容中展现中华民族的独特文化，向世界展示更加多样化、立体化的中国形象和中国故事。《长安十二时辰》的导演曹盾指出，要想在世界文化之林中找寻到我们的一席之地，就必须将我们文化中独特灿烂的东西展示给世人。截止到2020年7月，优酷已将120多部3300集优质节目的版权发行到海外市场，实现YouTube等有国际影响力的新媒体平台的全覆盖。

视听精品的创作要善用智能技术，给用户带来全新的观感体验。网络视听节目相较于传统电视节目并不是简单播出渠道的网络迁移，它改变了传统媒体自上而下的单向传播模式，构建了自下而上、开放互动的传播新范式。[1] 智能技术不断革新网络视听的内容生产模式和呈现方式，进入"智能传播"时代的网络视听用户不再是被动接受的受众，他们可以是网络视听作品的创作者、传播者、评论者等。因此，未来视听创作应强调互动式、沉浸式，打破媒介壁垒，给用户带来全息体验。

### （三）产业搭建：加强产业发展整体布局，打通全产业链

当前，浙江省各地发展影视产业热情高涨，根据区域政策和特色建成一批影视产业园区。为避免低水平重复建设和盲目跟风建设，造成恶性竞争和资源浪费。未来，各影视产业园区应制定差异化发展策略，结合本区域特色

---

[1] 杨雪、刘娜、陆地：《破圈与破壁：中国网络视频精品发展新动向》，《传媒》2020年第22期，第33~36页。

打造本土化特征，找准目标定位，实现可持续发展。

在加强影视产业发展整体布局基础之上，推进影视业全产业链建设，着力打通影视业的上、中、下游产业链，在剧本创作、后期制作、营销推介、衍生产品开发等环节发力，完善产业服务配套，以更高标准构建产业生态系统。[1] 着力推进跨行业、跨区域合作，推动影视文化基地与旅游、健康、农贸等行业有机结合，实现多元产业协调发展。

## （四）行业规制：统一导向与分类监管，完善综合治理体系

互联网视听媒体形态在我国已经成为与传统视听媒体并驾齐驱的重要产业构成，并呈现融合发展的趋势。

在制度设计中，应既能严守安全底线，更好地宣传主流价值，又能进一步保障和促进行业高质量发展，满足人民群众美好生活需要，未来应当从以下三个方面进行网络视听的制度设计。首先，坚持从统筹视听媒体行业发展与确保视听传媒安全的整体视角出发进行制度设计；其次，在落实导向管理全覆盖要求的前提下，根据视听媒体各行业形态的不同特点，确定分类监管措施；最后，高度重视技术和商业模式创新在视听媒体行业发展中的关键作用，对新技术新业态坚持包容审慎的监管思路。[2]

在平台治理方面，近些年网络视听领域的内容生产出现过度商业化、过度娱乐化和"三俗"倾向，流量数据造假现象屡禁不止，给国家的文化安全和意识形态安全带来巨大挑战。因此，抓好平台治理，建立健全网络视听综合治理体系刻不容缓，不仅要创新制度设计优化平台治理，还要善于运用法治思维和法治方式依法治理平台，延伸广播电视法律法规适用范围，还要善于运用技术手段治网管网，借助区块链等智能技术提升监管能力。[3]

---

[1] 赵飞红：《文化创意产业协同发展研究——以浙江横店影视文化产业实验区为例》，《江南论坛》2020年第4期，第28~29页。
[2] 《欧盟〈视听媒体服务指令〉的主要内容及对我国的启示》，"腾讯研究院"搜狐号，2021年3月15日，https://www.sohu.com/a/455751676_455313。
[3] 陈林：《加强网络视听行业管理，发展积极健康的网络文化》，《中国广播电视学刊》2021年第6期，第9~11页。

# B.14 浙江广电与网络视听产业服务共富建设情况调研[*]

袁靖华 陈宇辉[**]

**摘 要：** 2021年是从脱贫攻坚迈向共同富裕建设的第一年，也是浙江高质量发展建设共同富裕示范区的第一年。浙江广播电视与网络视听产业作为公共文化服务的先锋，在服务共同富裕建设中不断开拓内容生产方式、创新服务模式。本报告主要梳理和分析2021年浙江广播电视与网络视听产业服务共同富裕建设的整体概况，并在此基础上洞悉浙江视听传媒服务共同富裕建设中的困境，指出浙江广播电视与网络视听产业服务共同富裕建设的重点突破方向。

**关键词：** 共同富裕 浙江广电 文化建设 公共服务

共同富裕是社会主义的本质要求，是人民群众的共同期盼。改革开放以来，先富带后富的发展模式极大地解放和发展了社会生产力，人民的生活水平不断提高。全体人民朝着实现共同富裕的目标不懈努力，全面建成小康社会取得伟大历史性成就，特别是决战脱贫攻坚取得全面胜利，绝对贫困问题得到历史性解决，为新发展阶段推动共同富裕奠定坚实基础。2021年3月，

---

[*] 本报告为2020年度浙江工业大学人文社科类基本科研业务费项目"智慧视听融媒体的内容创新与传播竞合：路径、机制与平台建设研究"（项目编号：GB202002010）阶段性成果。

[**] 袁靖华，浙江工业大学人文学院教授，研究方向为影视传播；陈宇辉，浙江工业大学人文学院新闻传播学专业硕士研究生，研究方向为影视传播。

"十四五"规划纲要提出要支持浙江高质量发展建设共同富裕先行示范区。《浙江高质量发展建设共同富裕示范区实施方案（2021—2025年）》提出，要打造新时代文化高地，推进社会主义先进文化发展先行示范，文化层面的共同富裕和物质层面的共同富裕密切相关。在此特定背景下，理解广播电视与网络视听行业在共同富裕先行示范区建设中扮演的角色与发挥的作用就显得尤为重要。

关于广播电视与网络视听产业如何服务社会发展，已有不少指导性的政策意见。2019年9月，国家广播电视总局与国务院扶贫办发布《关于进一步做好广播电视和网络视听精准扶贫工作的通知》[1]；2020年3月，国家广播电视总局开展智慧广电专项扶贫行动；2021年9月，国家广播电视总局发布《广播电视和网络视听"十四五"发展规划》，明确广播电视与网络视听媒体在丰富精神文化供给与公共服务领域的独特作用[2]；2021年6月，国家广播电视总局进一步开展"智慧广电服务乡村振兴专项行动"。在此背景下，浙江省广播电视与网络视听产业服务共同富裕建设的事业也步入快车道。

## 一 浙江广播电视与网络视听产业服务共同富裕建设整体概况

### （一）省级广播电视与网络视听产业服务共同富裕

浙江广播电视与网络视听产业在服务浙江社会经济发展中一直扮演着重要角色。在共同富裕建设背景下，"服务高质量发展建设共同富裕示范区"成为广播电视与网络视听媒体不可推卸的担当和使命。浙江广播电视与网络

---

[1]《国家广播电视总局 国务院扶贫办关于进一步做好广播电视和网络视听精准扶贫工作的通知》，国家广播电视总局网站，2019年9月11日，http://www.nrta.gov.cn/art/2019/9/11/art_3604_47463.html。

[2]《广播电视和网络视听"十四五"发展规划》，国家广播电视总局网站，2021年10月8日，http://www.nrta.gov.cn/art/2021/10/8/art_113_58120.html。

视听媒体做深做实文化宣传，为共同富裕增色赋能，加强主题宣传，为共同富裕注入文化力量。省级广播电视与网络视听媒体积极推出专题专栏、系列报道和音视频媒体融合产品，建设数字媒体服务平台、电商平台，以及开展多种全民性媒体活动。这样做的目的不仅是为了丰富人民群众的精神生活，也是为了建设一个全域一体、全面提升、全民富裕的共富社会。[1]

**1. 融媒体报道，助力均衡共富社会建设**

浙江广电集团作为省内广播电视与网络视听的先锋建设单位，在共同富裕的媒体实践中始终走在全省前列。

（1）深入县（市、区），推进共同富裕报道入基层

浙江卫视开展大型融媒体新闻行动"共同富裕新征程·从浙里出发"，在"中国蓝新闻"App开设专栏，并开设《书记说共同富裕》《共同富裕圆桌会》《共同富裕看看看》等专题，既邀请县委领导讲述当地共同富裕发展经验，也邀请当地百姓共话共同富裕。目前已涵盖诸暨、安吉、永嘉等14个县（市、区）。"中国蓝新闻"App的《在浙里见美好·共同富裕看这里》融媒专题，其中，H5页面采用直播、慢直播、图文报道、电视新闻等多维呈现方式。[2]《共同富裕·浙里好日子》《共同富裕看"浙"里》等专题电视新闻节目巧妙地兼顾了农村和城市的观众，在同一频道中打造双线满足的优秀视听内容，突出共同富裕文化建设中的"共享性"。各时段节目都会报道基层农村的共同富裕建设情况，通过这一渠道让城市居民了解浙江当地农村的发展现状。例如《共同富裕看"浙"里——衢州衢江：跟城里一样，乡村也有"鲜生"配送》，通过电视新闻的方式，让观众直观地了解依托农村电商大数据中心以及城乡数字供应链，整合县域电商资源，农村居民也能体验与城市一样的"鲜生"服务。

浙江农业农村厅和浙江广电集团浙江之声合办的《方雨朋友圈》栏

---

[1] 《浙江省委新闻发言人：共同富裕示范区将呈现5幅美好图景》，浙江省人民政府网站，2021年8月18日，https：//www.zj.gov.cn/art/2021/8/18/art_ 1229559825_ 59127010.html。

[2] 《在浙里 见美好，共同富裕看"浙"里大型融媒行动》，浙江广电融媒体新闻中心网站，2021年6月25日，http：//m.cztv.com/h5/news/8852243？v＝1001。

目,积极参与《共同富裕看'浙'里》大型媒体访谈行动,深入基层对农业农村现代化先行县(市、区)书记进行全媒体访谈,并在浙江之声、"中国蓝新闻"客户端、学习强国 App、喜欢听 App 音视频同步直播。主持人方雨对兰溪市、黄岩区、柯桥区、泰顺县、淳安县、慈溪市、武义县、德清县、莲都区、建德市的书记以及浙江省农业农村厅厅长进行全方位交流,深入了解基层县(市、区)在实现共同富裕的过程中取得的成绩和经验。在该活动中浙江之声作为广播媒体,用媒体视角发掘县(市、区)的共同富裕建设经验,制作图文并茂、音视频多样的融媒产品,不仅丰富了省内观众的文化生活,还扮演好服务社会经济的角色。

(2)优质内容推动精神文化层面共同富裕建设

精神文化层面的共同富裕建设,出发点是人,落脚点也是人,共同富裕需要以文化人,以文培元,大力推进以人为核心的现代化。浙江卫视推出《奔向共同富裕·精神共富》专题栏目,如《徐安玲:70 岁我拿到了美院双学位》这期节目通过电视新闻的形式讲述了退休的杭州徐阿姨,继续奋斗努力学习,花费近 10 年时间,拿到了中国美术学院书法与中国画双学位,努力实现艺术梦的故事。这就是普普通通的人在共同富裕建设过程中努力实现自我精神追求的奋斗故事,彰显了当代浙江人努力拼搏的浙江精神。[①] 主流媒体用视频形式展现了一个个精神共同富裕的鲜活例子,此类正能量的奋斗实例可以推动整个社会的共同富裕意识和文化建设,彰显浙江广电人在新时期建设共同富裕的新形式与新使命。

(3)共同富裕思想政策知识科普

浙江卫视《今日评说》栏目推出 8 期《共同富裕看"浙"里·对话厅局长》专题节目,通过记者面对面访谈来自农业厅、文旅厅、住建厅等单位的领导,以全新视角解答浙江在共同富裕建设过程中面临的问题,帮助收看电视的基层百姓直接从各部门领导口中获取有关疑问的解答。截至 2021

---

[①] 《奔向共同富裕·精神共富——徐安玲:70 岁我拿到了美院双学位》,中国蓝 TV 网站,2021 年 8 月 12 日,http://tv.cztv.com/vplay/1053813.html。

年9月，节目相关内容在"中国蓝新闻"客户端和微信公众号、全省101个广电新媒体平台的总阅读量已经突破800万次。[1]《共同富裕看"浙"里》专题栏目为增进农村和城市的相互了解，促进政民沟通，起到积极作用。浙江卫视推出大型电视理论节目《中国共产党为什么能》第十五季之《六中全会精神面对面·共同富裕大家谈》。本季节目共三集，每集围绕"共同富裕是什么？不是什么？"这一中心议题，分别以"共同富裕不是吃大锅饭""共同富裕不是同时同步同等富裕""共同富裕不只是富'口袋'"为子议题展开讨论。[2] 节目邀请来自浙江大学、中共浙江省委党校等多位专家学者讲解，同时融入省内高校辩论、情景小品节目等内容，摆脱说教式灌输，以普通观众更加喜闻乐见的视听表达形式，生动活泼、深入浅出地阐释什么是共同富裕。本季节目自开播以来，截至2021年12月19日，仅在"中国蓝新闻"客户端的观看量就已突破7万次。

**2. 数字平台，构建媒体服务新空间**

浙江广电新媒体有限公司负责建设、管理、运营中国蓝电信电视（浙江IPTV）。在竞争激烈的多媒体时代背景下，浙江IPTV以变应变，开发特色节目包和细分服务，实现用户净增数、日活率、会员数逆势增长。2021年，浙江IPTV累计用户数达667.61万人，年度点播播放时长累计8.7亿小时；创收5.44亿元，较2020年增长13.33%。在新兴业务开辟中，浙江IPTV展现广电新媒体在服务共同富裕建设中的重要作用。

（1）文化常识科普直连入户

文化共富是浙江共同富裕建设中的重要议题，浙江IPTV联合浙江开放大学，引进实用课堂、营养学知识、实用英语、急救与体检等知识科普类内容，在大屏端播送文化内容。例如，人民银行杭州中心支行、浙江银保监局

---

[1]《浙江卫视推出系列访谈〈共同富裕看"浙"里·对话厅局长〉》，浙江广播电视集团网站，2021年9月3日，http://www.zrtg.com/jdetail/13613135.html。

[2]《"中国共产党为什么能"第十五季〈六中全会精神面对面·共同富裕大家谈〉今晚22：00浙江卫视开播》，"浙江广电"微信公众号，2021年12月7日，https://mp.weixin.qq.com/s/ZWJ9Wj5Z6_Z_zJuxYLowkg。

等与浙江广电集团联合推出金融知识普及栏目,其中设立政策解读、警示案例、知识课堂等板块,金融知识直连入户。

(2) 数字化服务平台助力乡村发展

浙江IPTV在服务农村建设中发挥了巨大作用。浙江农业农村厅与浙江广播电视集团联合出品"乡村客厅食味浙江"专题,聚焦农村发展、推进乡村建设。用户点击浙江IPTV界面就可以浏览"一城一味""乡村休闲旅游""乡村美食大会"等相关专题内容。广播电视与网络视听媒体联合浙江省农业部门从"绿水青山就是金山银山"理念出发,依托美好乡村资源,从带有乡土记忆、承载文化情感的乡村美食出发,助力乡村振兴,铺就一条强村富民新路。同时,基于"两山"理论,发挥浙江生态民宿特色,浙江IPTV联合浙江省旅游民宿产业联合会推出"浙江必去的精品民宿"板块,融合生态建设与经济发展目标,更好地服务于浙江特色民俗经济,从媒体层面助力农业农村产业的高质量发展。

(3) 构建嵌入式数字共富服务平台

浙江IPTV的数字化服务平台以建平台、树典型、强应用、促连接为核心,积极参与数字浙江建设,推进数字化改革创新。在提供数字化共同富裕服务领域,浙江IPTV设立智慧应用服务专区——数字生活板块,加速应用服务平台建设,搭建"平台+政务+商务+服务"的融合创新平台与广泛连接、精准匹配的智慧生活平台,从政府、社会、用户三个维度介入共同富裕数字社会建设,提供跨边界、多领域的数字生活应用服务,助推高质量发展,建设共同富裕先行示范区。

3. 优质视听内容,丰富共富精神文化

(1) 立足浙江文化底蕴,提供优质人文节目

在共同富裕优质公共文化供给中,浙产影视节目立足浙江文化底蕴,以打造优质节目为核心,在提供公共文化服务、助力共同富裕文化建设中取得不错的成绩。浙江卫视推出人文综艺节目《还有诗和远方·诗画浙江篇(第二季)》,通过"活动+节目+直播"等融媒形式,展示"浙江黄金诗路带"自然风光和人文美景,该节目入选国家广播电视总局2021年"中华文

化广播电视传播工程"重点项目，并获得专项基金扶持，打造精品节目、塑造共同富裕的文化品牌。① 同时，在社会文化图景建设中，浙江之声推出《诗路声音博物馆》，用声音记录诗路文化，打造一座完整系统的、可持续易传播的、可永久留存的数字声音博物馆，展现四条诗路的文化之美，目前已上线微信小程序、学习强国、喜马拉雅等平台。仅在喜马拉雅平台，《诗路声音博物馆》目前推出的41集节目收听量就突破30万人次。② 《奔跑吧·黄河篇》自播出以来，从立足"脱贫攻坚"收官之年的特殊节点，到围绕"共同富裕"见证"幸福河"的奔腾不息。在国家广播电视总局统筹指导下，《奔跑吧·黄河篇》始终在内容创作上紧跟时代进程，升级引领全新传播思路，用时代议题引发观众的情感共鸣。③ 在影视动漫方面，浙产影视节目聚焦浙江元素，展现共同富裕的文化形象，大力加强对浙江红色根脉历史和优秀传统文化题材的发掘，推进《春风又绿江南》《大国飞天》等电视剧创作，打造浙派精品剧集。浙产动画片《少年师爷之神秘大盗》展示绍兴风土人情和水乡文化；《下姜村的绿水青山梦》讲述下姜村脱贫致富的历程以及未来"大下姜"的蓝图，并由此展开系列精彩故事，该片获推2021年国家广播电视总局第一季度、第二季度优秀国产动画片。

（2）立足红色根基，强化红色视听服务

首先，立足浙江精神的红色底蕴，以红船精神为主的浙江红色精神谱系是共富文化建设的重要根基。浙江IPTV通过汲取浙江各地红色记忆，联合"浙里红"品牌，致力于大屏端的浙江红色教育旅游先行地，为用户了解平阳的中共浙江省一大、余姚的浙东抗日根据地、长兴的新四军苏浙军区等浙江红色历程，提供了更为便携的视听服务。其次，浙

---

① 《浙江省2个电视节目入选2021年"中华文化广播电视传播工程"重点项目》，"新广电"微信公众号，2021年9月6日，https：//mp.weixin.qq.com/s/Aj71p7RR8Sn60tWvqVhnRA。
② 《足不出户也能带你去远方！诗路声音博物馆全新上线啦》，"浙江之声"微信公众号，2021年9月20日，https：//mp.weixin.qq.com/s/VMf5tXMJpfWI0IeHAkuA7Q。
③ 《高分报表：浙江卫视2021"美好"全年报》，"浙江广电"微信公众号，2022年1月8日，https：//mp.weixin.qq.com/s/lfe5kCiMcqR7ay_n8m4xzA。

江卫视推出中国共产党人"精神谱系"特别节目《精神的力量》，以中国共产党人"精神谱系"为主题，创新运用"电视剧汇编+嘉宾宣讲+采访解读+外景拓展"等方式，从不同视角多维度还原中国共产党的百年奋斗历程。浙江之声推出《红色印记——浙江党史百年辉煌》，以原声重现历史，打造"浙味"党史教材。该系列节目讲述浙江党史的重大事件、重点人物，短小精悍、节奏轻快，贴合当下大众收听习惯，成为一份可亲可近的党史教材。

(3) 直播带货，广播电视文化赋能共同富裕

广播电视在服务共同富裕建设的过程中，也需要关注社会经济的发展，提供共同富裕文化共享服务，进一步提升对地方经济发展的服务效能。2020年，浙江电视购物频道收入7.71亿元，在全国总体下跌超30%的情况下，逆势增长21.86%。[①] 浙江广电集团好易购的"淘宝直播—中国蓝村播学院"聚焦直播电商领域，着力于主播孵化项目，倚靠淘宝直播及浙江广电集团的优质平台，立足中国TOP直播电商产业园的强大供应链，集结头部师资力量、海量商品资源以及配套软件、硬件服务，培养特色直播带货人才，特别是培养了一批优秀的新农人主播，建设村播新高地，让广播电视与网络视听媒体更好地服务乡村振兴和共同富裕建设。在媒体助力农村经济发展中，好易购旗下中国蓝主播学院联合龙游政府，建设全国首个"直播"样板县，以浙江广播电视集团"中国TOP直播电商产业园区"为样本，为龙游打造"中国TOP直播电商产业园龙游基地"。基地建成后，致力于推进直播电商发展，构建"村播+企播+文播"三进工程，打造龙游电商直播的商业消费新场景，形成品牌代播、产业带直播、货源集中地和电商服务、供应链、主播集中地，全面建设线上、线下深度融合的全国"直播"样板县，助力地区经济提升，帮助农民通过直播形式助推龙游农特产品线上销售，推动全县经济社会健康繁荣发展，迈向共同富裕。

---

① 2020浙江广播电视行业统计综合报表；《2020年全国广播电视行业统计公报》，浙江省广播电视局网站，2021年4月19日，http：//gdj.zj.gov.cn/art/2021/4/19/art_1229251779_4597272.html。

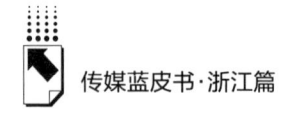

**(4) 媒体活动，多维互动深化共富意识**

共同富裕文化的全民建设需要一个平台，广播电视与网络视听媒体着力结合地方文化资源优势做好发起人、主持人，积极开拓新渠道、新方式，构建共同富裕文化新场景。新媒体背景下，广播电视与网络视听媒体拥有更多渠道和方式去举办各类媒体活动，用这些新渠道来缩小数字鸿沟、推进文化共同富裕，让共同富裕文化传播更好地服务于共同富裕示范区建设。

一是开展竞赛评选。浙江广播电视媒体承接的"共富浙江，醉美山水"浙江林业短视频征集大赛，倡导全民用镜头记录浙江生态发展进程中的人文风采和辉煌绿色成就。大众可以通过新媒体渠道参与大赛，在新媒体平台进行优秀作品展播，本次活动共征集157个优秀短视频，超50万人次投票。2021年度浙江乡村振兴共富带头人"金牛奖"候选人评选活动推出浙江之声"金牛话共富"融媒体报道视听产品，聚焦农业发展，目前"中国蓝新闻"客户端专题板块已有超过30万次的阅读量；[1] 浙江IPTV承接"2021浙江数字乡村先锋榜——'双十佳百优村'数字化改革最佳应用案例评选活动"，打造"十亿助力、万村共建"数字乡村公益服务项目。2020年9月，数字乡村"先锋榜"湖州片区正式启动；[2] 10月，"2021浙江数字乡村'先锋榜'暨金华双十佳百优村数字化改革最佳应用推介会议"召开。通过融合媒体平台传播，助推浙江省高质量发展，建设共同富裕示范区。

二是开展公益活动。浙江广电集团推出大型公益活动《一起跨越》，拿出价值88亿元的媒体时段和资源，推出招商推广、公益广告、融媒销售、品牌活动、文艺推广等系列公益行动，助力山区26县高质量发展。2021年10月活动开展近3个月来，浙江广电集团为26县免费制作排播公益广告

---

[1] 《2021年度浙江乡村振兴共富带头人"金牛奖"候选人》，"中国蓝"新闻网，2021年11月25日，http：//wap.cztv.com/topic/1417104.html。

[2] 《加快数字乡村建设，服务乡村全面振兴——2021浙江数字乡村先锋榜暨助力数字乡村建设推介活动正式启动》，"中国蓝电信电视"微信公众号，2021年6月9日，https：//mp.weixin.qq.com/s/IvPv9m8y-fjgBj2nhvTsTA。

1.25万条次、播出时长6046分钟、总价值3.76亿元。[①] 同时整合融媒宣传资源，做好《26个山区县跨越式高质量发展》新闻融合报道，在"中国蓝新闻"App推出新闻专题，目前相关报道阅读量突破25万次。[②] 2021年11月，浙江广电集团联合文旅部门推出"一起跨越·最美山城"山区26县自驾线路及"网红"打卡点评选活动。[③] 三门、龙游、遂昌等山区县市积极参与。浙江广电集团致力于在推动共同富裕中实现"精神富有"，在推进省域现代化先行中实现"文化先行"，在助力山区26县跨越式高质量发展中展现"广电担当"。如"美美与共·'村艺'盎然"浙江省美育村直播推广活动，通过中国蓝TV进行全网直播，直播平台观看总量达365.96万次。[④] 专家、政府以圆桌座谈的形式深度解读"美育三问"，展现浙江"艺术赋能乡村，美育共同富裕"的生动画卷，广播电视与网络视听媒体在传播艺术文化、形塑文化共富、整合文化资源的过程中，扮演着不可替代的作用。

## （二）地市级广播电视与网络视听产业服务共同富裕

### 1. 嘉兴市

"禾点点"媒体平台是嘉兴广电集团实施媒体融合战略的核心产品，是"新闻+政务服务商务"本土主流移动网络平台，同时该平台入选2021全国广播电视媒体融合典型案例。目前"禾点点"客户端下载量达105万次、日打开量10万次、日活跃用户2万人，是嘉兴市最权威的网络主流舆论阵地。"禾点点"作为嘉兴广电的集中展示窗口，积极推出《共同富裕看我"嘉"》《共同富裕·看民生》《解码时尚小镇的"共富基因"》《美丽乡村

---

[①] 《浙江广电集团"一起跨越"公益行动助力山区26县赢得广泛好评》，"浙江广电"微信公众号，2021年12月23日，https://mp.weixin.qq.com/s/lVuUAmm_bshceVT3AYtnOw。

[②] 《一起跨越，助力山区26县跨越式高质量发展公益行动》，"中国蓝"新闻网，2021年10月22日，http://wap.cztv.com/topic/1368393.html。

[③] 《集团主办"一起跨越·最美山城"活动》，浙江广播电视集团网站，2021年12月8日，http://www.zrtg.com/jdetail/13637183.html。

[④] 《美美与共·"村艺"盎然——浙江省美育村大型主题推广活动成功举行》，"中国蓝TV"微信公众号，2021年12月2日，https://mp.weixin.qq.com/s/TMiM_HgUmkuo02Rux9xTHQ。

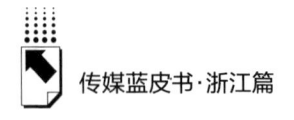

里的"共富基因"》等融媒体专题报道,聚焦嘉兴本地共同富裕建设情况。

**2. 湖州市**

湖州广电推出"南太湖号"融媒体App,在主页"头条"界面策划共同富裕主题融媒体《坐上共富班车》栏目,专栏使用H5新媒体互动形式,增强信息传达的交互性,进一步细化推出"班车动态""共富建言""共富见闻"等多项信息服务。围绕"共富班车"推出《班车长说"共富班车"》主题新闻采访,在南太湖号视频中推出《专访共富班车长》《小新说共富》等专题报道和短视频,聚焦快递物流、教育、医疗等民生服务专题,相关阅读访问量已经突破20万次。① 在电视报道方面,2021年4月,湖州电视台《湖州新闻联播》开设《走向共同富裕,打造先行示范》专栏,截至2021年6月28日,该专栏共播出6期报道,涉及教育、养老、安全等多方位标志性工程,突出湖州市建设共同富裕示范区取得的实践成果。

**3. 杭州市**

"杭州之家"作为杭州文化广播电视集团重要的媒体窗口,推出《共同富裕·杭州青年说》节目,用短视频的形式讲述共同富裕发展路上杭州青年的故事;制作《文旅赋能,乡村共富》系列节目,讲述广播电视媒体与乡村文旅的协同发展;"杭州之声"推出全媒体深度访谈节目《共同富裕讲习所》,深度挖掘杭州的共富样本;《郊区新城·共富来临》系列报道聚焦临安区共同富裕建设情况;《共同富裕县市区》专题报道助力十区一市两县携手奔向共同富裕。2021年6月,杭州电台综合广播《连线快评》栏目刊发3篇评论,围绕"大杭州、高质量、共富裕"主题,解读共同富裕,讨论在浙江高质量发展建设共同富裕先行示范区的过程中,杭州应如何发挥引领模范作用。

**4. 绍兴市**

绍兴市新闻传媒中心(传媒集团)荣获"2019~2020全国媒体融合创

---

① 《送你一张票,一起坐上班车奔共富》,南太湖号App,2021年11月23日,https://2.u.h5mc.com/c/xkhu/kdkv/index.html?imageView/0/h/162/w/216。

新典型案例奖"。绍兴传媒集团主推"越牛新闻"融媒体平台，在媒体应用中开辟《共同奋斗·共同富裕》媒体专题，在报道范围上覆盖乡镇街道与区县多级，在领域上覆盖民生、住房、科技、发展等多方面。同时在文化传播方面，"越牛新闻"客户端在首页推出"赏越"主题板块，打造"360度看越文化"品牌，推出越文化短视频，聚焦越戏、越墨、越词、越味、越技、越游。[1]从绍兴文化底蕴出发，为市内外用户提供全方位文化赏鉴服务，推动共同富裕建设中的社会文化传播。

### 5. 宁波市

作为全省第一个建立市级通用性广播电视对农节目库的地市，宁波市文化广电旅游局推出广播电视对农节目专项扶持项目。宁波广播电视媒体在共同富裕建设中侧重农村发展，实施广播电视对农服务工程，重点加强广播电视对农节目的制作和播出，推动农村公共文化服务体系建设。一方面，深入农村，挖掘共同富裕建设中的"三农"题材，服务"三农"现代化发展，宁波电视台新闻综合频道《宁波新闻》栏目推出《我心中的共同富裕》系列报道，从教育、文旅、社保等行业精选典型对象，在进行式的采访中，讲述百姓关于共同富裕的美好愿景故事。另一方面，关注中西部帮扶对接，"甬派"新媒体平台设立"共同富裕·甬凉同行"专栏，推出宁波市与四川凉山州携手迈进共同富裕的相关媒体报道近70篇。

### 6. 金华市

金华广播电视总台推出《共同富裕·"金"色风景》，聚焦县（市、区）发展，同时联合金华经济与信息局共同推出《共创共富·云起八婺》"共同富裕先行者人物专访"特别节目。在媒体融合发展进程中，金华广电于2017年开始打造"金彩云"智造平台，该平台是全国第一批投入使用的地市级融媒平台，入选2021全国广播电视媒体融合成长项目名单，在共富社会综合服务平台的建设中发挥重要作用。

---

[1]《360度看越文化!》，越牛新闻网，2020年8月6日，http://m.shaoxing.com.cn/p/2820796.html。

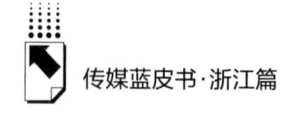

### 7. 衢州市

2019年建立的"乡村振兴融媒体中心"是衢州广电媒体赋能共同富裕建设的先驱,以广电融媒服务乡村振兴,同时为乡村共同富裕发展做出新探索,该项目入选2021年全国广播电视媒体融合典型案例名单。同时,衢州市立足自身独特地理位置,打造《四省边际共同富裕示范区·走进乡村看小康》专题节目,服务区域共同富裕建设。

### 8. 舟山市

舟山广电以"文化礼堂"为视角,面向全社会公开征集短视频,开展"广电进文化礼堂"活动,大力宣传共同富裕新农村建设和基层共同富裕文化建设新风貌、新成就,助推新农村建设,展现乡村共同富裕新气象。与此同时,在"无限舟山"App上开设《广电进文化礼堂》专题,将市民上传的短视频进行分类推送传播,该活动还设计了互动激励机制,每个月都评选出5名优秀奖并公布在官方微信公众号中。

### 9. 台州市

"无限台州"是台州广电自主研发和维护的新媒体移动平台,是台州重要的融媒体平台,也是区域内最具知名度和影响力的新媒体平台。"无限台州"媒体平台推出《台州共同富裕36法》专题,共计推出108个案例,以实践探索共同富裕背景下的台州民营经济高质量发展路径。截至2021年7月,该专题板块的阅读量已超过10万次。[1]

### 10. 丽水市

丽水广播电视台的丽水新闻栏目推出《共同富裕新征程》广电专题报道,报道内容上到共同富裕政策制定,下到共同富裕个人事迹,全方位覆盖丽水从村镇级三农发展到县市一级的社会经济发展。自2021年8月起,该专题每日更新,现已超过170项报道。

### 11. 温州市

2021年,"走进发布厅"全媒体发布活动在温州电视台新闻综合频道首

---

[1] 《专题 | 台州共同富裕36法》,无限台州App,2021年7月15日,http://m.576tv.com/OLTZ/a/id/111364/flash?share=1。

播，温州广电传媒全媒体矩阵下的"温州发布"微信公众号、"温州新闻"App、"快点温州"App 同步转播。"快点温州"App 县域频道的"六比栏目组"走进苍南、洞头、鹿城、龙港、瑞安、永嘉、泰顺等县（市、区），进行深度访谈，深入一线调查报道。该媒体活动围绕"最是浙南红，共行共富路"主题，聚焦各县（市、区）在逐梦新蓝图、赶考共富路新征程上的探索与实践，报道它们推动温州高质量跨越式发展的具体举措、工作亮点以及取得的实效。

## （三）县级广播电视与网络视听产业服务共同富裕

### 1. 县级案例一：长兴县

在县级融媒体中心建设中，作为示范样板的长兴模式在全国推广，受到各方关注。依托融媒体建设的基础，长兴传媒集团积极探索媒体在共同富裕建设中的作用。在文化活动层面，举办"遇见南太湖·迈向共同富裕"影像大赛，并在"掌上长兴"应用平台放送展示获奖的优秀作品。[①] 在助农发展中，联合农业农村局等策划"寻找金种子"主题活动，并进行颁奖与宣传，为乡村振兴提供"金种子"，助力共同富裕。在共富专题宣传方面，长兴传媒集团在"长兴发布"公众号上推出《共同富裕主题宣讲》专题推送，向老百姓普及共同富裕政策思想。同时推出《共同富裕新征程》融媒体新闻报道，包含报告解读、媒体评论、一线观察、科技创新等多角度报道，全方位呈现长兴共同富裕发展情况。

### 2. 县级案例二：安吉县

安吉广播电视台入选 2021 全国广播电视媒体融合先导单位。安吉县融媒体中心凭借《抱团抱出金娃娃·20 村分红千万元》荣获消息类中国广播电视大奖，[②] 这是对安吉共富媒体建设的一次肯定。安吉新闻集团推出的

---

① 《"遇见南太湖·迈向共同富裕"影像大赛获奖名单出炉！》，"掌心长兴"微信公众号，2021 年 8 月 15 日，https：//mp.weixin.qq.com/s/hOr-U-fcAH7TPzYjC5AeSA。
② 《全国县级唯一！安吉县融媒体中心 1 件作品荣获中国广播电视大奖》，"安吉发布"微信公众号，2021 年 11 月 30 日，https：//mp.weixin.qq.com/s/FiTqbeIndH6kjBhrDQ8kkg。

"爱安吉"App以"以应用带动资讯",集合"看电视""听广播""读报纸""观直播""党史学习教育""监察""美食"等栏目,建设一体化接入口,同时以需求为导向建设智慧乡村系统。这一系列举措在乡村振兴、共同富裕建设中均发挥了重要作用。同时,安吉广电还开设《共同富裕美好路·安吉果敢走在前》《共同富裕的安吉密码》《共同富裕·浙里安吉》等专题栏目,营造奋发追求共同富裕的舆论氛围。

3. 县级案例三:青田县

青田媒体融合工作起步较早,步伐扎实、成效明显,入选第一批国家广播电视总局"全国广播电视媒体融合先导单位",成为全国县级台融合转型的标杆,为媒体服务共同富裕开辟更便捷高效的道路。青田传媒推出《奔向共同富裕》视听专栏,讲述青田发展道路上一个个共富故事,还推出"共同富裕新征程"融媒体报道,积极开辟微信公众号平台、"视频号"等视听渠道,推进共富宣传。结合青田本地特有的侨民文化,青田传媒既向内服务55万本地用户,也向外服务33万海外青田人,在当地开辟出一片精神文明建设的新天地,在海外建立起一张讲述青田共富故事的国际传播网,在全省广电媒体的共富传播建设中独树一帜。

4. 县级案例四:龙游县

媒体融合后的龙游传媒集团以"小县城、大宣传、大作为"为目标,以社会经济发展、乡村振兴和地方产业为共同富裕服务的三大方向。首先,龙游传媒依托各类融媒体平台,以"共同富裕"为主线,深入辖区内部进行融媒体采编播发;在龙游电视台开设《共同富裕新征程》等专栏专版,连续推出100多篇具有社会影响的新闻报道。其次,龙游传媒集团聚焦共富农村发展,服务本地共富产业发展,深耕本土、深挖题材,聚焦本地题材,挖掘共富典型,充分利用各类媒体形式,组织展开网上宣传,制作推出《航拍看变迁》等网民喜闻乐见的新媒体产品;发起街头新闻海采,传递群众心中的"共同富裕"。最后,加强横向合作,加入浙江卫视大型融媒体新闻行动,做强大屏小屏联动传播,制作20余个推广短视频,全网播放量破100万次;推出《龙游飞鸡"远嫁"天山》栏目,开启东西部协作共同富裕新征程。①

**5. 县级案例五：淳安县**

淳安广电在媒体服务共同富裕建设中，侧重公益广告的策划、制作和播出，高密度播出"全国优秀广播电视公益广告作品库"作品，展示脱贫成就、推进乡村振兴、引导共同富裕舆论。在国家广播电视总局 2020 年度广播电视公益广告扶持项目评审中，淳安县广播电视台被列入扶持项目名单（传播机构类），是全省唯一一家入选该名单的广播电视台，也是全国被列入该名单的为数不多的县级广播电视台之一。《致敬脱贫攻坚路上的追梦人》《下姜有个思源亭》等作品从一件件密切关系百姓民生的事件切入，讲好淳安公益故事，凝聚强大的共富精神力量。

结合上述成果不难发现，浙江各级广播电视媒体在"共同富裕"主题报道工作中，准确把握时间节点，掌握主旋律报道的节奏和力度，从共富解读、基层视角、全方位展现等方面发力，推动共同富裕先行示范区建设延伸到社会的各个角落，真正将重大国家战略做深、做实，做到百姓心中；通过多种形式、多种渠道的视听内容生产，让共同富裕的社会理想和实践举措扎根基层，为浙江高质量发展建设共同富裕先行示范区开好局、起好步，汇聚强大正能量。

## 二 浙江广播电视与网络视听产业在服务共同富裕建设中需要弥补的差距

浙江共同富裕先行示范区建设不仅在全国，甚至在全球范围内都是具有重大先导性意义的社会建设实践，这反映了该建设任务的全球先锋性。广播电视与网络视听媒体服务共同富裕社会建设的主旨、目标、愿景，正是从新时代人们对美好生活的向往这一核心出发，对广播电视与网络视听传媒提出

---

① 《龙游台：巧绘"三色图"为"共同富裕"添彩》，浙江省广播电视局网站，2021 年 11 月 11 日，http://gdj.zj.gov.cn/art/2021/11/11/art_1228990155_58458103.html。

更高更迫切的要求。助力共同富裕实现是传媒作为社会公共基础服务提供者的职责所在，对广播电视与网络视听媒体而言，这是一项全新的课题挑战，在时间维度上无历史经验参考，空间维度上无地区经验参考，这反映了该项任务具有重大挑战性。

广播电视与网络视听媒体需要主动走向人民，深入文化生活，努力创作更多无愧于时代的共富精品力作。当前，共同富裕社会建设所需的视听媒体服务依然存在供少于求的矛盾。在共同富裕建设背景下，需要在理解共同富裕理论主旨、愿景目标的基础上，积极回应民众对广播电视与网络视听媒体服务共同富裕文化建设的迫切需求。综合调研资料，目前浙江广播电视与网络视听行业在共同富裕文化建设中主要存在以下四个偏向。

（一）内容偏向

在内容偏向上，现有广播电视与网络视听媒体更加注重物质经济方面的宣传，媒体文化产品主要服务经济建设，对共富精神文化层面的传播塑造有待增强。

从县级到省级的共同富裕主题报道看，关注的重点都落在社会经济发展方面，对精神文化方面的关注依然较为匮乏。新闻媒体注重通过对社会经济发展的报道来助推社会的整体发展，所以对"富裕"的探讨总是局限在经济方面，这种方式虽然能较好地反映社会在经济建设中取得的一系列成果，但物质富裕和精神文化的富足不可分离，任何一方的失之偏颇，都难以实现真正意义上的可持续共同富裕。所以，广播电视与网络视听行业要进一步发挥自身在文化建设中的专长和资源优势，充分认识到社会主义精神文明建设对实现共同富裕的重要性，在实现共同富裕过程中大力加强社会主义精神文明建设。

现有关于共同富裕主题的内容生产还缺乏长效创新机制。目前，共富文化类视听节目以专题性、活动型、应时式的内容生产为主。如上述各级广播电视媒体广泛开展的阶段性专题报道，这样的内容生产方式操作便利，能做到集中人力物力办精品，易取得一些短时成效。但"打一枪，换一地"的

"任务游击"做法难以做到内容品牌的价值提升与对受众群体的长久维系。此类"短效"作品往往追求一时的效果,而对长效的社会价值引领不够重视,不利于广播电视与网络视听媒体提升共富文化品牌影响力。各地的广播电视与网络视听专栏节目存在"贴牌共富"的现象。虽然在专栏标题中突出了"共同富裕"关键词,但是在内容采集和编排中依然采用传统的新闻报道方式,或没有很好地体现"共同富裕"的核心内涵,"共同富裕"主题内容的传播效果有限。

### (二)地域偏向

在地域偏向上,广播电视与网络视听媒体提供的文化服务更聚焦于城市而非农村,关于农村发展的媒体声音多聚焦于农村的经济建设与产业发展,对农村文化建设的视听报道还有不小的进步空间。

农村的发展和减贫问题,从传统的政治学和社会学视角来看,通常被认为是由物质经济因素导致的,往往忽视了农村问题的社会性和文化性。[①] 农村的整体发展最终还是要落实到人的活动,而人作为一个社会个体,必然是受到其所处文化氛围的影响。从这个意义上说,农村经济发展同时受制于社会和文化因素,如果广播电视与网络视听媒体忽视农村共同富裕建设中的文化服务,就很难解释清楚农村在共同富裕建设中遇到的诸多问题。广播电视与网络视听媒体作为一种特殊的没有空间限制的公共服务,应该在跨越城乡地域隔阂、推进城乡共富建设中,扮演更为重要的角色。

### (三)技术偏向

技术偏向上,随着"智慧广电"建设与各地市广播电视与网络视听媒体服务的新媒体化,广播电视与网络视听媒体的文化服务更容易被媒介技术赋能的用户获取而忽视了数字边缘群体。

---

① 王春光:《中国社会发展中的社会文化主体性——以40年农村发展和减贫为例》,《中国社会科学》2019年第11期,第86~103页。

现有新媒体应用平台往往强调其注册用户数量以及阅读量等流量成绩，但并没有进一步提升"新网民"或者"非网民"的服务效能。例如在新冠肺炎疫情背景下，广播电视与网络视听媒体积极开展短视频、电商直播、网络课程等新媒体服务，但这些服务效果应如何评估，如何积极引导大众参与或者享受共同富裕文化服务，如何更好地保障"数字边缘群体"享受共同富裕文化服务的权利，是未来广播电视与网络视听媒体需要重点突破的方向。

### （四）政策偏向

在政策偏向上，现有政策针对性不强，体系性与可操作性不足，激励机制不够健全，需要加强立足长远的可持续性顶层设计考量。

2021年3月，浙江省发改委发布《"十四五"规划纲要提出要支持浙江高质量发展建设共同富裕示范区》。这一重大决策部署，引发各界广泛探讨。随着《浙江高质量发展建设共同富裕示范区实施方案（2021—2025年）》《关于高质量打造新时代文化高地推进共同富裕示范区建设行动方案（2021~2025年）》的出台，浙江省委召开高规格文艺工作会议，省内外学界专家都对共同富裕的文化建设等工作提出指导性规划意见。但是，广播电视与网络视听媒体服务共同富裕建设作为一个新的工作方向，现有政策办法往往聚焦于"扶贫""农村发展"等议题，相较于"共同富裕"，现有政策还停留在宏观层面，具体的操作性细则还有待完善，政策与现实困境的适配性依然存在一些错位，尤其是针对"共同富裕的文化建设"的具体工作办法与配套政策激励机制等亟待制定与完善。

## 三 浙江广播电视与网络视听产业服务共同富裕建设的重点突破方向

浙江广播电视与网络视听产业在共同富裕先行示范区建设中承担着中流砥柱的文化传播作用。需要看清目前存在的问题和短板，明确产业发展的文化建设目标，以"共富文化建设"为引擎，驱动并牵引全省广播电视与网络视听媒体再上台阶,并能够发挥浙江广播电视与网络视听媒体在共富文化建设中的先行示范样板价值。基于此,本报告对广播电视与网络视听媒体服务共富文化建设提出如下具体建议。

## (一)努力打造公共文化优品,统筹多元文化产业协同发展

发展社会主义先进文化,营造共同富裕精神文化氛围,需要及时树立楷模榜样,打造共同富裕人文场景。[①]

首先,需要鼓励广播电视与网络视听创作立足浙江精神底蕴,鼓励浙江视听文艺作品创新,积极促进浙江文化和共富文化的交融发展。其次,统筹地方广播电视和网络视听媒体与地方旅游、休闲、城市建设等其他文化产业联动发展。2021年6月,浙江卫视的文旅探寻节目《还有诗和远方·诗画浙江篇》第二季收官节目在CSM59城市组收视率为1.046%,主话题"还有诗和远方"微博话题阅读量突破5.1亿次,全网短视频播放量突破6.8亿次。[②] 这说明广播电视与网络视听媒体积极介入多元文化产业的协同发展,不仅提高了地方文化资源的综合利用率,还能建构完整的视听文化产业链,提高视听传媒产品及服务的附加值。

## (二)政策扶持补短板,人才建设保发展

人才是打造新时代文化高地的第一资源,开展全省共富文化建设的创新人才培养及领军人才队伍建设,有助于形成"雁阵效应"和长效持久的格局。一方面,要对精神文化、乡村文化、数字技术等方面存在的短板进行深度研究,持续加大政策扶持力度,通过配套的技术经验支持、专项资金补助、媒体人才培训等,激发媒体革新动力,切实发挥政策引导效应。另一方

---

[①]《高端访谈 | 以共富文化引领共同富裕示范区建设——访省农办原副主任、著名"三农"专家顾益康》,浙江新闻网,2021年8月8日,https://zj.zjol.com.cn/news.html?id=1709725。

[②]《胡海泉张靓颖赖美云赵磊"唱给杭州听"!〈还有诗和远方2〉圆满"毕业"!》"中国蓝新闻"App,2021年6月16日,http://wap.cztv.com/articles/index.html?pubId=1281846。

面，鼓励与高校、研究院所、媒体实验室等协同对接，开展深入广泛的全省共富视听文化服务产业发展调研，搭建知识应用共享平台，发挥产学政研协同创新优势。

### （三）立足本地服务平台建设，强化跨区域创新联动

共同富裕社会建设，既要求广播电视与网络视听媒体更加有力地扎根本地、深入基层，又需要广播电视与网络视听媒体增强资源整合能力，广泛开展横向合作，发挥多方协同的积极作用。一方面，打造面向本地基层的广播电视与网络视听媒体文化服务平台，强化新媒体赋能功效，跨越数字鸿沟。通过深化数字服务平台建设，将平台的服务工作质量纳入地方媒体评估体系中，打造当地社会数字化转型的核心平台；在内容产出与服务品质上深耕本地，为当地用户提供全方位综合文化服务。另一方面，要积极寻求跨区域合作，探索跨区域媒体深度融合、平台品牌化推广的创新路径。上海人民广播电台推出的《长三角之声》节目是跨区合作的典型范例，《长三角之声》打破地理区隔，践行广电服务长三角一体化发展的国家战略。开播一年以来，《长三角之声》取得了良好的传播效果和影响力，收听率及市场份额位居上海地区TOP5，播放近4000万次，位居全国新闻资讯广播TOP6。[1]

同时，浙江广电集团积极开展横向联动，推出跨界精品浙产网络视听节目，如《万里走单骑——遗产里的中国》是国内首档世界遗产揭秘互动纪实文化类节目，该节目走遍全国各地的"世界遗产"，采用"视听媒体+历史文化"的方式，开展对中华民族文化的踏寻之旅。2021年推出的第一季节目入选2021年第一季度广播电视创新创优节目名单，入围白玉兰奖"最佳电视综艺节目"提名。2021年12月，第二季节目的播出受到400余家（次）主流媒体关注。在新媒体互动中，新浪微博话题阅读量超6亿次，节

---

[1] 《【案例】长三角之声：跨区域媒体融合创新的探索》，"国家广电智库"微信公众号，2021年11月3日，https：//mp.weixin.qq.com/s/jATQV4qwmRK5vliiEJHfVw。

目主话题"万里走单骑"阅读量超 4.3 亿次,讨论量达 197.7 万次。① 同时该节目第二季入选 2021 年"中华文化广播电视传播工程"重点项目名单。《万里走单骑——遗产里的中国》节目不仅丰富了民众的视听体验,还为优质文化类综艺节目的生产提供了一个可参考的创新方案。《妙墨中国心》《万里走单骑——遗产里的中国》等文化类节目,让观众深入了解中华传统文化,生动诠释"精神富有""文化先行"的战略意义。

浙江广播电视与网络视听产业在服务浙江共同富裕先行示范区建设中取得一系列成果,但同时也需要正视现有的不足与短板,进一步提升广播电视与网络视听传播的公共服务效能,以文化人,助力人民精神富足,由表及里推动社会共同富裕、协调发展。

---

① 《四大亮点重启文化"哲"旅,〈万里走单骑〉第二季首播引全网热议》,"浙江卫视"微信公众号,2020 年 12 月 22 日,https：//mp.weixin.qq.com/s/Nv-PEG6iHRMv1A4c6kksrQ。

# 传媒企业创新案例透析篇

Media Enterprise Innovation Cases Analysis

## B.15
## 横店指数：中国影视文化产业集群综合评价指标体系的构建及应用

崔保国 虞涵*

**摘　要：** 影视文化产业兼具社会属性与市场属性。在全球影视文化产业全方位调整的影响下，中国影视文化产业正在加快行业洗牌，健全科学的影视文化产业综合评价体系成为大变局之下产业良性发展的应有之义。本报告考察了现有的影视文化产业以及集群竞争力等相关评价研究，从产业生产力、吸引力、影响力、驱动力、国际性、趋势性六个维度，构建包含集聚区指数、发展环境指数、影响力指数、创新性指数、国际化指数、景气指数在内的综合评价指标体系——横店指数，并依托中国横店影视文化产业集聚区进行实证测算。测算结果表明：横店凭借数字化赋能下的规模化、集约化发展突破困局，整体向高质量发展转型，体现其较强的抗风险能力。未来，影

---

\* 崔保国，清华大学新闻与传播学院教授、博士生导师，研究方向为传播学理论、传媒产业、网络空间治理；虞涵，清华大学新闻与传播学院在读博士研究生，研究方向为传媒产业、视听传播。

视文化产业集群应在数字驱动、优质内容供给、专业化人才培育以及产业标准化体系构建等层面努力，从而打造具有全球竞争力的中国影视文化产业。

**关键词：** 影视文化产业　产业集群　横店指数

# 一　研究缘起：全球影视文化产业进入调整期

全球影视文化产业正在经历生产方式、传播渠道、产业结构的全方位变革。一方面，互联网已然成为全球性的基础设施，[①] 科技创新在影视文化产业变迁中发挥着强劲的形塑能力，为产业发展提供了前所未有的全新想象。另一方面，新冠肺炎疫情大流行加剧着百年未有之大变局的不确定性，全球经济下行、影视产业投资骤减、传统产业链遭遇重创、影视公司与流媒体平台竞争加剧、观众观影习惯改变，无一不在冲击、改写着产业格局。作为文化产业的核心层，影视文化产业既是一种商业经营活动，也是各国在全球化进程中转变经济增长方式、推动区域文化传播、提升国家软实力的重要举措，新环境之下越发凸显其重要的政治、经济与文化意涵。

对中国而言，当"好莱坞一家独大"的既有格局逐渐被打破，当"华莱坞"电影逐渐融入世界舞台且引领全球票房，中国影视文化产业面临诸多挑战，也恰逢重新思考、自我审视、迈向"影视强国"的发展契机。当前，准确定位本土产业现状，精准把握未来趋势已成为影视文化产业长足发展的必要条件。2019年中央全面深化改革委员会第八次会议提出要健全影视评价体系；2021年全国电影工作会明确要健全完善电影评估体系，构建政治性、艺术性相统一，社会反映和市场认可度相统一的电影作品评估机制；2022年国家广播电视总局印发《"十四五"中国电视剧发展规划》，提

---

① 崔保国、陈媛媛：《传媒新趋势与激荡的20年》，《传媒》2021年第19期，第12~16页。

出要健全科学的电视剧综合评价机制，旨在推进新时代电视剧精品创作。作为一个动态化发展的长期过程，哪些因素影响着中国影视文化产业的效益与国际竞争力的生成？这些因素如何作用于产业发展的实践过程？针对种种问题，中国影视文化产业亟待构建起更科学的理论框架和更客观全面的评价指标体系，在准确认知的基础上，促使影视文化产业成为满足人民精神文化需要的重要载体、新一轮经济内生增长的重要动能，以及构建国家话语与传递民族文化的重要媒介。

产业集群是指在地理上相互临近的公司或关联企业，基于共性或互补性而在特定地理空间集聚并彼此联系、相互影响。基于影视文化产品生产的长周期性与复杂性，全球影视文化产业显示出高度的集聚特征。"集聚区"正在成为影视文化产业防范风险，实现资源配置完整化、效益最大化的一种相对成熟的发展模式，① 如美国的"好莱坞"、印度的"宝莱坞"、尼日利亚的"诺莱坞"、韩国的"忠武路"等。在中国，随着近年来国家大力发展文化产业的战略实施，北京、上海、浙江、新疆、广东等省（区、市）以及海口、青岛、厦门等沿海城市已在政策引导、集聚发展、产业链整合以及投融资方面对产业进行纵深拓展。横店影视文化产业集聚区作为全国首个影视文化集聚区，其集聚策略、发展路径能体现中国影视文化产业集群发展的某种规律性和一般性特征。此外，相较于庞杂的影视文化产业，基于有效资源整合，以产业集群为量化评估对象具有可操作性，但目前尚未形成一套针对影视产业集聚区的整体性、系统性、数据化的评价体系。

综合上述背景，本报告聚焦影视文化产业集群，以中国横店影视文化产业集聚区（以下简称"横店集聚区"）为实证对象，从产业生产力、产业发展环境、产业驱动力、产业国际化水平、创新性水平以及产业趋势等多视角构建多指标综合评价体系——横店指数（HengDian Index），以期科学、动态评估产业发展趋势，多维认识产业现实问题和未来路径，为影视文化企业提供参考，更为中国影视文化产业可持续发展、国际化发展提供智识。

---

① 夏颖：《中国影视产业的集聚效应及发展模式》，《传媒》2011年第3期，第38~40页。

## 二 文献回溯：影视文化产业评价研究

中国影视文化产业发展百年来，较之已蔚为壮观的理论与实践策略研究，学界、业界在产业评价层面的研究仍处于发展阶段，呈现定性评价为主、定量分析为辅的特点，具体可从理论基础、评价对象、指数应用三个维度展开分析。

科学的评价指标体系需要建立在行之有效的理论框架之上。目前学界衡量产业发展水平和趋势的理论依据，可从企业、产业集群乃至国家竞争力、竞争力影响因素研究中获悉。最早使用规范模型对产业竞争力进行评估的是迈克尔·波特（Michael E. Porter），由他提出的基于企业竞争的价值链理论以及聚焦集群竞争力的钻石模型等一系列分析工具已被广泛应用。在钻石模型中，他将生产要素，需求条件，相关和支持产业，企业战略、结构与竞争对手视为影响国家产业竞争力的决定性因素，将政府和机遇视为两大辅助因素。[1] 而后加拿大学者 Padmore 和 Gibson 对波特钻石模型进行修正并提出了"基础（Grounding）—企业（Enterprises）—市场（Markets）"的分析框架，即 GEM 模型。[2] 随着影视文化产业的不断发展扩大，已有理论为评价体系搭建提供依据，但难免显示出技术赋能与公共政策环境变迁下的分析局限。国内外学者或吸收应用，或修正创新，在理论模型和指标选取与搭建上皆有探索。譬如，在评价因素上将钻石模型调整为基础性竞争力（规模、相关资源）、发展性竞争力（生产能力、市场竞争力、政府支持文化创新能力）两大指标[3]，或将具体化的指标如影视产品声望[4]、创新政策[5]等因素

---

[1] 〔美〕迈克尔·波特：《国家竞争优势》，李明轩、邱如美译，中信出版社，2012，第33页。

[2] T. Padmore, H. Gibson, "Modelling Systems of Innovation: A Framework for Industrial Cluster Analysis in Regions," *Research policy* 6 (1998): 625-641.

[3] 陈平：《中国电影制片企业竞争力的评价研究》，硕士学位论文，北京交通大学，2017。

[4] S. Zafirau, "Reputation Work in Selling Film and Television: Life in the Hollywood Talent Industry," *Qualitative Sociology* 31 (2008): 99-127.

[5] C. H. Davis, T. Creutzberg, D. Arthurs, "Applying an Innovation Cluster Framework to a Creativeindustry: The Case of Screen-based Media in Ontario," *Innovation Management Policy & Practice* 2 (2009): 201-214.

纳入考量。而在理论维度上，刘正山认为价值链模型在脱离企业竞争，解释产业或者更宏观问题时已捉襟见肘，其团队在理论批评基础上提出电影产业的"复杂生态系统模型"，构建包含产业发展环境与支撑条件、电影产业规模、电影产业效率、电影产业影响力等因素在内的"四位一体"电影产业综合评价模型。[①] 许在元提出"新钻石理论模型"，该模型将电影产业的"国家战略"置于中心位置，将企业战略结构与支持性产业分别修正为包含创新能力与调补能力的内驱动力以及包含政府推动力、发展机遇等因素的外驱动力。[②] 种种研究虽未形成高度一致的影视文化产业评价指标体系，但研究中普遍涉及的多种评价因素，以及产业发展的整体意识和框架创新为本报告构建影视文化产业集群综合评价指标提供理论参考。

摩尔（Moore）在1993年将"商业生态系统"这一概念引入社会经济领域，把包括消费者、供应商、竞争者和其他利益相关者在内的主体共同纳入对组织与环境相互作用关系的讨论中。[③] 基于产业构成的复杂性，有不少学者将影视文化产业视为生态系统来分析。从生态系统内部的稳定性和可持续性角度来看，物种越多样，生态系统结构越复杂，调节能力越强，影视文化产业生态系统亦是如此。故而，影视文化产业多侧重对不同"物种"的评价。如聚焦影视细分行业的中国电影产业指数、动漫产业评价指标体系；关注影视产业微观要素的明星影响力评价体系、艺人人气指数、基于主演的票房预测模型、电视剧主演知名度评估指数、影视明星正能量指数等。这也反向表明具有全局性、能够涵盖整个影视文化产业全要素的评价体系与实证研究较少。

当好莱坞利用Preact"倾听社交媒体"分析全球受众之际，中国影视从业者越发认识到基于大数据的指数研究有助于产业发展。综合评价指数是一

---

[①] 刘正山：《中国电影产业的"危"与"机"——基于2020版产业指数的分析》，《电影艺术》2020年第6期，第153~158页。

[②] 许在元：《中国电影生产与传播战略的新钻石模型》，《北方工业大学学报》2021年第2期，第122~128页。

[③] J. F. Moore, "Predators and Prey: A New Ecology of Competition," *Harvard business review* 3 (1993): 75-86.

横店指数：中国影视文化产业集群综合评价指标体系的构建及应用

种合成指数，即对研究对象各方面的要素指标进行无量纲化处理后，进行加权综合而计算得出的指数。当前，综合评价这一定量分析技术已得到广泛认同。除前文所述的"中国电影产业指数"外，业内已构建了如中国电影频道 M 指数[1]、爱奇艺指数[2]、CIVI 中国互联网影视指数[3]、艾瑞影视指数[4]、德塔文电视剧景气指数[5]等综合指数，一定程度上改变了学界以质化研究为主的现状，海量数据测算也为研究者提供了操作化思路。

总体而言，评价研究正逐步成为我国影视文化产业研究领域的重要方向。在各界的共同努力下，现有研究丰富了影视文化产业评价性研究的内容，为后续研究奠定了一定基础，也为制定产业发展战略提供了参考和依据。但目前的评价研究尚处于探索的初期阶段，仍有值得提升之处。一是评价对象的微观化。对于一个产业而言，描述其状态的最佳理论模型绝不是极度微观的[6]，但现有研究多以影视企业、细分产业、影视明星、影视作品为分析对象。作为影视产品的重要孵化器和产业可持续发展的有效策略，影视文化产业集群评价尚未获得足够关注。这在一定程度上弱化了影视产业各要素的价值内涵，也忽略了各要素之间既相互竞争又相互依存，以及与政治、经济、文化、地理环境间"牵一发而动全身"的复杂关系。二是评价周期的静态化。现有理论模型一般只适用于分析企业或者产业集群每个时间横断面上的竞争力。[7]影视文化产业的发展是一个动态变化的过程，产业效益如票房、市场也受所处时间段影响。现有研究或忽视产业中要素本身的脉动，

---

[1]《电影频道打造大数据品牌 M 指数 助推电影新发展》，1905 电影网，2022 年 6 月 1 日，https://m.1905.com/m/news/guanfanghao/749424.shtml。
[2]《爱奇艺指数》，爱奇艺官网，http://index.iqiyi.com。
[3]《中国联通携手蓝水科技等发布〈中国互联网影视大数据白皮书〉》，人民政协网，2016 年 11 月 8 日，https://www.sohu.com/a/558768389_121355753。
[4]《艾瑞数据：网络影视指数》，艾瑞数据网，https://index.iresearch.com.cn/Video/。
[5]《德塔文影视观察：德塔文 2022 年电视剧景气指数半年榜》，"德塔文影视观察"网易号，2022 年 7 月 4 日，https://3g.163.com/dy/article/HBFEHT0P0517D4E0.html。
[6] 刘正山：《中国电影产业的"危"与"机"——基于 2020 版产业指数的分析》，《电影艺术》2020 年第 6 期，第 153~158 页。
[7] 邵培仁、廖卫民：《中国电影产业集群的演化机制与发展模式——横店影视产业集群的历史考察（1996~2008）》，《电影艺术》2009 年第 5 期，第 21~28 页。

或未形成周期性指数研究频率，无法实现全面的趋势检测。三是深度质化研究没有与科学量化研究进行有效结合。业界指数多存在指标选取随意、主观性较强的问题，且缺乏对数据来源、运算模型的有效说明，以及对技术创新的关照。这些形形色色的评价标准在新媒体语境下"众声喧哗"，[1] 没有跳脱出既有理论的窠臼，反而使影视评价体系处于一种失序失范的状态。因此，总结、吸收既有指数研究的经验，以"横店影视文化产业集聚区"这一具象且有代表性的产业集群为分析对象，在理论与方法论方面进行客观、全面、动态的评价体系构建与分析测算具有重要意义。

## 三 中国·横店影视文化产业指数的结构体系

### （一）理论模型

影视文化产业要素庞杂多元，不同要素从不同维度影响着产业的良性发展。影视文化产业集群在空间和产业链上的聚合，更强调了各要素之间的紧密性。这要求横店指数的评价体系不能从企业、资源、政策等单一要素出发，而要关照当下、立足本土，更要远观未来、着眼全球，尽可能全面地囊括影视文化产业各要素。基于对既有理论模型的归纳分析，结合产业生命周期理论，本报告搭建了"1+2+4"横店影视文化产业集群综合评价指标体系，"1"指综合指数，是分项指数逐级加权的汇总，反映产业集群的整体状态；"2"指产业的"国际性""趋势性"，反映集聚区"走出去"工程的实践效益与产业发展的波动情况；"4"指产业发展的"四力"，即"生产力""吸引力""驱动力""影响力"，指影视文化产业发展赖以生存的各种客观要素，包含产业规模、产业发展环境、技术创新能力、市场认可度等（见图1）。

---

[1] 沈义贞：《论影视作品影响力评价体系的构建》，《南京艺术学院学报》2017年第2期。

横店指数：中国影视文化产业集群综合评价指标体系的构建及应用

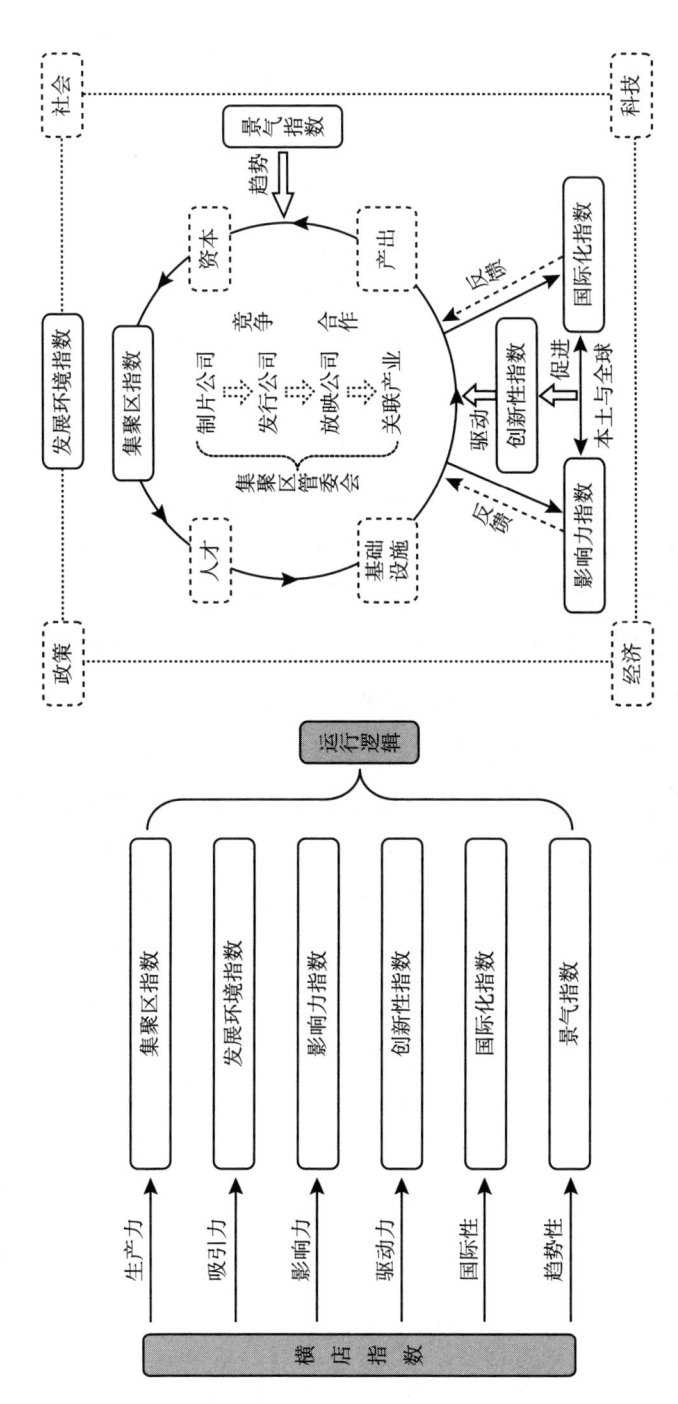

图 1 中国·横店影视文化产业集群综合评价指标体系模型

具体而言,既有研究的评价因素虽各有侧重,但在资源要素、基础设施等"生产力因素",政策、机遇等"环境因素"两个层面达成了一定共识。根据国内外的研究经验,将这两个层面明确为"集聚区指数""发展环境指数"。"集聚区指数"是衡量影视文化产业集群发展程度的核心指数。有学者认为,近20年来资源观逐渐发展成为战略管理领域的主流,并强调内部组织资源是影响企业获得利润的重要变量。[1] 就影视文化产业而言,影视产品对设备、场地、资金有着极高的依赖度,而影视文化产业集群恰能用丰富的共享性资源,如实景拍摄基地、影棚、配套服务、交通设施等基础设施来优化资源配置、节约生产成本、提升产业链效率。更重要的是,集聚企业越多,由龙头企业辐射中小企业而形成的资本网络越稳定,招商引资的吸引力越强劲,无形中稳固、拓宽了影视文化产业链,从而形成集生产、制作、放映、宣发、旅游等关联产业于一体的自循环模式。"影视+"的产业融合新形态,也为影视产业带来更大的经济效益与文化生产力。与此同时,打造全球最强影视拍摄基地,归根结底还是要依靠人才。[2] 近年来,各地不断加大人才引进与培养力度,《粤港澳大湾区发展规划纲要》提出要充分发挥香港影视人才优势,加强电影投资合作和人才交流;横店举办影视人才交流大会、筹建横店艺术大学,意在打造中国影视人才"硅谷";青岛西海岸新区细化影视文化人才认定标准,鼓励并吸引影视文化人才在新区创业发展……诸多针对影视文化人才的扶持政策,体现出人才越来越成为影视文化产业发展的重要因素。可见,人、财、物三个维度的客观要素正在成为影视文化产业发展的重要引擎,也是衡量产业发展的基础性因素。

"发展环境指数"体现出集聚区之于国内外影视界投资人等主体的被认可度与吸引力。就产业发展环境而言,既有研究已形成一定共识,即影视文化产业与外界关联度较强,既受到经济形式、市场需求的制约,也受到科技发展、政

---

[1] 邵培仁、廖卫民:《中国电影产业集群的演化机制与发展模式——横店影视产业集群的历史考察(1996~2008)》,《电影艺术》2009年第5期,第21~28页。
[2] 《横店集团徐天福:打造中国影视人才的"硅谷"》,"中国新闻网"百家号,2021年12月26日,https://baijiahao.baidu.com/s?id=1720191828264052551&wfr=spider&for=pc。

策因素的直接影响；既与宏观大环境共振，也受到微观层面影响，如地区间不平衡、区域内企业对政策的解读、区域内居民收入与观影人次等。近年来，国内各省（区、市）大力出台影视产业政策，除前文提及的人才政策外，还包括企业扶持、影视活动、税收政策等，如海南自贸港、新疆喀什与霍尔果斯的税收政策。除此之外，城市的风土人情、技术创新能力、区域地理优势、人均文化消费支出等，也无一不在影响着区域对投融资、关联企业的吸引力。

"创新性指数"指依靠科学技术的创新带动影视文化作品效益的提升，实现产出集约式增长，或用技术变革提高影视文化作品的产出效率，包含影视文化作品、企业以及整体产业三个维度。影视文化产业首先是一种商业经营活动。参考学者在构建数字生态指数时引用经济学"投入—转化—产出"的思路，[1] 影视文化产业集群可理解为"产业要素—产业驱动—产业效益"[2] 这一反复、波动的演进过程。纵观全球，随着新一代信息技术革命成果在影视文化产业中的广泛融合应用，劳动密集型制作、院线单一发行等传统模式正在向虚拟制作、多渠道发行、移动终端观看转变，也促使支撑产业经济发展的驱动力由生产要素大规模、高强度投入，转向科技创新、人力资本提升带来的"乘数效应"。[3] 新冠肺炎疫情之下，技术创新即是影视文化产业持续发展的核心驱动力，决定要素能否向效益转化，而是否具备拍摄、制作、储存、播出、分发、呈现、推广的全链条技术体系越来越成为衡量影视产业综合实力的重要参照。

"影响力指数"与"国际化指数"是对产业在国内外传播力和认可度的评估。习近平指出，要深化供给侧结构性改革，充分发挥我国超大规模市场优势和内需潜力，构建国内国际双循环相互促进的新发展格局。[4] 双循环新

---

[1] 王娟等：《中国数字生态指数的测算与分析》，《电子政务》2022年第3期，第4~16页。
[2] 刘恒江、陈继祥：《要素、动力机制与竞争优势：产业集群的发展逻辑》，《中国软科学》2005年第2期，第125~130页。
[3] 王一鸣：《百年大变局、高质量发展与构建新发展格局》，《管理世界》2020年第12期，第1~13页。
[4] 《中共中央政治局常务委员会召开会议 中共中央总书记习近平主持会议》，《人民日报》2020年5月15日。

发展格局下的影视文化产业，要明确以国内循环为主体，利用超大国内市场优势进一步深化供给侧改革，消除生产、分配、流通、消费等各个环节中的梗阻问题，以优秀作品满足人民群众的美好生活需求。这意味着人民群众不仅要有消费能力，还要有消费意愿。[1] 高质量内容和口碑则是影视文化产品消费"出圈"的关键因素。2020年以来，受新冠肺炎疫情影响，影视大环境遭遇"寒冬"，但诸如《长津湖》系列电影、《1921》、《革命者》等多部主旋律精品力作仍能打破代际隔阂，在真实历史中联结个体命运与国家命运，有效拓宽了主旋律题材电影的消费圈层。与此同时，形成国内国际双循环相互促进的新发展格局要求影视文化产业在影视企业、作品、人才三个维度实现更高质量的"引进来"和"走出去"。基于此，就国内影响力而言，影视产业需要在实现经济效益的同时聚焦社会效益，需充分评估、有效发挥影视文化在审美倾向、价值导向、创作方向、批评理论方面的引导作用，以及影视文化意识形态在和谐社会构建中的重要作用。就产业国际化而言，影视企业进军海外市场规模，影视作品在异质文化群体中的覆盖率、认可度，影视文化产业国际合作程度等是掌握产业国际化实况、推动文明交流互鉴应关注的具体指标。

趋势性是当前影视文化产业评价研究中容易被忽视的领域。波特的钻石模型强调四个因素相互制约，任何一个因素的削弱都会限制产业升级和创新潜力激发。但影视文化产业的错综和研究操作层面的复杂性，使现有基于钻石模型的研究存在评价因素、评价对象间相对割裂的局限性。这实际上肢解了一个有机的完整理论。[2] 2001年，学者Feser在产业地理要素、产业关联要素两个维度上，增加了产业涌现或形成、存在或衰退、产业潜力或衰退的生命周期维度来评价产业集群竞争力。[3] 产业生命周期在某种程度上与行业

---

[1] 董志勇、李成明：《国内国际双循环新发展格局：历史溯源、逻辑阐释与政策导向》，《中共中央党校（国家行政学院）学报》2020年第5期，第47~55页。

[2] 朱春阳、马海娇：《中国电视剧产业国际贸易竞争力影响因素研究》，《现代传播》（中国传媒大学学报）2022年第5期，第1~9页。

[3] Edward J. Feser, "Introduction to Regional Industry Cluster Analysis," Department of City & Regional Planning, University of North Carolina at Chapel Hill, 2001.

景气程度的变化趋势大体一致。[①] 行业处于不同的周期节点时呈现的不同市场景象被称为行业景气,行业内部的需求变动、生产力变动、技术水平变化[②],外部宏观经济的复苏、繁荣、衰退与萧条[③]等都与景气变化密切相关。可见,景气既能关联影视文化产业各要素,反映要素间波动对产业的影响,也能通过周期性测算来判别产业所处的生命周期与变动趋势,其预见作用能够为政策调整、经营投资提供参考。对此,本报告将景气指数纳入指数框架,给予影视文化产业评价研究一种动态、关联性视角。

### (二)横店指数指标体系

横店指数是分项指数逐级构建而成的总指数。[④] 基于上述理论模型,横店指数指标体系遵循科学性、客观性、系统性、可行性原则,结合德尔菲法对各项指标进行筛选、修正,具体划分为集聚区指数、发展环境指数、影响力指数、创新性指数、国际化指数、景气指数6个分项指数,下设18个一级指标、52个二级指标,并在12位专家意见征询基础上结合客观赋权法对指标进行权重设置。此外,为反映细分产业的发展状况,景气指数还对电影、电视、动漫、关联产业四大板块的生产要素、经济效益、市场需求、产业总体四个维度逐一进行测算。较之错综复杂、要素繁多的影视文化产业,产业集群可被视为全国乃至全球影视文化产业的一个"缩影"。在这一相对可量化、数据可获得性较高的产业生态圈中,横店指数意图囊括影视文化产业全链条、涵盖网络视听等新业态,实现对产业多维、客观、系统性的评估。横店指数指标体系及部分权重见表1。

---

① 李琢:《物流企业可持续发展与经济景气程度的相关性研究:基于企业生命周期视角》,《商业经济研究》2021年第8期,第98~101页。
② 陈迪红、李华中、杨湘豫:《行业景气指数建立的方法选择及实证分析》,《系统工程》2003年第4期,第72~76页。
③ 任泽平、陈昌盛:《经济周期波动与行业景气变动:因果联系、传导机制与政策含义》,《经济学动态》2012年第1期,第19~27页。
④ 横店指数由横店影视文化产业集聚区管理委员会、清华大学、浙江工商大学联合发布。现已测算、发布2021年第二季度、第三季度、第四季度以及2022年第一季度四期。

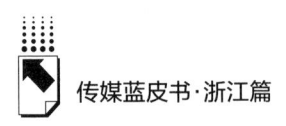

表1　横店指数指标体系及部分权重

| 分项指数 | 一级指标 | 二级指标 |
| --- | --- | --- |
| 集聚区指数 A (16.67%) | 基础设施指数 $A_1$(30%) | 剧组数量 $A_{11}$(20%) |
| | | 影棚数量 $A_{12}$(20%) |
| | | 影棚面积 $A_{13}$(20%) |
| | | 拍摄基地数量 $A_{14}$(10%) |
| | | 拍摄基地面积 $A_{15}$(10%) |
| | | 入园企业总数 $A_{16}$(20%) |
| | 作品规模指数 $A_2$(20%) | 影视作品出品数量 $A_{21}$(70%) |
| | | 影视作品发行数量 $A_{22}$(30%) |
| | 经济规模指数 $A_3$(25%) | 营业总收入 $A_{31}$(50%) |
| | | 税收收入 $A_{32}$(20%) |
| | | 关联产业总收入 $A_{33}$(30%) |
| | 人才规模指数 $A_4$(25%) | 企业职工数量 $A_{41}$(35%) |
| | | 剧组人员数量 $A_{42}$(30%) |
| | | "横漂"数量 $A_{43}$(20%) |
| | | 关联产业从业人员数量 $A_{44}$(15%) |
| 发展环境指数 B (16.67%) | 经济环境指数 $B_1$(30%) | 宏观经济环境指数 $B_{11}$(25%) |
| | | 中观经济环境指数 $B_{12}$(35%) |
| | | 微观经济环境指数 $B_{13}$(40%) |
| | 社会环境指数 $B_2$(20%) | 宏观社会环境指数 $B_{21}$(25%) |
| | | 中观社会环境指数 $B_{22}$(40%) |
| | | 微观社会环境指数 $B_{23}$(35%) |
| | 科技环境指数 $B_3$(20%) | 宏观科技环境指数 $B_{31}$(25%) |
| | | 中观科技环境指数 $B_{32}$(35%) |
| | | 微观科技环境指数 $B_{33}$(40%) |
| | 政策环境指数 $B_4$(30%) | 宏观政策环境指数 $B_{41}$(25%) |
| | | 中观政策环境指数 $B_{42}$(35%) |
| | | 微观政策环境指数 $B_{43}$(40%) |

续表

| 分项指数 | 一级指标 | 二级指标 |
|---|---|---|
| 影响力指数 $C$ (16.67%) | 影视剧影响力指数 $C_1$(65%) | 影视剧认可指数 $C_{11}$(30%) |
| | | 影视剧规模指数 $C_{12}$(30%) |
| | | 影视剧热点指数 $C_{13}$(40%) |
| | 影视公司影响力指数 $C_2$(35%) | 公司价值指数 $C_{21}$(70%) |
| | | 企业作品指数 $C_{22}$(30%) |
| 创新性指数 $D$ (16.67%) | 影视文化产业创新基础指数 $D_1$(35%) | 国家级高新技术企业数 $D_{11}$(60%) |
| | | 省级科技型中小企业数 $D_{12}$(40%) |
| | 影视文化企业创新性指数 $D_2$(65%) | 企业创新基础指数 $D_{21}$(35%) |
| | | 影视文化作品创新指数 $D_{22}$(65%) |
| 国际化指数 $E$ (16.67%) | 国际化规模指数 $E_1$(35%) | 出口规模指数 $E_{11}$(65%) |
| | | 国际融合度指数 $E_{12}$(35%) |
| | 国际影响力指数 $E_2$(65%) | 国际影响力规模指数 $E_{21}$(60%) |
| | | 国际传播力指数 $E_{22}$(40%) |
| 景气指数 $F$ (16.67%) | 要素供给景气指数 $F_1$(25%) | 制作成本 $F_{11}$(45%) |
| | | 从业人员需求量 $F_{12}$(35%) |
| | | 宣发成本 $F_{13}$(20%) |
| | 市场需求景气指数 $F_2$(25%) | 作品需求量 $F_{21}$(60%) |
| | | 服务需求量 $F_{22}$(20%) |
| | | 有形关联产品需求量 $F_{23}$(20%) |
| | 效益状况景气指数 $F_3$(25%) | 销售收入 $F_{31}$(33%) |
| | | 利润 $F_{32}$(33%) |
| | | 资金回笼率 $F_{33}$(33%) |
| | 总体判断景气指数 $F_4$(25%) | 企业影视及相关业务的总体形势 $F_{41}$(30%) |
| | | 行业影视及相关业务的总体形势 $F_{42}$(35%) |
| | | 政策对影视及相关业务的总体影响 $F_{43}$(35%) |

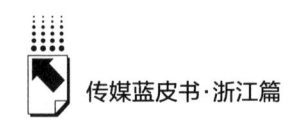

### （三）指数计算方法

横店指数由各分项指数逐级加权汇总而成，以季度为测算周期。在数据预处理层面，基于对缺失值的处理，研究采用直线型功效系数法①进行无量纲标准化处理，并对非结构化数据通过词频分析、分类赋值等分析技术转化为结构化数据。在指数计算层面，对应指标指数是以2021年第一季度为基期的定基指数（2021Q1=100），各单项指标计算公式为：

$$I_i = \frac{X_i}{X_o} \times 100 \ ②$$

式中，$I_i$为相对应的第$i$个指标的指数，$x_i$为第$i$个指标的实际值，$x_0$为标准值；六大分项指数与综合指数为各单项指数的逐级加权汇总：

$$I = \sum_{i=1}^{n} w_i I_i$$

式中，$w_i$为第$i$个指标在上级指标构成中所占的权重。景气指数在传统"萎缩—半扩张—扩张"三等级扩散指数法之上，混合从"大幅下降"到"大幅上升"的七等级扩散指数法，取值区间为0到200，100为荣枯线，用以更直观反映产业动态。

采用加权算术平均法计算综合指数，有利于直接进行涨跌结构分析。为了具体衡量影视产业各要素对产业整体的影响程度，研究同步测算次级指数变化对其上一级指数涨跌的"绝对影响"，一般计算公式为：

$$d_i = w_i \Delta I_i^J$$

式中，$\Delta I_i^J$某层级指标中第$i$个指标的第$J$期指数相对于比较期指数（可以是基期指数或上年同期指数）的涨跌点数，$d_i$为第$i$个指标的第$J$期指数相对于比较期指数的涨跌对其上级指标涨跌的贡献程度。

---

① 苏为华：《多指标综合评价理论与方法问题研究》，厦门大学，2000。
② 苏为华：《综合评价学》，中国市场出版社，2005。

## 四 横店指数的实证应用

"2021中国文化产业高质量发展指数"[①]显示，浙江文化产业综合指数已连续4年排名全国前3。作为文化产业"头部"省份之一，影视文化产业在浙江文化领域扮演着关键角色。2019年3月，浙江省人民政府正式批复同意设立横店影视文化产业集聚区；2020年6月，横店影视文化产业集聚区正式成立。目前，横店集聚区内已入驻2300余家影视公司，注册"横漂"演员10万余人。从单兵作战到密集型影视文化产业集群，横店集聚区被视为产业发展的"风向标"，研究其发展脉络、预测其发展态势既能够系统评估发展现状，推动产业转型升级，也能以小见大投射全国影视产业的波动情况，为各省（区、市）影视文化产业集群发展提供借鉴。

### （一）数据与样本说明

为确保研究样本的科学性与代表性，在调查企业层面，研究采用分层抽样法，最终确认221家企业为样本企业；在作品样本筛选层面，考虑影视作品影响力和热度会随时间推移减弱，研究选取近5年来，即自2017年以来样本企业参与出品或参与发行的电影、电视剧、动漫、网剧等。同时，横店影视文化产业指数的评估对象既包含影视企业及其影视作品，也涉及影视从业人员、观众以及集聚区基础设施在内的诸多要素。对此，研究采用线上线下填报、网络数据抓取等多种路径，共形成四种数据来源，并在数据收集、清洗、标准化处理后进行测算，以保证指数体系能够客观、全面反映集聚区影视文化产业的实际情况。各指标数据来源详见图2。

---

① 《2021中国文化产业高质量发展指数：京粤浙沪稳居前四名》，"澎湃新闻"百家号，2021年12月19日，https://baijiahao.baidu.com/s?id=1719559651547809350&wfr=spider&for=pc。

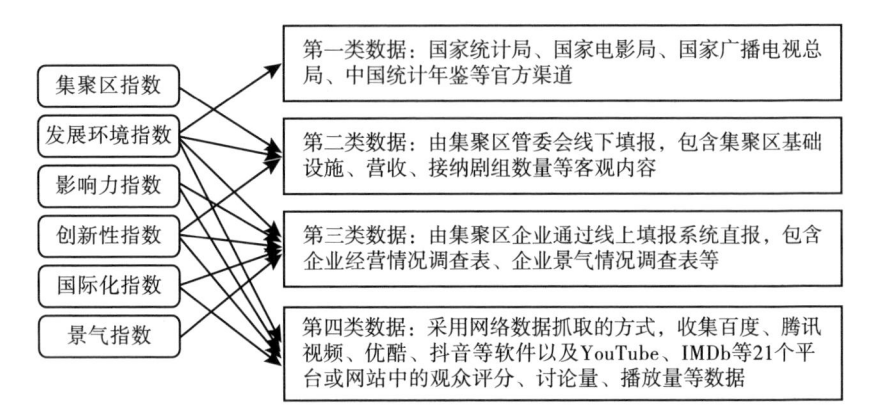

图 2　六大分项指数数据来源

### （二）横店指数结果分析

以2021年第一季度为基期，截至2022年6月横店指数已测算2021年第二季度、2021年第三季度、2021年第四季度、2022年第一季度共4个季度的指标数据。图4显示，横店综合指数2021全年呈上升趋势，2022年第一季度较2021年第四季度稍有回落，但同比上涨3.89%，整体处于波动上升状态。综合来看，2021年全球影视文化产业仍处"寒冬"，但与中国影视文化产业"迎寒而上"的步调一致，横店影视文化产业集聚区灵活调整产业结构、完善产业链条、产出优质作品，努力凭借数字化赋能下的规模化、集约化发展突破困局，整体保持稳中有进的发展态势，体现了较强的抗风险能力。

**1. 产业集聚：协同运作、资源整合，生产力逐步恢复**

在影视文化产品制作、放映的过程中，制片是一切后续行动的基础。若要产出经济效益与社会效益兼具的影视文化产品，就要依靠多方主体的通力合作。作为一种复杂的网络组织，横店集聚区俨然认识到其在资源整合上的优势和提高要素间依存程度的重要性，在吸引人才、企业、资金上均有所行动。

一是完善基础设施建设，重点推进基地建设、剧本创作、剧组管理、拍摄制片、后期特效等影视制作上游产业发展，同步拓展旅游、餐饮、住宿、

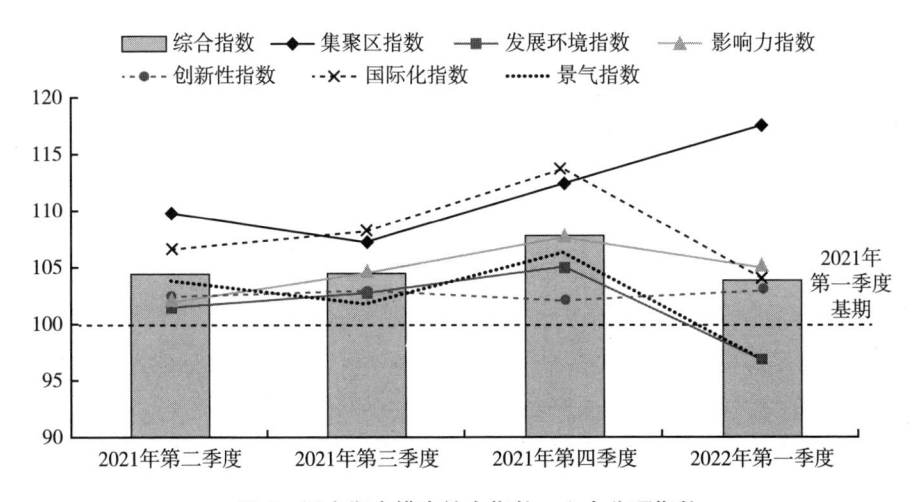

横店指数：中国影视文化产业集群综合评价指标体系的构建及应用

**图 4　调查期内横店综合指数、六大分项指数**

娱乐、道具等下游关联产业。2021 年横店基础设施指数均在 110 以上，2022 年第一季度稍有回落，为 112.17，但对集聚区指数仍有 3.65 的贡献度。从具体数据来看，截至 2022 年第一季度，横店集聚区摄影棚数量已增长至 105 个，面积达 42.08 万平方米。目前，横店拥有的全球最大高科技摄影棚已投入使用，[①] 而由影视产业带动的旅游产业入选文旅部首批"国家级夜间文化和旅游消费集聚区"，[②] 与基础产业相结合的直播、剧本杀、脱口秀等关联业务成为疫情影响下的创新赛道。二是在品牌化建设中提升"集体声誉"，促进产业良性循环。横店集聚区积极开展影视文化产业博览会、影视人才交流会、文荣奖颁奖典礼等活动。精准搭台、服务优质，以发挥"共享性"资源在集群成长演化、竞争力提升中的作用。目前，集聚区重大项目建设、招商引资、人才集聚势头良好，确保横店影视产业园等固定资产投资同比增长 50% 以上；已有包括华谊兄弟、博纳影视、正午阳光等在内的 2401 家入区企业；调查期内累计接待剧组 1091 个，"横漂"数量实现

---

① 《委员声音丨徐天福：践行"横店宣言"，创作更多更优的文艺作品！》，"浙江政协同心苑"微信公众号，2022 年 1 月 17 日，https://mp.weixin.qq.com/s/9fl6xPDLaz3vujS7uQ4ioA。

② 《2021 年横店集团实现营业收入 876.3 亿元》，"东阳发布"微信公众号，2022 年 1 月 19 日，https://mp.weixin.qq.com/s/mBQ-Dt8-VkVYuREsQ2jnwQ。

325

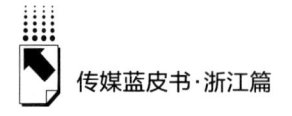

提升。

横店的生产力模式，体现了一条从完善的基础设施、企业入区、剧组入驻、人才需求与吸引力增强到作品产出数量增加、经济效益提升、关联产业发展、集聚声誉提升的循环路径。虽受疫情之下区域院线间歇性停业的影响，横店在资源整合、市场联结、产业链各环节的协同运作中构筑了更稳定、复杂的生产共同体、利益共同体，从而增强了产业的抗风险能力，推动产业集群向更高层次、更高水平跃迁。

2. 发展环境：相对稳定，政策环境对产业发展至关重要

相较于波谲云诡的国际政治、经济环境，横店影视文化产业集聚区发展环境指数相对稳定。2021年发展环境指数逐步上升，第二季度至第四季度的发展环境指数分别为101.47、102.8、105.05；2022年第一季度发展环境指数为96.98，较上季度下降7.68%。其中，社会环境指数居于高位，主要原因在于居民人均教育文化娱乐消费支出水平的提升；中观层面的全国政府性基金对影视文化产业的支持度下降，微观层面企业对政策认知度不足、企业对集聚区经济状况信心较弱则是政策环境指数大幅度下降的主要原因（见图5）。

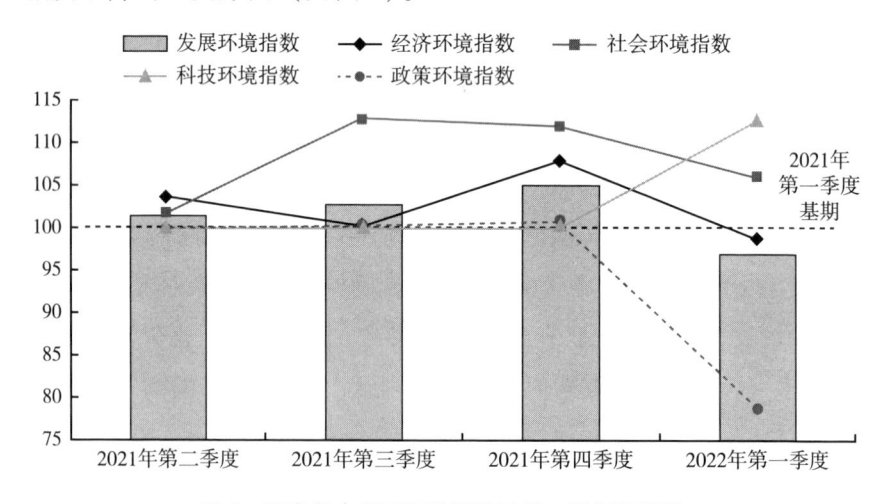

图5 调查期内发展环境指数及其一级指标指数

## 横店指数：中国影视文化产业集群综合评价指标体系的构建及应用

政策因素是影响影视文化产业发展环境的首要因素。文化产业既有意识形态属性，又有市场属性。[①] 影视文化产业置身其中，需在"双重属性"的产业政策导向下，寻求获得"双重效益"的有效路径。2021年是中国共产党成立一百周年，2月央视热播剧《觉醒年代》拉开影视业献礼建党百年序幕；3月，国家电影局下发《关于开展庆祝中国共产党成立100周年优秀影片展映展播活动的通知》[②]；国家广播电视总局随后开展优秀影视作品展播活动，指导重点网站、视听平台首页收屏开设专区。[③] 同时，面对资本不良牟利、高价片酬、唯流量论、泛娱乐化等不良产业生态，国家广播电视总局出台《国家广播电视总局办公厅关于进一步加强文艺节目及其人员管理的通知》[④]、中央宣传部出台《关于开展文娱领域综合治理工作的通知》等一系列举措体现出政策监管趋严，对影视文化产业的总体要求提高。这些政策措施从农村到城市、从平台到院线全面铺开，以及监管政策的落地，一方面打造了以社会效益为首位的"风清气正"影视文化生态圈，推动影视作品提质增效。虽部分已开工项目因政策收紧而搁置，但优质作品在一定程度上弥补了疫情发生后影视供给端发力不足的短板。另一方面满足了市场端对优质作品的需求，荧幕现象级作品增加。这既满足了人民对影视文化的需求，又能用好故事引发共鸣，有助于全民观影习惯的形成。

在2021年经济环境指数（国内生产总值当季值、规模以上文化产业营收）、社会环境指数（城镇化率）等相对平稳的基础上，2021年的全局性政策环境推动中观环境指数如影视数量、银幕数量以及居民文化消费支出增加，又引领、规制着区域内影视文化产业的发展方向，驱动横店集聚区内微

---

[①] 《习近平讲故事：文化产业是一个朝阳产业》，"人民网"百家号，2020年12月17日，https://baijiahao.baidu.com/s?id=16863126573599174 31&wfr=spider&for=pc。

[②] 《国家电影局关于开展庆祝中国共产党成立100周年优秀影片展映展播活动的通知》，国家电影局网站，2021年3月22日，https://www.chinafilm.gov.cn/chinafilm/contents/141/3364.shtml。

[③] 《广电总局开展建党百年优秀影视作品展播活动》，中国政府网，2021年6月28日，http://www.gov.cn/xinwen/2021-06/28/content_5621270.htm。

[④] 《国家广播电视总局办公厅关于进一步加强文艺节目及其人员管理的通知》，国家广播电视总局网站，2021年9月2日，http://www.nrta.gov.cn/art/2021/9/2/art_113_57756.html。

观经济状况的改善。与之同步，政策的收紧让资本退潮现象越发明显，短期内的复杂境况使企业对政策认知度不足、对影视项目投融资信心不足，从而出现政策环境指数下跌的情况。同时，以横店本地区域政策为例，其所在的东阳本级税收扶持政策已到"天花板"，而税收政策相对利好的产业集群对企业有更大的吸引力，或将造成横店集聚区企业的离场和流失，如爱奇艺、正午阳光等横店入区企业均已在海南自贸区注册，并开展实质性业务。目前，横店已通过《横店影视产业人才基金实施办法》，缩小与海南自贸区的税收差距，通过政策引导帮助入区企业渡过资本难关。

2022年第一季度环境指数的下行表明疫情影响仍在持续，税收规范、政策管控、国内舆论环境等诸多外部变量对集聚区的资源转化率造成影响，资本市场总体表现偏冷，削弱了集聚区对从业者、投资者的吸引力。在影视文化产业发展中，政府扮演着护卫队和筑路人的角色，尽可能为作品的拍摄、发行、放映、输出创造条件。[1] 如何以市场资源配置为主体，为影视文化产业发展提供精准、有度的政策监管、扶持与保护，以及产业集群如何适应变局，影视企业如何回归优质项目本身，都是值得关注的议题。

**3. 产业成效：数字改革、创新赋能，加速布局国内外市场**

近年来，在国家政策支持和产业数字化升级的趋势下，产业集群竞争力直接表现为集群的持续创新能力。[2] 数据显示，横店创新性指数保持较为稳定、小幅上升的态势。2022年第一季度集聚区创新性指数为102.81；影视文化企业创新性指数的环比增速为1.04%，对创新性指数贡献了2.81点，其中企业研发费用与企业影视科技活动人员数的增加是促使2022年第一季度创新性指数上升的主要原因（见图6）。

在影视文化行业与大数据、云计算、人工智能等科技融合的浪潮中，横店集聚区从多路径进行创新探索，以提高产业集群的核心竞争力。一是完善"新基建"，探索产品从制作到发行的"云上"模式。目前，横店影视拍摄

---

[1] 董小麟、吴珊：《美国电影产业贸易的经验及其对中国电影贸易的启示》，《国际商务》2011年第4期，第103~111页。
[2] 李君华、彭玉兰：《产业集群的制度分析》，《中国软科学》2003年第9期，第127~132页。

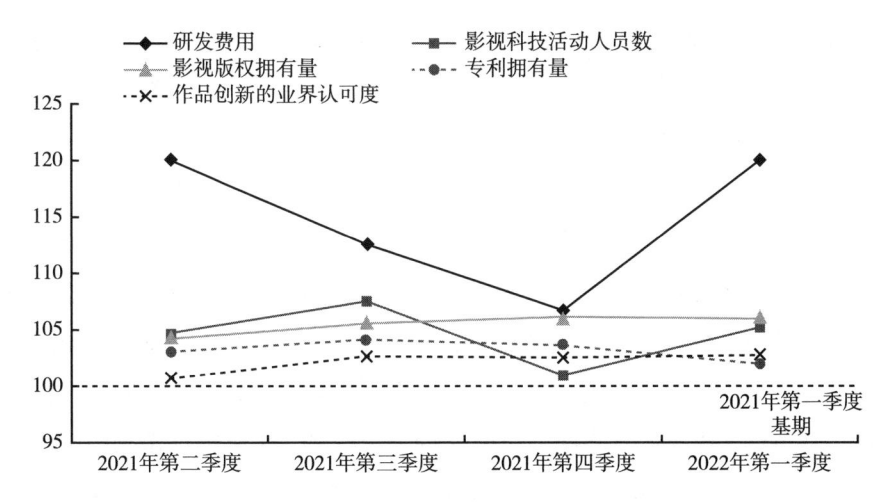

横店指数：中国影视文化产业集群综合评价指标体系的构建及应用

**图6 调查期内影视文化企业创新性指数关联指标**

基地已实现5G全覆盖，国内最先进的LED虚拟数字技术、VR云勘景平台以及高科技摄影棚均已投入使用，"云勘景""云制作""云发行"成为常态。二是对集聚区内要素进行系统性数字化管理，同步培养影视科技人才。2021年，横店影视文化产业集聚区推出"影视文化大脑"，完善人才综合服务管理系统。该系统依托用户画像和AI建模分析，可以全面掌握、洞察、分析、研判、预警影视作品、影视人才、影视企业等全产业链的运行状态，实现人员、资金、剧本、生产要素等供需智能匹配，以推进产业要素的高效配置和产业生态的高效协同。

创新与成效，二者是相辅相成、相互作用的关系。通过科技创新弥补产业短板，是中国影视文化产业绝地反击、弯道超车的重要路径。而Bathelt等学者的"全球管道—本地蜂鸣"（local buzz-global pipeline）模型[1]指出，产业集群取得创新的关键在于本地和跨区域联合，即集群内部的知识流动（本地蜂鸣）与集群外部的超本地知识流（全球管道）共同作用。一个集群中越多的公司参与全球管道建设，就会有更充足的市场

---

[1] H. Bathelt, A. Malmberg, P. Maskell, "Clusters and Knowledge: Local Buzz, Global Pipelines and the Process of Knowledge Creation," *Progress in Human Geography* 1 (2004): 31-56.

和技术信息被注入内部网络。在国内国际双循环相互促进的新发展格局下，全球与地方的紧密联系，意味着中国影视文化产业集群要想真正实现创新赋能与产业链升级，就要关注广阔的本土市场与作品影响力，也要借助全球视角反观集群现状，在自我审视与外部反馈中驱动创新。

就国内影响力而言，横店集聚区响应国家影视剧"提质减量"号召，契合观众审美期待的主旋律影片、现实题材影片成为荧屏重点。表2显示，横店集聚区影响力指数在2021年稳步上升，2022年第一季度稍有下降，主要原因是企业作品指数即作品发行、出品数量减少。虽然作品数量有所减少，但是影视剧认可度、影视剧热点指数总体保持上行态势，横店影视作品的影响力不容小觑。第36届大众电影百花奖公布的提名名单中，横店影视文化产业集聚区入区企业参与的《你好，李焕英》《送你一朵小红花》《我的姐姐》共获得9项提名，《长津湖》获得5项提名，《我和我的父辈》获得4项提名，《悬崖之上》《1921》获得1项提名。国家广播电视总局公布的"2021中国电视剧选集"中与横店关联作品数在80%以上，《山海情》《功勋》《乔家的儿女》《我们的新时代》《大决战》等由横店入区企业出品或联合承制，《大浪淘沙》《理想照耀中国》《百炼成钢》等作品在横店取景。以上均体现了横店集聚区强有力的市场影响力和头部档期、头部作品具有巨大的虹吸效应。

表2 2021年至2022年第一季度影响力指数及其一级指标的指数值

| 指标 | 2021年第一季度 | 2021年第二季度 | 2021年第三季度 | 2021年第四季度 | 2022年第一季度 |
| --- | --- | --- | --- | --- | --- |
| 影视剧影响力指数 | 100.00 | 101.18 | 103.95 | 105.82 | 105.53 |
| 影视公司影响力指数 | 100.00 | 107.26 | 105.60 | 111.02 | 103.95 |
| 影响力指数 | 100.00 | 102.00 | 104.53 | 107.64 | 104.98 |

影视文化作品是国际交流中最具传播力和代表性的艺术形式，横店影视文化产业集聚区致力于打造"具有国际影响力的影视文化创新中心"，通过构建影视文化国际交流平台、创建国家文化出口基地，推动集聚区企业出品的影视剧不断走出国门。与国内影响力指数趋势一致，2021年横

店国际化指数呈现上升态势。2022年第一季度国际化规模指数、国际影响力指数均有不同程度下降，但二者对国际化指数贡献程度仍为正值。其中，除海外播放量指数有轻微下降外，海外票房收入、影视作品国际获奖、海外讨论热度、海外评分等细分指标指数均有所上涨（见图7）。可见，横店影视文化产业集聚区虽存在一定的规模劣势，但作品质量和传播力有向好趋势。

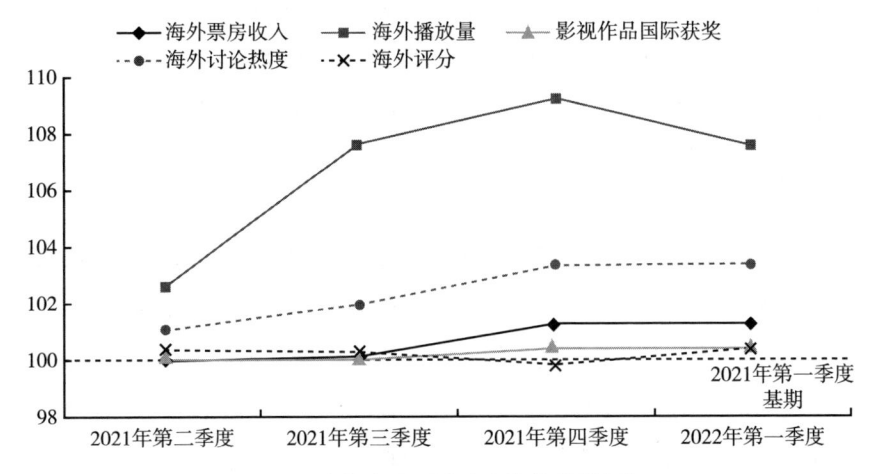

**图7 调查期内国际影响力指数关联指标**

随着横店影视剧制作水准的不断提升，横店出品频频"出海"并备受海外青睐。《山海情》《觉醒年代》获评2021年度优秀海外传播作品；入区企业新丽电视联合出品的《人世间》仅开拍一个月就被迪士尼影业预购海外独家发行版权。这些中国民众追求美好生活的中国故事，与广大海外受众的生活故事形成了特殊的情感连接，彰显了横店影视文化产业集聚区在内容生产方面的前瞻性和文化"走出去"的责任意识。但是，从指数中看到集聚区影视文化产业国际贸易尚未有跨越式突破，超大的本土市场与有限的国际市场存在严重失衡。未来，横店集聚区以及入区企业不仅要发挥资源聚合的平台优势，在渠道层面结合"一带一路"倡议，以技术驱动增加产业集群作品出口数量，拓宽发行渠道，构建中国影视文化产业标准体系，提升国内外合作交流程度,还需在内容与叙事技巧层面精耕细作,努力打破西方的意识形态偏见,寻找与全球受众的"最大公约数",从而扩大中国故事在全球的传播力与认可度。

**4. 产业景气:静待回暖,产业预期更显谨慎**

企业是市场的主体,是营商环境建设的重要力量。① 以企业对市场、产业的认知为依据,有利于动态反映产业状态和发展趋势。景气调查结果显示,调查期内景气指数处于明显的波动状态。2021年虽有波动,但景气指数均大于100,表明企业对影视文化产业发展持积极预期;2022年第一季度景气指数为96.9,首次低于100,表明市场预期处于消极状态。由此可见,调查企业能够冷静判断市场形势,同时也能乐观看待未来发展趋势。

以100为荣枯线,图8可直观显示出调查企业对电影、电视剧、动漫以及关联产业四大细分产业的预期。首先,调查企业对四大产业长期发展均抱有信心,总体判断景气均处于扩张状态,而在要素供给(制作成本、宣发成本)层面则更加谨慎,参与市场行为更为冷静。保证头部项目,减少腰部项目成为诸多企业应对资金难的方式。其次,受新冠肺炎疫情影响,2022年3月全国票房仅有9.1亿元,近10年内(除2020年全面停工之外)单月票房首次跌破10亿元。进入4月后,全国电影院营业率一度跌至45%。② 从2021年至2022年第一季度电影产业、电视剧产业各项景气扩张情况、景气波动趋势来看,调查企业对电影、电视剧的中长期发展仍有信心,尤其电影产业仍是企业未来主要侧重、关注的发展领域。

发展的契机往往滋生于困境之中。当前,全球经济仍处于修复状态,在政策监管加强、资本日趋理性的状态下,疫情的不确定性为产业发展带来重重阻力,却也打破了行业的非理性繁荣,③ 倒逼影视文化产业经历了一场化被动为主动的"大洗牌"。影视行业得以持续发展的核心驱动力,是人们对

---

① 《企业是市场的主体,是营商环境建设的重要力量》,中国政府网,2019年10月23日,http://www.gov.cn/xinwen/2019-10/23/content_5444108.htm。
② 《电影院,困在疫情里》,"中国企业家杂志"微信公众号,2022年5月13日,https://mp.weixin.qq.com/s/WGkd_GPh_YrouRBdMMW7pQ。
③ 《"双循环"新发展格局助力电影产业高质量发展》,中国文艺网,2021年9月10日,http://www.cflac.org.cn/wyrd/202109/t20210910_559586.html。

横店指数：中国影视文化产业集群综合评价指标体系的构建及应用

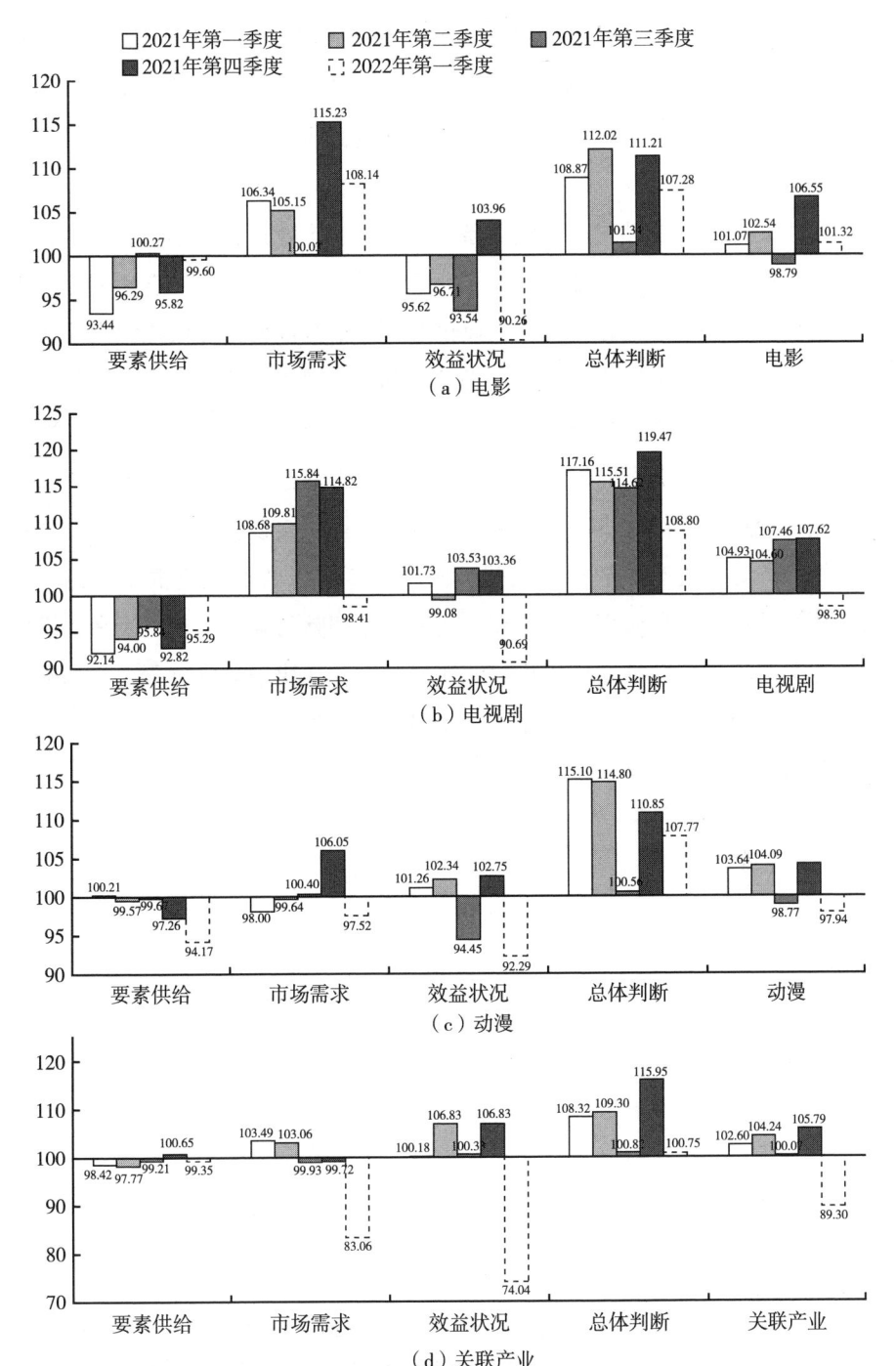

（a）电影

（b）电视剧

（c）动漫

（d）关联产业

图8 2021年至2022年第一季度电影、电视剧、动漫、关联产业景气指数分析

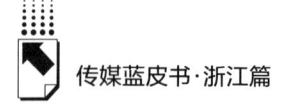

好故事的渴求、对文娱精神消费的需求、对优质内容付费的习惯。[①] 经过现阶段沉淀,可以看到横店影视文化企业正在调整侧重数量的传统模式,逐步形成以类型丰富、内容优质、放映模式多元的高质量影视产品为导向的长远发展路径。

影视文化产业良性发展的先决条件是能够对产业进行科学评估。本报告在参考国内外有关影视产业指数、产业集群模型的基础上,结合生命周期理论,构建"1+2+4"的影视文化产业集群综合指数框架,并依托国内代表性影视产业集群——横店影视文化产业集聚区进行指数测算,后从集聚现状、发展环境、产业成效、产业景气四个方面进行深入分析。横店指数通过全面、透彻的数字化分析,旨在实现影视产业管理数据化、流程标准化、风险可控化,为政府部门提供决策参考、为从业者提供实践指导、为产业集群化发展提供一套行之有效的评估模式。同时,横店指数的理论框架、指标搭建、测量计算、实证应用是一项在实践中不断调整的渐进工程。未来,横店指数课题组将进一步推动横店指数的迭代升级,加快指数成果研究与基础数据库建设,为中国影视文化产业繁荣发展贡献力量。

---

[①] 《影视行业正面临无比残酷的考验 或将加速行业洗牌》,"宋清辉"百家号,2021年8月19日,https://baijiahao.baidu.com/s?id=1708484382242021390&wfr=spider&for=pc。

# B.16
# 2022年上半年中国·横店影视文化产业报告

横店影视文化产业指数项目组*

**摘　要：** 随着数字技术与文化产业的深度融合，文化产业在全球发展中呈现前所未有的生命力。2022年上半年，受地缘政治博弈和全球疫情等多重因素影响，影视文化产业发展正经历"寒冬"，显露疲态，亟待破逆局、开新局。本报告聚焦中国影视市场重镇"横店影视文化产业集聚区"，集聚区管委会、清华大学、浙江工商大学三方联合编制影视文化产业评价指标"横店指数"，多维度考量2022年上半年横店影视文化产业发展情况。研究发现，中国·横店影视文化产业部分维度指数呈回落态势，综合指数平稳向好。横店影视文化产业集聚区立足影视企业、作品、人才三个根本点与关键点，着力构建高质量互促发展局面，"文化+科技"双轮驱动，产业发展空间不断增长。与此同时，横店影视文化产业不断下沉市场，探索实现文化普惠的新路径。

**关键词：** 影视文化产业　横店指数　文化普惠

"十四五"时期是我国全面建成小康社会、实现第一个百年奋斗目标之后，乘势而上开启全面建设社会主义现代化国家新征程、向第二个百年奋斗

---

\* 执笔人：王锦婷，浙江工业大学人文学院新闻传播学硕士研究生；史梦倩，浙江工业大学人文学院新闻传播学硕士研究生；毕佳琦，浙江工业大学人文学院新闻与传播专业硕士研究生。

目标进军的第一个五年，也是广播电视和网络视听立足新发展阶段、贯彻新发展理念、构建新发展格局，实现新跨越的关键时期。横店是影视文化产业的先行者，也是中国影视文化产业集群发展的样本，研究其影视文化产业发展脉络、预测其未来发展态势既可以针对横店影视文化产业现存的问题提出解决方案，也可以为其他影视文化产业集群发展献计献策。本报告聚焦2022年上半年"横店指数"，以数据化、可视化的方式更为直观清晰地反映影视文化产业综合发展状态，旨在助力从业者建立新共识，在多方压力中探寻发展新势能，将内容创新与方法创新紧密融合，在"降本增效"的影视产业发展"寒冬"中探索全产业链破局之道。

## 一　横店指数综合评述

### （一）综合指数总体平稳，产业发展趋势良好

2022年上半年横店影视文化产业发展指数总体表现良好，虽较2021年下半年有所下降，但整体发展较为平稳，展现出横店影视文化产业强劲的抗风险能力与生产力（见表1）。2022年上半年发展环境不佳，横店不少剧组停工，在一定程度上造成资本和人员的流失，横店影响力指数与创新性指数均有轻微下降，但是横店影视文化产业集聚区（以下简称"横店集聚区"）抓住空档期，补足一系列问题与短板，为后续发展提供保障。

表1　2021年第三季度至2022年第二季度中国·横店影视文化产业发展指数分析

| 指标 | 2021年第三季度 | 2021年第四季度 | 2022年第一季度 | 2022年第二季度 |
| --- | --- | --- | --- | --- |
| 集聚区指数 | 107.17 | 112.47 | 117.60 | 110.75 |
| 发展环境指数 | 102.80 | 105.05 | 96.98 | 93.11 |
| 影响力指数 | 104.53 | 107.64 | 104.98 | 102.89 |
| 创新性指数 | 102.90 | 102.12 | 102.81 | 102.50 |
| 国际化指数 | 108.18 | 113.72 | 104.05 | 109.49 |
| 景气指数 | 101.71 | 106.33 | 96.90 | 93.93 |

## （二）产业活力不断迸发，国际传播提质升级

2022年上半年，横店集聚区面对外部市场环境的不稳定性，高效统筹疫情防控与产业发展，实现"半年稳"。聚焦2022年第二季度，如图1所示，国际化指数逆势上行，较第一季度上涨5.44点，环比增速达5.23%，对综合指数的贡献程度较上一季度增长0.91点，展现出横店影视文化产业锐不可当的国际化趋势。横店集聚区在世界格局变动中牢牢把握自身的文化资源优势，锐意创新，积极拓展文化交流渠道，形成多元化的文化"出海"模式。2022年上半年，入区企业出品的13部电影登陆海外院线，占全国出口电影的46%，横店影视作品海外出口规模不断扩大、国际化程度有所加深。与此同时，东阳政府也在不断鼓励引导横店企业搭建国外推广与销售渠道，以期全面提升横店的国际传播影响力。

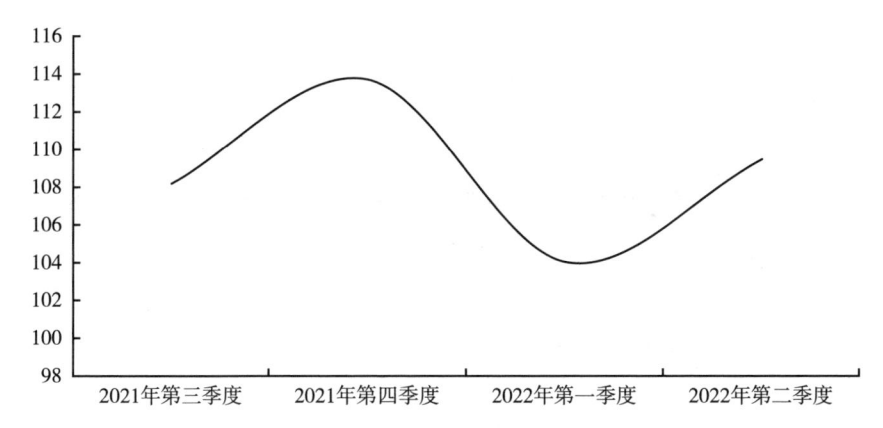

**图1 2021年第三季度至2022年第二季度中国·横店影视文化产业国际化指数变化趋势**

## 二 产业集聚现状：基础设施不断完善，影视作品减量提质

横店影视文化产业集聚优势凸显，影视作品产品供给持续优化，在新型

业态培育、文旅融合、产业生态构建等方面发展态势良好。2022年上半年，横店影视城持续发挥综合载体作用，影视文化产业发展整体波动上升，如图2所示，从细分维度看，集聚区基础设施、作品规模、经济规模、人才规模指数均有增有减，其中集聚区基础设施指数增幅最大，环比增速为10.44%，其余三项指数较2022年第一季度有所下降，但与2021年下半年相比依然呈上升趋势，这表明文化产业规模稳步提升，赋能新发展。

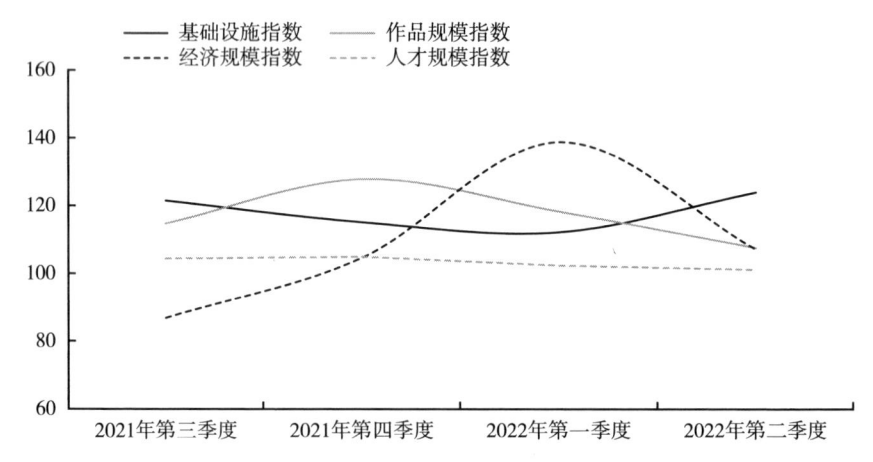

图2 2021年第三季度至2022年第二季度中国·横店影视文化产业集聚区指数各一级指标变化趋势

### （一）科技赋能基地建设，横店集聚区优势凸显

2022年上半年横店集聚区基础设施进一步完备夯实，提升了影视基地拍摄的多元化水平，"文化+科技"融合发展驱动文化产业发展空间不断增长。值得一提的是，2022年第二季度横店集聚区基础设施指数较前几个季度大幅上涨，对集聚区总指数的贡献程度最大，其中，横店影棚数量、入园企业总数较前几个季度有明显上升（见表2）。为更好地服务影视拍摄需求，横店集聚区已投入建设使用摄影棚130多座，面积达40余万平方米。横店集聚区创新探索摄影棚"光伏+"模式，通过在摄影棚顶部安装光伏组件的方式，实现"棚内拍戏，棚顶发电"，合理利用有效资

源,"一棚两用",达到绿色节能、低碳减排的目标。未来,横店集聚区还将打造国内最先进的综艺棚、水面摄影棚与水下摄影棚,届时可满足更多水上戏份的拍摄与制作需求。

表2 2022年上半年横店集聚区基础设施指数分析

单位:%

| 指标 | 2022年第一季度 | 2022年第二季度 | 环比增速 | 2022年第一季度指数贡献程度 |
| --- | --- | --- | --- | --- |
| 基础设施指数 | 112.17 | 123.88 | 10.44 | — |
| 影棚数量 | 159.09 | 177.27 | 11.43 | 15.45 |
| 剧组数量 | 60.44 | 71.43 | 18.18 | -5.71 |
| 入园企业总数 | 107.24 | 108.53 | 1.20 | 1.71 |

## (二)完备基建四方辐辏,"横漂"人数连续上升

影视行业是团队分工协作型产业,不仅分工很细,而且产业链很长,除了创意型、复合型、创新型人才外,也需要灯光师、服装师、化妆师、道具师、轨道师等技术人才。尤其当前影视行业发展面临困局,实现有效转型升级必须有大量高素质、复合型人才作为支撑,在"高原"里找"高峰"、数量里创精品。2022年上半年集聚区人才规模指数较2021年下半年有所下降,其中,企业职工数量和关联产业从业人员数量的指数值出现小幅下降是集聚区人才规模指数下降的主要原因(见表3)。但是,"横漂"数量连续四个季度上涨,一方面反映了横店影视文化产业吸引力不断提升;另一方面也反映出横店集聚区在"横漂"管理、人员素质提升、社会保障体系建设等问题上狠抓重点、着力建设、催生反哺,且取得了良好的效果。接下来,横店集聚区要继续强化服务管理,努力打造"横漂"之家,让他们有归属感、事业感、成就感,同时开展专业的职业技能培训,挖掘其自身优势与特长,打造成专业型人才,这既能服务于横店影视产业的发展,也能打响招牌,吸引更多优秀人才涌入。

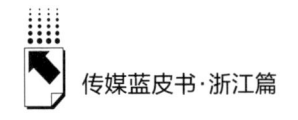

表3　2022年上半年横店集聚区人才规模指数分析

单位：%

| 指标 | 2022年第一季度 | 2022年第二季度 | 环比增速 | 2022年第一季度指数贡献程度 |
| --- | --- | --- | --- | --- |
| 人才规模指数 | 102.35 | 101.14 | -1.18 | — |
| 企业职工数量 | 100.00 | 94.43 | -5.57 | -1.95 |
| 剧组人员数量 | 100.00 | 103.24 | 3.24 | 0.97 |
| "横漂"数量 | 111.73 | 112.04 | 0.28 | 2.41 |
| 关联产业从业人员数量 | 100.00 | 98.06 | -1.18 | — |

## （三）打好"开源节流组合拳"，作品发行减量提质

毋庸置疑，新冠肺炎疫情引发的"黑天鹅"效应对影视行业的影响依然格外明显，2022年上半年国内疫情多点散发，影视行业受到较大影响，全国多家影院暂停营业，多部影片调整档期，虽然2022年春节档多部作品表现不俗，但后续内容供给不足，导致档期乏力，无法取得较高的票房收入。影片撤档、全国范围内电影院停业，院线电影业务被迫按下暂停键，在降本增效大环境的持续影响下，影视公司逐渐找准、调整经营策略，经营也开始慢慢回归正轨。

影视制作本身具有链条长、不确定因素多、风险不可控的特征，受疫情和影视行业"减量提质"大趋势的影响，影视公司普遍承压，节流与风险控制成为影视公司的必修课。"节流"是有必要的，但不是拯救影视企业的决定性因素。对影视企业而言，优秀内容的持续产出能力仍是其在行业中的立身之本。在影视"寒冬"的宏观环境下，横店出品的影视作品与发行数量较上一年同期有所下降，而从收视与口碑来看，作品质量、影响力总体上稳中有进。在影视作品中，新主流影视作品呈现火爆的出圈态势，在受众群体中广泛流行。横店集聚区企业也抓住市场机遇，精心制作如《幸福到万家》《问天》《人世间》《县委大院》等多部已播剧和待播剧，这些主题鲜明、贴近现实、制作精良的现实题材电视剧被观众认可、行业提倡，逐渐成为国产电视剧创作的主流。除此之外，国产佳作的传播面也越发广泛，国际传播渠道日臻完善，这些具有鲜明中国特色的故事正在跨越地域交流的障碍走向国际舞台，推动全球影视文化的交流与融合。

2022年上半年集聚区经济规模指数显示，上半年横店集聚区关联产业总收入在波动中上涨，由此可见，横店集聚区影视文化产业链具有较强的稳定性与抗风险能力，因此，接下来横店集聚区要进一步整合产业资源的文化价值和建设思路，不断拉长、完善产业链，突破物质资源的制约，打好开源节流"组合拳"，更要着力作品内容，融合影视资源，打造更多高质量精品力作，促进产业持续发展。

## 三 产业发展环境：环境指数降幅明显，政策助力纾困破局

横店影视文化产业发展环境指数根据PEST分析模型，从经济、社会、科技、政策四个方面来考察横店影视文化产业的发展环境状况，以衡量横店影视文化产业对国内外影视界投资主体的吸引力。2022年上半年横店产业发展环境指数呈小幅下降趋势，这表明受新冠肺炎疫情影响，横店影视文化产业对外吸引力有所下降。此外，社会环境指数和经济环境指数存在一定的波动，而科技环境指数较2021年整体有所提升（见表4）。

表4 2021年第二季度至2022年第二季度横店集聚区产业发展环境指数分析

| 指标 | 2021年第二季度 | 2021年第三季度 | 2021年第四季度 | 2022年第一季度 | 2022年第二季度 |
|---|---|---|---|---|---|
| 经济环境指数 | 103.70 | 100.21 | 107.96 | 98.65 | 90.58 |
| 社会环境指数 | 101.86 | 113.04 | 112.01 | 105.89 | 96.72 |
| 科技环境指数 | 100.03 | 100.07 | 100.11 | 112.67 | 108.26 |
| 政策环境指数 | 99.94 | 100.38 | 100.80 | 78.90 | 83.12 |
| 发展环境指数 | 101.47 | 102.80 | 105.05 | 96.98 | 93.11 |

（一）经济：优质资源有效整合，影视市场驱动力初显

受新冠肺炎疫情影响，全球经济正面临下行风险，打乱了影视公司的发

展节奏，让影视公司的战略决策更加谨慎与理性。"降本增效"成为当下各行各业发展的关键词。横店影视文化产业宏观经济环境指数在2021年呈上升趋势。但中观经济和微观经济环境指数在经历了2021年的平稳发展后，于2022年第二季度出现了明显下行趋势（见图3）。

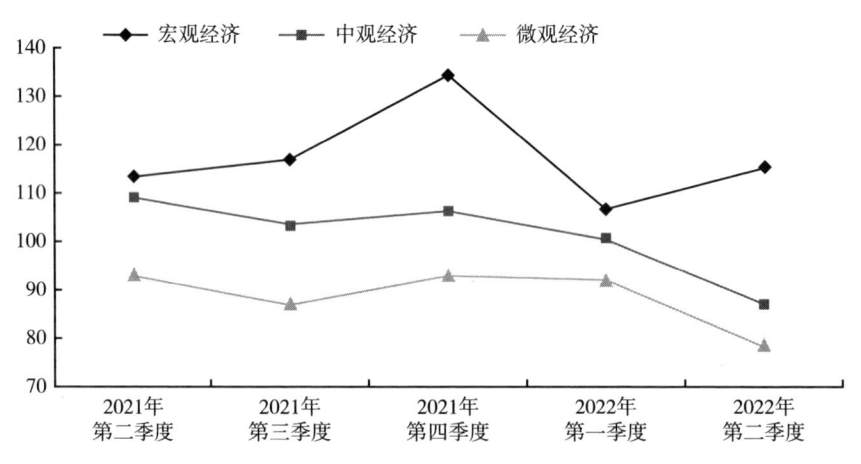

**图3 2021年第二季度至2022年第二季度中国·横店影视文化产业经济环境指数各二级指标变化趋势**

具体而言，宏观经济上，国内生产总值当季值指数和规模以上文化及相关产业企业营业收入指数均有明显上涨，这是宏观经济环境指数上涨的主要原因。中观经济上，2022年第一季度全国电影票房总量和全国电影备案、立项总量有较大程度下降，上半年院线发展受阻，全国新建影院数据呈环比下降态势；相对的，全国电视剧拍摄制作备案总部数指数和海外电影票房总量指数有显著上涨，对中观经济环境指数的贡献分别为25.69点和3.42点。在微观经济方面，被调查企业主观判断横店影视文化产业的经济状况为下行趋势。从数据维度看，经济状况处于稳定状态，2022年上半年线下影院发展阻力较大，供片严重不足，全国电影票房总量急剧下降，多数影片口碑与票房成绩表现平平，观影人数大幅减少，折射上半年影视产业发展困局。影院是电影的放映窗口，是影片与观众互动的重要平台。未来，横店集聚区要继续重视作品内容提质，用精品优质内容来吸引更多观众，推动影视行业进入良性循环。

### （二）社会：宏观维稳微观下降，坚持内容核心创新发展

文化消费是拉动影视产业发展的重要动力，下沉市场的数字文化消费近年来表现出较高活力。从宏观层面来看，2022年上半年社会环境指数较为稳定。从中观层面与微观层面来看，上半年社会环境指数均有不同幅度下降。其中，2022年第二季度居民人均教育文化娱乐消费支出水平明显下降，使微观社会环境指数较上季度下跌23.67点，成为推动横店影视文化产业社会环境指数（环比增速为-8.66%）下降的主因。横店集聚区要始终坚持以服务影视创作生产为核心，在面向市场需求整合科技与优质乡村文化资源的同时，引领地方文化的创新性发展，积极引导优质影视资源和高精尖影视项目集聚，引入优质文娱内容，挖掘、创新横店文娱消费产业，多元化提升乡村文化的传播和传承效益，实现文化消费的经济效益与社会效益。

### （三）政策：苦练内功，国家扶持，立足原动力，把握推动力

影视产业对文化传播具有不可替代的价值与功能，可以满足观众日常的文化消费需求，拉动更加多维的文化产业发展，更对增强国际传播能力、提升国家文化软实力有重要作用，影视产业扮演着不可替代的角色，体现着重要价值。近年来，为复工促产，从中央到地方主管部门都采取有效举措，给困难中的影视产业机构、平台与人员以各种各样的救助、支持与鼓励。如表5所示，2022年上半年横店影视文化产业的政策环境指数呈上升趋势。其中，由于中央政府加大对国家影视文化产业的支持力度，中观政策环境指数有较大幅度上涨。全国一般公共预算对影视文化产业的支持力度不变，这也是宏观政策环境指数较平稳的主要原因。此外，横店影视文化产业企业对政府政策的认可度呈现小幅下降趋势，这在一定程度上反映了企业家对横店影视文化政策的信心需要加强。

政府和企业是城市发展的共同体，也是合作互动的共赢体。未来，横店集聚区要进一步密切政企联系、强化政企互动，积极落实政府工作意见，着

力解决影响企业发展的突出问题，发挥集聚区资源优势，以合力推动横店影视文化产业高质量发展。

表5　2022年上半年横店集聚区政策环境指数分析（局部）

| 二级指标 | 2022年第一季度 | 2022年第二季度 |
| --- | --- | --- |
| 宏观政策环境指数 | 97.98 | 100.26 |
| 中观政策环境指数 | 40.16 | 46.88 |
| 微观政策环境指数 | 100.88 | 104.11 |

## （四）科技：科技赋能，数字化带动产业转型升级

近年来，文化产业伴随新技术的发展与成熟不断转型升级，随着数字中国建设的深入实践，各种新业态、新服务、新模式不断涌现，文化产业也顺势搭乘"数字快车"，朝着数字化、智慧化的方向发展。横店集聚区积极推进5G、人工智能、区块链、虚拟制作等新技术的应用，通过开发建设横店"影视文化大脑"，推动产业专业化、规范化、差异化发展。2022年上半年，横店集聚区科技环境指数虽呈下降趋势，但整体向好。具体而言，上半年宏观科技环境指数与中观科技环境指数发展较为平稳，而微观科技环境指数发展呈现较为明显的下降趋势（见表6），其中，广播电视电影专用设备的制造类专利水平指数下降是推动微观科技环境指数下降的主要因素。2022年上半年，横店影视文化产业科技创新虽在发展，但势头不足。接下来，横店集聚区要重视广播电视电影专用设备制造类专利，强化影视数字技术的集成创新，运用最新的数字技术武装影视文化产业，通过数字赋能影视文化产业发展，用数字技术推动横店影视文化产业转型升级。

表6　2022年上半年横店集聚区科技环境指数分析（局部）

| 二级指标 | 2022年第一季度 | 2022年第二季度 |
| --- | --- | --- |
| 宏观科技环境指数 | 114.08 | 114.08 |
| 中观科技环境指数 | 103.04 | 103.15 |
| 微观科技环境指数 | 120.22 | 109.10 |

## 四 产业发展效果：创新趋势稳定，
## 　　国际化指数小幅上升

总体来说，2022年横店影视文化产业发展态势向好，发展成效显著。其中，国际化指数持续上升，而影响力指数、创新性指数虽有小幅下降，但整体仍呈上升趋势。这表明横店集聚区厚积薄发，聚焦数字技术研发，加大创新投入，助力横店影视文化产业创新发展，朝着打造国际化影视名城的目标不断奋进。

### （一）注重内容为王，创作有影响力的作品

文化内容始终是影视行业发展的原动力。2022年上半年，横店影视剧影响力指数发展平缓，而影视公司影响力指数呈现明显的下降趋势，在两者共同作用下，2022年上半年影响力指数呈下降趋势（见图4）。困境面前，优质内容仍是最大底气，对影视企业而言，其在行业中的立身之本，仍然是优秀内容的持续产出能力。尽管2022年上半年横店出品影视在"量"上体现较少，在"质"上却有较好表现。"横店出品"暑期档创收成果丰硕，根据国家电影局的统计数据，2022年暑期档总票房达91.35亿元，同比增长23.8%，这也是新冠肺炎疫情发生后三年内最好的暑期档成绩，反映出电影市场恢复效果显著。其中，由横店集聚区入区企业横店影视出品的两部作品《独行月球》和《人生大事》分别斩获了28.96亿元与17.09亿元票房，这两部影片票房在暑期档合计占比为50.4%。这份成绩单不仅展现出横店影视文化产业的活力，也表明中国电影产业在疫情冲击下百折不挠、蓬勃发展。

横店集聚区正不断发力内容制作，延伸上游产业链，实现"横店拍摄"向"横店出品"转型升级，推进全产业链战略布局。横店影视出品的电视剧正受到越来越多的观众认可，影响力不断提升。在影视作品内容题材选择上，横店集聚区坚持用"精"和"专"打造影视精品。通过中华优秀传统文化、革命文化和社会主义先进文化，发掘、弘扬主旋律。此外，横店集聚

区也十分注重与各大卫视及网络平台开展战略合作，实现资源互补，摸索出适合自身业务发展的战略，实现质量与产能的良性循环，积蓄穿越"周期迷雾"的稳健力量，为内容的稳定输出保驾护航。未来，横店集聚区仍要始终坚持弘扬主旋律、传播正能量，不断朝着成为展示中华优秀文化、讲好中国故事特殊窗口的目标迈进，为中华优秀文化输出贡献更多横店力量。

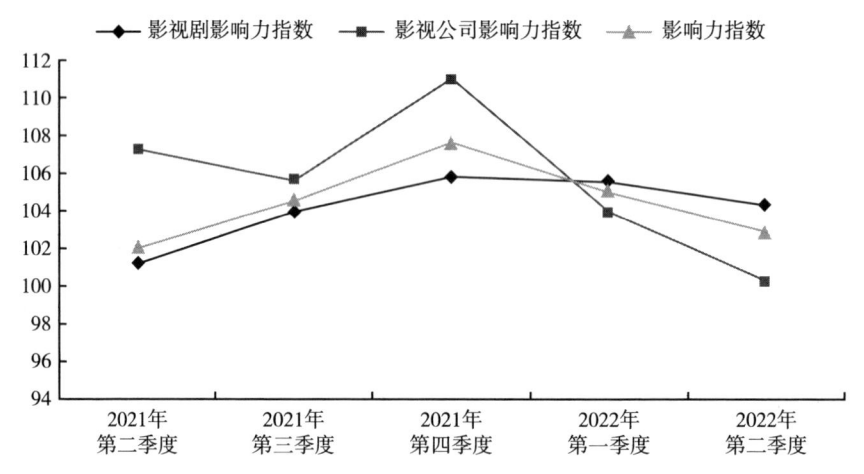

**图4 2021年第二季度至2022年第二季度中国·横店影视文化产业及其一级指标影响力指数变化趋势**

## （二）"文化+科技"融合发展，增强影视行业创新驱动力

近年来，在国家政策支持和产业数字化升级的趋势下，影视文化行业和数字科技融合成为新的产业发展方向。横店集聚区作为全国影视改革发展的排头兵、风向标，近年来积极探索影视产业工业化、标准化、数字化发展，并取得了一定成效。2022年上半年，横店创新性指数虽有所下降，但下降速度放缓，整体呈现向好趋势（见表7）。具体而言，2022年上半年，国家级高新技术企业数量、影视科技活动人员数量、影视版权拥有数量均有不同程度增加。这反映出在国家高度重视创新的大背景下，横店集聚区高度重视创新赋能影视文化作品，积极引进科技人才，积极利用"影视+数字化"政策推动影视行业创新发展。

当前，横店集聚区主要以打造"具有国际影响力的影视文化创新中心""全球最强的影视产业基地"为发展目标。因此，自"横店影视文化大脑"设想提出后，横店集聚区十分重视对其的开发与建设。经过一年的摸索与完善，"横店影视文化大脑"作用初显，以服务影视产业、企业、从业者为切入口，打造"横影通""云勘景""产业综合治理"等应用场景。这一创举不仅入选全省数字化改革"最佳应用"，而且成为全国首个贯通影视生产制作全流程的数字化应用，是横店集聚区不断创新发展的重要动力。未来，横店集聚区要继续坚持以数字化赋能影视产业转型升级，助力横店打造全国乃至全球影视产业数字化高地。

表7 2021年第二季度至2022年第二季度横店集聚区创新性指数分析

| 指标 | 2021年第二季度 | 2021年第三季度 | 2021年第四季度 | 2022年第一季度 | 2022年第二季度 |
| --- | --- | --- | --- | --- | --- |
| 影视文化产业创新基础指数 | 100.00 | 100.00 | 100.00 | 100.00 | 96.84 |
| 影视文化企业创新性指数 | 103.67 | 104.46 | 103.26 | 104.33 | 105.55 |
| 创新性指数 | 102.39 | 102.90 | 102.12 | 102.81 | 102.50 |

### （三）海外出口规模扩大，国际影响力持续提升

新冠肺炎疫情影响下，横店集聚区国际影响力持续提升，2022年第二季度国际化规模指数较上季度显著上升，这是引起国际化指数上升的主要因素，国际影响力指数也有小幅上升，两者共同促使国际化指数上升了5.44点（见表8）。具体而言，2022年上半年，出口规模指数上涨幅度明显，是国际化规模指数增长的主要原因。其中，影视文化作品出口数量在疫情得到控制后猛增。2022年第二季度影视文化作品出口数量指数由第一季度的104.90点上涨至149.59点，横店影视作品的海外出口规模持续扩大，分析其中原因，可以归结为两个方面：一方面，横店集聚区在文化产业国际化趋势中处于前列，海外市场布局战略有所成效；另一方面，"横店出品"的国际认可度、影响力不断提升。2022年上半年，横店影视出品的《你好，李

焕英》入围第14届意大利乌迪内远东国际电影节主竞赛单元、电影《峰爆》"出海"上映，口碑良好。

优质内容依然是引爆市场最核心的驱动力，唯有沉下心来用心创作，才能赢得观众的认可。横店影视文化产业已成为浙江的一张金名片。在疫情反复冲击等因素的影响下，横店影视文化产业发展仍形势喜人。横店集聚区仍以文化"走出去"为重要战略之一，朝着打造具有国际影响力的影视文化创新中心的目标不断迈进。未来，横店集聚区仍要紧抓国家战略调整机遇，以世界眼光自我定位、自我加压，加快推进横店国际影视文化创新中心建设。

表8 2021年第三季度至2022年第二季度横店集聚区国际化指数分析

| 指标 | 2021年第三季度 | 2021年第四季度 | 2022年第一季度 | 2022年第二季度 |
| --- | --- | --- | --- | --- |
| 国际化规模指数 | 116.54 | 130.31 | 103.83 | 116.20 |
| 国际影响力指数 | 103.68 | 104.78 | 104.17 | 105.88 |
| 国际化指数 | 108.18 | 113.72 | 104.05 | 109.49 |

## 五 未来产业景气预期：总体景气水平回落，整体表现略显冷清

受资本退潮等诸多不确定性因素影响，2022年上半年全国影视产业承压，横店影视文化产业发展受限。如图5所示，2022年上半年中国·横店影视文化产业景气指数持续下降，第一季度为96.90点，第二季度为93.93点，均处于紧缩状态，表明被调查企业对横店影视文化产业发展的信心明显减弱。

2022年上半年，全球经济整体处于修复过程，面对国内疫情反复和国际局势更趋复杂带来的多重压力，影视产业复苏面临较大挑战。新冠肺炎疫情影响持续时间较长，国内天津、南京、吉林、上海等地受疫情冲击，影视行业受到较大影响，波及融资、创作、拍摄、制作、放映等全产业链上的各个环节，影视行业出现融资难、现金流断裂、资金周转等巨大困难，经济发展的不确定性使企业对影视文化产业的总体判断更加谨慎。

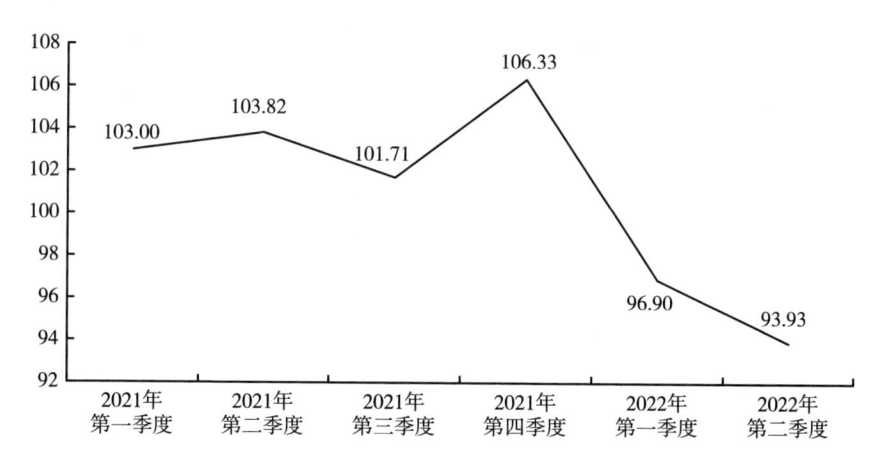

图5 2021年第一季度至2022年第二季度中国·横店影视文化产业
景气指数变化趋势

## （一）产业下游景气遇冷，未来预期总体判断良好

2022年受多维客观因素影响，市场消费需求受到抑制，企业对影视文化产业的总体判断虽有信心，但较上年有明显下降，但这种下降趋势在第二季度有所缓和。如图6所示，2022年上半年绝大部分一级指标环比回落，

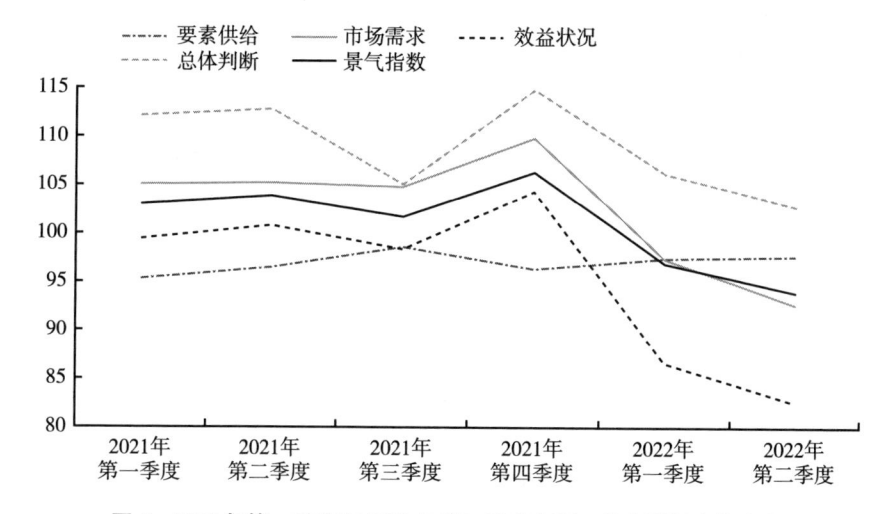

图6 2021年第一季度至2022年第二季度中国·横店影视文化产业
景气指数及其一级指标指数变化趋势

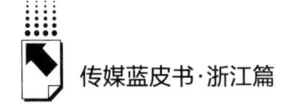

市场需求、效益状况和总体判断景气指数降幅较大。上半年影视文化产业市场需求持续疲软，企业效益承压，被调查企业对下一阶段的市场需求与企业经营效益持谨慎态度，集聚区影视企业对下一阶段企业的市场需求、效益状况和总体判断的信心均有所下降。而在产业上游，生产端要素供给景气指数呈现增长趋势，体现企业家对影视文化产业要素供给较有信心。

### （二）疫情致使企业效益承压，业务维度景气收缩

从业务类型维度看，2022年上半年电影产业、电视剧产业、动漫产业以及关联产业的要素供给与市场需求景气指数总体稳定在紧缩状态，表明被调查企业对业务维度发展信心较弱，且对关联产业、产品发展的信心最弱。

宏观层面，国内外多重复杂因素使影视产业发展受到较大影响，线下市场院线发展受阻，营商环境不佳，如图7所示，电影、电视剧、动漫、关联产业产品生产分项要素供给均处于收缩区间，市场需求持续放缓；微观层面，跨媒体迅速发展，娱乐形式与内容不断丰富，娱乐产品形式、内容多元化，各种类型的娱乐产品不断出现并瓜分用户注意力，电影、电视剧、动漫等产品的替代品逐渐增多，影视文化产业发展面临较大挑战。如表10所示，电影、动漫和关联产业产品的景气指数先后在2021年第三季度和2022年第

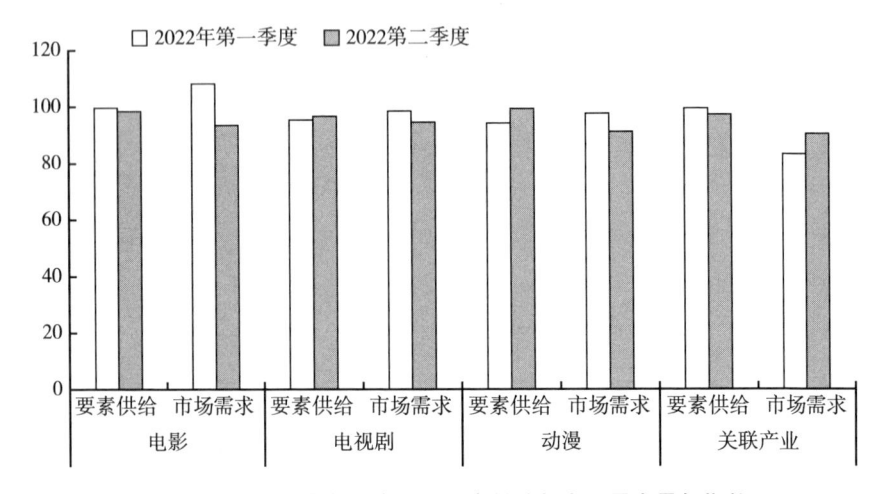

图7　2022年上半年四类业务要素供给与市场需求景气指数

一季度出现明显的下降，电影、动漫景气指数在2022年第二季度出现大幅下降，截至第二季度末，电影、电视剧、动漫与关联产业产品景气指数均处于紧缩状态，说明横店影视文化企业对这四类业务市场需求的态度呈现较为明显的消极态势。

表10 2021年至2022年上半年横店集聚区四类业务景气指数分析

| 指标 | 2021年第一季度 | 2021年第二季度 | 2021年第三季度 | 2021年第四季度 | 2022年第一季度 | 2022年第二季度 |
| --- | --- | --- | --- | --- | --- | --- |
| 电影景气指数 | 101.07 | 102.54 | 98.79 | 106.55 | 101.32 | 95.56 |
| 电视剧景气指数 | 104.93 | 104.60 | 107.46 | 107.62 | 98.30 | 96.94 |
| 动漫景气指数 | 103.64 | 104.09 | 98.77 | 104.23 | 97.94 | 91.39 |
| 关联产业产品景气指数 | 102.60 | 104.24 | 100.07 | 105.79 | 89.30 | 89.89 |
| 景气指数 | 103.00 | 103.82 | 101.71 | 106.33 | 96.90 | 93.93 |

### （三）拓展新发展思路，电影业务抗压能力较强

在较为严峻的外部经济环境形势下，2022年3月，国家电影局发布《关于从严抓好电影院疫情防控工作的通知》，宣布中高风险地区电影院一律暂不开放，当月全国票房仅9.1亿元，近10年内（除2020年全面停工之外）单月票房首次跌破10亿元。进入4月后，全国电影院营业率更是一度跌至45%。[①] "五一"档后的第一个周末，甚至没有任何新片上映。根据Ifeng电影统计，2022年待映片只有111部，每周平均3.8部，其中已定档（还没撤档的）48部，定过但撤档的27部，未定档在观望的36部。[②] 如图8所示，2022年上半年电影市场需求景气指数、要素供给景气指数均处于景气收缩状态，从近一年的发展趋势来看，总体保持稳定。

自2021年以来，横店影视公司院线与内容发展探求新发展思路，创新

---

① 《电影院，困在疫情里》，"中国企业家杂志"微信公众号，2022年5月13日，https://mp.weixin.qq.com/s/WGkd_GPh_YrouRBdMMW7pQ。
② 《被投诉，变"团长"，月损十几万……中国影院的2022之春》，"Ifeng电影"微信公众号，2022年5月17日，https://mp.weixin.qq.com/s/U0szGlrnU6mlwQIOpon4NA。

激励机制并多渠道创收，电影全产业链生态圈建设已见成效。产业上下游发展均衡，内容端与放映端在上一年均有一定成效。网络电影相对网剧而言，成本更低、收益更快，越是头部的院线电影，包括头部的网络电影，"内容为王"的趋势越来越明显。横店集聚区不断创新传播方式，丰富电影营销理念，积极拓展营销手段和渠道，实现跨媒体的合力营销。

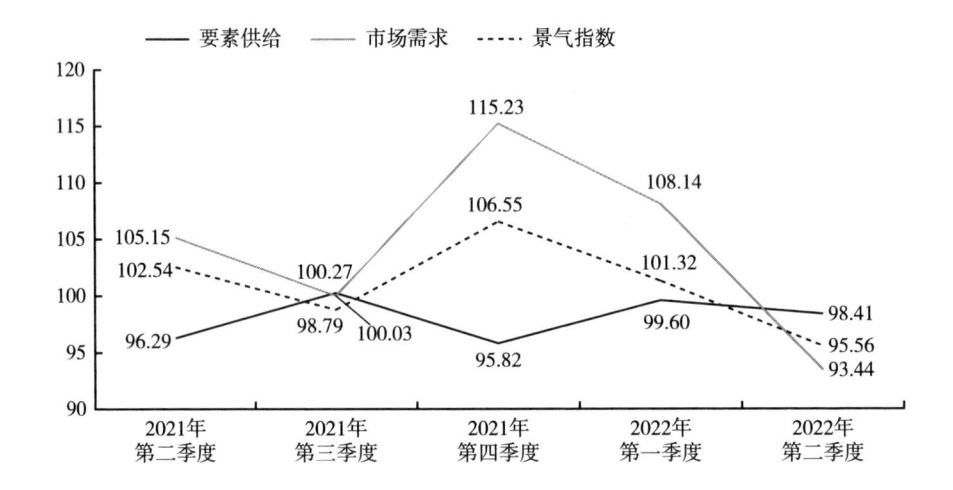

**图8　2021年第二季度至2022年第二季度电影业务要素供给与市场需求景气指数变化趋势**

### （四）多项业务景气指数回落，文化产业发展求稳布局

由图9可知，2022年上半年四类业务的景气指数整体较不乐观，动漫、关联产业产品景气指数显著下降，景气处于紧缩状态，电影、电视剧业务在第一季度有较大幅度下降，第二季度基本保持稳定，且景气指数值均大于100点，处于景气扩张状态，表明企业对四类业务的总体判断都呈现信心减弱的趋势，且对动漫业务与关联产业产品业务的发展信心下降最为明显。市场对优质内容的渴求一直存在，网络影视作品质量提升，间断性出现"爆款"，精品化网剧取代低成本网剧，观众对优质作品的期待也更加高涨，市场竞争压力较大，但被调查企业对四类业务未来发展仍持看好态度，未来发

展信心犹存。

横店集聚区需在文化产业落实全方位的发展布局，持续扩大优质文化产品供给，坚持以社会效益为首位、社会效益与经济效益相统一，制定科技发展规划，顺应数字化趋势，在互联网大潮中积极应变，加强年轻化传播，促进智能化发展，推动文化产业稳定发展。

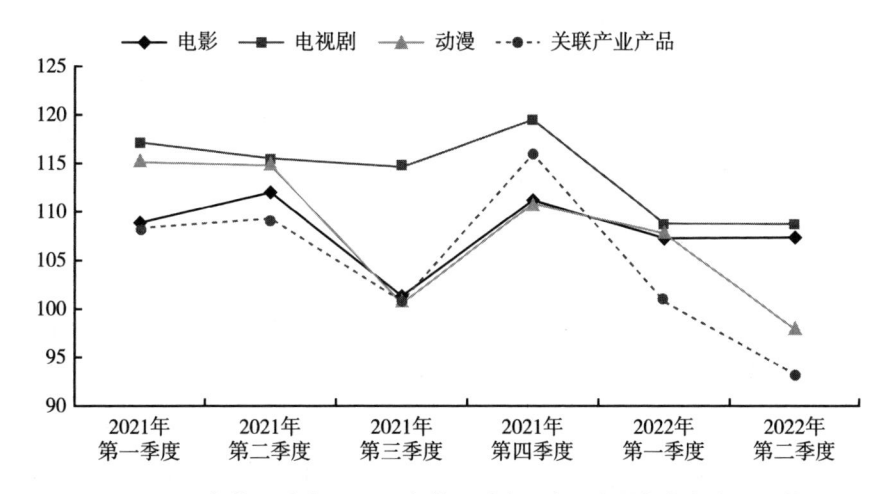

图9　2021年第一季度至2022年第二季度四类业务景气指数变化趋势

## 六　横店指数与横店现象

### （一）产业结构顺势调整，多个维度出现新增长点

在产业链上游部分，横店集聚区抓准人才培养这一基本点，[①] 优化影视人才管理模式与培养机制，不断完善创意型人才招聘与选拔机制，同时不断拓宽企业人才培养与用人渠道，努力形成优秀人才内部成长、内部消化的良好局面。人才力量是行业得以发展的生命力，影视行业也对人才提出了专业

---

① 《为影视新人插上梦的翅膀！横店演员公会首期影视新人班开班》，"横店影视"微信公众号，2022年2月25日，https：//mp.weixin.qq.com/s/VXb-OhcqxM0yTmINTrvVaw。

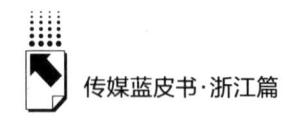

性、娱乐性、创造性、多元性、复合性、市场化的六大要求。由横店影视城演员公会开设影视新人班，其中开设了演员素质、职业素养、表演训练、大师分享等课程，借助戏剧演出、影视拍摄等丰富的实践形式，激发学员职业潜能。横店影视城演员公会负责人表示，演艺培训中心将陆续举办晋升班、未来影人班等不同层级的演员培训班，培养专业影视人才，助力横店集聚区打造全球最强影视拍摄基地，不断为横店影视发展输送优质人才。

在产业链中下游部分，为迎接外部环境冲击带来的挑战，电影业务客观上迎来一个实现行业资源整合的机会。电影院线和影投公司并购重组再加速，推动电影院线规模化集约化发展。2022年7月6日，A股上市公司横店影视宣布将收购排名全国第六的影投公司上海星轶[①]，影院应抓住发展机遇、提升市场份额、提高市场占有率，依托"强强联合"的较强资金储备和融资能力，缩小资金链压力、提升影院的抗风险能力，充分发挥影院的品牌和规模优势。

此外，横店集聚区不断延长影视产业链，推动产业链上下游协调发展，增强影视行业的抗风险能力。因地制宜，在文旅体等关联产业方面实现多维发展，提振影视文化产业信心。以影视带动旅游、以文化兴旅游，创新推出横店影视文旅消费卡，影视关联行业迎来新的发展机遇。与此同时，横店集聚区因地制宜，合理利用园区场地，承办多项体育赛事，开设多种体验课，涉及足球、围棋、射箭、飞盘等众多领域。

### （二）院网壁垒被打破，优秀影视作品弥补供给短缺

2022年上半年，院线发行遭受冲击，影院经营和管理风险突出，电影产业结构被迫应势调整，在互联网平台呈现新的增长点。一方面，受到新冠肺炎疫情影响，线下影院运营受限，观众的观影需求无法有效满足，流媒体的冲击使观众的观影需求逐渐趋于多元化。另一方面，电影业务整体"提质减量"，网络电影也不断精品化，促使线上院线飞速建设。互联网观影平

---

[①] 姬政鹏：《推动电影院线规模化集约化发展》，《中国电影报》2022年7月20日。

台的日趋完善丰富了观众的观看体验，观众的观影习惯发生改变，包容性进一步提升，院线电影与网络电影两者互促共生，共同拓展增量、提高质量。在第十七届长春电影节上，由横店影视旗下浙江横店影业有限公司出品的电影《穿过寒冬拥抱你》获得两项奖项，主演朱一龙获得最佳男演员奖，导演薛晓路获得最佳导演奖；横店集聚区入区企业出品、联合出品的电影《长津湖之水门桥》斩获金鹿奖最佳影片奖，电影《这个杀手不太冷静》主演马丽获金鹿奖最佳女演员奖。

社交隔离对依托线上消费场景的行业冲击较小，侧面引导了线上文化消费，网络电影发展至今日趋完善。在横店取景拍摄的网络电影《地下深宫》《蜀山神侠传之魔魂降世》《湘西秘录》等成功杀青。2022年五一期间，横店柏品影视发行的网络电影《依兰爱情故事》连续三天获网络电影猫眼全网热度冠军，位居腾讯视频电影热搜榜、抖音娱乐榜、抖音热点榜、快手电影榜、快手文娱榜等多项排行榜前列。① 由横店影视旗下浙江横店影业有限公司出品的电影《人生大事》成为2022年上半年院线电影票房黑马，上线网络后，在首周末即登顶各平台网播热度榜冠军。另外，由横店集聚区入区企业出品、联合出品的电视剧集《欢迎光临》《警察荣誉》《新居之约》《山河月明》《尚食》《传家》《对决》等陆续开播，频引热论；由入区企业制作发行的现实题材电视剧《幸福到万家》在北京卫视、东方卫视黄金档播出且表现超群，创下优酷站内热度最快破万剧集纪录。

（三）国际市场新展台，助推文化融合与交流②

在世界格局多变的情况下，横店集聚区牢牢把握自身的文化资源优势，在文化产业打造全方位的发展布局，锐意进取，积极拓展文化交流渠道，形

---

① 《横店出品〈依兰爱情故事〉五一连续登顶各平台日冠》，"横店影视"微信公众号，2022年5月2日，https://mp.weixin.qq.com/s/ZTubs3D2jE5Ja-oHvlz6bw。

② 《〈人世间〉〈开端〉……多部横店出品的国产好剧走出国门，你最想给海外观众推荐哪部？》，"横店影视发布"微信公众号，2022年4月1日，https://mp.weixin.qq.com/s/BPEXNQzC6_Qo8b9OyU1aVA。

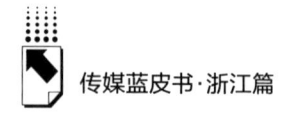

成多元化的文化"出海"模式。入区企业新丽电视文化投资有限公司联合出品的《人世间》仅开拍一个月，就已被预购海外独家发行版权。由横店影视旗下浙江横店影业有限公司联合出品的电影《峰爆》宣布将于2022年11月2日在日本发行Blu-ray & DVD版本，此前影片已于6月10日在日本上映。据悉，近日《峰爆》还与同样由横店影视出品的电影《我和我的父辈》《熊出没·重返地球》等入围2022电影频道传媒荣誉之夜。

随着国产剧质量不断提升，越来越多中国电视剧在海外播出，受到广泛欢迎，越来越多的国产剧拥有了大批海外观众。越来越多现实题材电视剧走出国门，逐渐打破古装题材电视剧在海外"一枝独秀"的局面。在向世界展示中国传统文化的独特魅力时，也向世界展现了当代中国的真实影像。2019年以来，作为国内最大影视基地的横店接待了大量献礼建党百年主题的影视剧组，仅2021年就吸引90余部献礼剧（片）在此地拍摄。此前，据国家广播电视总局官网消息，《山海情》《觉醒年代》《大江大河2》等20部作品被评定为2021年度优秀海外传播作品，现实题材影视作品占了大部分，很多影视作品都带有横店标签。据了解，多部国产剧被海外电视机构翻拍，在横店取景拍摄的《太子妃升职记》《步步惊心》《赘婿》等剧目皆已售出翻拍权，值得期待。从引进翻拍到海外发行，再到输出原创IP，国产剧正步入文化影响力持续提升的新阶段，优秀国产影视IP正在成为亮眼的文化名片。

# Abstract

The "Blue Book Of China's Media" has been published for 18 consecutive years, closely tracking and observing the forefront of media development, and systematically studying China's media industry. China Media Industry Development Report (2022) —Zhejiang is the first province-specific report launched by the "Blue Book Of China's Media". In 2021, the first year of the 14th Five-year Plan, Zhejiang province began its new work as an "important window to comprehensively demonstrate the advantages of the socialist system with Chinese characteristics" and a "pilot demonstration area of common prosperity". It is, therefore, undoubtedly of special significance to carry out the overall analysis of the status quo and trend of the development of Zhejiang's media and related industries as a showcase of the governance of China's media industry.

In order to ensure the attractiveness of this report, media disciplines of colleges and universities from around Zhejiang Province, industry associations, industry enterprises, relevant management functional departments and other forces joined hands in analyzing and judging both through field research, data statistics, big data mining and other methods and on the basis of policy reports, statistical data and expert opinions.

2021 witnessed the media industry of Zhejiang Province showing a strong momentum of recovery growth under the general keynote of seeking progress through stability. In the field of traditional media, the revenue of radio and TV media in Zhejiang Province has shown an overall upward trend, and new media businesses saw rapid growth and have become a new pillar for the integration and transformation of the radio and television industry. The distribution price of newspapers and periodical media continued to rise, the Party newspapers maintained its unique market advantage, and all newspapers and periodicals strove to transform into new media. Book publishing presented a hot trend of thematic book publication and the development of the e-commerce field growing rapidly, with book e-commerce innovation deepening, the construction of live broadcast ecological chain advancing rapidly. In the field of new media, online video media in Zhejiang Province began to move from strides to steady development, the industry started gradual maturity and standardization, content creation tended to be both diversified and quality-focused, and a huge influx of capital also opened up an even broader space for the short video industry. The live streaming e-commerce media grew to become the engine for the new development of Zhejiang's digital economy. The live streaming e-commerce ecosystem is forming, and rural live streaming has become an important innovative practice to promote common prosperity. In the field of media related industries, prosperity was seen widely. With the support of film and television industry parks and film and television companies in Zhejiang Province, film and television plays have continued to be excellent, especially many phenomenal films and television plays have become an important force to drive the growth of box office and audience ratings across the country this year. The scale of the advertising industry has achieved stable growth, with industry income, added value and other indicators ranking among the top in the country; new models of the advertising industry emerge abundant, and the industrial ecology has achieved enhanced gains through transformation. In Zhejiang, the animation and game industry continues to lead the country. Zhejiang animation works not only maintain high growth in production and output, but also top the list of outstanding animation works. New digital games in this province ranked first in quantity in China and its global impact has also increased, with overseas sales revenue growing rapidly and continuously. Compared with 2020, the convention and exhibition industry has rebounded and recovered, and the combination of online and offline innovative marketing methods and diversified technologies has been used, further highlighting the inclusiveness, openness and smartness of the entire industry.

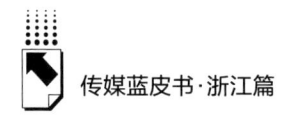

In general, Zhejiang's media industry still shows sufficient development resilience in the face of complex changes in internal and external environment, and exhibits a rebound trend. But there still exist uncertainties in the subsequent development, and it is necessary for the media industry to actively seek incubation and innovation through optimization and adjustment in the new environment, which is highly expected to construct Zhejing as an "important window" through which to see China.

**Keywords**: Media Industry; Traditional Media; New Media; Digital Economy; Industrial Ecology

# Contents

## Ⅰ General Report

**B.1** General Report on the Development of Zhejiang Media
Industry in 2021　　　　　　　　　*Shao Peng, Zhao Ruoyi* / 001

**Abstract:** In 2021, in the face of complex domestic and international situations and various risks and challenges, the media industry of Zhejiang Province has shown a strong momentum of recovery growth under the general tone of seeking progress while maintaining stability. The market value of media listed enterprises increased by 44.45%, the revenue of radio and television industry increased by 12.47%, the film and television industry also achieved a good situation of both quantity and quality. In the media field related to the digital economy, the animation and game industry grew by 26.9%, the proportion of online video industry in China continued to increase, and the live broadcast e-commerce industry ushered in an explosive growth of 124.6%. In terms of media ecology, the integration process of mainstream media in Zhejiang Province has been accelerated, the Internet ecological governance has been improved, the development momentum of emerging media has become stronger, and the industrial agglomeration effect has been gradually reflected, which has promoted the stable growth of the media digital economy in Zhejiang Province as a whole.

**Keywords:** Media Industry; Media Ecology; Media Integration; Internet Governance; New Media Development

## Ⅱ  Media Industry Insight

**B.2**  The Report on Cultural Development of Media

Convergence Innovation in Zhejiang in 2021

*Zhao Yu, Zhang Ruoying / 020*

**Abstract**: 2021 is the first year of the 14th Five-Year Plan, and also a year to promote the in-depth development of media integration in Zhejiang Province, In this context, media in Zhejiang are promoting media integration actively. This report starts from the specific practices of policy docking, technology upgrading, social governance, industrial management and other dimensions, and carefully sort out the innovative measures of Zhejiang media in 2021 in terms of building an integrated communication system, deep integration of technology and content, smart social governance, and cross-border diversified operation in order to provide reference for many media in China.

**Keywords**: Deep Media Integration; Digital; Social Governance; Diversified Business Model


**B.3**  The Report on the Development of Radio, Television

and Network Audiovisual Industry in Zhejiang in 2021

*Yuan Jinghua, Chen Yuhui / 039*

**Abstract**: In 2021, Zhejiang's radio, television and network audiovisual industry has made remarkable achievements in the areas of guidance of public opinions, public services, excellent content, media integration and industry innovation. With the start of the 14th Five-Year Plan, new positions such as "important window", "common prosperity pilot demonstration area" and "smart radio and television construction" have given it new missions. New technologies such as 5G, AI and big data are empowering

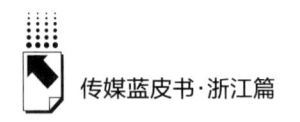

Zhejiang's radio, television and network audiovisual industry to new business models. The new mode of information production with all-media integration, digitization, and mobility is also opening up new consumer markets. At the same time, in the new environment of building new development and internal and external circulation, Zhejiang's radio, television and network audiovisual industry should promote demand internally and expand cooperation externally, further strengthen mechanism innovation, policy research and resource exploration, and further improve the modern public service system and market service system, in order to continuously promote the development of the audiovisual industry in the direction of equalization, individualization and evolution.

**Keywords**: Zhejiang Radio and Television; 14th Five-Year Plan; Media Integration; High-Quality Audiovisual

**B.4  Zhejiang Newspaper Industry Development Report in 2021**

*Li Xiaopeng, Shen Aiguo / 061*

**Abstract**: In 2021, affected by factors such as the slowdown of macroeconomic growth, the impact of the epidemic, and the adjustment of kinetic energy, the operation indicators of Zhejiang newspaper industry declined, and the production scale of traditional paper newspapers further contracted. In this regard, Zhejiang newspaper industry is transforming actively and deepening the practice of media convergence, in order to rebuild the connection with users. This report is based on the questionnaire survey data, this paper analyzes and summarizes the survival status, operation situation, development situation of new media and human resources of four different types of newspapers in Zhejiang Province in 2021, including Party newspaper, evening newspaper and city newspaper, industry and professional newspaper and university newspaper, thus present the development of Zhejiang newspaper industry in 2021 clearly.

**Keywords**: Newspaper Distribution; Media Convergence; Newspaper Revenue; Effective Circulation

# Contents

## Ⅲ  Media Industry and Market Reports

**B.5**  The Report of Zhejiang Advertising Market Development

in 2021    *Yan Xiaoqing, Chen Jingyun and Tian Bin* / 108

**Abstract:** With the political, economic, technological and cultural environment as the development background, this report outlines the overall development of the audiovisual advertising industry by redefining the connotation and extension of the audiovisual advertising industry and its industrial system. In addition, it presents new features and trends in the ecology of the audiovisual advertising industry in terms of technological innovation, emerging advertising, revenue from various regions, broadcast MCN, short-form video advertising and digital outdoor advertising. Finally, it provides an outlook on the future development trend of the audiovisual advertising industry in three aspects of Science and technology leadership, innovation of business form, convergence of industries.

**Keywords:** Advertisement Market; Industrial Ecology; Industry Convergence


**B.6**  The Analysis of Zhejiang TV Viewing Market in 2021

*Li Weiwei, Xu Zhen* / 129

**Abstract:** In 2021, Zhejiang radio and television industry will continue to self renew, streamline channels, move towards resource centralization, and move towards resource centralization and specialization. In terms of program form, various satellite TV channels constantly seek innovation and change, accelerate the innovation of program form, combine online and offline, attract audiences with new program forms, and drive the development of real economy under the influence of the epidemic. In terms of content output, while focusing on the red theme, we should pay attention to the production of diversified theme content such as anti-epidemic, anti-mafia and sports games, give full play to the advantages of the large screen of live television, and present more diversified and rich content for the audience. In terms of industry development, radio and television media at all levels in the province are actively responding to the national policy call and exploring the new development of the radio and television industry under the background of media integration while striving to improve the program quality. On this basis, this report makes a brief inventory and sorting of Zhejiang TV viewing market in 2021 based on the massive financial source viewing data of China Science Netlink Data Technology Co., Ltd.

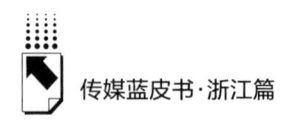

**Keywords:** TV Viewing Market; Channel; Audience Rating; Zhejiang

**B.7** Survey Report on the Development of Zhejiang Movie and Television Play Industry in 2021 *Shao Peng, Bi Jiaqi* / 168

**Abstract:** 2021 is the 100th anniversary of the founding of the Communist Party of China and the full recovery of the global film and TV industry after a "cold winter". Standing at this important historical point, Zhejiang Province attaches great importance to the development of the film and television industry. It is determined to keep the righteousness and innovation in film and TV creation to meet the diversified and personalized needs of the people. This report focuses on the "14th Five-Year Plan" for the development of radio, television and internet audio-visual in Zhejiang Province. It summarizes the characteristics of the development of Zhejiang's film and television play industry, in order to promote it to a new level and break new ground.

**Keywords:** Zhejiang Movie and Television Play; Quality and Efficiency; Zhejiang Great Arts

## Contents

**B.8** Zhejiang Publishing Industry Development Report in 2021
*Shen Min, Luo Zhaojun and Gu Bingyan* / 182

**Abstract:** In 2021, the total volume of book publishing and sales in Zhejiang showed an overall growth trend. Although the scale of the retail market decreased slightly under the influence of the epidemic, it has rebounded compared with 2020. With the construction of online platforms and the publication of theme content, online and offline dual channels also maintain a sustained growth trend. This report summarizes and analyzes the exploration and practice of Zhejiang in the Centennial theme content publishing, the transformation of digital enabling publishing, deeply cultivating regional characteristics to promote the publication of high-quality content, and carrying out diversified publishing activities and further analyzes its experience and highlights in content publishing, platform construction, copyright output and publishing planning.

**Keywords:** Publishing Industry; Books Publishing; Digital Publishing; Copyright Output

**B.9** Development Report of Animation and Game Industry in Zhejiang Province in 2021 *Zhang Lirui* / 202

**Abstract:** After 17 years of development and precipitation, Zhejiang animation and game industry has led the country and gradually grown into a powerful growth point to promote the sustained outbreak of Zhejiang's economic development. Under the new requirements of "high-quality development", the new mission of "important window", the new opportunities of "the first city of digital economy" and the new expectations of "the demand for a better life", Zhejiang animation games industry have stood in a critical period of industrial transformation. In the first year of the 14th Five-Year plan, this report reviews and dismantling the achievements and experiences of Zhejiang animation and game industry, and evaluating its future development direction may provide new ideas for the development of Zhejiang animation and game industry.

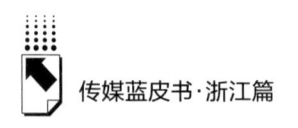

**Keywords**: Animation and Game Industry; Zhejiang Mode; Cultural and Creative Industries

**B.10** Development Report of Exhibition Industry of
Zhejiang Province in 2021  *Zhang Jiankang* / 215

**Abstract**: This report evaluates and analyzes the development data of the exhibition industry and the top ten hot events in Zhejiang in 2021 and draws the conclusion that the difficulties caused by the COVID-19 have been solved, and the development of the exhibition industry in Zhejiang has recovered in 2021. The rapid development of the online industry has also emerged at the same time as the challenges of interests have emerged. New bright spots of development continue to appear in the international arena, and the partial turbulence of the international situation are the characteristics of the current international situation. Looking forward to 2022, the impact of the COVID-19 on the exhibition industry will weaken, and the holding of the Hangzhou Asian Games and the sustainable development of the digital economy will bring better opportunities for the internationalization and digitalization of the exhibition industry in Zhejiang.

**Keywords**: Exhibition Industry; Internationalization; Digitization

# Ⅳ Media Convergence and Industrial Innovation Reports

**B.11** Analysis Report on Quoted Companies of Zhejiang
Media in 2021  *He Miao, Xu Jinyi* / 227

**Abstract**: In 2021, the listed media enterprises in Zhejiang Province showed a trend of gradual recovery. After the analysis of 36 listed media enterprises of Zhejiang Province, it is found that the listed enterprises of animation and game will gain great benefits driven by the "Stay-at-home economy". The IP matrix is gradually formed, and the performance of game in overseas markets is good. Although the overall performance of listed enterprises in the fields of film and television fluctuated greatly, the performance of enterprises that launched more excellent works during the "centenary of the founding of the CPC" increased significantly. Listed news and publishing enterprises are in a critical period of digital transformation, with steady growth of online sales and huge potential for digital reading. TV media listed enterprises are trying to penetrate into multiple fields to expand new profit growth points. Generally, the listed enterprises of advertising planning and marketing are deeply exploring the industrial chain and ecosystem, and actively arranging businesses relating to digital market. Cultural tourism listed enterprises are still actively seeking development and recovery in the face of changes in the whole circumstance. In general, the listed media enterprises, as the barometer of the media industry in Zhejiang Province, have shown enough "tenacity" and strong "resilience".

**Keywords:** Media Quoted Company; New Business Form; Industry Segmentation; Development Toughness

**B.12 The Report of Radio and Television and Network Audiovisual Industry in Zhejiang Province**

*Yuan Jinghua, Chen Hanyao and Han Jiayi / 251*

**Abstract:** This report focuses on the construction of industrial parks in the radio and television and network audiovisual industries in Zhejiang Province. According to the commonalities of operation characteristics, five operation modes are extracted, which are respectively: the localized operation mode of integrating local resources, the comprehensive operation mode of national leading units radiating from local areas to the whole country, the operation mode of small and medium-sized enterprise clusters under policy support The operation mode with domestic film and television drama shooting and production as the main business and the international cooperation film and television drama business operation mode. This report focuses on combing the characteristics and specific operation modes of these five operation modes, and summarizes the experience and shortcomings of the industrial park operation of radio and television and network audiovisual industry in Zhejiang Province, which can provide reference for promoting the high-quality and innovative development of radio and television and network audiovisual industry in Zhejiang Province.

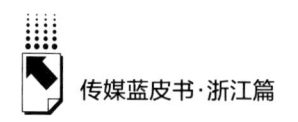

**Keywords:** Radio and Television; Network Audiovisual; Audio-Visual Industrial Park; International Communication

**B.13** Analysis and Development Directions for Zhejiang's Radio, Television and Audio-Visual Industry

*You Chunhui, Zheng Qiqi / 268*

**Abstract:** During the 13th Five Year Plan (2016-2020), Zhejiang's Radio, Television and Audio-Visual Industry has developed remarkably. They produce high-quality programs to inform and educate the Chinese population about news and policies. 2021 is the first year of the "14th Five-Year Plan" and also the 100th anniversary of the founding of the Party. This report summarizes the development difficulties of the radio and television media and the online audio-visual industry in Zhejiang, and points out the development status and breakthrough direction of the radio and television media and online audio-visual industry in Zhejiang Province through the policy analysis from 2019 to 2021.

**Keywords:** Radio and Television Media Industry; Online Audiovisual Industry; Zhejiang

B.14 Zhejiang Broadcasting and Network Audiovisual Industry Services Common Wealth Construction Research

*Yuan Jinghua, Chen Yuhui / 286*

**Abstract:** The year 2021 is the first year to move from poverty eradication to the construction of common wealth, and is also the first year to build common wealth with high quality development in Zhejiang. In the service of common Wealthy construction, Zhejiang's radio and television and network audiovisual industry, as the pioneer of public cultural services continuous development of content production methods, innovative service model. This report mainly composes and analyzes 2021 Zhejiang Province broadcasting and network audio-visual industry services common wealth construction of the overall overview, and on this basis insight into Zhejiang audiovisual media services the dilemma in the construction of common prosperity, pointing out the key breakthrough of Zhejiang radio and, television and network audio-visual industry to serve the construction of common prosperity Direction

**Keywords:** Common Wealth; Zhejiang Radio and Television; Cultural Construction; Public Services

# V  Media Enterprise Innovation Cases Analysis

B.15 Hengdian Index: The Construction and Application of Comprehensive Evaluation Index System of Chinese Film and Television Cultural Industry Cluster

*Cui Baoguo, Yu Han / 308*

**Abstract:** Film and television culture industry has both social attributes and market attributes. Under the influence of the overall adjustment of the global film and television cultural industry, China's film and television cultural industry is speeding up, and improving the scientific comprehensive evaluation system of film and television cultural industry should be important for the industry under the great changes. This report investigates of the existing film and television industry, it builds contains concentrated area index, the index of development environment, the influence index, the index of innovative, internationalization index, the climate index of comprehensive evaluation index system, index, which is related to the industrial productivity, attraction, influence, driving force, international, trend six dimensions, and the empirical calculation is made based on Hengdian Film and television culture industry agglomeration area in China. The index shows that Hengdian has broken through the dilemma by virtue of the large-scale and intensive development empowered by digitization, and has transformed to high-quality development as a whole, reflecting its tough ability to resist risks. In the future, film and television cultural industry clusters should make efforts in the aspects of digital drive, high-quality content supply, professional talents and industrial standardization system, so as to build Chinese film and television cultural industry with global competitiveness.

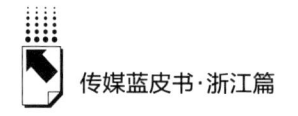

**Keywords**: Film and Television Culture Industry; Industrial Cluster; Evaluation Index; Hengdian Index

B.16 China · Hengdian Film and Television Cultural Industry Report in the First Half of 2022

*Hengdian Film and Television Cultural Industry Index Project Team / 335*

**Abstract**: With the digital technology and cultural industry have been deeply integrated. The global development of cultural industry has shown unprecedented vitality. In the first half of 2022, due to multiple influences such as political game and the global epidemic, the development of the film and television culture industry is going through a severe winter, showing fatigue, and it is urgent to break the adversity and start a new one. This report focuses on the "Hengdian Film and Television Cultural Industry Cluster", an important town in China's film and television market, the management committee of the agglomeration area, Tsinghua University, and Zhejiang Gongshang University jointly compiled the film and television cultural industry evaluation index "Hengdian Index", considering the Hengdian film and television cultural industry in the first half of 2022 from multiple dimensions. The index found that some dimension indexes of China's Hengdian film and television culture industry showed a downward trend, and the comprehensive index was stable and improved. Hengdian Film and Television Cultural Industry Cluster is based on the three fundamental and key points of film and television enterprises, works and talents, and strives to build a high-quality mutual promotion development situation. The dual-wheel drive of "Culture and Technology", and the space for industrial development continues to grow. At the same time, Hengdian Film and Television the cultural industry continues to sink into the market, exploring new paths to lead cultural inclusiveness.

**Keywords**: Film and Television Culture Industry; Hengdian Index; Cultural Inclusiveness

社会科学文献出版社

# 皮 书
## 智库成果出版与传播平台

### ❖ 皮书定义 ❖

皮书是对中国与世界发展状况和热点问题进行年度监测，以专业的角度、专家的视野和实证研究方法，针对某一领域或区域现状与发展态势展开分析和预测，具备前沿性、原创性、实证性、连续性、时效性等特点的公开出版物，由一系列权威研究报告组成。

### ❖ 皮书作者 ❖

皮书系列报告作者以国内外一流研究机构、知名高校等重点智库的研究人员为主，多为相关领域一流专家学者，他们的观点代表了当下学界对中国与世界的现实和未来最高水平的解读与分析。截至2022年底，皮书研创机构逾千家，报告作者累计超过10万人。

### ❖ 皮书荣誉 ❖

皮书作为中国社会科学院基础理论研究与应用对策研究融合发展的代表性成果，不仅是哲学社会科学工作者服务中国特色社会主义现代化建设的重要成果，更是助力中国特色新型智库建设、构建中国特色哲学社会科学"三大体系"的重要平台。皮书系列先后被列入"十二五""十三五""十四五"时期国家重点出版物出版专项规划项目；2013~2023年，重点皮书列入中国社会科学院国家哲学社会科学创新工程项目。

**权威报告·连续出版·独家资源**

# 皮书数据库
## ANNUAL REPORT(YEARBOOK) DATABASE

### 分析解读当下中国发展变迁的高端智库平台

**所获荣誉**
- 2020年，入选全国新闻出版深度融合发展创新案例
- 2019年，入选国家新闻出版署数字出版精品遴选推荐计划
- 2016年，入选"十三五"国家重点电子出版物出版规划骨干工程
- 2013年，荣获"中国出版政府奖·网络出版物奖"提名奖
- 连续多年荣获中国数字出版博览会"数字出版·优秀品牌"奖

皮书数据库　　"社科数托邦"微信公众号

**成为用户**

登录网址www.pishu.com.cn访问皮书数据库网站或下载皮书数据库APP，通过手机号码验证或邮箱验证即可成为皮书数据库用户。

**用户福利**

- 已注册用户购书后可免费获赠100元皮书数据库充值卡。刮开充值卡涂层获取充值密码，登录并进入"会员中心"—"在线充值"—"充值卡充值"，充值成功即可购买和查看数据库内容。
- 用户福利最终解释权归社会科学文献出版社所有。

数据库服务热线：400-008-6695
数据库服务QQ：2475522410
数据库服务邮箱：database@ssap.cn
图书销售热线：010-59367070/7028
图书服务QQ：1265056568
图书服务邮箱：duzhe@ssap.cn

卡号：196887357374
密码：

# S 基本子库
# UB DATABASE

## 中国社会发展数据库（下设 12 个专题子库）

紧扣人口、政治、外交、法律、教育、医疗卫生、资源环境等 12 个社会发展领域的前沿和热点，全面整合专业著作、智库报告、学术资讯、调研数据等类型资源，帮助用户追踪中国社会发展动态、研究社会发展战略与政策、了解社会热点问题、分析社会发展趋势。

## 中国经济发展数据库（下设 12 专题子库）

内容涵盖宏观经济、产业经济、工业经济、农业经济、财政金融、房地产经济、城市经济、商业贸易等 12 个重点经济领域，为把握经济运行态势、洞察经济发展规律、研判经济发展趋势、进行经济调控决策提供参考和依据。

## 中国行业发展数据库（下设 17 个专题子库）

以中国国民经济行业分类为依据，覆盖金融业、旅游业、交通运输业、能源矿产业、制造业等 100 多个行业，跟踪分析国民经济相关行业市场运行状况和政策导向，汇集行业发展前沿资讯，为投资、从业及各种经济决策提供理论支撑和实践指导。

## 中国区域发展数据库（下设 4 个专题子库）

对中国特定区域内的经济、社会、文化等领域现状与发展情况进行深度分析和预测，涉及省级行政区、城市群、城市、农村等不同维度，研究层级至县及县以下行政区，为学者研究地方经济社会宏观态势、经验模式、发展案例提供支撑，为地方政府决策提供参考。

## 中国文化传媒数据库（下设 18 个专题子库）

内容覆盖文化产业、新闻传播、电影娱乐、文学艺术、群众文化、图书情报等 18 个重点研究领域，聚焦文化传媒领域发展前沿、热点话题、行业实践，服务用户的教学科研、文化投资、企业规划等需要。

## 世界经济与国际关系数据库（下设 6 个专题子库）

整合世界经济、国际政治、世界文化与科技、全球性问题、国际组织与国际法、区域研究 6 大领域研究成果，对世界经济形势、国际形势进行连续性深度分析，对年度热点问题进行专题解读，为研判全球发展趋势提供事实和数据支持。

# 法律声明

"皮书系列"(含蓝皮书、绿皮书、黄皮书)之品牌由社会科学文献出版社最早使用并持续至今,现已被中国图书行业所熟知。"皮书系列"的相关商标已在国家商标管理部门商标局注册,包括但不限于LOGO( )、皮书、Pishu、经济蓝皮书、社会蓝皮书等。"皮书系列"图书的注册商标专用权及封面设计、版式设计的著作权均为社会科学文献出版社所有。未经社会科学文献出版社书面授权许可,任何使用与"皮书系列"图书注册商标、封面设计、版式设计相同或者近似的文字、图形或其组合的行为均系侵权行为。

经作者授权,本书的专有出版权及信息网络传播权等为社会科学文献出版社享有。未经社会科学文献出版社书面授权许可,任何就本书内容的复制、发行或以数字形式进行网络传播的行为均系侵权行为。

社会科学文献出版社将通过法律途径追究上述侵权行为的法律责任,维护自身合法权益。

欢迎社会各界人士对侵犯社会科学文献出版社上述权利的侵权行为进行举报。电话:010-59367121,电子邮箱:fawubu@ssap.cn。

社会科学文献出版社